안양대HK+
동서교류문헌언어총서
04

알레베크의 법한자전

안양대학교 신학연구소
안양대HK+ 동서교류문헌언어총서 **04**

알레베크의 법한자전

초판인쇄 2024년 2월 17일
초판발행 2024년 2월 27일

지은이 알레베크(Charles Alévêque)
옮긴이 곽문석 · 김홍일 · 박철우

펴낸곳 동문연
등 록 제2107-000039호
전 화 02-705-1602
팩 스 02-705-1603
이메일 gimook@gmail.com
주 소 서울시 용산구 청파로 40, 1602호 (한강로3가, 삼구빌딩)
제 작 디자인창공(T. 02-2272-5004)

값 35,000원 (＊파본은 바꾸어 드립니다.)

ISBN 979-11-981913-3-5 (94700)
ISBN 979-11-974166-2-0 (세트)

• 이 저서는 2019년 대한민국 교육부와 한국연구재단의 HK+사업의 지원을 받아 수행된 연구임(NRF-2019S1A6A3A03058791).

안양대HK+
동서교류문헌언어총서
04

알레베크의
법한자전

Charles Alévêque 엮음
곽문석 · 김홍일 · 박철우 번역 및 주해

동문연

발간에 즈음하여

안양대학교 신학대학 부설 신학연구소 소속의 인문한국플러스(HK+) 사업단은 소외·보호 분야의 동서교류문헌 연구를 2019년 5월 1일부터 수행하고 있다. 다시 말하여 그동안 소외되었던 연구 분야인 동서교류문헌을 집중적으로 연구하면서, 동시에 연구자들의 개별 전공 영역을 뛰어넘어 문학·역사·철학·종교를 아우르는 공동연구를 진행하고 있다. 서양 고대의 그리스어, 라틴어 문헌이 중세 시대에 시리아어, 중세 페르시아어, 아랍어로 어떻게 번역되었고, 이 번역이 한자문화권으로 어떻게 수용되었는지를 추적 조사하고 있다. 또한 체계적으로 연구하기 위해서 동서교류문헌을 고대의 실크로드 시대(Sino Helenica), 중세의 몽골제국 시대(Pax Mogolica), 근대의 동아시아와 유럽(Sina Corea Europa)에서 활동한 예수회 전교 시대(Sinacopa Jesuitica)로 나누어서, 각각의 원천문헌으로 실크로드 여행기, 몽골제국 역사서, 명청시대 예수회 신부들의 저작과 번역들을 연구하고 있다. 이제 고전문헌학의 엄밀한 방법론에 기초하여 비판 정본을 확립하고 이를 바탕으로 번역·주해하는 등등의 연구 성과물을 순차적으로 그리고 지속적으로 총서로 출간하고자 한다.

본 사업단의 연구 성과물인 총서는 크게 세 가지 범위로 나누어 출간될 것이다. 첫째는 "동서교류문헌총서"이다. 동서교류문헌총서는 동서교류에 관련된 원전을 선정한 후 연구자들의 공동강독회와 콜로키움 등의 발표를 거친 다음 번역하고 주해한다. 그 과정에서 선정된 원전 및 사본들의 차이점을 비교 혹은 교감하고 지금까지의 연구에 있어서 잘못 이해된 것을 바로잡으면서 번역작업을 진행하여 비판 정본과 번역본을 확립한다. 그런 다음 최종적으로 그 연구 성과물을 원문 대역 역주본으로 출간하는 것이다. 둘째는 “동서교류문헌언어총서”이다. 안양대 인문한국플러스 사업단은 1년에 두 차례 여름과 겨울 동안 소수언어학당을 집중적으로 운영하고 있다. 이 소수언어학당에서는 고대 서양 언어로 헬라어와 라틴어, 중동아시아 언어로 시리아어와 페르시아어, 중앙아시아 및 동아시아 언어로 차가타이어와 만주어와 몽골어를 강의하고 있는데, 이러한 소수언어 가운데 우리나라에 문법이나 강독본이 제대로 소개되어 있지 않은 언어들의 경우에는 강의하고 강독한 내용을 중점 정리하여 동서교류문헌언어총서로 출간할 것이다. 셋째는 “동서교류문헌연구총서”이다. 동서교류문헌연구총서는 동서교류문헌을 번역 및 주해하여 원문 역주본으로 출간하고, 우리나라에 잘 소개되지 않는 소수언어의 문법 체계나 배경 문화를 소개하는 과정에서 깊이 연구된 개별 저술들이나 논문들을 엮어 출간하려는 것이다. 이 본연의 연구 성과물을 통해서 동서교류문헌 교류의 과거·현재·미래를 가늠해 볼 수 있고 궁극적으로 ‘그들’과 ‘우리’를 상호 교차적으로 비교해 볼 수 있을 것이다.

안양대학교 신학연구소 인문한국플러스 사업단

알레베크의 『법한ᄌᆞ뎐』 해제

1. 머리말

『법한ᄌᆞ뎐』(*PETIT DICTIONAIRE FRANCAIS-CORÉEN*, 이하에서는 『법한』)은 출판된 최초의 불한사전으로, 1901년 프랑스인 샤를 알레베크(Charles Alévêque)에 의해 서울에 있던 서울출판사(SEOUL PRESS, Hodge & Co.)에서 출간되었다. 책 크기는 가로 14.5cm, 세로 19cm, 쪽수는 총 374쪽(앞의 ix쪽은 별도)인데 본문만 치면 359쪽이다. 표제 어휘의 수는 7,000개 정도이다.

알레베크는 한국에 오기 전에는 상하이의 '인도 극동 프랑스회사'의 대리인 자격으로 대한제국 정부의 근대화 사업 구매 물품의 중개역을 담당하였던 무역업자였고, 1897년 한국에 온 이후로는 서울 정동에 설립된 관립 외국어학교의 프랑스어 교사도 맡았던 것으로 알려져 있다. 서문에 앞선 속지에는 'A Monsieur Collin de Plancy, Ministre de France à Séoul'(서울 주재 프랑스 공관, 콜랭 드 플랑시 님께)라는 헌사가 씌어 있다. 이러한 점들로 보아 『법한』에 앞선 『한불ᄌᆞ뎐』(1880) 등이 주로 선교사 등 종교인에 의해 주도된 데 비해 『법한』은 당시 한국에 머무르던 프랑스인들의 한국어 학습을 도와야 할 실질적인 필요에 의해 국가 차원에서 요구된 일이었을 것으로 추정된다. 서문에는 '자신들이 한국에 4년을 머무르는 동안 아무것도 나오지 않았으므로, 매우 불완전한 정도이지만 프랑스어-한국어 기초 어휘집을 내어 한국에서 사는 프랑스어 화자들과 프랑스어를 배우고자 하는 한국인들에게 도움이 될 수 있도록 해야겠다는 생각을 하게 되었다.'라는 사전 편찬의 취지가 제시되어 있다.[1]

〈사진1〉 실제 『법한ᄌᆞ뎐』의 모습

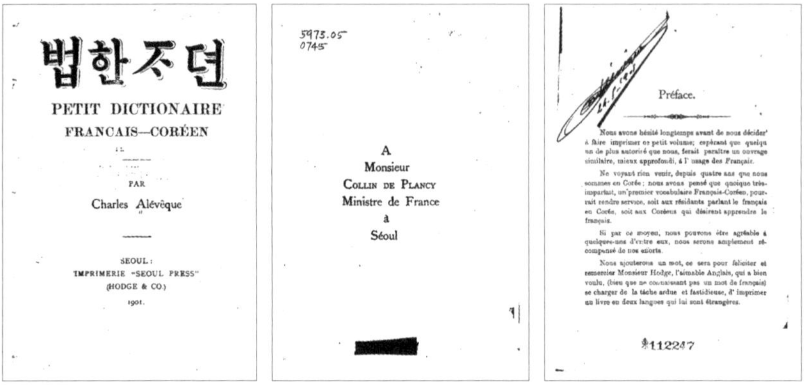
법한ᄌᆞ뎐
PETIT DICTIONAIRE
FRANCAIS—CORÉEN
PAR
Charles Alévêque
SEOUL:
IMPRIMERIE "SEOUL PRESS"
(HODGE & CO.)
1901.

5973.05
0745
A
Monsieur
COLLIN DE PLANCY
Ministre de France
à
Séoul
[redacted]

Préface.

Nous avons hésité longtemps avant de nous décider à faire imprimer ce petit volume; espérant que quelqu un de plus autorisé que nous, ferait paraître un ouvrage similaire, mieux approfondi, à l' usage des Français.

Ne voyant rien venir, depuis quatre ans que nous sommes en Corée; nous avons pensé que quoique très-imparfait, un premier vocabulaire Français-Coréen, pourrait rendre service, soit aux résidants parlant le français en Corée, soit aux Coréens qui désirent apprendre le français.

Si par ce moyen, nous pouvons être agréable à quelques-uns d'entre eux, nous serons amplement récompensé de nos efforts.

Nous ajouterons un mot, ce sera pour féliciter et remercier Monsieur Hodge, l'aimable Anglais, qui a bien voulu, (bien que ne connaissant pas un mot de français) se charger de la tâche ardue et fastidieuse, d' imprimer un livre en deux langues qui lui sont étrangères.

112247

책의 구성은 서문(Préface), 자모(Alphabet), A에서 Z까지의 사전 본문, 그리고 그 뒤로 부록에 해당하는 내용(정부 주요 부처 명칭, 고유어 계열 양수사, 한자어 계열 양수사, 고유어 계열 서수사, 한자어 계열 서수사, 도량/화폐 단위, 금액 표현)이 360-374쪽에 걸쳐 이어진다.

본문의 편집 형식은 전면은 세로로 3단으로 나누고 왼쪽 단에는 프랑스어 표제어를 제시하되 그 오른편에 품사 정보를 넣었고, 가운데 단에는 그에 대한 한국어 역어를, 오른쪽 단에는 한국어 발음을 로마자로 표기하였다. 그런데 표제어 아래에는 중간중간에 소괄호 속에 넣은 예문이 들어 있기도 하다. 이러한 내용은 (1)이 잘 보여준다.

1 당시가 조선 시대임에도 『법한』이 '한(韓)'이라는 자를 사용한 것은 『한불ᄌᆞ뎐』의 영향일 것으로 보인다. 조남호(2016:56)는 각주 17에서 『한불ᄌᆞ뎐』의 머릿말을 통해 이 '한'이라는 자는 삼한에서 따온 것인데 결과적으로 지금과 같아졌다고 설명하고 있다. 이 연구에서도 당시의 관점에서는 우리말을 조선어라고 불러야 할 수도 있겠으나 사전의 명칭을 존중하고, 오늘날의 공식 명칭인 한국어라고 부르기로 하겠다. 하지만 여기서의 한국어는 1901년 당시의 한국어임을 간과해서는 안 된다.

〈사진2〉 사진 본문의 모습

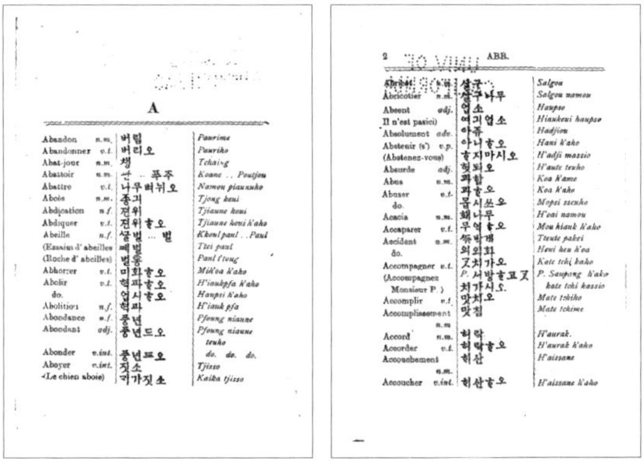

A

Abandon n.m.	버림	*Paurime*
Abandonner v.t.	버리오	*Pauriho*
Abat-jour n.m.	챙	*Tchaing*
Abattoir n.m.	관 .. 푸주	*Koane .. Poutjou*
Abattre v.t.	나무벼뉘오	*Namou piaunuho*
Abcès n.m.	종긔	*Tjong keui*
Abdication n.f.	젼위	*Tjiaune koui*
Abdiquer v.t.	젼위ᄒᆞ오	*Tjiaune koui k'aho*
Abeille n.f.	꿀벌 ... 벌	*Khoul paul .. Paul*
(Essaim d'abeilles	떼벌	*Ttei paul*
(Ruche d'abeilles)	벌통	*Paul t'oung*
Abhorrer v.t.	미화ᄒᆞ오	*Mih'oa k'aho*
Abolir v.t.	혁파ᄒᆞ오	*H'iaukpfa k'aho*
do.	업시ᄒᆞ오	*Haupsi k'aho*
Abolition n.f.	혁파	*H'iauk pfa*
Abondance n.f.	풍년	*Pfoung niaune*
Abondant adj.	풍년드오	*Pfoung niaune teuho*
Abonder v.int.	풍년ᄯᅩ오	*do. do. do.*
Aboyer v.int.	짓소	*Tjisso*
(Le chien aboie)	개가짓소	*Kaika tjisso*

2 ABR.

Abricot n.m.	살구	*Salgou*
Abricotier n.m.	살구나무	*Salgou namou*
Absent adj.	업소	*Haupso*
(Il n'est pas ici)	여긔업소	*Hiaukeui haupso*
Absolument adv.	아쥬	*Hadjiou*
Abstenir (s') v.p.	아니ᄒᆞ오	*Hani k'aho*
(Abstenez-vous)	ᄒᆞ지마시오	*H'adji massio*
Absurde adj.	헛되오	*H'aute teuho*
Abus n.m.	과함	*Koa k'ame*
Abuser v.t.	과ᄒᆞ오	*Koa k'aho*
do.	몹시쓰오	*Mopsi sseuho*
Acacia n.m.	홰나무	*H'oai namou*
Accaparer v.t.	무역ᄒᆞ오	*Mou kiauk k'aho*
Accident n.m.	뜻밧긔	*Tteute pakei*
do.	의외화	*Heui heu k'oa*
Accompagner v.t.	ᄀᆞᆺ치가오	*Kate tchi kaho*
(Accompagnez Monsieur P.)	P. 서방ᄒᆞ고ᄀᆞᆺ치가시오.	*P. Saupang k'ako kate tchi kassio*
Accomplir v.t.	맛치오	*Mate tchiho*
Accomplissement n.m	맛침	*Mate tchime*
Accord n.m.	허락	*H'aurak.*
Accorder v.t.	허락ᄒᆞ오	*H'aurak k'aho*
Accouchement n.m.	헤산	*H'aissane*
Accoucher v.int.	헤산ᄒᆞ오	*H'aissane k'aho*

매 쪽의 위 여백에는 왼편에 쪽 번호를 넣었고 가운데에는 그쪽 첫 표제어의 세 자모만을 잘라 넣고 그 오른쪽 아래에 마침표를 넣어 줄였음을 나타내고 있다(위의 사진에서는 ABR.).

(1) 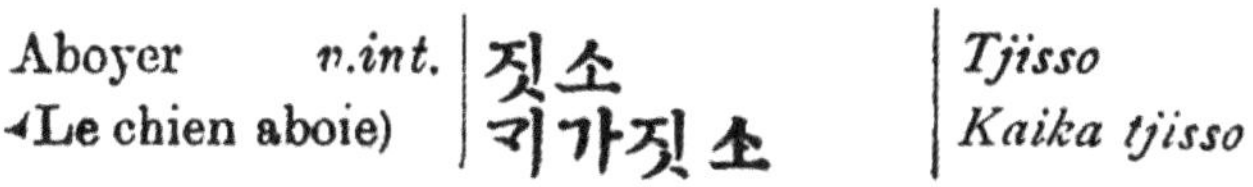

Aboyer *v.int.*	짓소	*Tjisso*
(Le chien aboie)	개가짓소	*Kaika tjisso*

채완(2012:93-94)은 『법한ᄌᆞ뎐』이 다른 대역사전들에 비해 그다지 많은 주목을 받지 못한 점을 지적하면서, 이 사전을 '찬찬히 살펴볼 만한 가치'를 세 가지로 정리한다. 첫째로는, 인쇄 출판된 최초의 불한사전이라는 점이다. 실제로는 『한불ᄌᆞ뎐』이 1880년 일본 요코하마에서 간행되었고 그와 거의 동시적으로 다른 불한사전인 *Dictionnaire Français-Coréen*이 페롱(Féron) 신부에 의해 제작되어(1869년 추정) 그 필사본이 전해오고 있지만, 둘 다 국내에서 아예 출간되지 않았기 때문에 1900년 무렵에 참조할 수 있는 자료는 없었던 것으로 이해된다.

둘째로는, 편찬자가 다른 대역사전들의 경우 거의 선교사, 즉 종교인이었던 것과 달리 무역상이라는 점이다. 선교 등 특정의 목적보다도 실제 한국 생활 속에서 한국어가 모국어가 아닌 외국인이 실생활의 필요에 의해 실용 사전으로 만들었다는 점에서 당시 생활에 가장 필요한 어휘들을 보여줄 가능성이 크다는 것이다.

셋째로는, 소사전(Petit Dictionnaire)이지만 수록 어휘 수가 적지 않다는 점이다. 앞서 7,000개 정도의 표제어가 있다고 하였는데[2] 이 정도면 외국어를 배우기 위한 기초 어휘 수로는 부족함이 없는 숫자라는 것이다.

이 글에서는 무엇보다 정서법이 혼란스럽던 시대에 외국인이 한글을 활용하여 한국어를 표기하는 과정에서 드러나는 언어와 철자 사이의 간극을 확인해 보고자 하며, 그 이면에 있는 이 『법한』에 담긴 한국어의 국어학적 특성을 가시적으로 제시하여, 19세기로부터 20세기로, 근대국어로부터 현대국어로의 전환기이던 이 시기 한국어의 모습을 보다 생생하게 보여 주고자 한다. 또한 이러한 작업을 하는 중에, 당시의 시대상과 실용적 필요에 의해 제작된 어휘집의 내용적 구성에서도 유의미한 사실들을 가능한 범위에서 포착하려 한다.

2. 자모

서문에서 바로 이어지는 차례가 'Alphabet'(자모)인데 자모와 함께 몇 가지 음운 현상이 소개되어 있다. 이 부분의 시작은 한글에 대한 찬사로 시작된다. 그것은 이 세상에 한글보다 더 단순한 자모는 없을 것이어서, 한때 보편어를 기획했던 유럽인들이 알았더라면 보편어 자모의 기반으로서 한글로부터 영감을 얻을 수 있었을 것이라는 점이었다.

2 채완(2012:94)은 일일이 세어 본 결과 표제어가 6,400개, 용례가 712개로 확인되었다고 하였다. 반면, 이 연구에서 원문 전체를 Excel에 입력하여 확인한 전체 줄 수는 6,902개이고, 용례 수는 괄호를 기준으로 630개였다. 표제어와 관련해서 이러한 차이가 나는 것은 이 연구에서는 한국어 뜻풀이가 달라지면 입력할 때 표제어를 다시 한번 더 써주는 방식으로 처리하였기 때문인 것으로 판단된다. 용례의 경우는 괄호가 포함된 예들 가운데 대명동사임을 뜻하는 (s'), (se)만 나타나는 예들도 적잖이 존재하여 그런 것들을 제거하면 실제 용례의 수는 더 줄어든다.

한글 자모는 25개의 글자(자소)로 이루어진 것으로 보며, 11개의 모음(아, 야, 어, 여, 이, 오, 요, 우, 유, 으, ᄋᆞ)과 14개의 자음(ㄱ, ㅁ, ㄴ, ㅂ, ㄹ, ㅅ, ㄷ, ㅈ, ㅊ, ㅇ, ㅋ, ㅍ, ㅌ, ㅎ)을 제시한다. 모음은 ㅇ을 기준으로 모음이 세로로 붙느냐 가로로 붙느냐에 따라 세로 모음(아, 야, 어, 여, 이)과 가로 모음(오, 요, 우, 유, 으, ᄋᆞ)으로 나누고 순서도 그런 기준에서 같은 것끼리 묶어 제시하였다. 그리고 이중모음 12개(애, ᄋᆡ, 에, 예, 의, 와, 왜, 외, 워, 웨, 위, ᅱ)를 제시하고 있는데 '얘'가 없고 'ᅱ'가 추가되어 있는 점이 특이하다. '이중모음(diphtongues)'이라는 용어를 사용하고 있지만 실제로는 11개의 기본 모음자에도 이중모음(요, 유)이 섞여 있고 이중모음이라고 추가된 12개 모음에도 단모음(애, ᄋᆡ, 에, 외, 위)이 섞여 있어 음소 차원의 분류가 아니라 기본 글자와 가획자를 구분한 것으로 이해된다.

자모에서는 11개의 모음과 14개의 자음이 있다고 서술한 뒤 바로, 세로 모음과 가로 모음과 음가 없는 'ㅇ'의 활용에 대해 설명하며, 이어 'ㄴ' 소리의 유음화, 'ㄹ' 소리의 두 가지 음가('R'과 'L'로 표현됨)와 두음법칙('N'으로 나는 경우), 'ㅅ' 소리의 평폐쇄음화('T') 현상[3]만을 소개한다.

한글 자모에 대응하는 로마자 표기는 프랑스어 화자의 한국어 발음 인식을 보여주므로 흥미롭다. 『법한』에는 이중모음자가 먼저 제시되고 그 아래에 모음자와 자음자가 일련번호와 함께 제시되어 있지만 여기서는 편의상 모음자와 이중모음자를 함께 먼저 제시하고 자음자를 그 오른편에 배치하였다.

3 'ㅅ' 소리가 음절 끝에서 *T*로 발음됨을 제시하면서 'excepté, lorsqu'elle est suivie d'une autre S.'라는 말을 덧붙이고 있는데 채완(2012)에서는 이를 '예외적으로, 또 다른 *S*가 뒤따를 때도 그러하다(음절 끝에서 *T*로 발음된다).'로 옮기고 있으나, 이는 실제로는 '[ㅅ]' 소리 뒤에 다른 '[ㅅ]' 소리가 올 때만 예외적으로 '[ㄷ]' 소리가 발음되는 것이 아니라, 오히려 그 반대로 다른 자음들이 올 때는 '[ㄷ]' 소리로 발음되며 '[ㅅ]' 소리가 올 때만 '[ㄷ]' 소리가 발음되지 않고 '[ㅅ]' 소리만 (된소리로) 발음되는 면을 주목한 것으로 이해하는 것이 자연스러우므로('뒷사람', '벗습니다' 등), 또 다른 *S*가 뒤따를 때가 예외적이라고 해석하는 것이 적절해 보인다.

오늘날 실제로는 장애음 받침소리 '[ㄱ, ㄷ, ㅂ]' 뒤에 다른 장애음 '[ㄱ, ㄷ, ㅂ, ㅅ, ㅈ]'가 이어지는 경우 후속 장애음이 경음화되고 선행 장애음 받침소리는 탈락하는 것이 일반적이므로 '[ㅅ]' 소리가 이어지는 경우만을 특별히 주목하지는 않는데 이 사전을 집필한 프랑스인들은 그 부분을 특별하게 주목한 것이 아닐까 한다. 그렇지 않다면 '[ㅅ]' 소리 뒤에 또 다른 '[ㅅ]' 소리가 이어질 때 그 소리가 T로 발음된다고 말하는 것이 무엇에 대해 예외적인 것인지 이해하기 어렵다.

(2) 모음자	(3) 이중모음자	(4) 자음자	
1 아 Ha	애 Hai	12 ㄱ K	français
2 야 Hia	ᄋᆡ Hai	13 ㅁ M	do.
3 어 Hau	에 Hei	14 ㄴ N(및 L)	do.
4 여 Hiau	예 Hiei	15 ㅂ P	do.
5 이 Hi	의 Heui	16 ㄹ R(및 L)	do.
6 오 Ho	와 Hoa	17 ㅅ S(및 T)	do.
7 요 Hio	왜 Hoai	18 ㄷ T	do.
8 우 Hou	외 Heu	19 ㅈ Tj	
9 유 Hiou	워 Houau	20 ㅊ Tch	
10 으 Heu	웨 Houei	21 ㅇ ng	
11 ᄋᆞ Ha	위 Houi	22 ㅋ K'	
	유ᅵ Hu	23 ㅍ Pf	
		24 ㅌ T'	
		25 ㅎ H'	

(2), (3)에서 모음 앞에는 'H'를 적고 있는데 프랑스어에서도 'h'가 묵음이라는 데 착안하여 한국어의 음가 없는 'ㅇ' 대신 활용하게 된 것으로 보인다. 한국어의 음가 없는 'ㅇ'이 자칫 하나의 자음으로 인식될 수 있을 것이므로 'h'가 소리가 묵음이 되는 프랑스어의 'H'를 활용한 로마자 표기는 프랑스인들의 한글 표기 이해에 유용한 수단이 되었을 것이다.[4] 모음의 음가와 관련해서는 이 무렵 이미 'ㆍ'는 그 음가가 사라져서 'ㅏ'에 합류된 것으로 보인다. 'ㅓ'를 'au'로 적은 것이 독특하며, 이중모음자 가운데 '애, ᄋᆡ, 에'가 당시 모두 단모음화된 상황이었지만 마치 이중모음이었던 것처럼 적고 있는 것은 전자법(轉字法)의 전사 방식을 사용하고 있기 때문일 것이다. '으'와 '외'가 동일하게 'Heu'로 전사되어 있는 것은 그것들이 동일하게 발음되었기 때문이라기보다는 'ㅡ'가 프랑스인들에게는 낯설어 그 음가를 정확히 이해하지 못했기 때문일 것 같다.

자음자에서, K français는 프랑스어의 K라는 뜻이며, 그 아래의 do.는 'dito' 즉 '위와 같음'을 뜻하는 약어이다. 그런데 'ㄱ, ㅁ, ㄴ, ㅂ, ㄹ, ㅅ, ㄷ'를 프

4 구체적인 운용에 대해서는 채완(2012:98-100) 참조.

랑스어의 'K, M, N, P, R, S, T'와 동일하게 인식한 것은 집필자가 음성학적으로 훈련된 사람은 아님을 보여준다. 그 아래에 제시된 된소리와 거센소리에 대한 서술을 고려하자면, 이 사전의 집필자는 'ㄱ, ㅂ, ㄷ'의 경우 그것들이 무성폐쇄음이라는 점에서 프랑스어의 'K, P, T'와 동일하다고 인식한 것으로 보이며, 'ㄹ'을 프랑스어의 'R'과 같다고 한 것도 유음으로 넓게 묶일 수 있다는 점 외에는 조음의 위치나 방법에서 실질적 동일성을 가지고 있기 때문이 아닐 것이다.

'ㅂ, ㅅ, ㄷ, ㄱ, ㅈ' 다섯 소리는 중첩될 수 있고 그럴 때는 'ㅄ, ㅆ, ㅼ, ㅺ, ㅾ'으로 적으며 강하게 강조되고 각각 두 배인 *pp*, *ss*, *tt*, *kk*, *ttj*처럼 발음된다고 하였다. 또 "ㅋ, ㅍ, ㅌ, ㅎ 네 글자는 후음(gutturale) 발음을 선택하는데 그것들은 한국인이나 한국에 살았던 유럽인이 아니면 거의 배울 수 없다"라고 기술하고 있다. 폐쇄음을 주로 유성음과 무성음으로 구별하는 서구인에게 같은 조음위치의 무성음들을 세분하여 인식하는 일은 쉽지 않은 일이었을 것이다.

이 연구에서는 위 42개 자모(모음자 11 + 이중모음자 12 + 자음자 14 + 경자음자 5)가 실제 『법한』의 한국어 대역 부분에서 사용된 빈도를 조사하였다. 조사 방법은 가능한 부분은 로마자로 바꾸어 정규식으로 자모를 분리하고 로마자로 바꾸기 어려운 글자(주로 'ㆍ'가 포함된 글자)는 따로 합산하여 그 값을 자모에 나눠주는 방식으로 계산하였다.

(5) 자모의 출현 횟수

아	4171	애	261	ㄱ	4089(초2955 종1134)[5]	ㅄ	초77[6]
야	346	ᄋᆡ	905	ㅁ	3118(초1489 종1629)	ㅆ	초109 종1
어	1541	에	502	ㄴ	3038(초1447 종2591)	ㅼ	초139
여	1646	예	245	ㅂ	2148(초1436 종712)	ㅺ	초170
이	3685	의	278	ㄹ	3065(초1410 종1655)	ㅾ	초40

5 '초'는 초성자로 쓰임, '종'은 종성자로 쓰임을 뜻한다.
6 원문에는 'ㅲ'이 하나 출현하지만 'ㅄ'의 오기임이 명백하므로 여기서는 'ㅄ'에 하나를 더 추가하였다.

오 5033	와 268	ㅅ 4256(초3169 종1087)	ㄺ 종53
요 366	왜 11	ㄷ 초1482	ㄻ 종6
우 1775	외 228	ㅈ 초2167	ㄼ 종11
유 443	워 114	ㅊ 초736	
으 1574	웨 15	ㅇ 7444(초5529 종1915)	
ᄋᆞ 1858	위 175	ㅋ 139(초137 종2)	
	ᄋᆔ 7	ㅍ 358(초355 종3)	
		ㅌ 초257	
		ㅎ 초2446	

(5)는 몇 가지 흥미로운 점들을 확인할 수 있게 해 준다. 우선, 음가 없는 초성자 ‘ㅇ’이 가장 많은 것은 현대국어와 마찬가지이고 다양한 모음으로 시작하는 모든 음절이 그것을 가지니 당연한 결과이다. 또한, 현대국어에서는 중성 ‘ㅏ’가 실질적으로는 제일 많은 데 비해 『법한』의 자료들이 그렇지 않은 것은 현대국어의 ‘ㅏ’가 이전의 ‘ㆍ’와 ‘ㅏ’의 합류의 결과이기 때문임을 보여준다. ‘ㅗ’ 모음이 유독 많이 출현한 것도 흥미로운데 그것은 뜻풀이에서 하오체를 주로 사용하였기 때문이다. 현대국어에서는 ‘ㅣ’가 ‘ㅗ’보다 훨씬 많이 쓰인다. ‘ㅙ, ㅞ, ᆔ’는 극히 적은 빈도로 출현하였다. 자음에서는 종성에서 ‘ㄱ, ㅁ, ㄴ, ㅂ, ㄹ, ㅅ, ㅇ’의 7종성이 압도적인 출현을 보였다는 점이 확인된다. 그리고 겹자음으로서 언급된 적이 없는 ‘ㄺ, ㄻ, ㄼ’이 종성에 일부 사용되고 있었음을 알 수 있다.

3. 표제항과 품사

『법한』 본문은 세 단으로 구성되어 있는데 첫 단에는 표제항과 그 오른편에 작은 글씨로 품사 정보가 표시되어 있다. 위의 (1)에서도 ‘Aboyer’라는 표제항과 그 오른편으로 *v.int.*라는 작은 글씨로 적힌 품사 정보가 보인다. 표제항은 대부분 한 단어로 제시되어 있지만, 표제항 아래 줄에 소괄호로 묶은 용례가 제시된 경우들이 있다. (1)에서도 'Aboyer'라는 표제항 아래의 소괄호 속에 '(Le chien aboie)'라는 용례가 제시되어 있다. 용례가 제시된 경우에는 본문의 두 번째 단에서도 그 용례에 대한 뜻풀이를 제공하고 있어, 앞의 예에 대해서는 'ㄱ가짓소'라는 뜻풀이가 제시되었다. 소괄호 속에는 대부분 용례가 제시되지만 간혹 '(Actrice)'와 같이 그 위에 나온 남성 명사 'Acteur'에 대해 여성 명사형을 제시한 경우도 있다.

표제어는 한 줄에 하나씩 제시되는 것이 원칙이지만 그 표제어가 다의어일 때는 하나의 표제어 아랫줄에 'do.'(위와 같음)라고 써서 같은 표제어에 대한 다른 뜻풀이가 오른편 단에 제시될 것임을 알려준다.

품사 분류는 프랑스어가 표제어이므로 당연히 프랑스어의 분류를 따른 것이지만 일부 프랑스어 특유의 것들 외에는 보편적인 면이 공유되므로 뜻풀이에 사용된 한국어 단어들에 대해서도 참조가 될 수 있으며 중의성 해소에도 활용될 수 있다. 먼저 제시된 약어들의 종류와 의미, 그리고 각 품사별 출현 횟수를 제시하자면 다음과 같다.

(6)『법한』 표제어의 품사와 출현 횟수

n.(명사)[7]	*n.m.*	남성명사	1,989	3,922	56.94%
	n.f.	여성명사	1,910		
	n.p.	고유명사	23		
v.(동사)	*v.t.*	타동사	1330	1,668	24.22%
	v.int.	자동사	273		
	v.p.	대명동사	58		
	v.imp	비인칭동사	6		
	v.s.	대칭동사	1		

7 명사는 기본적으로 'n.m., n.f., n.p.'로 나뉘지만 'm.n., n.c., u.m., n.n., v.m.' 등 다양한 오기로 보이는 약어들이 소수의 예에 대해 부여되어 있었다. 모두 프랑스 사전을 확인하여 남성 혹은 여성 명사로 편입시켰지만, 'Hydropique(m.n.), Catholique(u.m.)' 등 오기로 보이는 품사가 부여된 명사들 중 남성이나 여성에 모두 사용될 수 있는 것으로 보이는 명사도 포함되어 있었다. 이 연구에서는 이 두 예는 남성 명사에 편입시켰다.

adj.(형용사)	*adj.*	형용사	872	872	12.66%
adv.(부사)	*adv.*	부사	290	310	4.50%
	loc.adv. / *l.adv.*	부사어구	20		
prep.(전치사)	*prep.*	전치사	37	40	0.58%
	l.prep.	전치사어구	3		
p.r.(대명사)	*p.r.*	대명사	38	38	0.55%
conj.(접속사)	*conj.*	접속사	19	24	0.35%
	l.conj.	접속어구	5		
int.(간투사/감탄사)	*int.*	감탄사	9	9	0.13%
art.(관사)	*art.*	관사	4	4	0.06%
neg.(부정사)	*neg*	부정사	1	1	0.01%
	합계		6,888	6,888	100%

〈도표1〉 품사별 출현 비율

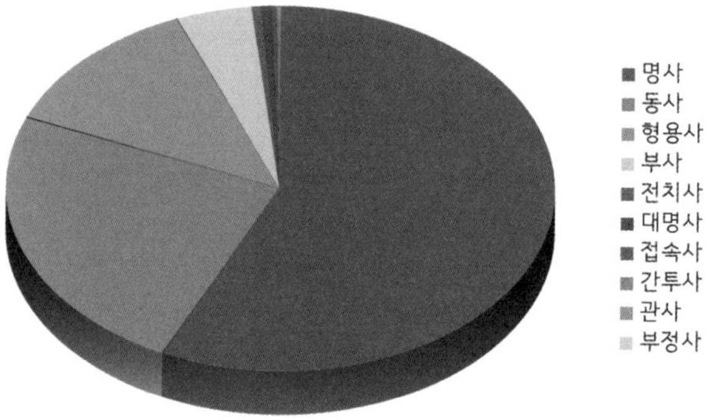

명사가 가장 많고 성에 따라 남성과 여성으로 구별되어 있으며, 남성 명사와 여성 명사에는 각각 복수형인 것들이 12개, 11개 포함되어 있다. 또 다른 명사로는 고유명사가 23개 포함되어 있는데 그것들은 다음과 같다.

(7) France(법국), France(불란셔, 법국 공사관), Japon(일본, 홰국, 일본 공사관), Londres(영국 셔울), Paris(법국 셔울), Péking(북경), Péterbourg(셩 비득), Russie(아라ᄉᆞ국, 아라사 공사관), Seoul(셔울), Vénus(미우 어엿붐)

주로 나라 이름과 수도인데 당시 한국에 영향을 미쳤던 강대국들을 확인할 수 있다. Vénus는 고유명사지만 보통명사적 용법이 올라 있는 것이 흥미롭다.

동사는 *v.t.*, *v.int.*, *v.p.*, *v.imp.*, *v.s.*의 다섯 부류가 나뉘어 있는데 각각 타동사, 자동사, 대명동사, 비인칭동사, 대칭동사인 것으로 판단된다. 타동사가 압도적으로 많고(1,330) 그다음으로 자동사가 많다(273). 재귀대명사를 가진 동사 형태인 대명동사는 프랑스어에 특징적인 것이지만 한국어에서는 일반 자동사에 대응하는 경우가 많으므로 특별한 점이 없다. 비인칭동사는 주로 날씨와 관련된 것으로, '우박, 눈, 비, 천둥'과 관련된 것들이 있고 그 외에 'Souvenir'가 '알아보다'와 '기억하다'의 의미로 올라 있다. *v.s.*는 'être' 동사만이 포함되어 있다. *v.s.*가 정확히 무엇의 약어인지 사전에 제시되어 있지는 않으나 동사에 대한 것이므로 'verbe symétrique'로 추정한 것이다.

동사 다음으로는 형용사(872), 부사(310) 순으로 이어지며, 부사, 전치사, 접속사에는 'l.' 또는 'loc.'가 붙은 것들이 있는데 이것은 하나의 단어가 아니라 둘 이상의 표현이 관용구('locution')를 이룬 경우을 표시하고 있다. 그런 것들을 포함해서, 전치사(40), 대명사(38), 접속사(24)가 이어지고, 간투사(9), 관사(4), 부정사(1)는 극히 적다. 간투사로는 다음과 같은 것들이 올라 있다.

(8) Arrière(뒤에 머물노 계시오), Gare!(죠심), Halte!(서), Hein!(무어 엇지), Hélas!(이고, 오허), Ohé!(여보), Ohé!(여봅시오), Ah!(아)

당시의 대표적인 간투사들을 통해서 당시 언어생활의 단면을 살펴볼 수 있다. 관사로는 다음이 있다.

(9) Du(에) *art.c.*, La *art.d.*, Le *art.d.*, Les *art.d.pl.*

(9)에서 'du'는 'de+le(la)'와 같은 관사 복합체에 준하는 것인데 'art.c.'에서 'c.'가 무엇을 의미하는지 기록으로는 보이지 않는다. 이 글에서는 'article contracté'로 추정해 보는 정도이다. 나머지 'la, le, les'는 모두 *art.d.* 즉 정관사(article défini)이다. 'un(une)'은 '하나'를 뜻하는 남성 명사로 올라 있고 부정관사로 따로 규정되어 있지는 않았다. 마지막으로 부정사 'Ne'에 *neg*라는 별도의 표지를 붙여 구별하고 있는 것을 주목할 만하다. 대개는 부사로 분류할 터이다.

4. 뜻풀이와 용례

뜻풀이는 크게 세 단으로 나뉜 사전 본문의 구성에서 두 번째 단에 배치되어 있다. 앞 단에는 앞서 살펴본 프랑스어 표제항과 품사, 또는 용례에 대한 한국어 해석으로 제공되어 있다. 뜻풀이에 띄어쓰기는 전혀 반영되어 있지 않으며, 용언의 뜻풀이는 모두 하오체('-오', '-소')로 제시되어 있다. 용례도 모두 인사말 등 일상생활에서 매우 빈번하게 사용될 만한 것들이 제시되어 있고 하오체로 제시되어 있는데, 이러한 기획은 이 사전이 어휘 목록의 기능만이 아니라 일상 회화에도 도움을 줄 수 있는 회화집의 기능을 아울러 가질 수 있도록 하고자 한 편집자의 섬세한 의도를 확인할 수 있게 해 준다. 뜻풀이가 둘 이상일 때는 그 사이를 '…'로 구분하고 있다.

(10) Paix	*n.f.*	평안ᄒᆞᆷ… 화친	*Pfieng hane h'ame H'oatchine*
(Dormez en paix		안령이주무시오.	*Halliengni tjou moussio*

⑽의 괄호 속 용례 'Dormez en paix.'는 인사말의 하나이면서 'paix'라는 표제어의 좋은 용례가 되고 있다. 용례의 오른쪽 괄호는 닫히지 않은 예들이 상당히 많다.

뜻풀이는 대체로 프랑스어 단어를 옮긴 한국어 단어를 주석처럼 제시하는 방식이지만, 마땅히 제시할 하나의 단어를 찾지 못했을 때는 몇 개의 단어로 수식-피수식의 관계로 형성된 어구를 제시하기도 한다. 이 연구에서는 당시의 한국어를 오늘날의 한국어로 다시 주석한 단어들을 어절별로 계수하였을 때 '사람'이라는 단어가 압도적으로 많이(179회) 출현하였고, 그 결과를 토대로 실제 뜻풀이에서 '사람, 사ᄅᆞᆷ'을 확인하였을 때는 좀더 많이(183회) 출현하였기에, '사람'으로 끝나는 뜻풀이를 추출하여 뜻풀이의 구조와 『법한』의 내용적 특징의 단면을 엿보고자 한다. 우선 전체를 의미에 따라 몇 가지 유형으로 나누어 살펴보았는데, 엄밀하게 판정하자면 모호한 부분이 있지만 대체로, '사람 일반'을 가리키는 경우, '특정 국가/지역의 사람', '성격/속성별 사람', '직업별 사람', '(일시적)행위/역할별 사람'으로 구분할 수 있었다.

(11) 사람 일반

표제어(7)	뜻풀이	현대한국어 의미
Gens	사람들	사람들, (총칭적) 사람, (특정의) 사람(들)
Groupe	사람몃명	무리, 떼, 집단, 단체, 파
Homme	사람	사람, 인간, 인류, 남자, 성인 남자
On	사람	사람, 인간, 일반 사람들

Personnage	분…사람	(중요한) 인물, 인사, 저명 인사
Personnc	위사람	사람, 자아, 인격
Quelqu'un	엇던사람	어떤 사람, 누군가, (특정한) 사람

유(類)로서의 '사람'('Homme')과 부정대명사 '사람'('On')의 구별할 수 있는 방법을 한국어에서 찾기는 어려웠을 것이며, 'Quelqu'un'은 '엇던사람'으로 구별하고 있다. 특정성을 '엇던'으로 표기하는 것이 적절하다는 직관은 이 당시에도 있었음을 보여준다.

'Groupe'을 '무리, 떼, 집단' 등으로 풀이하지 않고 '사람몃명'과 같이 고유어로 풀이하여 가급적 고유어로 대략적인 개념을 제시하려고 한 노력은 『법한』 뜻풀이 전반에 걸쳐 나타났다. 이런 부분은 당시에 오늘날과 같은 한자어가 없었다기보다는 한자보다 일반인이 쉽게 쓰는 한국어를 최대한 반영하려고 한 사전 집필자의 기획 의도를 보여주는 대목이라고 생각된다. 때로 한자어로 뜻풀이를 하고도 고유어로 풀이한 경우가 간간이 눈에 띄는 것을 볼 수 있다('Patriarche': 셔죠…'오릐산사람' 등). 'Personne'을 '위사람'으로 풀이한 것은 오늘날의 표현과 연결시키기가 쉽지 않아 '위(位) 사람'으로 추정하였다.

표기 면에서는 7종성법에 따라 'ㅅ' 받침이 주로 쓰이고 '어떤'의 고형인 '엇던'이 20세기초까지도 사용되었음을 보여준다. 'ㅆ' 등 된소리를 'ㄸ' 등 각자병서로 쓰자는 안은 1909년 국문연구소의 「국문연구 의정안」이 있었으니 이미 이 시기에도 표기를 고치려는 움직임을 있었을 터이나 『법한』에는 그 이전의 전통이 유지되고 있다.

(12) 특정 국가의 사람

표제어(11)	뜻풀이	현대한국어 의미
Allemand	덕국사람	독일 사람
Américain	미국사름	미국인, 아메리카인

Anglais	영국사람	영국 사람
Autrichien	오국사람	오스트리아 사람
Chinois	청국사람	중국 사람, 중국어
Coréen	됴션사람	한국인
Etranger	외국사람	외국인
Européen	양국사람	유럽 사람
Français	법국사람	프랑스인
Indigène	분국사람	토착민, 원주민
Japonais	일본사람	일본 사람

(12)는 내용적으로 당시 조선에 영향을 미치고 있던 주변 열강들을 확인할 수 있게 해 준다. 이 가운데 'Indigène'를 '분국사람'이라 풀이한 것은 오늘날 사용되는 표현이 아닌데, '본국(本國)'이나 '분국(分局)'이라는 해석이 모두 충분해 보이지 않는다.

'사람'이 '사룸'으로 표기된 예가 183개 표제어 중 중 3회 출현하는 것으로 볼 때 'ㆍ'가 대체로 'ㅏ'로 교체되었으나 'ㆍ'로 써도 크게 어색하게 느끼지 않을 정도로 간간이 섞여 사용되었음을 엿볼 수 있다.

(13) 성격/속성별 사람

표제어(46)	뜻풀이	현대한국어 의미
Ambitieux	욕심잇는사룸	야심가
Artiste	직쥬잇는사람	예술가, 미술가
Avare	닌혼사람	구두쇠, 수전노
Bavard	실업신사람	수다쟁이
Campagnard	덜사람	시골 사람
Célibataire	장가아니든사람	독신자
Consciencieux	양심바른사람	양심적인 사람, 성실한 사람

Débrouillard	발근사람	곤경을 잘 벗어나는(능수능란한, 영악한) 사람
Dupe	속는사람	쉽게 속는 사람
Fainéant	계른사람	게으름뱅이
Fanatique	반ᄒᆞᆫ사람	광신도, 맹신자, 숭배자, 광
Fou	밋친사람	미친 사람, 광인, 광적인 사람
Géant	키큰사람	거인
Génie	신긔ᄒᆞᆫ사람	천재, 운명을 지배하는 영
Hercule	긔운만흔사람	힘이 센 남자, 장사
Homonyme	일홈갓튼사람	동음이의어, 동명이인
Hypocrite	것숨이는사람	위선자, 사이비 신앙인
Idolâtre	불도ᄒᆞ는사람	우상 숭배자, 숭배자, 열애자
Illettré	무식ᄒᆞᆫ사람	문맹자, 무식한 사람
Imbécile	어림업는사람	바보, 얼간이
Imposteur	속이는사람	사기꾼, 협잡꾼, 사칭하는 사람
Ingrat	ᄇᆡᆨ은ᄒᆞᆫ사람	배은망덕자
Malsain	사람살슈업소	건강하지 못한, 병약한, 비위생적인
Mineur	졀문사람	미성년자
Moqueur	희롱ᄒᆞᆫ는사람	남을 비웃는 버릇이 있는 사람
Myope	원시못ᄒᆞ는사람	근시인 사람
Nain	작은사람	난쟁이, 소인증 환자, 하찮은 사람
Optimiste	말조케ᄒᆞ는사람	낙관주의자, 낙천가
Paresseux	게으른사람	나태한 사람, 게으름뱅이
Patriote	부국ᄒᆞᆯᄉᆡᆼ각잇는사람	애국자
Philanthrope	인자ᄒᆞᆫ사람	박애주의자, 자선가, 사욕이 없는 사람
Polisson	몹슬사람	(거리의) 부랑아, 악동, 개구쟁이
Possesseur	가진사람	소유자, 소지자, 알고 있는 사람
Presbyte	원시ᄒᆞ는사람	노안의 사람
Prévoyant	미리보는사람이오	선견지명이 있는, 용의주도한
Prochain	다른사람	이웃, 타인, 불쌍한 사람들
Querelleur	시비ᄒᆞ는사람	싸우기(다투기) 좋아하는 사람

Réactionnaire	완고ᄒᆞ는사람	반동분자
Récidiviste	도로ᄯᅥ러진사람	재범자, 누범자, 같은 잘못을 되풀이하는 사람
Rêveur	ᄭᅮᆷᄭᅮ는사람	몽상가, (경멸)환상가
Saligaud	드러운사람	더러운(지저분한) 사람, 비열한 사람
Savant	유식ᄒᆞᆫ사람	박식한 사람, 교양이 있는 사람
Sèducteur	유인ᄒᆞ는사람	유인하는 사람
Trompeur	속이는사람	거짓말쟁이, 기만자, 사기꾼
Tyran	악ᄒᆞᆫ사람	전제군주, 폭군, 압제자
Vantard	자랑ᄒᆞ는사람	허풍떠는 사람

(13)에서는 사람의 성격이나 속성과 같이 선천적이거나 지속적으로 유지되는 성질을 나타내는 표제어들을 모은 것이다. 당시의 사람들도 오늘날과도 유사하게 사람들의 성격이나 속성을 판단했던 것으로 확인되며 이러한 단어들은 7,000개 정도의 기본 단어에 포함되기에 적절하다고 판단된다. 오늘날과 같이 한 단어로 개념화되지 않아 다소 넓게 정의된 예로는, 'Artiste-ᄌᆡ주잇는사람', 'Débrouillard-발근사람', 'Fanatique-반ᄒᆞᆫ사람', 'Genie-신긔ᄒᆞᆫ사람', 'Malsain-사람살슈업소', 'Prochain-다른사람', 'Récidiviste-도로ᄯᅥ러진사람', 'Tyran-악ᄒᆞᆫ사람' 등이 있고, 오늘날과 다소 다른 시각을 보여주는 예로는, 'Idolâtre-불도ᄒᆞ는사람', 'Imbécile-어림업는사람', 'Optimiste-말조케ᄒᆞ는사람', 'Patriote-부국ᄒᆞᆯᄉᆡᆼ각잇는사람' 등이 있다.

형용사를 서술형, 하오체로 표현한 예들도 몇 포함되어 있는데, 인구어의 형용사가 수식을 담당하거나 계사 뒤에 나타나는 명사형인데도 한국어가 동사형 형용사를 가졌다는 유형론적 특징을 포착하였고, 또한 당시 대등한 높이의 화계에서 주로 하오를 했다는 점을 반영하여 하오체로 표현한 점은 오늘날 한국인들이 사전을 제작할 때 관형형을 기준으로 하는 것과 반대되는 배려를 보여준다는 점에서 흥미롭다.

표기상의 특징으로는 연철 표기 '실업신, 발근, ᄯᅥ러진 등'이 남아 있지만

'것쑴이는, 속이는, 작은' 등과 같이 분철한 예들도 보인다. 이중모음이 남아 있는 경우로 'ᄌᆡ쥬잇ᄂᆞᆫ, 신긔ᄒᆞᆫ, 사람살슈업소, 졀문사람' 등이 있다. '닌ᄒᆞᆫ사람'은 '인(吝)한 사람'이라는 뜻으로 '吝(아낄 린)'을 '닌'으로 적은 것으로 보아 'ㄹ → ㄴ'만 적용되고 'ㄴ → ∅'의 단계가 적용되지 않은 예를 보이고 있다.

표제어(60)	뜻풀이	현대한국어 의미
Acteur	탈쓰는사람	배우
Afficheur	고시붓지는사람	부착자, 부착물 광고업자
Barbier	슈염싹는사람	턱수염을 깎는 사람
Chanteur	노릐ᄒᆞᄂᆞᆫ사람	가수, 노래 부르는 사람
Coiffeur	머리단장ᄒᆞ는사람	이발사, 미용사
Collectionneur	도최ᄒᆞ는사람	수집가
Commandant	식이는사람	지휘관, 사령관
Comptable	회계ᄒᆞ는사람	회계원
Conducteur	인도ᄒᆞ는사람	안내자, 지도자, 감독
Constructeur	진는사람	건설자, 제작자, 건축가
Contrebandier	세물지안는사람	밀수업자
Contrôleur	상고ᄒᆞ는사람	검사관, 통제장치, 감찰관
Copiste	벽기는사람	필경사, 모방자, 서기
Cuisinier	밥짓는사람	요리하는 사람, 요리사
Danseur	춤추는사람	무용가, 댄서, 춤추는 사람
Déchargeur	내여ᄇᆞ리는사람	하역 인부, 짐부리는 기계
Délégué	쏍는사람	대표자, 행정관 대행
Douanier	ᄒᆡ관사람	세관원, 세관 관리
Econome	져룡ᄒᆞ는사람	회계, 경리 담당, 대귀족의 집 관리인
Ecorcheur	살겁질벗기는사람	가죽을 벗기는 사람
Ecrivain	글시쓰는사람	서기, 대서인, 작가
Escamoteur	잡술ᄒᆞ는사람	요술꾼, 소매치기
Espion	터지ᄒᆞ는사람	간첩, 스파이, 비밀 정보원

Explorateur	탐지ᄒᆞ는사람	탐험가, 탐사자
Fabricant	ᄆᆞᆫ드는사람	제조인, 제조업자
Farceur	속여희롱ᄒᆞ는사람	어릿광대, 희극배우, 익살꾼
Filateur	실짯는사람	방적(제사) 공장 주인, 방적공, 제사공
Fournisseur	진ᄇᆡᄒᆞ는사람	납품업자, 납품업체, 공급자
Gardien	직히는사람	소(말) 지키는 사람
Géomètre	지술ᄒᆞ는사람	기하학자, 측량기사
Graveur	ᄉᆡᆨ이는사람	조각가, 판화가
Guide	길가르치는사람	안내인, 가이드, 인도자
Historien	니야기ᄒᆞ는사람	역사가, 역사학자
Importateur	항구로드려오는사람	수입업자
Intendant	살임맛흔사람	경리직원, 경리관, 집사
Laboureur	농부...밧가는사람	경작인, 농부
Législateur	법셰우는사람	입법자, 규칙 제정자
Mécanicien	ᄀᆡ계쓰는사람	기계공, 정비사, 기관사
Meunier	가로만드는사람	제분업자, 방앗간 주인
Mineur	졈에잇는사람	광부, 공병
Musicien	풍뉴ᄒᆞ는사람	음악가, 작곡가, 악사
Papetier	종의파는사ᄅᆞᆷ	제지업자, 종이 장수, 지물상
Paysan	식골사람	농부, 농민, 시골뜨기, 촌놈
Pêcheur	어부...낙시질ᄒᆞ는사람	낚시꾼, 어부, (조개 따위의) 채취꾼
Percepteur	세밧는사람	세무 관리, 세리, (벌금 따위의) 징수관
Photographe	화샹박는사람	사진사, 사진 기사
Pilote	ᄇᆡ인도ᄒᆞ는사람	조종사, 비행사, 물길 안내인
Poète	시짓는사람	시인, 여류 시인
Potier	호쥬...그릇만드는사람	도기 제조(판매)인
Préteur	빌니는사람	돈을 꿔주는 사람, (직업적인) 대금업자
Sculpteur	ᄉᆡᆨ이는사람	조각가
Sonneur	죵치는사람	종치는 사람, 나팔 부는 사람, 나팔수
Statue	셕샹...돌사람	상, 조상, 입상

Tireur	춍놋는사람	사수, 사격수
Tisseur	짜는사람	직조공, 방직공
Titulaire	직한는사람	정식 임용자, 소지자
Tuteur	가르치는사람	지도 교사
Usurier	취리ᄒᆞ는사람	고리대금업자, 탐욕스러운 사람
Vendeur	파는사람	파는 사람, 판매인, 상인
Vérificateur	사실ᄒᆞ는사람	검사관, 검사원, 점검자

(14) 직업별 사람

⒁의 직업별 사람은 오늘날과는 현저히 차이가 있는, 19세기 말에서 20세기 초로 접이들던 당시의 직업 유형과 생활상을 보다 가까이 느낄 수 있게 해 준다. 'Acteur(배우)'를 '탈 쓰는 사람', 'Afficheur(부착물 광고업자)'를 '고시(告示) 붙이는 사람', 'Géomètre(기하학자)'를 '지술(地術)하는 사람', 'Historien(역사가)'를 '이야기하는 사람', 'Pilote(조종사)'를 '배 인도하는 사람' 등으로 풀이하고 있어 같은 직업 개념이라도 오늘날과는 다른 원형을 떠올리고 있음을 보여준다.

무엇보다도 ⒁가 직업과 관련하여 7,000개 안쪽의 기본 어휘 선택에 포함되어 있다는 것은 그러한 직업들이 당시 사람들의 생활 속에서 자주 접할 수 있는 것임을 보여준다는 데서 목록을 접하는 것만으로도 의미가 있다. 'Filateur(실 잣는 사람)', 'Gardien(소/말 지키는 사람)', 'Meunier(가루 만드는 사람)', 'Sonneur(종 치는 사람)' 등이 오늘날에는 쉽게 접할 수 있는 직업이나 역할이 아니니 말이다.

오늘날 거의 사용되지 않는 단어들이 눈에 띄는데, '도최하다('도취(都聚)'로 추정됨)', '상고(詳考)하다', '저룡하다('절용(節用)하다)', '터지하다(탐지(探知)하다?)', '진배(進排)하다', '호쥬(도기 제조소의 장)', '직하다('직(職)하다'로 추정)', '사실(査實)하다' 등이 있다. 이러한 단어들의 구체적 용법을 확인하기 위해서는 고유어만이 아니라 한자어에 대해서도 폭넓은 문헌을 데이터베이스화하고 변화 과정을 추적하는 연구가 필요할 것이다.

고유어의 경우에도, 『우리말샘』으로 추적되는 것이 아닌 형태들이 출현한다. '붓지다', '식이다', '벽기다', '쌋다' 등 다양한 형태를 확인할 수 있어 사전 전체에 걸쳐 흥미로운 이형태들이 많이 담겨 있다. '잔는', '안는'은 음운규칙(비음화, 'ㅎ'탈락)의 결과가 그대로 표기에 반영된 예이다.

표제어(58)	뜻풀이	현대한국어 의미
Acheteur	사는사람	사는 사람, 구매자
Aide	돕는사람	조수, 보조자
Assassin	살인ᄒᆞᆫ사람	암살자, 자객, 살인자
Assistant	돕는사람	조수, 보좌인, 조교
Civilisateur	ᄀᆡ화ᄒᆞ는사람	문명화(개화) 촉진자
Commençant	시쟉ᄒᆞ는사람	초심자, 초학자, 초보자
Commissionnaire	심부럼ᄒᆞ는사람	중개인, 심부름꾼
Complice	모의ᄒᆞ는사람	공모자, 짝패
Conservateur	보젼ᄒᆞ는사람	보관인, 관리자, 보수주의자
Consolateur	즐겁게ᄒᆞ는사람	위로하는 사람, 위안자
Démissionnaire	사직ᄒᆞ는사람	사표를 낸 사람
Dénonciateur	구초ᄒᆞ는사람	고소인, 밀고자
Distributeur	ᄂᆞᆫ화주는사람	분배자, 판매기, 공급기
Dompteur	길디리는사람	(짐승을) 길들이는 사람, 정복자
Empoisonneur	사약ᄒᆞ는사람	독을 넣는 사람, 독살자
Emprunteur	비러가는사람	차용자, 돈을 꾸는 사람
Entrepreneur	주션ᄒᆞ는사람	기도(企圖)하는 사람, 기획자
Exilé	귀향간사람	추방자, 망명자
Faux-monnayeur	사쥬전ᄒᆞ는사람	화폐 위조자, 위선자
Fondateur	셜시ᄒᆞ는사람	창설자, 시조, 설립자
Fuyard	피란ᄒᆞ는사람	도망하는 사람

Gagnant	타는사람	승자, 당첨자, 승마
Habitant	거ᄒᆞ는사람	주민, 거주자
Homicide	살인ᄒᆞᆫ사람	살인범, 살인자
Incendiaire	불지르는사람	방화자
Insulteur	욕ᄒᆞ는사람	모욕하는 사람
Inventeur	발명ᄒᆡ내는사람	고안자, 창조자, 발견자
Locataire	셰든사람	세든 사람, 하숙인, 임차인
Loueur	셰주는사람	임대업자
Mangeur	먹는사람	먹는 사람(짐승), 낭비가
Massacre	살육…사람홈몰식킴	살육, 학살, 도살
Massacrer	사람홈몰식키오	살육하다, 학살하다
Médiateur	거간ᄒᆞ는사람	조정자, 중재인, 중개자
Médisant	훼방ᄒᆞ는사람	비방하는(헐뜯는) 사람
Observateur	살피는사람	관찰자, 입회인, 참관인
Oppresseur	누르는사람	압제자, 독재자
Orateur	입지쥬잇는사람	연설가, 웅변가, 연사
Pacificateur	안민ᄒᆞᆫ사람	평화롭게 하는 사람, 평정자, 중재자, 조정자
Parasite	으더먹으로단인는사람	식객, 기식자, 기생충 같은 존재
Passager	션긱…ᄇᆡ가온ᄃᆡ사람	(배, 비행기, 차의) 승객
Patineur	어름지치는사람	스케이트 타는 사람
Patriarche	션죠…오ᄅᆡ산사람	족장, 가장, 원로, 장로
Permutant	상환ᄒᆞ는사람	교대자, 교대병
Perturbateur	수션써는사람	교란자, 방해자
Pestiféré	염병알는사람	페스트 환자
Pétitionnaire	샹소ᄒᆞ는사람	청원(탄원)자
Possesseur	가진사람	소유자, 소지자, 알고 있는 사람
Prisonnier	가친사람	포로, 죄수, 수인, 복역자
Promeneur	소풍ᄒᆞ는사람	산책자, 산보하는 사람
Protecteur	보호ᄒᆞ는사람	보호자, 옹호자, 후원자
Rèsident	거ᄒᆞ는사람	거류민, 외국인 체류자

Séducteur	쇠이는사람	유혹하는 사람, 타락시키는 사람
Sèducteur	유인ᄒᆞ는사람	유인하는 사람
Supérieur	웃…웃사람	상급자, 상관
Supplicié	형벌밧는사람	사형당한 사람
Témoin	목도ᄒᆞ는사람	증인, 입회인, 목격자
Traître	고변ᄒᆞᆫ사람	배반자, 반역자, 매국노
Vainqueur	익인사람	승리자, 정복자, 극복한 사람
Voisin	이웃사람	이웃(사람), 가까이 있는 사람

(15) (일시적) 행위/역할별 사람

⒂는 직업과 같이 장기적이고 지속적인 일이 아니라 일시적인 행위나 역할과 관련된 사람의 분류이다. 이 예들을 통해서도 조선 말기, 대한제국을 선포(1987)한 당시의 생활상을 관찰하기에 유용하다.

'Consolateur(위로하는 사람)'은 '즐겁게ᄒᆞ는사람'으로, 'Parasite(식객, 기식자)'를 '으더먹으로단인는사람'으로, 'Patriarche(족장, 원로, 장로)'를 '선죠…오릭산사람'으로 옮긴 것 등 한자로 개념화된 말이 있을 수 있겠으나 고유어로 풀어서 풀이한 예들이 흥미롭다.

'구초(口招)하다', '사약(賜藥)하다', '사주전(私鑄錢)하다', '설시(設始)하다', '함몰(咸沒)', '고변(告變)하다' 등 오늘날 잘 쓰이지 않는 한자어들이 나타나며, 'Traître(반역자)'의 경우는 '고변ᄒᆞᆫ사람'이라 풀이하고 있는데, '고변하다'의 오늘날의 의미는 '반역행위를 고발하다'이므로 그 뜻대로 '고변ᄒᆞᆫ사람'을 이해한다면 '(사람들이) 고변한 사람'과 같이 그 반역자가 '고변하다'의 목적어가 되는 것으로 이해해야 할 것이다.

'길디리다(길들이다)', '으더먹다(얻어먹다)'처럼 어법에 맞춘다면 분철해야 할 것을 연철한 경우도 있고, '익이다(이기다)'와 같이 전혀 분철할 이유가 없는 하나의 형태소 내에서의 과도한 분철도 눈에 띈다. 아직 정서법이 태동하기 전이므로 어휘적 변이형만이 아니라 표기적 변이형이 다양하게 존재함을 확인할 수 있다.

용례는 용례라고 말하기 어려운 것들을 제외하면 6백여 개 정도 되는데 앞서 언급했듯이 일상 회화에 활용할 수 있는 간단한 표현들이 수록되어 있다. 여기서는 물음표(?)와 느낌표(!)가 포함된 것들만을 추출하여 제시함으로써 구체적인 논의 못지않게 실제 예시들을 통해 사전의 기획 의도와 뜻풀이 방식을 직접 보이고자 한다.

예문	뜻풀이
quel âge avez-vous?	나히얼마시오
Où allez-vous?	어듸가시오
Quand irez-vous?	은제가겟소
Où est la lègation d'Amérique	미국공사관어듸잇소
Avez-vous appetit?	맛시잇소
Quand arrivera?	언제니르겟소
Pourquoi attendez-vous?	웨기다리요
En avant! marche	압으로가
Il y en a-t-il?	잇소?
Aurez-vous bientôt fini?	미구에맛치겟소
Combien de crayons avez-vous?	연필이얼마나잇소
Comment ferez-vous?	엇더케ᄒᆞ려시오
Comment le savez-vous?	엇지그것슬아시오
Comprenez-vous?	아라드르시오
Connaissez-vous cet homme?	이사람을아시오
que demandez-vous?	무엇달나시오
Combien avez-vous dépensé?	돈을얼마나허비힛소
Le diner est-il prêt?	저녁밥이됫소
Où est-allé mon domestique?	내하인어듸갓소
Avez-vous entendu?	노형이드럿소
Qui l'a envoyé	누구가보냇소?

Est ce que?	그럿소
Avez-vous faim?	시장ᄒᆞ시오?
Que faites-vous?	무엇ᄒᆞ시오
Faut-il (Que faire?	무엇슬ᄒᆞ릅시오
A la fois!	한겁에
Fumez-vous?	담ᄇᆡ잡수시오
Etes-vous guéri?	병이낫소
où habitez-vous?	어듸살으시오
Où est l'hotel francais?	법국주막이어듸오
Votre maître est-il ici?	주인여긔잇소
carte d'Avez-vous reçu une invitation?	노형이청쳡ᄒᆞ나를밧으셧소
Etes-vous malade?	알으시오
Avez-vous mangé?	밥잡수섯소
quelle heure est-il?	무슨시오
Quel est votre nom?	일홈이모어시오
Etes-vous occupé?	분주ᄒᆞ시오
Oùest-il?	어ᄃᆡ잇소
Où étiez-vous?	어ᄃᆡ잇셧소
Où allez-vous?	어ᄃᆡ가시오
Par oŭ taut-il paser?	어ᄃᆡ로지나는것시맛당ᄒᆞ오
qu'avez-vous perdu?	무어슬일허바렷소
Où est la poste coréenne?	도션우편국이어듸요
Quand viendrez-vous?	언제오겟소
Qui est là	누구시오
(Quiêtes-vous	뉘시오
Quiest-venu?	누가왓소
Qui a apporté cela?)	이것누가가져왓소
Pourrez-vous racommoder cela?	이것슬능히곳치겟소
Quand avez-vous reçu ma lettre?	언제내편지를밧으섯소
Avez-vous rencontré M. Kim?	김셔방을맛나보섯소
Combien vous reste-t-il?	노향게얼마나머소
Pourquoi riez-vous?	웨웃스시오
Quel est le nom de cette rue?	이길일홈이무어시오

A quoi cela sert-il?	이것시무어셰쓰는것시오
Etes-vous sourd?	귀먹엇소
Pourquoi ne travaillez-vous pas?	웨일아니ᄒᆞ시오
qu'avez-vous trouvè?	무엇슬웃덧소
Vendez-vous du bois?	나무파시오
Vien sici!	이리오너라
Quand etes-vous venu?	언제옷셧소
Il y a-t-il un visiteur?	손님잇소
L'avez-vous vu?	그것슬보셧소
Voulez-vous?	원ᄒᆞ시오
Voulez-vous aller?	가기를원ᄒᆞ시오
Est-ce vrai?	춤말이요

(16) 『법한』 예문 중 물음표(?)와 느낌표(!)를 가진 것들

⒃은 용례 문장들 가운데서는 비교적 길고 일상 회화에도 쓰일 만한 대표적인 것들을 보여준다. 예문은 대체로 대문자로 시작해서 물음표나 느낌표로 마쳐지지만 그렇지 않은 예도 간혹 눈에 띄며, 한국어 뜻풀이에서는 그러한 문장 부호를 대체로 생략하였지만 그렇지 않은 예도 있다. 예외적인 것들은 의도한 것으로 보이지 않으므로 오기로 보아도 될 것이다.

같은 사전 내인데도 '왜'가 '웨'로, '언제'가 '은제'로, '어디'가 '어듸/어ᄃᆡ'로 실현되는 등 충분히 일관성이 기해지지 못한 예들이 보이는데 다양한 이형태의 사용은 프랑스인이 한국어를 들은 대로 전사한 경우가 많음을 보여주는 것으로 판단되며, 아직 정서법이 통일되기 전이므로 같은 책 속에서도 적극적인 통일 노력은 보이지 않는다.

5. 로마자 표기

『법한』에서는 표제어+품사 정보, 뜻풀이, 로마자(프랑스어식) 표기가 사전 본문의 각 단에 배치되어 있으므로 여기서 말하는 로마자 표기는 본문의 오른편에 배치된 내용을 말하는 것이며 그 왼편에 제시된 뜻풀이에 해당하는 대역어를 그대로 로마자로 전사한 것이다.

뜻풀이를 로마자로 전사한 내용은 단순히 말하자면 2장의 (2)에서 제시한, 각 한글 자모의 로마자 표기를 그대로 대응시킨 것이 되어야 하겠으나 실제 전사된 내용을 살펴보면 그 외에도 추가적인 규칙이 있는 것으로 보인다. 특히, 한국어 뜻풀이 부분에는 띄어쓰기가 없으나 로마자 표기 부분에는 띄어쓰기가 있다. 따라서 우리는 『법한』이 로마자 부분에 대해 띄어쓰기를 하는 기준을 확인할 필요가 있다. 여기서는 앞부분에서부터 살펴나가면서 관찰되는 기준들을 제시하고 뒷부분에서도 그러한 원칙이 일관되게 지켜지는지 확인하기로 하겠다.

우선, 조사나 어미는 띄어 쓰지 않는다.

(17) ㄱ. 버림 - Paurime
ㄴ. 버리오 - Pauriho
ㄷ. 긔가짓소 - Kaika tjisso

그 외에는 붙여 쓰는 것이 읽기에 혼동을 줄 수 있는 경우는 모두 띄어 쓴다.

(18) ㄱ. 나무벼뉘오 - Namou piaunuho
ㄴ. 종긔 - Tjong keui
ㄷ. 젼위ᄒᆞ오 - Tjaune houi h'aho
ㄹ. ᄯᅦ벌 - Ttei paul
ㅁ. 미화ᄒᆞ오 - Mih'oa h'aho

ㅂ. 혁파하오 - H'iaukpfa h'aho

처음에는 띄어 쓴 것이 단어나 어근의 자격을 가진 것과 그렇지 않은 것은 띄어 써서 구분하려 한 것으로 추정하였으나 (18ㄷ,ㅂ)을 비교해 보면 특별히 그러한 기준이 있지는 않다는 것을 알 수 있다. 한자어인 '전위'는 글자별로 띄어 썼지만 '혁파'는 그렇게 하지 않은 것을 볼 때, 물론 '전위'를 'Tjaunu'나 'Tjaun-houi'로 쓰지 않고 'Tjaune houi'로 쓴 데는 '전(傳)'과 '위(位)' 각각의 글자에 대한 인식이 있다고 보겠으나 '혁파'를 띄어 쓰지 않은 것은 띄어 쓰지 않아도 각 음절이 잘 구별되기 때문일 것이므로, 언어 단위의 경계를 인식하였다기보다는 혼동의 여지가 있느냐 없느냐에 따라 띄어쓰기를 편의적인 용도로 사용하고 있음을 알 수 있다.

다음으로, (17ㄱ)의 'Paurime'이나 (18ㄷ)의 'Tjaune' 등과 같이 음절이 자음으로 끝날 때 소리 나지 않는 'e'를 추가하고 있다. 그런 자음으로는 'm', 'n' 외에 'k(덕국 - Tauk kouke)', 'l(물 - Moule)', 'p(돕는사람 - Tope neune sarame)', 'r(값덜홈 - Kape taure h'ame)', 't(못ᄒᆞ오 - mote h'aho)' 등이 있으니 7종성 중 'o'(ng) 외에는 모두 가능하다는 뜻이다. 이 'e'는 이 받침들이 이어지는 소리에 의해 변동되지 않고 그대로 발음될 경우 그런 점을 표시하는 정도의 기능을 가진 것으로 보인다.

셋째로, 음가 없는 'h'의 활용과 생략에 대해서도 언급할 필요가 있다. (2)에서는 모든 모음 앞에 'H'를 넣어 그 모음이 자음 없이 발음될 경우 그 음절이 초성이 없이도 독립적으로 쓰일 수 있음과 앞 음절과 구별되는 경계를 가짐을 표시하는 장치일 터인데, 실제로는 그 'H'가 늘 나타나는 것은 아니라는 점이다. 이 점은 채완(2012)에서도 지적하고 있는 것으로, 그는 '인이한('Hinai h'ane')', '검의('Kaumeui')', '작은('Tjakeune')' 등의 경우에 선행 자음이 모음의 초성으로 넘어오기 때문에 이와 같은 경우에는 "음절 경계에 혼란을 주지 않을 경우에는 묵음 'h'를 표기하지 않은 것"으로 보았다.

6. 부록

본문이 359쪽까지 이어진 뒤, 360쪽부터 374쪽까지 15쪽에 걸쳐서 부록이 이어진다. 부록의 구성은 '내각' 혹은 '정부 부처'를 뜻하는 'Ministères'가 360쪽에 배치되어 있고, 그다음으로 '고유어 양수사(Nombres Cardinaux Coréens purs)'가 두 쪽(361-362)에 걸쳐 있고, 이어 '한자어 기수사(Nombres Cardinaux Sinico-Coréens)'가 두 쪽(363-364)에 걸쳐 소개된다. 그다음 쪽(365)에서는 '고유어 서수사'와 '한자어 서수사'의 파생 방식을 예시해 주고 있다. 이어 도량형(Poids et mesures)이 한쪽 남짓(366-367) 소개되고, 바로 이어 통화 화폐 단위가 한쪽 남짓(367-368) 설명되어 있다. 369-374쪽에서는 '냥, 젼, 돈, 푼'의 상세한 환산표를 제시하고 그 교환 가치를 설명하고 있다. 알레베크 자신이 한국과의 무역 중개역을 담당했고 한국에서 여러 해 체류하면서 느꼈을 것처럼, 외국인, 특히 프랑스어 모어 화자로서 한국 생활에 필요한 매우 실질적인 정보들을 선별하여 부록에 담은 것이다.

정부 부처로는 '외부, 농상공부, 탁지부, 군부, 학부, 닉부, 법부, 궁닉부, 통신국, 진보샤, 경무경('경무쳥'의 오기로 보임), 관보과'의 12개 부처 명칭이 실려 있다.

고유어 양수사는 'ᄒᆞ나, 둘, 셋, 넷, 닷삿, 여ᄉᆞᆺ, 일곱, 여닯, 아홉, 열'의 10개에다가 '열ᄒᆞ나'로부터 '스물셋'까지 13개, 이어 '셜흔, 마흔, 쉰, 예슌, 일흔, 여든, 아흔' 7개 해서 도합 30개를 제시함으로써 대략적인 용법을 가늠할 수 있게 하였다. 고유어 양수사 항목들 아래에는 'ᄒᆞ나'부터 '아홉'에 해당하는 축약형(abréviations)이라 하여 '한, 두, 세, 네, 닷, 엿, 일, 여, 아'를 쓴다는 설명이 덧붙어 있다. 이것들은 축약형이기도 하겠으나 당시에도 오늘날과 같이 주로 관형사형이었을 것으로 보인다. '일, 여, 아'는 어떠한 용법이 있는지는 『법한』 내에서는 확인되지 않는다.

한자어 양수사로는 '일, 이, 삼, ᄉᆞ, 오, 륙, 칠, 팔, 구, 십, 십일, 십이, 십삼,

십사' 14개에, '이십, 이십일, 이십이, 이십삼'(4개), '삼십, 삼십오'(2개), 'ᄉᆞ십, 오십, 륙십, 칠십, 팔십, 구십'(6개), '빅, 이빅, 삼빅'(3개), '쳔, 이쳔'(2개), '만, 이만'(2개), '억, 이억'(2개), '죠', '경' 도합 37개를 제시하고 있다. 'ᄉᆞ'와 '십사'에서 '4'의 모음이 'ㆍ'로나 'ㅏ'로도 쓰인 것이 눈에 띄며, '억, 죠, 경' 등 실생활에 쓰였을 법하지 않은 단위까지 제시된 점이 특기할 만하다. 이 숫자들 아래에는, 인쇄의 편의상 수사를 왼편에서 오른편으로 표기하였으나 실제로는 둘 다 위에서 아래로 쓰인다는 보충 설명이 덧붙어 있다.

고유어 서수사는 '첫...첫지, 둘지, 셋지, 넷지, 열지, 열ᄒᆞᆫ지, 열둘지, 스무지, 빅지'까지 9개, 한자어 서수사로는 '뎨일, 뎨이, 뎨삼, 뎨ᄉᆞ, 뎨십, 뎨십일, 뎨이십, 뎨빅'의 8개가 수록되어 있다.

도량형과 화폐에 대해서는 말로 비교적 상세히 설명되어 있다. 무게의 단위로는 '근(斤)'을 'livre(파운드)'에 해당하는 것으로 보고 1근이 600그램쯤 되며, 16냥(兩)('녕'으로 쓰인 것은 오기로 보임)/온스(once)로 나뉜다고 기술하고 있다. 한국 1온스의 무게는 서울에서 38그램인데, '서울에서'라고 한 것은 미터법이 생기기 전의 프랑스처럼 도(province)마다 도량형이 다르기 때문이라 한다.

무게 다음으로는 용적에 대해 설명하는데, 용적을 재는 것은 '말(斗)' 즉 'boisseau'만이 언급할 만 한데 서울의 소매상들은 '반 말'을 주로 쓴다고 하였다. 서울에서 80킬로그램짜리 쌀 한 자루('섬')는 20말을 포함하며, 쌀로 만든 증류주(eau-de-vie)는 작은 잔으로 세고 쌀로 만든 양조주(vin)는 그보다 조금 큰 잔으로 센다고 하였다.

그다음으로는, 높이와 깊이는 사람의 키로 잰다고 하고, 포목은 한 '자(尺)'가 52cm인데, 판자나 목재일 때는 더 길게 치고, 명주의 경우는 42cm밖에 안 되며, 명주실일 때는 37cm로 줄어든다고까지 상세히 기술하고 있다.[8]

다음은 넓이다. 집의 넓이를 잴 때는 '간(間)'을 쓰는데, 간 넓이는 1m 80

8 표기는 'om. 52' 등과 같이 되어 있어 처음엔 'om.'을 'cm.'의 오기로 이해했으나, 다른 미터 단위를 표시할 때 1 m. 80, 2 m. 50과 같은 순서로 표기하는 것으로 보아 'cm.'를 숫자보다 앞에 쓰는 방식은 맞지 않는다. 그보다는 '0 m.'에서 온 것으로 판단하는 것이 개연성이 높아 보인다.

에서 2m 50까지의 다양한 정사각형 공간이며, 밭, 정원, 논은 소가 하루에 갈 수 있는 면적으로 측정된다 하였다.

도량형 가운데는 마지막으로, 거리에 대해서는, 길은 '리(里)'로 재는데 1리는 대략 500미터지만 서울에서 멀어질수록 더 길어진다고 하였다.

다음으로는 화폐 단위인데 『법한』은 이에 대해 매우 상세히 설명하고 있다. 당시 상거래를 위한 한국 돈은 구리로 만든 엽전 '푼(分)', 청동으로 만든 동전 '젼(錢)', 작은 니켈 화폐인 '빅동하분'의 세 가지밖에 없었다고 한다. 그렇게 서술하고 이어 "'원(圓)'이나 '푼'도 있었으나 한국인들은 일본 돈을 선호했다"라고도 한다. (『법한』에서 이렇게 '푼'을 한 번 더 쓰고 있지만 두 번째 나온 '푼'은 '냥(兩)'의 오기로 보인다.) 1젼은 5푼, 1빅동하분은 5젼의 가치가 있었고, 한국 돈이 무역 수요에 불충분해서 개항장에서는 일본 화폐를 사용하였다는 것이다.

당시 한국에서 통용되던 일본 돈은 주로 은화인 '엔(yen)'으로 일본에서는 1898년 4월 1일부터 유통되지 않았지만 한국에 있는 일본 은행에서는 4~6%의 손해를 보는 조건으로 받아주었고, 일본 은화에 비해 한국 은화(젼과 빅동하분)는 가격에 따라 30~40% 손해를 감수해야 했다고 쓰고 있다. 이러한 설명을 통해 당시 일본이 을사늑약을 앞둔 시점에서 한국이 경제적으로 일본의 강한 영향을 받고 있었음을 알 수 있다.

『법한』의 마지막 부분인 369-374쪽에서는 '냥-젼-돈-푼'의 상세한 환산표를 제시하고 있다. 이 환산표가 복잡한 것은, 당시 한 푼(sapeque)의 5분의 1에 불과한 작은 푼 단위가 이전에 있었고 그 작은 푼은 더 이상 쓰이고 있지 않지만 한국인들은 작은 금액을 세는 오래된 공식을 계속 유지해 왔다고 설명하고 있다. 즉, 한 푼을 '오푼'이라 부르고, 두 푼을 '한돈', 세 푼을 '한돈오푼' 등으로 세는 관행이 남아 있었다는 것이다. 그렇게 되면 1젼은 5푼, 그 5푼은 작은 푼 단위로 다시 '두돈오푼'이 된다. 이때 앞의 '푼'과 뒤의 '푼'이 같은 단위가 아니어서 혼동을 주는 것이다. 그렇게 1냥은 5젼, 5젼은 25푼, 25푼은 다시 '열두돈오푼'으로 환산된다는 식이다.

그렇게 작은 단위에 대해 369-370 두 쪽을 할애하고, 다시 더 큰 단위들에 대한 설명을 371 한 쪽에 할애하고 372-374에 걸쳐 그에 대한 예시가 제시된다. '한냥'은 4젼이고 5젼이 되면 '한냥두돈오푼', 6젼이 되면 '한냥판', 7젼은 '한냥일곱돈오푼', '두냥'은 8젼이 되는 것과 같은 방식으로 '열닷냥'까지 예시하고 이어 '열일곱냥닷돈', '스물냥', '스물두냥닷돈', '스물닷냥', '셜흔냥', '셜흔닷냥', '마흔냥', '마흔닷냥', '쉰냥'으로 이어져 끝은 맺는다. 이러한 마지막 자료는 1900년 당시 한국 통화 단위의 가치를 생생하게 느낄 수 있게 해 주는 유용한 자료 가운데 하나일 것이다.

7. 맺음말

이 글에서는 1901년 프랑스인 알레베크가 편찬한, 최초의 불한사전 『법한』의 전체적인 내용을 책의 구성에 따라, 서문, 자모, 본문(표제항과 품사, 뜻풀이와 용례, 로마자 표기), 부록의 순으로 나누어 살펴보았다. 서문에 따르면 불완전한 상태이나마 한국에 사는 프랑스어 화자들과 프랑스어를 배우고자 하는 한국인들에게 도움을 줄 필요가 절실한 상황이었음을 이해할 수 있다. 또한 『법한』은 편찬자가 종교인이 아니라 무역업자이자 언어 교사였던 점에서 당시의 다른 자료들보다 실생활에 가까운 자료를 많이 담고 있으며, 소사전이지만 어휘 수가 적지 않다는 점에서 국어사적으로 연구 가치가 높음을 알 수 있었다.

자모와 관련해서, 11개의 모음자와 14개의 모음자, 그리고 12개의 이중 모음자, 음가 없는 'ㅇ'의 활용으로부터 유음화, 두음법칙, 평폐쇄음화 등 한국어의 발음을 바라보는 프랑스인의 시각에 대해 살펴보았다. 아울러 위의 자모에 경자음 5개를 더한 42개 자모에 대해 『법한』의 한국어 뜻풀이 부분에서 사용된 빈도를 조사하여 그러한 결과에 대해 해석해 보았다.

본문으로 들어가, 표제항과 품사에서는 그 제시 방법에 대해 살펴보았고,

표제어 품사의 종류와 출현 횟수를 기계적으로 확인하여 각 품사별 특성과 특기 사항을 검토해 보았다. 프랑스어 표제어에 대한 것이지만 문법적 기능에 따른 단어의 분포를 확인함으로써 뜻풀이에 사용된 한국어에 대해서도 충분히 가늠해 볼 수 있었다.

뜻풀이와 용례에서는, 그 제시 방법들에 대해 살펴보았고, 『법한』에 실린 뜻풀이에는 띄어쓰기도 없고 고어 표기로 되어 있어 통계를 구하기 어려웠지만 현대어로 주석을 단 부분에서 어절들의 출현 횟수를 계수하였고, 그 과정에서 압도적으로 많이 출현한 '사람'이라는 뜻풀이를 가진 사전 항목들을 추출하여 그 언어적 특징을 분석해 보았다. 용례는 일상 회화에도 활용될 수 있는 간단간단한 문장들이 주로 수록되어 있었는데, 이 글에서는 6백여 개의 용례 중 물음표와 느낌표를 가진 것들을 추출하여『법한』용례의 특성을 보임과 동시에 그 뜻풀이로 쓰인 한국어의 특징을 검토하였다.

로마자 표기법은 우리말 뜻풀이를 프랑스식 로마자로 전사한 내용에 대한 것이다. 흥미롭게도 한국어 뜻풀이에는 띄어쓰기가 없는데 로마자 표기에는 띄어쓰기가 있어 그 기준에 대해 살펴보았고 음절말 'e' 표기나 음가 없는 'h'의 활용과 생략에 대해서도 논의하였다.

부록에는 정부 부처, 수사, 도량형, 화폐 단위에 대한 논의가 포함되어 있어 그 내용들을 가급적 상세히 소개함으로써 문화적인 기본 정보를 가급적 생생하게 되살려 보고자 하였다.

이상과 같이 이 글에서는『법한』의 편찬 배경, 국어학적 구조, 그리고 당시의 문화적 기본 정보에 대해 소개하였지만, 향후로는 각 품사별로 개별 어휘들의 특징을 더욱 깊이 검토하고 분석하여 중세로부터 근대를 거쳐 현대에 이르는 중간 단계 한국어의 더욱 세밀한 어휘적 특성을 넉넉히 발견해야 할 과제가 우리 앞에 남겨져 있다. 다만, 그동안 충분히 주목받지 못했던 최초의 한불사전을 다시 한번 조명함으로써 앞선 연구들이 세워 놓은 이정표의 먼지를 떨어내는 역할이나마 감당할 수 있었기를 바랄 뿐이다.

참고 문헌

〈자료〉

Alévêque, Charles(1901), 『법한ᄌᆞ뎐』 Petit Dictionnaire Français-Coréen, Seoul: Seoul Press (Hodge & Co.).

〈논저〉

강이연(2004), 19세기 후반 조선에 파견된 파리 외방전교회 선교사들의 《불한사전》(Dictionnaire Français-Coréen) 연구, 『교회사 연구』 제22집, 173-211.

강이연(2005), 최초의 한국어 연구 – 한-불, 불-한 사전들과 한국어 문법서, 『프랑스학연구』 제31권, 1-28.

박대헌(1998), 개화기 조선어사전의 출판구조에 관한 연구, 동국대학교 정보산업대학원 신문방송학과 석사학위논문.

안예리(2016), 20세기 초 국어 문법서에 나타난 문법 개념의 발달과정, 『국어사 연구』 제23호, 229-260.

이은령(2016), 파리외방전교회의 『한불자전』(1880)과 『불한사전』(1869) 비교 연구 – 19세기 한국어 연구와 번역용례 말뭉치 구축을 위한 기반, 『코기토』 80, 67-106.

이응호(1975), 외국인의 사전 편찬 작업, 『명지어문학』 제7집, 15-28.

이응호(1983), 『한불ᄌᆞ뎐』에 대하여, 『한글』 179, 133-160.

이익섭(2000), 『국어학개설』, 학연사.

조남호(2016), 서양인 편찬의 개화기 대역사전에 대한 종합적 검토 – 어휘 연구 자료의 관점에서, 『국어사 연구』 제22호, 47-80.

채완(2012), 최초로 출간된 불한사전 『법한ᄌᆞ뎐』 연구, 『어문론집』 51, 중앙어문학회, 91-118.

홍종선(2016), 한국어사에서 20세기 초 한국어의 위상과 문법 특징, 『한국어학』 71, 1-22.

홍윤표(2009), 근대국어의 국어사적 성격, 『국어사 연구』 제9호, 153-172.

〈용역 과제 보고서〉

박평식(2019), 한국 근현대 화폐사 연구의 성과와 과제 – 개항기 ~ 광복 이후, 한국은행.

일러두기

1. 이 책의 저본은 Charles Alévēque, 『법한ᄌᆞ뎐 *Petit dictionaire français-coréen*』(Seoul, 1901)이다.

2. 원문에는: 저본에서 인쇄 중 누락 된 글자와 불명확하게 인쇄된 글자 그리고 오류 등에 대한 주석이다.

3. 주석에는 옛한글 대역어에 대한 설명을 위해 19~20세기 초에 집성된 라틴어-중국어, 라틴어-옛한글, 프랑스어-옛한글, 옛한글-프랑스어 사전 등이 사용되었다.

- [라중대] : 『辣丁中華合璧字典 *Lexicon Magnum: latino-sinicum ostendens etymologiam, posodiam et constuctionem vocabulorum*』(Macau, 1841)의 약어이다.
- [라틴어-옛한글] : Missions étrangères de Paris, 『*Parvum Vocabularium Latino-Coreanum Ad Usum Studiosae Juventutis Coreanae*』(Hongkong, 1891)의 약어이다. [번역 및 주해: 곽문석·김보름·김홍일, 『라틴어 옛한글 사전』, 『라틴어 옛한글 사전 옛한글 찾아보기』, 『라틴어 옛한글 사전 현대어 찾아보기』, 안양대HK+ 동서교류문헌언어총서 01, 02, 03(동문연, 2022)]
- [장드르] : Louis Le Gendre, 『법한ᄌᆞ뎐 法韓字典 *Essai de Vocabulaire Français-Coréen*』(1912)의 약어이다. [영인본 및 해제: 내포교회사연구소, 『법한ᄌᆞ뎐』, 내포교회사연구소 자료집 III(역락, 2016)]
- [한불] : Missions étrangères de Paris, 『한불ᄌᆞ뎐 韓佛字典 *Dictionnaire Coréen-Français*』(Yokohama, 1880)의 약어이다. 뒤에는 『한불자전』의 페이지와 표제어를 제시하고, 필요한 경우에 프랑스어 대역어를 제시하였다. [번역 및 주해: 이은령·김영주·윤애선, 『현대 한국어로 보는 한불자전』, 부산대학교 인문학연구소 지능형 개화기 한국어사전 연구 총서 01(소명출판, 2014)]
- [페롱] : Stanislas Féron, *Dictionnaire Français-Coréen*(1867)의 약어이다. [영인본 및 해제: 한국교회사연구소, 『불한사전 *Dictionnaire Français-Coréen*』, 한국 교회사 연구 자료 제23집(한국교회사연구소, 2004)]

【문법 약호】

adj.	adjectif 형용사
adj. et n.	adjectif et nom 형용사 및 명사
adj.d.	adjectif démonstratif 지시형용사
adj.i.	adjectif interrogatif 의문 형용사
adj.in.	adjectif indétermination (adjectif indéfini) 부정형용사
adj.n.	adjectif nombre (adjectif numéral) 수형용사 (수사)
adj.p.	adjectif possessif 소유형용사
adj.p.pl.	adjectif possessif pluriel 복수 소유형용사
adj.po.	adjectif possessif 소유형용사
adj.pos.	adjectif possessif 소유형용사
adj.pos.pl.	adjectif possessif pluriel 복수 소유형용사
adv.	adverb 부사
adv.n.	adverbe de négation 부정부사
art.c.	article contracté 축약관사
art.d.	article défini 정관사
art.d.pl.	article défini pluriel 복수 정관사
conj.	conjonction 접속사
int.	interjection 감탄사
interj.	interjection 감탄사
l.adv.	locution adverbiale 부사구
l.c.	locution condition 조건 관용구
l.conj.	locution conjonctive 접속사구
l.prép.	locution prépositive 전치사구
loc.adv.	locution adverbiale 부사구
loc.prép.	locution prépositive 전치사구
n.f.	nom féminin 여성 명사
n.f.pl.	nom féminin pluriel 여성 복수형 명사
n.m.	nom masculin 남성 명사
n.m.pl.	nom masculin pluriel 남성 복수형 명사
n.p.	nom propre 고유명사
nég.	négation 부정
p.dém.	pronom démonstratif 지시대명사
p.i.	pronom indéfini 부정대명사
p.ind.	pronom indéfini 부정대명사
p.p.	pronom personnel 인칭대명사
p.po.	pronom possessif 소유대명사
p.pos.	pronom possessif 소유대명사
p.r.	pronom relatif 관계대명사
p.rel.	pronom relatif 관계대명사
pl.	pluriel 복수
pr.d.	pronom démonstratif 지시대명사
pr.rel	pronom relatif 관계대명사
prép.	préposition 전치사
v.imp.	verbe impersonnel 비인칭동사
v.int.	verbe intransitif 자동사
v.p.	verbe pronominal 대명동사
v.t.	verbe transitif 타동사

알레베크의 법한자전

【 Préface 】

A

Monsieur

COLLIN DE PLANCY

Ministre de France

à

Séoul

서울 주재 프랑스 대사 콜랭 드 플랑시 님께

Préface.

Nous avons hésité longtemps avant de nous décider à faire imprimer ce petit volume; espérant que quelqu'un de plus autorité que nous, ferait paraître un ouvrage similaire, mieux approfondi, à l'usage des Français.

Ne voyant rien venir, depuis quatre ans que nous sommes en Corée; nous avons pensé que quoique très imparfait, un premier vocabulaire Français-Coréen, pourrait rendre service, soit aux résidants parlant le français en Corée, soit aux Coréens qui désirent apprendre le français.

Si par ce moyen, nous pouvons être agréable à quelques-uns d'entre eux, nous serons amplement récomptnsé de nos efforts.

Nous ajouterons un mot, ce sera pour féliciter et remercier Monsieur Hodge, l'aimable Anglais, qui a bien voulu, (bien que ne connaissant pas un mot de français) se charger de la tâche ardue et fastidieuse, d' imprimer un livre en deux langues qui lui sont étrangères.

서문

우리는 이 작은 책을 인쇄하기로 결정하기까지 오랜 시간 망설였는데, 그것은 우리보다 더 권위 있는 누군가가 프랑스인이 사용하기에 보다 깊이 있는 유사한 작품을 출판하기를 기대했기 때문이었습니다.

우리가 한국에 온 지 4년 동안 아무것도 출판되지 않는 것을 보고, 우리는 매우 불완전하지만 최초의 프랑스어-한국어 어휘집[1]이 한국에서 프랑스어를 사용하는 거주민들이나 프랑스어를 배우고자 하는 한국인에게 도움이 될 수 있다고 생각했습니다.

이러한 방법으로 우리가 그들 중 몇 명에게 도움이 될 수 있다면, 우리의 노력에 대해 충분한 보상이 될 것입니다.

한 마디 덧붙이고자 합니다. 두 가지 외국어로 된 책을 인쇄하는 힘들고 지루한 작업을 (프랑스어를 알지 못하지만) 기꺼이 맡아 준 친절한 영국인 호지(Mr. Hodge)에게 축하와 감사를 전합니다.

Alphabet.

Il n'existe pas au monde d' plus simple que l'alphabet coréen ; et, si un jour les Européens qui ont élaboré le projet d'une langue universelle, arrivaient à s'entendre ; ils pourraient peut-être s'inspirer de l'alphabet coréen, comme base de l'alphabet universel.

L' alphabet coréen se compose de vingt-cinq lettres ; onze voyelles et quatorze consonnes.

Cinq voyelles sont verticales et six horizontales.

1 필사본이 아닌 활판본으로서 최초의 불한사전이라는 의미이다.

Les voyelles verticales s'écrivent invariablement à droite du signe (ㅇ), ou des consonnes qui les précèdent.

Les voyelles horizontales se placent toujours au-dessous du signe (ㅇ), ou des consonnes qui les précèdent.

Les voyelles ne prennent le signe (ㅇ), que lorsqu'elles sont initiales. Ce signe (ㅇ), placé devant les voyelles, remplit les fonctions d' *h* muet.

ㄴ, N, française ; suivie de *R* se prononce *L*, et l'*R*, ㄹ, devient également une *L*.

ㄹ, R, se prononce *L* quand elle est à la fin d'un mot, suivie ou précédée de (ㄴ, N,) on suivie d'une consonne dans le corps d'une syllabe ;

se prononce *R*, lorsqu'elle est suivie d'une voyelle ou d'une (ㅎ) *H'* ;

se prononce *N*, si elle se trouve au commencement d'un mot ou d'une syllabe.

ㅅ, *S*, se prononce comme en français, au commencement d'une syllabe ;

se prononce comme *T*, à la fin d'une syllabe ;

excepté, lorsqu'elle est suivie d'une autre *S*.

자모

이 세상에 한글보다 간단한 문자는 없습니다. 보편 언어 계획을 세운 유럽인들이 언젠가 이 사실을 인정하게 되면, 그들은 아마도 보편적 알파벳의 기초인 한글에서 영감을 얻을 수 있을 것입니다.

한글은 모음 11개와 자음 14개 등 25개의 글자로 이루어져 있습니다.

5개의 모음은 세로이고 6개는 가로입니다.

세로 모음은 변함없이 부호 (ㅇ)나 앞에 오는 자음의 오른쪽에 씁니다.

가로 모음은 항상 부호 (ㅇ) 또는 앞에 오는 자음 아래에 위치합니다.

모음은 초성일 때만 기호 (ㅇ)를 취합니다. 모음 앞에 있는 기호 (ㅇ)는 무성음 h의 기능을 수행합니다.

ㅁㄴ(프랑스어 N)은 뒤에 *R*이 오는 경우 *L*로 발음되고, *R*인 ㄹ도 *L*이 됩니다.

ㄹ(R)은 어말에서 (ㄴ, N)이 뒤따르거나 앞에 올 때, 또는 한 음절 단위에서 자음이 뒤따를 때 L로 발음됩니다.

뒤에 모음이나 (ㅎ)*H'*가 오면 *R*로 발음한다.

어두나 음절 초에 놓이면 *N*으로 발음됩니다.

ㅅ(S)은 음절 초에서는 프랑스어에서와 같이 발음됩니다.

음절 말에서는, 다음에 다른 *S*가 오는 경우를 제외하고, *T*처럼 발음됩니다.

Diphtongues. 이중모음.	
애	Hai
이	Hai
에	Hei
예	Hiei
의	Heui
와	Hoa
왜	Hoai
외	Heu
워	Houau
웨	Houei
위	Houi
위	Hu

Voyelles. 모음.		
1	아	Ha
2	야	Hia
3	어	Hau
4	여	Hiau
5	이	Hi
6	오	Ho
7	요	Hio
8	우	Hou
9	유	Hiou
10	으	Heu
11	ᄋᆞ	Ha

Consonnes. 자음.			
12	ㄱ	K	français
13	ㅁ	M	do.
14	ㄴ	N (et L)	do.
15	ㅂ	P	do.
16	ㄹ	R (et L)	do.
17	ㅅ	S (et L)	do.
18	ㄷ	T	do.
19	ㅈ	Tj	
20	ㅊ	Tch	
21	ㅇ	Ng	
22	ㅋ	K’	
23	ㅍ	Pf	
24	ㅌ	T’	
25	ㅎ	H’	

ㅂ, ㅅ, ㄷ, ㄱ, ㅈ. ces cinq lettres doublées et écrites : ㅄ, ㅆ, ㅳ, ㅺ, ㅶ, s'accentuent fortement

et se prononcent comme deux *pp*, *ss*, *tt*, *kk*, *ttj*.

ㅋ, ㅌ, ㅎ. Ces trois lettres de même que 푸 ont une prononciation gutturale, qui ne peut guère s' apprendre que d'un Coréen ou d'un Européen ayant habité la Corée.

ㅂ, ㅅ, ㄷ, ㄱ, ㅈ. 이 다섯 글자는 두 글자를 결합해서 ㅄ, ㅆ, ㅳ, ㅺ, ㅶ과 같이 쓰며, 이중자음 *pp*, *ss*, *tt*, *kk*, *ttj*처럼 강하게 힘주어 발음합니다.

이 세 글자는 푸와 마찬가지로, 한국인이나 한국에 살았던 유럽인이 아니면 습득할 수 없는 후두음으로 발음됩니다.

알레베크의 법한자전

【 표제어 】

A.a

Abandon	*n.m.*	버림	버림	*Paurime*
Abandonner	*v.t.*	버리오	버리오	*Pauriho*
Abat-Jour	*n.m.*	챙	창(窓)	*Tchaing*
Abattoir	*n.m.*	관 ... 푸주[1]	관(棺) ... 푸주	*Koane .. Poutjou*
Abattre	*v.t.*	나무 벼뉘오	나무 베어뉘오	*Namou piaunuho*
Abcès	*n.m.*	종긔	종기(腫氣)	*Tjong keui*
Abdication	*n.f.*	젼위[2]	전위(傳位)	*Tjiaune houi*
Abdiquer	*v.t.*	젼위ᄒᆞ오	전위(傳位)하오	*Tjiaune houi h'aho*
Abeille	*n.f.*	ᄭᅮᆯ벌 ... 벌	꿀벌 ... 벌	*Kkoul paul .. Paul*
	Essaim d'abeilles	ᄯᅦ벌	떼벌	*Ttei paul*
	Ruche d'abeilles	벌통	벌통(桶)	*Paul t'tong*
Abhorrer	*v.t.*	미화ᄒᆞ오	미워하오	*Mih'oa h'aho*
Abolir	*v.t.*	혁파ᄒᆞ오	혁파(革罷)하오	*H'iaukpfa h'aho*

1 푸줏간.

2 왕위(王位)를 전(傳)하여 줌. 프랑스어의 의미는 '퇴위', '사직'.

Abolir	*v.t.*	업시ᄒᆞ오	없이하오	*Haupsi h'aho*
Abolition	*n.f.*	혁파	혁파(革罷)	*H'iauk pfa*
Abondance	*n.f.*	풍년	풍년(豐年)	*Pfoung niaune*
Abondant	*adj.*	풍년드오	풍년(豐年)드오	*Pfoung niaune teuho*
Abonder	*v.int.*	풍년드오	풍년(豐年)드오	*Pfoung niaune teuho*
Aboyer	*v.int.*	짓소	짖소	*Tjisso*
	Le chien aboie	ᄀᆡ가 짓소	개가 짖소	*Kaika tjisso*
Abricot	*n.m.*	살구	살구	*Salgou*
Abricotier	*n.m.*	살구나무	살구나무	*Salgou namou*
Absent	*adj.*	업소	없소	*Haupso*
	Il n'est pas ici	여긔 업소	여기 없소	*Hiaukeui haupso*
Absolument	*adv.*	아쥬	아주	*Hadjiou*
Abstenir (s')	*v.p.*	아니ᄒᆞ오	아니하오	*Hani h'aho*
	Abstenez-vous	ᄒᆞ지 마시오	하지 마시오	*H'adji massio*
Absurde	*adj.*	헛되오	헛되오	*H'aute teuho*
Abus	*n.m.*	과함	과(過)함	*Koa h'ame*
Abuser	*v.t.*	과ᄒᆞ오	과(過)하오	*Koa h'aho*
Abuser	*v.t.*	몹시[3] 쓰오	몹시 쓰오	*Mopsi sseuho*
Acacia	*n.m.*	홰나무[4]	홰나무	*H'oai namou*
Accaparer	*v.t.*	무역ᄒᆞ오	무역(貿易)하오	*Mou hiauk h'aho*
Accident	*n.m.*	쓧박게	뜻밖에	*Tteute pakei*
Accident	*n.m.*	의외화[5]	의외화(意外化)	*Heui heu h'oa*
Accompagner	*v.t.*	ᄀᆞᆺ치 가오	같이 가오	*Kate tchi kaho*

3 심하게 사용하다, 나쁘게 사용하다. [한불] 246: 몹시 惡 Mauvais; mal; indignement. [페롱] Abuser 그릇 쓰다.

4 콩과의 낙엽 활엽 교목. 프랑스어의 의미는 '아카시아'. [페롱] 쥐염 나무, 쥬염 나무. [장드르] 아가시야 나무.

5 우연한 일, 돌발사고. [페롱] Accident 탈, 변.

	Accompagnez Monsieur P.	P. 서방ᄒᆞ고 ᄀᆞᆺ치 가시오	P. 서방하고 같이 가시오	*P. Saupang h'ako kate tchi kassio*
Accomplir	*v.t.*	맛치오	마치오	*Mate tchiho*
Accomplissement	*n.m.*	맛침	마침	*Mate tchime*
Accord	*n.m.*	허락	허락(許諾)	*H'aurak*
Accorder	*v.t.*	허락ᄒᆞ오	허락(許諾)하오	*H'aurak h'aho*
Accouchement	*n.m.*	ᄒᆡ산	해산(解産)	*H'aissane*
Accoucher	*v.int.*	ᄒᆡ산ᄒᆞ오	해산(解産)하오	*H'aissane h'aho*
Accoucher	*v.int.*	아ᄒᆡ 낫소	아이 낳소	*Ha h'ai nasso*
Accoucheuse	*n.f.*	아ᄒᆡ 밧는 녀편네	아이 받는 여편(女便)네	*Ha h'ai pate neune hiaupfiaunei*
Accourir	*v.t.*	밧비 오오	바삐 오오	*Patepi hoho*
Accrocher	*v.t.*	거오[6]	거오	*Kauho*
Accueillir	*v.t.*	밧소	받소	*Passo*
Accuser	*v.t.*	고ᄒᆞ오	고(告)하오	*Ko h'aho*
Achat	*n.m.*	흥졍	흥정	*H'eung tjieng*
Acheter	*v.t.*	사오	사오	*Saho*
	J'achéterai	사겟소	사겠소	*Sakeisso*
	Achetez	사시오	사시오	*Sassio*
Acheteur	*n.m.*	사는 사람	사는 사람	*Saneune sarame*
Achever	*v.t.*	맛치오	마치오	*Mate tchiho*
	Achevez cela	이것 맛치시오	이것 마치시오	*Hikaute matchissio*
Acide	*adj.*	ᄉᆡ곰ᄒᆞ오[7]	새곰하오	*Saikome h'aho*
Acier	*n.m.*	강쳘	강철(鋼鐵)	*Kang tchiaule*
Acquérir	*v.t.*	엇소	얻소	*Hausso*

6 걸다.

7 새콤한. 표제어 'Apre' 참고.

Acre	*adj.*	밉소	맵소	*Maipso*
Acteur	*n.m.*	탈 쓰는 사람	탈 쓰는 사람	*T'tal seuneune sarame*
	Actrice *n.f.*	탈 쓰는 계집	탈 쓰는 계집	*T'tal seuneune kiei tjipe*
Actif	*adj.*	부지런ᄒᆞ오	부지런하오	*Poutjiraune h'aho*
Action	*n.f.*	ᄒᆡᆼ실	행실(行實)	*H'aing sil*
Activement	*adv.*	부지런ᄒᆞ게	부지런하게	*Poutjiraune h'akei*
	Il faut travailler activement	부지런ᄒᆞ게 공부ᄒᆞ는 것시 마당ᄒᆞ오	부지런하게 공부(工夫)하는 것이 마땅하오	*Poutjiraune h'akei kong pou h'aneune kaussi matang h'aho*
Addition	*n.f.*	합법	합법(合法)	*H'ape paupe*
Additionner	*v.t.*	합ᄒᆞ오	합(合)하오	*H'ape h'aho*
Adjectif	*n.m.*	무형 ... 의명[8]	무형(無形) ... 의명(倚名)	*Mou h'ieng .. heuimieng*
Adieu	*n.m.*	작별	작별(作別)	*Tjak piaule*
Admettre	*v.t.*	허히 쥬오	허(許)해 주오	*H'au h'ai tjiouho*
Administrateur	*n.m.*	ᄌᆡ판관	재판관(裁判官)	*Tjai pfane koane*
Administrer	*v.t.*	다시르오	다스리오	*Tassireuho*
	C'est mal administré	잘못 다시르오	잘못 다스리오	*Tjalmote tassireuho*
Admirable	*adj.*	ᄌᆡ미잇소	재미있소	*Tjaimi hisso*
Admirable	*adj.*	긔묘ᄒᆞᆫ	기묘(奇妙)한	*Keuimio h'ane*
Admirable	*adj.*	볼만ᄒᆞ오	볼만하오	*Polmane h'aho*
Admiration	*n.f.*	볼만ᄒᆞᆫ 것[9]	볼만한 것	*Polmane h'ane kaute*[10]
Admirer	*v.t.*	이샹이 넉이오	이상(異常)히 여기오	*Hissanghi naukhiho*

8 형용사. 라중대 Nomen Adjectivum 倚賴之名.

9 원문에는 '볼만'. 표제어 'Curiosité' 참고.

10 원문에는 '*Polmane*'.

Admission	*n.f.*	허히 쥬는 것	허(許)해 주는 것	*H'au h'ai tjiouneune kaute*
Adopter	*v.t.*	양자ᄒᆞ오	양자(養子)하오	*Hiang tja h'aho*
Adoptif	*adj.*	양자한 아달	양자(養子)한 아들	*Hiang tja h'ane hatal*
Adoption	*n.f.*	양자	양자(養子)	*Hiang tja*
Adoration	*n.f.*	흠슝	흠숭(欽崇)	*H'eume soung*
Adorer	*v.t.*	흠슝ᄒᆞ오	흠숭(欽崇)하오	*H'eume soung h'aho*
Adresse	*n.f.*	죄죠[11]	재주	*Tjeu tjio*
Adroit	*adj.*	민쳡ᄒᆞ오	민첩(敏捷)하오	*Mine tchiaupe h'aho*
Aduler	*v.t.*	아참ᄒᆞ오	아첨(阿諂)하오	*Hatchame h'aho*
Adulte	*adj. et n.*	어름	어른	*Haureume*
Adultère	*adj. et n.*	셔방질	서방(書房)질	*Saupang tjil*
Affable	*adj.*	인ᄌᆞᄒᆞᆫ	인자(仁慈)한	*Hine tja h'ane*
Affabilité	*n.f.*	인ᄌᆞᄒᆞᆷ	인자(仁慈)함	*Hine tja h'ame*
Affaire	*n.f.*	일[12]	일	*Hil*
Affamé	*adj.*	굼소	굶소	*Koume so*
Affamer	*v.t.*	굼소	굶소	*Koume so*
Affectionner	*v.t.*	ᄉᆞ랑ᄒᆞ오	사랑하오	*Sarang h'aho*
Affectueux	*adj.*	인ᄋᆡᄒᆞᆫ	인애(仁愛)한	*Hinai h'ane*
Affiche	*n.f.*	고시 ... 방	고시(告示) ... 방(榜)	*Kossi .. Pang*
Afficher	*v.t.*	고시ᄒᆞ오	고시(告示)하오	*Kossi h'aho*
Afficheur	*n.m.*	고시 붓지는 사람	고시(告示) 붙이는 사람	*Kossi poute tji neune sarame*
Affliger	*v.t.*	그럽게 ᄒᆞ오[13]	괴롭게 하오	*Keuraupe kei h'aho*

11 [한불] 538: ᄌᆡ죠 才 Adresse.

12 사건.

13 [페롱] 고롭게 ᄒᆞ다, 고로옴을 식히다.

Affranchir	*v.t.*	쇽냥ᄒᆞ오	속량(贖良)하오	*Soknang h'aho*
Affreux	*adj.*	아쥬 고약ᄒᆞ오	아주 고약하오	*Hatjiou kohiak h'aho*
Agacer	*v.t.*	짐노ᄒᆞ오	진노(瞋怒)하오	*Tjimeno h'aho*
Âge	*n.m.*	나히	나이	*Nah'i*
	quel âge avez-vous?	나히 얼마시오	나이 얼마시오	*Nah'i haulmassio*
Agate	*n.f.*	슈반셕[14]	수반석(水盤石)	*Soupane sauk*
Agenouiller (s')	*v.p.*	ᄭᅮᆯ어안소	꿇어앉소	*Kkourau hanesso*
Agenouiller (s')	*v.p.*	무릅 구오	무릎 꿇으오	*Moureupe kouho*
Agent (de police)	*n.m.*	슌검[15]	순검(巡檢)	*Soune kaume*
Agent diplomatique		외인교제과원[16]	외인교제과원(外人交際課員)	*Heu hine kio tjiei koa houaune*
Agile	*adj.*	ᄲᅡᄅᆞᆫ	빠른	*Pparane*
Agilité	*n.f.*	ᄲᅡ름	빠름	*Ppareume*
Agir	*v.int.*	ᄒᆞ오	하오	*H'oho*
	Agissez ensemble	아올로 ᄒᆞ시오	아울러 하시오	*Ha heullo h'assio*
Agneau	*n.m.*	양ᄉᆡᆨ기	양(羊)새끼	*Hiang saiki*
Agonie	*n.f.*	거진 쥭게됨[17]	거진 죽게됨	*Kautjine tjioukei teume*
Agrafe	*n.f.*	옷 단조	옷 단추	*Hote tane tjo*
Agréable	*adj.*	합당ᄒᆞ오	합당(合當)하오	*H'ape tang h'aho*
Agréer	*v.t.*	글거워ᄒᆞ오	즐거워하오	*Keulkan houau h'aho*
Agriculteur	*n.m.*	농군	농군(農軍)	*Nong koune*
Agriculture	*n.f.*	농ᄉᆞ	농사(農事)	*Nong sa*

14 수석(水石), 수석(壽石). 프랑스어의 의미는 '마노'. 장드르 Agate 마노셕.

15 조선 후기에, 경무청에 속해 있던 벼슬. 오늘날의 순경을 의미.

16 외교관.

17 임종의 순간, 단말마.

Ah!	*interj.*	아	아	*Ha*
Aide	*n.m.*	돕는 사람	돕는 사람	*Topeneune sarame*
Aider	*v.t.*	도와쥬오	도와주오	*Tohoa tjiouho*
	Aidez-lui	저를 도으시오	저를 도우시오	*Tjaureul toheussio*
Aïeul	*n.m.*	조부	조부(祖父)	*Tjopou*
Aïeule	*n.f.*	조모	조모(祖母)	*Tjomo*
Aigle	*n.m.*	솔ᄀᆡ	솔개	*Solkai*
Aiglon	*n.m.*	솔ᄀᆡ ᄉᆡᆨ기	솔개 새끼	*Solkai saiki*
Aigre	*adj.*	시오	시오	*Siho*
	C'est aigre	이것시 시오	이것이 시오	*Hikaussi sio*
Aiguille	*n.f.*	바늘	바늘	*Panoul*
Aiguiser	*v.t.*	칼 가오	칼 가오	*K'kal kaho*
Ail	*n.m.*	마눌[18]	마늘	*Manoul*
	Gousse d'ail	마눌 흔 돌	마늘 한 톨	*Manoul h'eunetol*
Aile	*n.f.*	날ᄀᆡ	날개	*Nalguai*
Ailleurs	*adv.*	다른 ᄃᆡ … 외에	다른 데 … 외(外)에	*Tareunetai .. Heuhei*
Aimable	*adj.*	얌젼ᄒᆞ오	얌전하오	*Hiametjiaune h'aho*
Aimable	*adj.*	사랑시럽소	사랑스럽소	*Sarang siraupso*
Aimant	*n.m.*	지남쳘	지남철(指南鐵)	*Tjiname tchiaul*
Aimer	*v.t.*	사랑ᄒᆞ오	사랑하오	*Sarang h'aho*
	J'aimerai mieux cela	내가 이것슬 도 조와ᄒᆞ오	내가 이것을 더 좋아하오	*Naika hikausseul to tjohoa h'aho*
Aîné	*n.m.*	손위	손위	*Sonoui*
Ainsi	*adv.*	그러나 … 이나	그러나 … 이나	*Keurauna .. Hina*
Air	*n.m.*	긔운 … 공긔	기운 … 공기(空氣)	*Keuihoune .. Kongkeui*

18 파속(屬).

Airain	*n.m.*	구리	구리	*Kouri*
Aire	*n.f.*	마당	마당	*Matang*
Aisselle	*n.f.*	겨드랑이	겨드랑이	*Kiauteuraing hi*
Ajouter	*v.t.*	더ᄒᆞ오	더하오	*Tau h'aho*
	Ajoutez un peu	조곰 더ᄒᆞ시오	조금 더하시오	*Tjokome tauh'assio*
Ajuster	*v.t.*	다림 보오[19]	다림 보오	*Tarime poho*
Alcôve	*n.f.*	침상	침상(寢牀)	*Tchime sang*
Alène	*n.f.*	송곳	송곳	*Song kote*
Algue	*n.f.*	다시마	다시마	*Tassima*
Aligner	*v.t.*	잘 셔오 ... 일ᄌᆞ로	잘 서오 ... 일자(一字)로	*Tjalsauho .. Hiltjaro*
Aliment	*n.m.*	음식	음식(飮食)	*Heume sik*
Alimenter	*v.t.*	기로오	기르오	*Kiroho*
Allaiter	*v.t.*	젓 멱이오	젖 먹이오	*Tjiautc miaukiho*
Allée	*n.f.*	조고만 길	조그만 길	*Tjokomane kil*
Allégre	*adj.*	즐고온	즐거운	*Tjeuko hone*
Allégresse	*n.f.*	즐고ᄒᆞᆷ이	즐거워함이	*Tjeulko h'ami*
Allemand	*n.m.*	덕국[20] 사람	덕국(德國) 사람	*Tauk koukesarame*
Allemagne	*n.p.*	덕국	덕국(德國)	*Tauk kouke*
	Légation d'Allemagne	덕국 공사관	덕국(德國) 공사관(公使館)	*Tauk kouke kong sakoane*
Aller	*v.int.*	가오	가오	*Kaho*
	Va-t-en	가거라	가거라	*Kakaura*
	Allons	갑시다	갑시다	*Kape sita*
	Allez la-bas	져리 가시오	저리 가시오	*Tjiauri kassio*

19 수평이나 수직을 헤아려 겨누다, 조준하다. 표제어 'Mire', 'Viser' 참고. 한불 461: 다림 보다 看向方 Ajuster.

20 '독일'(獨逸)을 이르던 말.

	Ne vous en allez pas	가지 마시오	가지 마시오	*Katjimassio*
	Où allez-vous?	어듸 가시오	어디 가시오	*Hauteui kassio*
	Allez à la maison	집에 가시오	집에 가시오	*Tjipei kassio*
	Quand irez-vous?	은제 가겟소	언제 가겠소	*Heunetjei kakeisso*
Allié	*n.m.*	동ᄆᆡᆼ	동맹(同盟)	*Tong maing*
Allié	*adj.*	동ᄆᆡᆼᄒᆞ오	동맹(同盟)하오	*Tong maing h'aho*
Allumer	*v.t.*	불 켜오	불 켜오	*Poul k'kiauho*
	Allumez le feu	불 살느시오	불 사르시오	*Poul saleussio*
	Allumez la lampe	불 켜시오	불 켜시오	*Poul k'kiaussio*
Allumette	*n.f.*	셩양	성냥	*Songniang*
Almanach	*n.m.*	ᄃᆞᆯ력	달력(曆)	*Talliauk*
Alors	*adv.*	그러나	그러나	*Keurauna*
Alouette	*n.f.*	종잘ᄉᆡ[21]	종달새	*Tjong tjal sai*
Alphabet	*n.m.*	반졀[22]	반절(反切)	*Pane tjiaul*
Altérer	*v.t.*	ᄆᆡ우 목마르오	매우 목마르오	*Maihou mok mareuho*
Alternativement	*adv.*	ᄒᆞ나 걸너큼[23]	하나 걸러큼	*H'anakaulauk'keume*
Altitude	*n.f.*	놉히	높이	*Nope h'i*
Alun	*n.m.*	ᄇᆡᆨ반	백반(白礬)	*Paik pane*
Amande	*n.f.*	씨 ... 알망이	씨 ... 알맹이	*Ssi .. Halmanhi*
Amasser	*v.t.*	모둬오[24]	모으오	*Motuho*

21 [한불] 572: 종ᄃᆞᆯ새 Alouette; [한불] 572: 종ᄃᆞ리 Alouette.

22 [페롱] Alphabet 언문, 반졀. [한불] 301: Alphabet. [장드르] Alphabet 반졀.

23 교대로, 차례로.

24 [한불] 247: 모도다 會 S'assembler; [한불] 247: 모도이다 聚 s'assembler.

Ambassade	*n.f.*	사신일ᄒᆡᆼ	사신일행(使臣一行)	*Sassine hiraing*
Ambassadeur	*n.m.*	사신	사신(使臣)	*Sassine*
Ambitieux	*adj.*	욕심 잇는 사ᄅᆞᆷ	욕심(欲心) 있는 사람	*Hioksime hitneune sarame*
Ambition	*n.f.*	욕심	욕심(欲心)	*Hioksime*
Ambre	*n.m.*	금ᄑᆡ[25] ... 밀화[26]	금패(錦貝) ... 밀화(蜜花)	*Keumepfai .. Mirh'oa*
Ame	*n.f.*	혼	혼(魂)	*H'one*
Amende	*n.f.*	벌금 ... 쇽젼	벌금(罰金) ... 속전(贖錢)	*Paul keume .. Soktjiaune*
Amener	*v.t.*	인도ᄒᆞ오	인도(引導)하오	*Hineto h'aho*
Amener	*v.t.*	다리고 가오	데리고 가오	*Tarikokaho*
Amer	*adj.*	쓰오	쓰오	*Sseuho*
Amèrement	*adv.*	슬피	슬피	*Seulpfi*
Américain	*n.m.*	미국 사ᄅᆞᆷ	미국(美國) 사람	*Mikouk sarame*
Amérique	*n.p.*	미국	미국(美國)	*Mikouk*
	Où est la lègation d' Amérique	미국 공사관 어ᄃᆡ 잇소	미국(美國) 공사관(公使館) 어디 있소	*Mikouk kong sakoane hauteui hisso*
Ami	*n.m.*	친구	친구(親舊)	*Tchine kou*
Amiable (àl')	*loc.adv.*	갑 닷ᄐᆞᆷᄒᆞ오	값 다툼하오	*Kapetate'teume h'aho*
Amiral	*n.m.*	슈군 졔독	수군(水軍) 제독(提督)	*Soukoune tjieitok*
Amitié	*n.f.*	친밀	친밀(親密)	*Tchine mil*
Amonceler	*v.t.*	싸두오	쌓아 두오	*Ssatouho*
Amour	*n.m.*	사랑	사랑	*Sarang*

25 금패(錦貝). 호박(琥珀)의 한 종류. [한불] 166: 금패 金珮 Petit objet précieux de couleur jaune.
26 노란색 호박(琥珀)의 한 종류. [페롱] Ambre jaune 밀화. [한불] 240: 밀화 蜜花 Esp. d'ambre jaune. [장드르] Ambre 밀화, 호박.

Amputation	*n.f.*	살 빔[27]	살 벰	*Salepime*
Amputer	*v.t.*	살 비오	살 베오	*Salepiho*
Amuser	*v.t.*	노으오[28]	노오	*Noheuho*
	Amusez-vous bien	잘 노으시오	잘 노시오	*Tjalloheussio*
An	*n.m.*	히 … 년	해 … 년(年)	*H'ai .. Niaune*
Ancêtres	*n.m.pl.*	죠상	조상(祖上)	*Tjiossang*
Ancien	*adj.*	녯 … 이젼	옛 … 이전(以前)	*Hieite .. Hitjiaune*
Ancre	*n.f.*	빈 닷	배 닻	*Paitate*
Âne	*n.m.*	나귀	나귀	*Nakoui*
	Petit âne (ânon)	나귀 싀이	나귀 새끼	*Nakoui saiki*
Ânesse	*n.f.*	암나귀	암나귀	*Hame nakoui*
Ange	*n.m.*	텬신[29]	천신(天神)	*T'tuiaune sine*
Anglais	*n.m.*	영국 사람	영국(英國) 사람	*Hieng kouk sarame*
Angle	*n.m.*	구석	구석	*Koussauk*
Angleterre	*n.p.*	영국	영국(英國)	*Hieng kouk*
	Légation d' Angleterre	영국 공사관	영국(英國) 공사관 (公使館)	*Hieng kouk kong sakoane*
Anguille	*n.f.*	빈암장아	뱀장어(長魚)	*Paihame tjangha*
Animal	*n.m.*	즘싱	짐승	*Tjeume saing*
Annéantir	*v.t.*	업시ᄒᆞ오	없이하오	*Haupsi h'aho*
Anneau	*n.m.*	고리 … 가락지	고리 … 가락지	*Kori .. Karaktji*
Année	*n.f.*	히 … 년	해 … 년(年)	*H'ai .. Niaune*
	Nouvelle année	새히	새해	*Sai h'ai*

27 사을 벰, 살에 상처를 냄.

28 놀다. [한불] 291: 노다 遊 jouer; s'amuser.

29 한문 서학서에서 라틴어 'Angelus'의 번역어.

	Je vous souhaute une bonne année	과셰 잘 ᄒᆞ시오	과세(過歲) 잘 하시오	*Koassiei tjal h'assio*
Anniversaire	*n.m.*	돌 ... 싱일	돌 ... 생일(生日)	*Tol .. Saing hil*
Annonce	*n.f.*	방	방(榜)	*Paang*
Annoncer	*v.t.*	일으오 ... 긔별ᄒᆞ오	이르오 ... 기별(奇別)하오	*Hireuho .. Keuipiaur h'aho*
Annuler	*v.t.*	파ᄒᆞ오	파(罷)하오	*Pfa h'aho*
Anse	*n.f.*	손재비	손잡이	*Sone tjaipi*
Anthropophage	*n.m.*	인 고기 목는 놈[30]	인(人) 고기 먹는 놈	*Hine koki moke neune nome*
Anus	*n.m.*	미구망[31]	미(尾)구멍	*Mikoumang*
Anxiété	*n.f.*	근심	근심	*Keune sime*
Août	*n.m.*	팔월	팔월(八月)	*Pfarouaule*
Apaiser	*v.t.*	말니오[32]	말리오	*Mallio*
Apercevoir	*v.t.*	바라보오	바라보오	*Parapoho*
Apeuprès	*loc.adv.*	거진	거의	*Kautjine*
Aplanir	*v.t.*	평균이 ᄒᆞ오[33]	평균(平均)히 하오	*Pfieng kiouni h'aho*
Apostasier	*v.int.*	ᄇᆡ교ᄒᆞ오[34]	배교(背敎)하오	*Paikio h'aho*
Apostrophe	*n.f.*	졈	점(點)	*Tjiaume*
Apparence	*n.f.*	모양	모양(模樣)	*Mo hiang*
Appartenir	*v.int.*	속ᄒᆞ오 ... 부치오	속(屬)하오 ... 붙이오	*Sok h'aho .. Poutchiho*
Appât	*n.m.*	밋기	미끼	*Mite ki*
Appeau	*n.m.*	우레[35]	우레	*Hourei*

30 식인종.

31 항문(肛門). 한불 241: 밋구녕 肛 Anus.

32 달래다, 진정시키다.

33 평평하게 하다.

34 표제어 'Hérésie' 참고.

35 꿩 사냥을 할 때 꿩 소리를 내서 꾀는 물건.

Appeler	*v.t.*	부르오	부르오	*Poureuho*
	Appelez	부르시오	부르시오	*Poureussio*
	Appelle un coolie	삭군 ᄒᆞ나 불너와	삯꾼 하나 불러와	*Sakoune h'ana poullauhoa*
	Comment appelez-vous cela en Coreen	죠션말노 엇더케 부르시오	조선(朝鮮)말로 어떻게 부르시오	*Tiossaune mallo hautauk'kei poureussio*
Appétit	*n.m.*	맛 ... 구미	맛 ... 구미(口味)	*Mate .. Koumi*
	Pas d'appétit	구미 업소	구미(口味) 없소	*Koumi haupsso*
	Avez-vous appetit?	맛시 잇소	맛이 있소	*Massi hisso*
Appiaudir	*v.t.*	손벽 치오	손뼉 치오	*Sone ppiauk tchiho*
Appointements	*n.m.pl.*	봉급	봉급(俸給)	*Pong keupe*
Apporter	*v.t.*	가져와	가져와	*Katjiauho*
	Apporte	가져오너라	가져오너라	*Katjiauhonaura*
	Apportez	가져오시오	가져오시오	*Katjiauhossio*
Appréhender	*v.t.*	무서워ᄒᆞ오	무서워하오	*Mussauhouau h'aho*
Apprendre	*v.t.*	ᄇᆡ우오	배우오	*Paihouho*
Apprêter	*v.t.*	예비ᄒᆞ오	예비(豫備)하오	*Hieipi haho*
Apprivoiser	*v.t.*	길드리오	길들이오	*Kilteuriho*
Approcher	*v.t.*	갓가히 오오	가까이 오오	*Kate kah'i hoho*
Approvisionner	*v.t.*	큰 흥졍 ᄒᆞ오[36]	큰 흥정 하오	*K'keung h'eung tjieng h'aho*
Appuyer	*v.t.*	누르오	누르오	*Noureuho*
Appuyer	*v.t.*	외지ᄒᆞ오	의지(依支)하오	*Heutji h'aho*
Âpre	*adj.*	ᄉᆡ곰ᄒᆞ오[37]	새곰하오	*Saikome h'aho*
Après	*prep.*	다음에 ... 후에	다음에 ... 후(後)에	*Taheumei .. H'ouhei*

36 [장드르] Approvisionner 쟝만ᄒᆞ다, 쟉만ᄒᆞ다, 미리 쟝만ᄒᆞ다, 져츅ᄒᆞ다.

37 새콤한. 표제어 'Acide' 참고.

	J'irai après vous	내가 노형 다음에 가겟소	내가 노형(老兄) 다음에 가겠소	*Naika noh'ieng taheumei kakeisso*
	Après-déjeuner	아침 후에	아침 후(後)에	*Hatchime h'ouhei*
	Après-demain	모레	모레	*Morei*
	Après-dîner	졈심 후에	점심 후(後)에	*Tjiaume sime h'ouhei*
	Après-midi	오후에	오후(午後)에	*Ho h'ouhei*
	Aprés-souper	져역 후에	저녁 후(後)에	*Tjiauniauk h'ouhei*
Àpropos de[38]	*loc.adv.*	사졍의[39]	사정(事情)의	*Satjieng heui*
Araignée	*n.f.*	검의	거미	*Kaumeui*
	Toile d'araignée	검의줄	거미줄	*Kaumeui tjoul*
Arbre	*n.m.*	나무 ... 남기[40]	나무 ... 남기	*Namou .. Nameki*
	Arbre fruitier	실과나무	실과(實果)나무	*Silkoa namou*
Arbuste	*n.m.*	작은 나무	작은 나무	*Tjakeune namou*
Arc	*n.m.*	활	활	*H'oale*
Arc-en-ciel	*n.m.*	무지게	무지개	*Moutjike*
Archange	*n.m.*	대텬신[41]	대천신(大天神)	*Tai t'tianne sine*
Archer	*n.m.*	활냥[42]	활량	*H'oalliang*
Architecte	*n.m.*	집 도양[43] ᄂᆡ논 ᄌᆞ	집 도양 내는 자	*Tjipe to hiang nainonetja*
Ardent	*adj.*	담ᄃᆡᄒᆞ오	담대(膽大)하오	*Tametai h'aho*
Ardoïse	*n.f.*	셕판	석판(石版)	*Sauk pfane*
Arête	*n.f.*	싱션가시	생선(生鮮)가시	*Saing saune kassi*

38 À propos de.

39 일의 형편이나 까닭에 대하여, 관하여.

40 '나무'의 방언.

41 한문서학서에서 라틴어 'Archangelus'의 번역어. [라틴어-옛한글] Archangelus 대텬신, 텬신뎨팔품. [페롱] Archange 대텬신. [한불] 606: 총령텬신 總領天神 Archange.

42 활 쏘는 사람. [한불] 104: 활량 武士 Archer.

43 도안(圖案).

Argent	*n.f.*	돈 ... 은	돈 ... 은(銀)	*Toune .. Heune*
Argenter	*v.t.*	은 올이오[44]	은(銀) 올리오	*Heune hollio*
Argile	*n.f.*	짉[45]	진흙	*Tjilk*
Aride	*adj.*	희미ᄒᆞ오	희미(稀微)하오	*Heui mi h'aho*
Arithmétique	*n.f.*	수법 ... 산수	수법(數法) ... 산수(算數)	*Soupaupe .. Sanessou*
Arme	*n.f.*	병긔	병기(兵器)	*Pieng keui*
Armée	*n.f.*	군ᄃᆡ	군대(軍隊)	*Koune tai*
Armoire	*n.f.*	장 ... 의장[46]	장(欌) ... 의장(衣欌)	*Tjaang .. Heui tjaang*
Armure	*n.f.*	갑옷	갑(甲)옷	*Kapote*
Armurier	*n.m.*	긔계 만드는 쟁이	기계(器械) 만드는 쟁이	*Keui kiei maneteu neune tjaing hi*
Arracher	*v.t.*	쎱소	뽑소	*Ppopso*
	Arrachez cela	이것 쎱으시오	이것 뽑으시오	*Hikaute ppopeussio*
Arranger	*v.t.*	쥬션ᄒᆞ오[47]	주선(周旋)하오	*Tjioussaune h'aho*
	Arrangez cela	이것 치시오	이것 치시오	*Hikaute tchissio*
Arrêter (s')	*v.p.*	졍지ᄒᆞ오	정지(停止)하오	*Tjieng tji h'aho*
	Arrêtez vous !	졍지ᄒᆞ시오	정지(停止)하시오	*Tjieng tji h'assio*
Arrière	*int.*	뒤	뒤	*Tu*
	Restez en arrière	뒤에 머물노 계시오	뒤에 머물러 계시오	*Tu hei maumoullo Keissio*
Arriver	*v.int.*	니르오	이르오	*Hireuho*
	Quand arrivera-t-il	언제 니르겟소	언제 이르겠소	*Haunetjiei hireugacisso*
Arrogant	*adj.*	교만ᄒᆞᆫ	교만(驕慢)한	*Kiomane h'ane*

44 은도금하다.

45 한불 566: 질 Argile.

46 옷을 넣는 장.

47 일이 잘되도록 힘쓰다.

Arrondir	*v.t.*	동굴게 ᄒᆞ오	둥글게 하오	*Tong koulkei h'aho*
Arrondissement	*n.m.*	동네	동네	*Tong nei*
Arroser	*v.t.*	물 쥬오	물 주오	*Moule tjiouho*
	Arrosez cela	이것 물 쥬시오	이것 물 주시오	*Hikaute moultjioussio*
Arrosoir	*n.m.*	물 쥬는 통	물 주는 통(桶)	*Moultjiouneune t'tong*
Arsenal	*n.m.*	군긔챵	군기창(軍器廠)	*Koune keui tchiang*
Arsenic	*n.m.*	비상[48]	비상(砒霜)	*Pissang*
Artère	*n.f.*	피줄	핏줄	*Pfitjioul*
Article	*n.m.*	물건	물건(物件)	*Moule kaune*
Artisan	*n.m.*	장인	장인(匠人)	*Tjang hine*
Artiste	*n.m.*	ᄌᆡ쥬 잇는 사람	재주 있는 사람	*Tjaitjiou hite neune sarame*
Asiatique	*n.m.*	아시아 것	아시아 것	*Hasiakaute*
Asie	*n.p.*	아시아	아시아	*Hasia*
Asperge	*n.f.*	ᄎᆡ죵명[49]	채종명(菜種名)	*Tchai tjioung mieng*
Assassin	*n.m.*	살인ᄒᆞᆫ 사람	살인(殺人)한 사람	*Sarine h'ane sarame*
Assassiner	*v.t.*	살인ᄒᆞ오	살인(殺人)하오	*Sarine h'aho*
Assaut	*n.m.*	셩에 올음[50]	성(城)에 오름	*Seng hei horeume*
Assembler	*v.t.*	모히오	모이오	*Moh'iho*
Asseoir	*v.t.*	안소	앉소	*Hanesso*
	Asseyez-vous	안즈시오	앉으시오	*Hanetjeussio*
Assez	*adv.*	넉넉이 ... 그만	넉넉히 ... 그만	*Nauknauki .. Keumane*
	C'est assez	그만두시오	그만두시오	*Keumane toussio*

48 비석(砒石)에 열을 가하여 승화시켜 얻은 결정체. [한불] 328: 비샹 砒霜 Arsenic.

49 프랑스어의 의미는 '아스파라거스'. [한불] 595: ᄎᆡ명 Esp. de grande plante potagère, asperge sauvage. [장드르] Asperge 밀이, 밀.

50 프랑스어의 의미는 '공격', '습격'. [장드르] Assaut 공격ᄒᆞ다.

Assiéger	*v.t.*	에워싸오	에워싸오	*Hei houau saho*
Assiette	*n.f.*	졉시	접시	*Tjiaupsi*
	Apportez encore deux assiettes	쏘 졉시 둘 가져오시오	또 접시 둘 가져오시오	*Tto tjiaupsi toul katjiau hossio*
Assistant	*n.m.*	돕는 사람	돕는 사람	*Tope neune sarame*
Assister	*v.t.*	참예ᄒᆞ오[51]	참예(叅預)하오	*Tchamiei k'aho*
Association	*n.f.*	회	회(會)	*H'eu*
Associer	*v.t.*	회 셜시ᄒᆞ오[52]	회(會) 설시(設始)하오	*H'eussaul sih'aho*
Assoupir	*v.t.*	조오[53]	조오	*Tjoho*
Assoupissement	*n.m.*	졸음	졸음	*Tjoreume*
Assurément	*adv.*	올치 ... 일졍[54]	옳지 ... 일정(一定)	*Holtchi .. Hiltjieng*
Assurer	*v.t.*	보두오[55]	보(保)두오	*Potouho*
Asticot	*n.m.*	구덱이[56]	구더기	*Kouteiki*
Astronomie	*n.f.*	텬문	천문(天文)	*T'tiaune moune*
Atmosphère	*n.f.*	공긔	공기(空氣)	*Kong keui*
Attache	*n.f.*	ᄆᆡ듭	매듭	*Maiteupe*
Attacher	*v.t.*	ᄆᆡ오	매오	*Maiho*
	Attachez le chien	ᄀᆡ ᄆᆡ시오	개 매시오	*Kaimaissio*
Attaque	*n.f.*	션범[57]	선범(先犯)	*Saune paume*
Attaquer	*v.t.*	션범ᄒᆞ오	선범(先犯)하오	*Saune paume h'aho*

51 표제어 'Participation' 참고.

52 설립하다, 착수하다. 표제어 'Etablir', 'Reprise', 'Rétablir' 참고. [한불] 407: 셜시ᄒᆞ다 設始 Commencer; se merttre à; arranger; disposer; établir.

53 졸다.

54 확실히, 틀림없이. 표제어 'Certainement', 'Certes', 'Sûr' 참고.

55 보증하다, 보증인을 세우다.

56 [한불] 212: 구덕이 蛆 Fosse, trou en terre.

57 공격, 습격. [한불] 400: 션슈ᄒᆞ다 先手 Attaquer.

Atteindre	*v.t.*	만지오 ... 다오	만지오 ... 닿으오	*Mane tjiho .. Taho*
Atteinte	*n.f.*	만짐	만짐	*Mane tjime*
Attendre	*v.t.*	기다리오	기다리오	*Kitariho*
	Attendez un peu	조곰 기다리시오	조금 기다리시오	*Tjokome kitarissio*
	Pourquoi attendez-vous?	웨 기다리요	왜 기다리오	*Houei kitarihio*
Attentif	*adj.*	조심ᄒᆞ오	조심(操心)하오	*Tjossime h'aho*
Attention	*n.f.*	조심	조심(操心)	*Tjossime*
	Faites attention	조심ᄒᆞ시오	조심(操心)하시오	*Tjossime h'assio*
Attentivement	*adv.*	조심히	조심(操心)히	*Tjossime h'ai*
Attirer	*v.t.*	다러올이오	달어올리오	*Tarau hollio*
Attraper	*v.t.*	붓잡소	붙잡소	*Poute tjapso*
Attrister	*v.t.*	걱졍ᄒᆞ오	걱정하오	*Kauk tjieng h'aho*
Attrister	*v.t.*	근심ᄒᆞ오	근심하오	*Keune sime h'aho*
Aube	*n.f.*	새벽	새벽	*Saipiauk*
Aubépine	*n.f.*	아가위나무[58]	아가위나무	*Hakaoui namou*
Auberge	*n.f.*	쥬막	주막(酒幕)	*Tjioumak*
Aubergine	*n.f.*	가지[59]	가지	*Katji*
Aubergiste	*n.m.*	쥬막징이	주막(酒幕)쟁이	*Tjioumak tjaing hi*
Aucun	*adj.*	ᄒᆞ나토 업소	하나도 없소	*H'ana t'to haupso*
Audace	*n.f.*	담긔[60]	담기(膽氣)	*Tame keui*
Audacieux	*adj.*	담잇ᄂᆞᆫ	담(膽)있는	*Tame hite neune*
Audience	*n.f.*	폐현[61]	폐현(陛見)	*Pfiei h'iaune*

58 장미과의 낙엽 활엽수. 한불 2: 아가외나무 棠 Aubépine.
59 식물 이름.
60 대담, 용기.
61 황제나 황후를 만나 뵘, 알현.

Auge	*n.f.*	구융[62]	구유	*Kouhioung*
Augmenter	*v.t.*	더 쥬오	더 주오	*Tau tjiouho*
Augmenter	*v.t.*	증가ᄒᆞ오	증가(增加)하오	*Tjeung ka h'aho*
Aujourd'hui	*adv.*	오날	오늘	*Honal .. Honoul*
Aumône	*n.f.*	구걸	구걸(求乞)	*Koukaul*
Auparavant	*adv.*	그젼에 ... 미리	그전(前)에 ... 미리	*Keutjiaunei .. Miri*
Auprés	*adv.*	엽헤셔	옆에서	*Hiaupe h'ei sau*
Auprès de	*loc.prép.*	갓가이	가까이	*Kate kahi*
Auriculaire	*n.m.*	석이손가락	새끼손가락	*Saiki sone karak*
Aurore	*n.f.*	새벽	새벽	*Saipiauk*
Aussi	*adv.*	도 ... ᄒᆞ고	도 ... 하고	*To .. H'ako*
	Moi aussi	나도	나도	*Nato*
Aussitot	*adv.*	즉시	즉시(卽時)	*Tjeuksi*
Autant	*adv.*	맛찬가지오	마찬가지오	*Mate tchan katjio*
Autel	*n.m.*	뎨ᄃᆡ[63]	제대(祭臺)	*Tiei tai*
Automne	*n.m.*	가을	가을	*Kaheul*
Autopsie	*n.f.*	검시[64]	검시(檢屍)	*Kaumessi*
Autorisation	*n.m.*	궐이 쥬는 것	권리(權利) 주는 것	*Kououli tjiouneune kaute*
Autoriser	*v.t.*	궐이 쥬오	권리(權利) 주오	*Kououli tjiouho*
Autour	*prép.*	쥬회[65]	주회(周回)	*Tjiou h'eu*
Autre	*adj.*	다른 것	다른 것	*Tareune kaute*
	Une autre fois	젼번	전번(前番)	*Tjiaune paune*
Autrefois	*adv.*	녯젹에	옛적에	*Hieit tjaukei*

62 여물통, 물통.
63 제단.
64 사체 부검.
65 주위, 빙 돎. 한불 505: 듀회 周回 Circonférence, le tour.

Autrement	*adv.*	달니 ... 다르케	달리 ... 다르게	*Talli .. Tareuk kei*
	Faites autrement	달니ᄒᆞ시오	달리하시오	*Talli h'assio*
Autriche	*n.p.*	오국[66] ... 오지리	오국(墺國) ... 오지리(墺地利)	*Hokouk .. Hotjiri*
Autrichien	*n.m.*	오국 사람	오국(墺國) 사람	*Hokouk sarame*
Autruche	*n.f.*	짐싀[67]	짐(鴆)새	*Tjime sai*
Avaler	*v.t.*	싱키오	삼키다	*Saing k'kiho*
Avancement	*n.m.*	승차[68]	승차(陞差)	*Seung tcha*
Avancer	*v.t.*	압셔오	앞서오	*Hape sauho*
Avant	*prép. et adv.*	압헤	앞에	*Hape h'ei*
	Il est venu avant moi	제가 나보다 압헤 왓소	저가 나보다 앞에 왔소	*Tjeika napota hape h'ei hoasso*
	En avant! marche	압으로 가	앞으로 가	*Hapeuro ka*
Avantage	*n.m.*	유익	유익(有益)	*Hiouhik*
Avantageux	*adj.*	유익ᄒᆞ오	유익(有益)하오	*Hiouhik h'aho*
Avant-hier	*loc.adv.*	그져쎄	그저께	*Keutjiauk kei*
Avant-veille	*n.f.*	이던날 젼	이튿날 전(前)	*Hitaune naltjiaene*
Avarice	*n.f.*	닌석	인색(吝嗇)	*Hine saik*
Avare	*n.m.*	닌ᄒᆞᆫ 사람[69]	인(吝)한 사람	*Hine h'ane sarame*
Avec	*prép.*	ᄒᆞ고 ... 한가지	하고 ... 한가지	*H'ako .. H'ane katji*
	J'irai avec vous	내가 노형ᄒᆞ고 가겟소	내가 노형(老兄)하고 가겠소	*Naika noh'ieng h'ako kakeisso*
Avenir	*n.m.*	일후[70]	일후(日後)	*Hirh'ou*

66 '오스트리아'를 이르던 말.

67 프랑스어의 의미는 '타조'이지만, '짐새'는 중국 남방 광둥(廣東)에서 사는, 독이 있는 새를 의미. 한불 561: 짐싀 鴆: Nom d'un oiseau. 장드르 타됴.

68 승진, 승등.

69 인색한 사람. 표제어 'Egoïste', 'Rapace' 참고.

70 후대, 후세, 미래.

Aventure	*n.f.*	일후	일후(日後)	*Hirh'ou*
Aveugle	*n.m.*	쟝님 ... 쇼경	장님 ... 소경	*Tjiang nime .. So kieng*
Aveugle	*n.m.*	판수[71]	판수	*Pfanessou*
Avertir	*v.t.*	이르오	이르오	*Hireuho*
Avertir	*v.t.*	가ᄅᆞ치오	가르치오	*Karatchiho*
Avide	*adj.*	탐잇ᄂᆞᆫ[72]	탐(貪)있는	*T'tame hiteneune*
Aviron	*n.m.*	노[73]	노(櫓)	*No*
Avoine	*n.f.*	귀유리[74]	귀리	*Kouiri*
Avoir	*v.t.*	잇소	있소	*Hisso*
	J'ai	내게 잇소	내게 있소	*Naikei hisso*
	Je n'ai pas	내게 업소	내게 없소	*Naikei haupso*
	Il y en a	잇소	있소	*Hisso*
	Il n'y en pas	업소	없소	*Haupso*
	Il y en a-t-il?	잇소?	있소?	*Hissoo?*
	Avoir de l'esprit	졍신 잇소	정신(精神) 있소	*Tjieng sine hisso*
Avorter	*v.int.*	낙틔ᄒᆞ오	낙태(落胎)하오	*Nak t'tai h'aho*
Avorton	*n.m.*	낙틔된	낙태(落胎)된	*Nak t'tai teune*
Avouer	*v.t.*	퇴셜ᄒᆞ오[75]	토설(吐說)하오	*T'teu saurh'aho*
Avril	*n.m.*	사월	사월(四月)	*Sa houaule*

71 '시각 장애인'을 낮잡아 이르는 말.
72 탐욕스러운.
73 (배의) 노.
74 한불 203: 구유리 假牟 Avoine.
75 말하다, 자백하다. 한불 521: 토셜ᄒᆞ다 吐說 Avouer.

B.b

Babouche	*n.f.*	왕굴신[1]	왕골신	*Hoang koul sine*
Badiner	*v.t.*	착난ᄒᆞ오[2]	작난(作亂)하오	*Tchaknane h'aha*
Bagage	*n.m.*	짐 ... ᄒᆡᆼ장	짐 ... 행장(行裝)	*Tjime .. H'aing tjiang*
	Portez mes bagages	내 짐을 지시오	내 짐을 지시오	*Nai tjimeul tjissio*
Bague	*n.f.*	가락지 ... 반지	가락지 ... 반지(斑指)	*Karaktji .. Pane tji*
Baguette	*n.f.*	회차리[3]	회초리	*H'eutjari*
Baigner	*v.t.*	목욕ᄒᆞ오	목욕(沐浴)하오	*Mokiok h'aho*
Baigneur	*n.m.*	목욕ᄒᆞ는 ᄌᆞ	목욕(沐浴)하는 자(者)	*Mokiok h'aneune tja*
Baignoire	*n.f.*	목욕통	목욕통(沐浴桶)	*Mokiok t'tong*
Bail	*n.m.*	문셔[4]	문서(文書)	*Moune sau*
Bâillement	*n.m.*	ᄒᆞ품	하품	*H'apfoume*
Bâiller	*v.int.*	ᄒᆞ품ᄒᆞ오	하품하오	*H'apfoume h'aho*

1 왕골로 만든 신발.

2 장난하다. 한불 531: 쟉난ᄒᆞ다 作亂 Amusement, jeu, badinage; folatrer, s'amuser.

3 한불 116: 휘츄리 Baguette flexible.

4 프랑스어의 의미는 '임대 계약서'. 표제어 'Certificat', 'Document', 'Ecrit', 'Inventaire' 참고.

	Ne baillez pas	ᄒᆞ품 마시오	하품 마시오	*H'apfoume massio*
Bain	*n.m.*	목욕	목욕(沐浴)	*Mokiok*
Baïonnette	*n.f.*	총챵[5]	총창(銃槍)	*Tchoug tchiang*
Baiser	*v.t.*	친구ᄒᆞ오[6]	친구(親口)하오	*Tchine kou h'aho*
Baisser	*v.t.*	ᄂᆡ리키오	내리키오	*Nairi k'kiho*
	Baissez un peu	조곰 ᄂᆡ리키시오	조곰 내리키시오	*Tjokome nairi k'kissio*
Bal	*n.m.*	츔[7]	춤	*Tchioume*
Balai	*n.m.*	비[8]	비	*Pi*
Balance	*n.f.*	져울	저울	*Tjiau houl*
Balancer	*v.t.*	근네 쒸오	그네 뛰오	*Keunei ttuho*
Balancoire	*n.f.*	근네[9]	그네	*Keunei*
Balayer	*v.t.*	쓰오 ... 비질ᄒᆞ오	쓰오 ... 비질하오	*Sseuho .. Pitjil h'aho*
	Balayez la chambre	방을 쓸으시오	방을 쓰시오	*Pang heul sseureussio*
Balcon	*n.m.*	난간	난간(欄干)	*Nane kane*
Baleine	*n.f.*	고ᄅᆡ[10]	고래	*Korai*
Balle	*n.f.*	춀안[11]	총(銃)알	*Tchiorane*
Ballon	*n.m.*	공	공	*Kong*
Bambou	*n.m.*	대[12]	대	*Tai*
Bance	*n.m.*	걸상	걸상(床)	*Kaulsang*
Bannière	*n.f.*	긔	기(旗)	*Keui*

5 총에 꽂는 창.
6 존경과 복종을 나타내려 입을 맞추다.
7 원문에는 '츔'. 댄스.
8 빗자루.
9 한불 167: 그늬 鞦韆 Balançoire.
10 (동물) 고래.
11 한불 514: 텰안 鐵卵 Balle (de fusil).
12 대나무.

Banque	*n.f.*	은ᄒᆡᆼ쇼	은행소(銀行所)	*Heune h'aing so*
Baptême	*n.m.*	세[13]	세(洗)	*Sei*
Baptiser	*v.t.*	세주오	세(洗)주오	*Sei tjouho*
Baquet	*n.m.*	통	통(桶)	*T'tong*
Barbare	*n.m.*	오랑캐 ... 야만	오랑캐 ... 야만(野蠻)	*Horang k'kai .. Hiamane*
Barbe	*n.f.*	나룻[14]	나룻	*Narot*
Barbier	*n.m.*	슈염 싹는 사람	수염(鬚髥) 깎는 사람	*Souhiaume kkak neune sarame*
Barbouiller	*v.t.*	드레오[15]	더레오	*Teureiho*
Barbu	*adj.*	슈염 만ᄒᆞᆫ	수염(鬚髥) 많은	*Souhiaume mane h'ane*
Baromètre	*n.m.*	풍우표	풍우표(風雨表)	*Pfoung hou pfio*
Barre	*n.f.*	가락[16]	가락	*Karak*
Barriére	*n.f.*	울타리	울타리	*Houl t'tari*
Bas	*n.m.*	버션[17]	버선	*Paussaune*
Bas	*adv.*	가마니	가만히	*Kamani*
Bas	*adv.*	나진ᄒᆞ게[18]	나직하게	*Natjine h'akei*
	Parlez bas	가마니 말ᄒᆞ시오	가만히 말하시오	*Kamani marh'assio*
	En bas	아ᄅᆡ	아래	*Harai*
	Mettez en bas	아ᄅᆡ 노으시오	아래 놓으시오	*Harai noheussio*
Bas	*adj.*	낫소	낮소	*Nasso*
	Cette maison est très basse	이 집이 ᄆᆡ우 낫소	이 집이 매우 낮소	*Hitjipi maihou nasso*

13 세례(洗禮). 한불 393: 셰 洗 Baptême.

14 수염.

15 '더럽히다'의 준말 '더레다'.

16 막대기, 빗장. 한불 133: 가락 Fuseau en fer.

17 원문에는 '버선'. 프랑스어의 의미는 '(여성용) 긴 양말', '스타킹'. 표제어 'Chaussettes' 참고. 한불 318: 버션 襪 Bas, chaussettes.

18 낮게.

Base	*n.f.*	아ᄅᆡ ... 목젹	아래 ... 목적(目的)	*Harai .. Moktjiauk*
Basilique	*n.f.*	큰상당[19]	큰성당(聖堂)	*K'keune santang*
Bas-ventre	*n.m.*	아ᄅᆡᄇᆡ	아랫배	*Haraipai*
Bassin	*n.m.*	그룻	그릇	*Keureute*
Bât	*n.m.*	길마[20]	길마	*Kilma*
Bataille	*n.f.*	뎐쟝	전장(戰場)	*Tiaune tjiang*
Bâtard	*n.m.*	서자[21]	서자(庶子)	*Sautja*
Bateau	*n.m.*	ᄇᆡ ... 나로ᄇᆡ	배 ... 나룻배	*Pai .. Naropai*
Batelier	*n.m.*	ᄇᆡ사궁	뱃사공(沙工)	*Pai sakoung*
Batiment	*n.m.*	집	집	*Tjip*
Bâtir	*v.t.*	짓소 ... 쌋소	짓소 ... 쌓소	*Tjisso .. Ssasso*
Bâton	*n.m.*	막대	막대	*Maktai*
Bâtonnets	*n.m.pl.*	져가락	젓가락	*Tjiau karak*
Battoir	*n.m.*	방맹이	방망이	*Pang maing hi*
Battre (se)	*v.p.*	싸우오	싸우오	*Ssa hou ho*
Battre	*v.t.*	다듬이ᄒᆞ오[22]	다듬이하오	*Tafeumi h'aho*
Bavard	*n.m.*	실업신 사람[23]	실(實)없는 사람	*Siraupsine sarame*
Bavardage	*n.m.*	시룽시룽[24]	시룽시룽	*Siroung siroung*
Bavarder	*v.int.*	실업소	실(實)없소	*Siraupso*
Beau	*adj.*	아름다온	아름다운	*Hareume toheune*
Beau	*adj.*	조흔 ... 곱소	좋은 ... 곱소	*Tjo h'eune .. Kopso*
Beaucoup	*adv.*	만히	많이	*Mane h'i*

19 [한불] 404: 셩당 聖堂 Eglise; chapelle.
20 짐 싣는 안장. 표제어 'Selle' 참고. [한불] 174: 길마 鞍 Bât.
21 서출, 사생아.
22 다듬이질하다.
23 쓸데없는 말을 하는 사람.
24 경솔하고 방정맞게 지껄이는 모양. [한불] 415: 식셜ᄀᆡᆨ셜 雜說客說 Bavardage.

	Il y a beaucoup de monde	사람이 만히 잇소	사람이 많이 있소	*Sarami mane h'i hisso*
Beau-frère	*n.m.*	ᄆᆡ부 ... 쳐남	매부(妹夫) ... 처남(妻男)	*Maipou .. Tchiauname*
Beaume	*n.m.*	발사마[25]	발사마	*Palsama*
Beau-père	*n.m.*	쟝인	장인(丈人)	*Tjaang hine*
Beauté	*n.f.*	아름다옴	아름다움	*Hareume tahome*
Bébé	*n.m.*	아기	아기	*Haki*
Bec	*n.m.*	ᄉᆡ입[26]	새입	*Sai hipe*
Bec-de-lièvre	*n.m.*	언쳥이	언청이	*Haune tchiengni*
Bêche	*n.f.*	부삽	부삽	*Poussape*
Becqueter	*v.t.*	쪼아먹소	쪼아먹소	*Ttjoa maukso*
Bégayer	*v.int.*	ᄌᆡ잘거리오	재잘거리오	*Tjai tjal kauriho*
Bégue	*n.m.*	반방어리[27]	반(半)벙어리	*Pane pang hauri*
Bêler	*v.int.*	양 소리 ᄒᆞ오	양(羊) 소리 하오	*Hiang sori h'aho*
Belette	*n.f.*	족제비	족제비	*Tjok tjeipi*
Bélier	*n.m.*	슈양	숫양(羊)	*Sou hiang*
Belle-fille	*n.f.*	며나리[28]	며느리	*Miaunari*
Belle-mère	*n.f.*	쟝모	장모(丈母)	*Tjiang mo*
Belle-soeur	*n.f.*	형슈 ... 계슈[29]	형수(兄嫂) ... 계수(季嫂)	*H'ieng sou .. Kieissou*
Bénéfice	*n.m.*	잇조[30] ... 이	이조(利條) ... 이(利)	*Hitjo .. Hi*
Bénéficier	*v.int.*	이 남소	이(利) 남소	*Hinamesso*

25 한불 306: 발사마 巴爾撒末香 Baume. 라틴어-옛한글 Balsamum 발사마 향.

26 새의 부리.

27 말을 더듬는 사람.

28 한불 233: 며ᄂᆞ리 媳婦 Belle-fille.

29 아우의 아내, 제수(弟嫂).

30 이자, 금리.

Bénignité	*n.f.*	인ᄌᆞ	인자(仁慈)	*Hinetja*
Bénin	*adj.*	인ᄌᆞᄒᆞᆫ	인자(仁慈)한	*Hinetja h'ane*
Bénitier	*n.m.*	셩슈그ᄅᆞᆺ[31]	성수(聖水)그릇	*Seng sou keureute*
Bequille	*n.f.*	나무다리	나무다리	*Namou tari*
Berger	*n.m.*	목동	목동(牧童)	*Mok tong*
Besace	*n.f.*	자루 ... 젼ᄃᆡ	자루 ... 전대(纏帶)	*Tjarou .. Tjiaune tai*
Besoin	*n.m.*	요긴	요긴(要緊)	*Hiokine*
	J'en ai besoin	요긴ᄒᆞ오	요긴(要緊)하오	*Hiokine k'aho*
	Je n'en ai pas besoin	요긴찬소	요긴(要緊)찮소	*Hiokine tchânesso*
Bête	*adj.*	어리셕소	어리석소	*Hauri saukso*
Bêtement	*adv.*	어리셕게	어리석게	*Hauri saukei*
Bêtise	*n.f.*	어리셕은 짓	어리석은 짓	*Hauri saukeune tjite*
Beurre	*n.m.*	소기름 ... 황유[32]	소기름 ... 황유(黃油)	*Sokireume .. H'oang hiou*
Bibliothèque	*n.f.*	ᄎᆡᆨ방	책방(冊房)	*Tchaik pang*
Biche	*n.f.*	암사슴	암사슴	*Hame sasseume*
Bicyclette	*n.f.*	자ᄒᆡᆼ거[33]	자행거(自行車)	*Tja h'aing kau*
Bien	*adv.*	잘	잘	*Tjal*
	Ecrivez bien	잘 쓰시오	잘 쓰시오	*Tjal sseussio*
Bienfaisant	*adj.*	은혜로온	은혜(恩惠)로운	*Heune h'iei rohone*
Bienfait	*n.f.*	은혜	은혜(恩惠)	*Heune h'iei*
Bienfaiteur	*n.m.*	은혜 ᄭᅵ치는 ᄌᆞ	은혜(恩惠) 끼치는 자(者)	*Heune h'iei kki tchi neune tja*

31 한불 404: 셩슈 聖水 Eau bénite.

32 노란색 기름, 버터. 페룽 Beurre 황유.

33 자전거(自轉車).

Bientôt	*adv.*	미구에[34] ... 쉬	미구(未久)에 ... 쉬이	*Mikouhei .. Su*
	Aurez-vous bientôt fini?	미구에 맛치겟소	미구(未久)에 마치겠소	*Mikouhei matchi keisso*
	Il viendra bientôt	쉬 오겟소	쉬이 오겠소	*Su hokeisso*
Bienveillant	*adj.*	인익혼	인애(仁愛)한	*Hinai h'ane*
Bière	*n.f.*	믹쥬	맥주(麥酒)	*Maiktjiou*
Biére (cercueil)	*n.f.*	관	관(棺)	*Koane*
Bijou	*n.m.*	보셕 ... 보배	보석(寶石) ... 보배	*Possauk .. Popai*
Bijouterie	*n.f.*	보셕젼	보석전(寶石廛)	*Possauk tjieune*
Bijoutier	*n.m.*	보셕장사	보석(寶石)장수	*Possauk tjang sa*
Binocle	*n.m.*	안경	안경(眼鏡)	*Hane kieng*
Bitume	*n.m.*	진[35]	진(津)	*Tjine*
Bizarre	*adj.*	괴상ᄒᆞ오	괴상(怪常)하오	*Keussang h'aho*
Blague	*n.f.*	거진말	거짓말	*Kautjine mal*
Blague (à tabac)	*n.f.*	담배쌈지	담배쌈지	*Tamepai ssametji*
Blaireau	*n.m.*	너구리[36] ... 담비	너구리 ... 담비	*Naukouri .. Tamepi*
Blâme	*n.m.*	칙망	책망(責望)	*Tchaik mang*
Blâmer	*v.t.*	칙망ᄒᆞ오	책망(責望)하오	*Tchaik mang h'ahe*
Blâmer	*v.t.*	구지치오	꾸짖으오	*Koutji tchi ho*
Blanc	*adj.*	희오	희오	*H'eui ho*
	Papier blanc	희종이	흰종이	*H'eui tjong hi*
Blanchir	*v.t.*	희게 ᄒᆞ오	희게 하오	*H'eui kei h'aho*
Blanchir	*v.t.*	쌜닉ᄒᆞ오	빨래하오	*Ppallai h'aho*

34 오래지 않아.

35 역청, 타르.

36 페롱 Blaireau 너구리. 장드르 Blaireau 너구리, 멧오리, 오솔이.

Blanchissage	*n.m.*	빨ᄂᆡ	빨래하오	*Ppallai*
Blanchisseur	*n.m.*	빨ᄂᆡ징이	빨래쟁이	*Ppallai tjaingni*
Blanchisseuse	*n.f.*	마졍징이[37]	마전쟁이	*Matjieng tjaingni*
Blé	*n.m.*	밀[38]	밀	*Mil*
Blesser	*v.t.*	상ᄒᆞ오	상(傷)하오	*Sang h'aho*
Blessure	*n.f.*	상쳐 ... 샹ᄒᆞᆫ 것	상처(傷處) ... 상(傷)한 것	*Sang tchiau .. Sang h'ane kaute*
Bleu	*adj.*	야쳥[39] ... 푸루오	야청(靑) ... 푸르오	*Hiatchieng .. Pfourouho*
Bobine	*n.f.*	가락	가락	*Karak*
Boeuf	*n.m.*	쇼[40]	소	*So*
	Un boeuf	쇼 ᄒᆞᆫ 필	소 한 필(匹)	*So h'ane pfil*
	Boeuf jaune	황쇼	황소	*H'oang so*
Boire	*v.t.*	먹소 ... 마시오	먹소 ... 마시오	*Maukso .. Massio*
	Bois	먹어라	먹어라	*Maukaura*
	Buvez	먹으시오	먹으시오	*Maukeussio*
Bois	*n.m.*	나무	나무	*Namou*
	Charge de bois	나무바리[41]	나무바리	*Namou pari*
	Mettez du bois dans le poële	화덕 안에 나무 노으시오	화(火)덕 안에 나무 놓으시오	*H'oa tauk hanei namou noheussio*
Boisseau	*n.m.*	말[42]	말	*Mal*
Boîte	*n.f.*	구에 ... 합	궤(櫃) ... 합(盒)	*Kouei .. H'ape*
	Boîte d'allumettes	셩양통	성냥통(桶)	*Songniang t'tong*

37 천을 표백하는 사람. 한불 227: 마젼ᄒᆞ다 Blanchir les toiles.
38 곡물류.
39 짙은 푸른빛, 남색. 한불 15: 야쳥 Teinture bleue.
40 牛.
41 나무 짐. 표제어 'Charge (de boeuf)' 참고.
42 1말은 10되에 해당된다. 한불 223: 말 斗 Boisseau (mesure contenant 10 되 Toi).

Boiter	*v.int.*	달이 저오[43]	다리 저오	*Tari tjauho*
Boiteux	*n.m.*	절둑발이[44]	절둑발이	*Tjaul tauk pari*
Bol	*n.m.*	사발 ... 딕졉	사발(沙鉢) ... 대접	*Sapal .. Taitjiaupe*
Bon	*adj.*	됴소	좋소	*Tiosso*
	C'est bon	됴소	좋소	*Tiosso*
	Bon marché	싸오[45]	싸오	*Ssaho*
	Très-bon	미우 됴소	매우 좋소	*Maihou tiosso*
Bond	*n.m.*	뒴	뜀	*Ttume*
Bondir	*v.int.*	쒸오	뛰오	*Ttu ho*
Bonheur	*n.m.*	복	복(福)	*Pok*
Bonjour	*n.m.*	엇더ᄒᆞ시오	어떠하시오	*Hautau h'assio*
Bonjour (très poli)	*n.m.*	병안ᄒᆞ시오	평안(平安)하시오	*Pieng hane h'assio*
Bonnet (crin)	*n.m.*	탕건[46]	탕건(宕巾)	*T'tang Kaune*
Bonnet (fourré)	*n.m.*	아얌[47]	아얌	*Ha hiame*
Bonsoir	*n.m.*	쏘 뵙시다	또 뵙시다	*Tto peupsita*
	Au revoir	쏘 뵙시다	또 뵙시다	*Tto peupsita*
Bontè	*n.f.*	인자 ... 은혜	인자(仁慈) ... 은혜(恩惠)	*Hinetja .. Heune h'iei*
Bonze	*n.m.*	즁[48]	중	*Tjoung*
Bonzesse	*n.f.*	승녀	승녀(僧女)	*Seungniau*
Bonzerie	*n.f.*	절[49]	절	*Tjiaule*

43 다리를 절다.

44 절름발이. 한불 548: 져둥발이 蹇脚 Boiteux.

45 (값이) 싼.

46 벼슬아치가 갓 아래 쓰던 관.

47 여인들이 겨울에 머리에 쓰는 쓰개. 한불 1: 아얌 額掩 Bonnet fourré.

48 승려.

49 사찰.

Borgne	*n.m.*	ᄋᆡ구눈이[50]	애꾸눈이	*Haikounouni*
Bordure	*n.f.*	옷가[51]	옷가	*Hoteka*
Bossu	*n.m.*	ᄭᅩᆸ사동이[52]	곱사등이	*Kkopsa tong hi*
Botte	*n.f.*	목화[53] … 슈여자[54]	목화(木靴) … 수여자	*Mokh'oa .. Souhiautja*
Bouc	*n.m.*	슈염소	숫염소	*Souhiaumesso*
Bouche	*n.f.*	입	입	*Hipe*
Boucher	*v.t.*	막소	막소	*Makso*
	Bouchez cette bouteille	이 병을 막으시오	이 병(甁)을 막으시오	*Hi pieng heul makeussio*
Boucher	*n.m.*	ᄇᆡᆨ쟝[55]	백장	*Paik tjiang*
Boucherie	*n.f.*	관[56]	관(館)	*Koane*
Bouchon	*n.m.*	막ᄋᆡ	마개	*Makai*
Boucle	*n.f.*	고리	고리	*Kori*
Bouclier	*n.m.*	방패	방패(防牌)	*Pang pfai*
Bouddha	*n.p.*	부쳐[57]	부처	*Poutchiau*
Boue	*n.f.*	진흙	진흙	*Tjine h'eulk*
Boueux	*adj.*	당이 질우	땅이 지오	*Tang hi tjirou*
Bouger	*v.t.*	흔들니오	흔들리오	*H'eune teulliho*
Bougie	*n.f.*	ᄇᆡᆨ쵸[58]	백(白)초	*Paik tchio*
Bouillir	*v.int.*	ᄭᅳ리오	끓이오	*Kkeuriho*

---

50 [한불] 50: 외눈통이 一目 Borgne.

51 옷자락.

52 [한불] 192: 곱ᄉᆞ등이 皺背 Un bossu.

53 조선시대 관복과 함께 신던 바닥이 나무로 된 신. [한불] 243: 목화 木靴 Bottes des officers ou des hommes en place. Bottes chinoises.

54 수혜자(水鞋子), 나막신.

55 [한불] 311: ᄇᆡᆨ쟝놈 白丁漢 Boucher.

56 프랑스어 의미는 '도살장', '푸줏간'이다. [한불] 72: 육간 肉間 Boucherie.

57 표제어 'Idole' 참고.

58 [한불] 605: 초 燭 Cierge, chandelle.

	Faites bouillir de l'eau	물 ᄭᅳ리시오	물 끓이시오	*Moule kkeurissio*
Bouillon	*n.m.*	국	국	*Kouk*
Boulanger	*n.m.*	ᄯᅥᆨ장사	떡장수	*Ttauk tjang sa*
Boule	*n.f.*	뭉치	뭉치	*Moung tchi*
Boulet	*n.m.*	ᄃᆡ포 철환[59]	대포(大砲) 철환(鐵丸)	*Taipfo tchiaurh'oane*
Bouquet	*n.m.*	ᄭᅩᆺ뭉텡이[60]	꽃뭉텅이	*Kkote moung t'tienghi*
Bourgeois	*n.m.*	읍인[61]	읍인(邑人)	*Heupine*
Bourgeon	*n.m.*	ᄭᅩᆺ봉우리	꽃봉오리	*Kkote pong houri*
Bourreau	*n.m.*	회광이[62]	희광이	*H'eu koang hi*
Bourrique	*n.f.*	암나귀	암나귀	*Hame nakoui*
Bourse	*n.f.*	돈주머니	돈주머니	*Tone tjoumauni*
Bouse	*n.f.*	쇠ᄯᅩᆼ	쇠똥	*Seuttong*
Bout	*n.m.*	ᄭᅳᆺ	끝	*Kkeut*
Bouteille	*n.f.*	병	병(甁)	*Pieng*
Boutique	*n.j.*	가가집[63]	가가(街家)집	*Kakatjipe*
Bouton	*n.m.*	단추	단추	*Tane tchou*
Bouton (de fleur)	*n.m.*	ᄭᅩᆺ방울	꽃방울	*Kkote pang houle*
Bouton (abcès)	*n.m.*	ᄲᅬ루지 ... 종긔	뾰루지 ... 종기(腫氣)	*Ppeuroutji .. Tjong keui*
Boutonner	*v.t.*	염의오	여미오	*Hiaume heuiho*

59 총알, 포탄. [한불] 514: 텰환 鐵丸 Balle, boulet.

60 꽃다발.

61 [장드르] Bourgeois 읍인. [한불] 584: 즁인 中人 Bourgeois, homme de la classe moyenne, homme de moyenne condition.

62 프랑스어 의미는 '사형집행인, 형리'이다. '회광이', '히광이' 등은 민속 탈솔이에 등장하는 백정을 의미한다. [한불] 116: 휘광이 斬刀漢 Bourreau.

63 시장 상인의 작은 집, 가건물. [한불] 122: 가가 街家/棚 Case de marchands forains; baraque.

Boutonnière	*n.f.*	암단추[64]	암단추	*Hame tane tchou*
Boyau	*n.m.*	창자[65]	창자	*Tchang tja*
Bracelet	*n.m.*	슈환[66]	수환(手鐶)	*Sou h'oane*
Braise	*n.f.*	등걸불[67]	등걸불	*Teung kaul poul*
Branche	*n.f.*	가지	가지	*Katji*
Branler	*v.t.*	흔드오	흔드오	*H'eune teuho*
Bras	*n.m.*	팔	팔	*Pfal*
Brave	*adj.*	강용훈	강용(強勇)한	*Kang hiong h'ane*
Bravoure	*n.f.*	강	강(強)	*Kang*
Brebis	*n.f.*	암양	암양(羊)	*Hame niang*
Bride	*n.m.*	굴네 ... 곳비	굴레 ... 고삐	*Koullei .. Kotepi*
Brider	*v.t.*	굴네 씨우오	굴레 씌우오	*Koullei ssihouho*
Brigand	*n.m.*	강도	강도(强盜)	*Kâng to*
Brigandage	*n.m.*	강도질	강도(强盜)질	*Kang to tjil*
Brillant	*adj.*	광치나오	광채(光彩)나오	*Koang tchai naho*
Briller	*v.int.*	빗최오	비추오	*Pite tcheuho*
Brique	*n.f.*	벽돌	벽(甓)돌	*Piauk tol*
Briqueterie	*n.f.*	벽돌젼	벽(甓)돌전(廛)	*Piauk tol tjiaune*
Briquetier	*n.m.*	벽돌징이	벽(甓)돌쟁이	*Piauk tol tjaing hi*
Briser	*v.t.*	ᄭᅵ트리오	깨트리오	*Kkait'teuriho*
Briser	*v.t.*	바수오	바수오	*Passouho*
Broder	*v.t.*	슈놋소	수(繡)놓소	*Sounosso*
Broderie	*n.f.*	슈논 것	수(繡)놓은 것	*Sounone kaute*

64 단추구멍.
65 장(腸).
66 팔찌.
67 태울 나무 조각, 그루터기. 한불 478: 등걸 朴 Morceau de bois à brûler, bois mort.

Brosse	*n.f.*	솔 ... 사자[68]	솔 ... 사자	*Sol .. Satja*
Brosser	*v.t.*	솔질ᄒᆞ오	솔질하오	*Soltjil h'aho*
	Brossez mes vêtements	내 옷슬 솔질ᄒᆞ시오	내 옷을 솔질하시오	*Nai hosseul soltjil h'assio*
Brouette	*n.f.*	젹은 수레	작은 수레	*Tjiaukeune sourei*
Brouillard	*n.m.*	안ᄀᆡ	안개	*Hane kai*
Broussailles	*n.f. pl.*	입나무[69]	잎나무	*Hipe namou*
Brouter	*v.t.*	풀 먹소[70]	풀 먹소	*Pfoul maukso*
Broyer	*v.t.*	바슈오	바수오	*Passouho*
Bru	*n.f.*	며나리	며느리	*Miaunari*
Bruit	*n.m.*	소리 ... 큰소리	소리 ... 큰소리	*Sorai .. K'keune sori*
	Ne faites pas de bruit	ᄯᅥ들지 마시오	떠들지 마시오	*Ttoteul tjimassio*
Brûler	*v.t.*	타오 ... 불타오	타오 ... 불타오	*Ttaho .. Poul t'taho*
Brume	*n.f.*	안ᄀᆡ	안개	*Hane kai*
Brumeux	*adj.*[71]	안ᄀᆡ겻소	안개꼈소	*Hane kai kkiausso*
Brut	*adj.*	걸그럽소	껄끄럽소	*Kkaul keuraupso*
Brutal	*adj.*	포악ᄒᆞ오	포악(暴惡)하오	*Pfohak h'aho*
Bûche	*n.f.*	나무 ᄒᆞᆫ 갑이	나무 한 개비	*Namou h'ane kapi*
Bûcher	*n.m.*	나무간[72]	나뭇간(間)	*Namou kane*
Bûcheron	*n.m.*	초부[73]	초부(樵婦)	*T'cho pou*
Budjet	*n.m.*	예산	예산(豫算)	*Hieissane*

68 갓 등의 먼지를 터는 솔. 한불 379: 사ᄌᆞ 刷子 Brosse; 한불 379: 사지 刷子 Brosse.

69 한불 231: 멍가나무 Esp. de broussailles à baies rouges et acidulées. 장드르 : Broussailles 덤불, 나무덤불. 프랑스어의 의미는 '가시덤불', '무성한 잡초'.

70 원문에는 '멋소'.

71 원문에는 '*odj.*'.

72 장작 곳간.

73 나무하는 아낙네.

C.c

Calomnie	*n.f.*[1]	모함	모함(謀陷)	*Moh'ame*
Calomnier	*v.t.*	모함ᄒᆞ오	모함(謀陷)하오	*Moh'ame h'aho*
Calquer	*v.t.*	그림 덧그리오[2]	그림 덧그리오	*Keurime taute keuriho*
Calvitie	*n.f.*	대머리	대머리	*Taimauri*
Camarade	*n.m.*[3]	친구	친구(親舊)	*Tchine kou*
Camp	*n.m.*[4]	진즁[5]	진중(陣中)	*Tjine tjioung*
Campagnard	*n.m.*[6]	덜사람[7]	들사람	*Taul sarame*
Campagne	*n.f.*[8]	덜	들	*Taul*
Camper	*v.int.*	유진ᄒᆞ오[9]	유진(留陣)하오	*Hioutjine h'aho*

1 원문에는 '*v.f.*'.
2 그림 위에 더 그리다, 베끼다.
3 원문에는 '*v.m.*'.
4 원문에는 '*v.m.*'.
5 캠프.
6 원문에는 '*v.m.*'.
7 한불 606: 촌민 村民 Campagnard.
8 원문에는 '*v.f.*'.
9 야영하다, 군대를 멈추다. 한불 296: 류진ᄒᆞ다 留陣 Camper.

Camphre	*n.m.*[10]	편뢰[11]	편뢰(片腦)	*Pfiaune leu*
Canaille	*n.f.*[12]	드러운 놈	더러운 놈	*Teurau houne nome*
Canal	*n.m.*[13]	ᄂᆡ ... ᄀᆡ쳔	내 ... 개천(川)	*Nai .. Kaitchiaune*
Canard	*n.m.*[14]	오리 ... 물오리	오리 ... 물오리	*Hori .. Moule hori*
Candide	*adj.*	진실ᄒᆞ오	진실(眞實)하오	*Tjine sil h'aho*
Cangue	*n.f.*	칼 쓰오[15]	칼 쓰오	*K'kal sseuho*
Canif	*n.m.*	쥬머니칼	주머니칼	*Tjioumauni k'kal*
Canne	*n.f.*	막ᄃᆡ ... 집힝이[16]	막대 ... 지팡이	*Maktai .. Tjiph'aing hi*
Canne (femelle)	*n.f.*	암오리	암오리	*Hame hori*
Cannelle	*n.f.*	계피	계피(桂皮)	*Kiei pfi*
Canon	*n.m.*	ᄃᆡ포 ... ᄃᆡ안구[17]	대포(大砲) ... 대완구(大碗口)	*Taipfo .. Taihane kou*
Canton	*n.m.*	읍 ... 골	읍(邑) ... 고을	*Heupe .. Kole*
Capable	*adj.*	능ᄒᆞ오	능(能)하오	*Neung ha'ho*
Capacité	*n.f.*	능	능(能)	*Neung*
Capitaine	*n.m.*	중ᄃᆡ장	중대장(中隊長)	*Tjeung tai tjang*
Capitaine (de navire)	*n.m.*	션장	선장(船長)	*Saune tjang*
Capitale	*n.f.*	셔울	서울	*Sau houle*
Caporal	*n.m.*	ᄒᆞ사	하사(下士)	*H'assa*
Capote	*n.f.*	병정 두루마기	병정(兵丁) 두루마기	*Pieng tjeng touroumaki*

10 원문에는 '*v.m.*'.
11 장뇌. 용뇌수로부터 얻은 결정체로 한의학의 치료제. 한불 358: 편뢰 片腦 Camphre.
12 원문에는 '*v.f.*'.
13 원문에는 '*v.m.*'.
14 원문에는 '*v.m.*'.
15 목에 칼을 씌우다, 칼을 채우다. 한불 589: 착가ᄒᆞ다 着枷 Mettre la cangue au cou.
16 한불 565: 집항이 杖 Canne.
17 쇠나 돌로 만든 둥근 탄알을 쏘는 조선 시대에 만든 대형 화포. 한불 448: 대완고 大砲 Canon.

Captif	*adj.*	ᄉᆡ로잡인	사로잡힌	*Sairo tjapine*
Capuchon	*n.m.*	휘향[18]	휘양	*H'eui h'iang*
Car	*conj.*	연고로	연고(然故)로	*Hiaune'koro*
Caractère	*n.m.*	셩미[19]	성미(性味)	*Seung mi*
Caractère (chinois)	*n.m.*	진셔[20]	진서(眞書)	*Tjine sau*
Caractère (écriture)	*n.m.*	글ᄌᆞ	글자(字)	*Keul tja*
Caractère (imprimerie)	*n.m.*	쥬ᄌᆞ[21]	주자(鑄字)	*Tjieutja*
Carafe	*n.f.*	물병	물병(甁)	*Moule pieng*
Carcasse	*n.f.*	ᄲᅧ	뼈	*Ppiau*
Caresser	*v.t.*	어루만지오	어루만지오	*Haureu mane tjiho*
Carnet	*n.m.*	치부칙[22]	치부책(置符冊)	*Tchipou tckaik*
Carotte	*n.f.*	홍당무	홍당(紅唐)무	*H'ong tang mou*
Carpe	*n.f.*	잉어 ... 붕어	잉어 ... 붕어	*Hignau .. Poung hau*
Carquois	*n.m.*	화살통	화살통(筒)	*H'oassal t'tong*
Carré	*n.m.*	네모	네모	*Neimo*
Carriére	*n.f.*	돌졈[23]	돌점(店)	*Tol tjiaume*
Carte (de visite)	*n.f.*	명텹[24]	명첩(名帖)	*Mieng t'tiaupe*
Carte (geographie)	*n.f.*	지도	지도(地圖)	*Tjito*

18 추위로부터 얼굴을 가리는 두건. [한불] 115: 휘항 揮項 Voile de tête, capuchon qui descend sur les épaules pour se garantir du froid.

19 성질.

20 한자. 언문(諺文)에 대칭(對稱)하여 중국 글자를 일컫던 말. [한불] 563: 진셔 眞書 Caractère chinois.

21 쇠붙이를 녹여 부어 만든 활자.

22 돈이나 물건이 드나드는 것을 적은 책. 표제어 'Registre', 'Tarif' 참고. [한불] 603: 치부ᄒᆞ다 置符 Registre; facture, mémoire de marchand. [라틴어-옛한글] Rationarium 치부칙, 문셔칙.

23 채석장.

24 명함.

Carton	*n.m.*	ᄎᆡᆨ의[25]	책의(冊衣)	*Tchaik heui*
Cartonner	*v.t.*	ᄎᆡᆨ의ᄒᆞ오	책의(冊衣)하오	*Tchaik heui h'aho*
Cartouche	*n.f.*	쳘환	철환(鐵丸)	*Tcniaurh'oane*
Cartouchière	*n.f.*	쳘환쥬머니	철환鐵丸)주머니	*Tchiaurh'oane tjioumauni*
Cas	*n.m.*	긔회	기회(機會)	*Keui h'eu*
Case	*n.f.*	문갑	문갑(文匣)	*Moune kape*
Caser	*v.t.*	문갑에 너오	문갑(文匣)에 넣으오	*Moune kapei neuho*
Caserne	*n.f.*	영문	영문(營門)	*Hieng moune*
Caserner	*v.t.*	영문에 드러가오	영문(營門)에 들어가오	*Hieng mounei teurah kaho*
Casque	*n.m.*	투구	투구	*T'toukou*
Casquette	*n.f.*	당머리[26]	당머리	*Tang mauri*
Casser	*v.t.*	ᄭᆡ트리오	깨트리오	*Kkai t'teuriho*
Casserole (terre)	*n.f.*	탕관[27]	탕관(湯罐)	*T'tang koane*
Casserole (fer)	*n.f.*	ᄌᆡᆼ가비[28]	쟁가비	*Tjaing kapi*
Cassette	*n.f.*	은젼궤[29]	은전궤(銀錢櫃)	*Heune tjiaune kouei*
Cassure	*n.f.*	ᄭᆡ트린 것	깨트린 것	*Kkai t'teurine kauie*
Castor	*n.m.*	슈달피[30]	수달피(水獺皮)	*Soutalpfi*
Catafalque	*n.m.*	상여	상여(喪輿)	*Sang hiau*
Cathédrale	*n.f.*	교당	교당(敎堂)	*Kiotang*
Catholique	*n.m.*[31]	텬쥬교	천주교(天主敎)	*T'tiaune tjioukio*

---

25 책의 겉장. 표제어 'Livre' 참고.

26 지붕의 당마루.

27 국을 끓이거나 약을 달이는 자그마한 그릇. 프랑스어의 의미는 '흙으로 만든 그릇'.

28 철로 만든 그릇, 냄비. 페롱 Casserole ᄉᆡ웅, ᄉᆡ옹. 장드르 Casserole 남비, 새옹.

29 표제어 'Coffre-fort' 참고. 페롱 Cassette 젹은 괴, 합, 통.

30 수달 모피.

31 원문에는 '*u.m.*'.

Causer	*v.int.*	슈작ᄒᆞ오[32]	수작(酬酌)하오	*Soutjak h'aho*
Causer	*v.int.*	이야기ᄒᆞ오	이야기하오	*Hihiaki h'aho*
Cautérisation	*n.f.*	ᄯᅳᆷ	뜸	*Tteume*
Cautériser	*v.t.*	ᄯᅳᆷ노오	뜸놓으오	*Tteume noho*
Cavale	*n.f.*	피마[33]	피마(馬)	*Pfima*
Cavalier	*n.m.*	마군[34]	마군(馬軍)	*Makoune*
Cave	*n.f.*	지고[35]	지고(地庫)	*Tjiko*
Ce-cet-cette	*adj.d.*	이 … 그	이 … 그	*Hi .. Keu*
	Ce cigare-ci	이 여송년[36]	이 여송연(呂宋煙)	*Hi hiau songniaune*
Ceci	*pr.d.*	이것 … 그것	이것 … 그것	*Hikaute .. Keukaute*[37]
Ceindre	*v.t.*	듸오[38]	띠오	*Tteui ho*
Ceinture	*n.f.*	허리듸	허리띠	*H'auri tteui*
Ceinturon	*n.m.*	혁ᄃᆡ	혁대(革帶)	*H'iauk tai*
Cela	*pr.d.*	저것	저것	*Tjau kaute*
Célébration	*n.f.*	하레	하례(賀禮)	*H'arei*
Célèbre	*adj.*	유명	유명(有名)	*H'iou mieng*
Célébrer	*v.t.*	ᄒᆞ레ᄒᆞ오	하례(賀禮)하오	*H'arei h'aho*
Céleri (corèen)	*n.m.*	미나리[39]	미나리	*Minari*
Célibataire	*n.m.*	장가 아니 든 사람[40]	장가 아니 든 사람	*Tjang ka hani teune sarame*
Celle	*pr.d.*	것	것	*Kaute*

32 말을 서로 주고받다, 이야기하다. 표제어 'Conversation', 'Entretenir (s')', 'Narration' 참고.
33 다 자란 암말.
34 기병.
35 땅속의 광. [페롱] Cave 디함. [장드르] Cave 움, 디고.
36 담뱃잎을 통째로 돌돌 말아서 만든 담배. 표제어 'Cigare' 참고.
37 원문에는 '*Heukaute*'.
38 띠다, 두르다. [한불] 476: 씌다 帶 Ceindre.
39 프랑스어의 의미는 '(한국) 셀러리'.
40 독신자.

Cellule	*n.f.*	옥	옥(獄)	*Hoke*
Celui	*pr.d.*	것	것	*Kaute*
Celui-ci ... celle-ci	*pr.d.*	이것	이것	*Hikaute*
Celui-là ... celle-là	*pr.d.*	저것	저것	*Tjaukaute*
Cendre	*n.f.*	직	재	*Tjai*
Cendrier	*n.m.*	직써리	재떨이	*Tjai ttauri*
Censeur	*n.m.*	어사	어사(御史)	*Heussa*
Centenaire	*n.m.*	빅셰 된 것	백세(百歲) 된 것	*Paiksiei teunekaute*
Cent-pieds	*n.m.*	지네	지네	*Tjinei*
Centre	*n.m.*	가온딕	가운데	*Ka hone tai*
Cependant	*adj.*	그러나	그러나	*Keurauna*
Cercle	*n.m.*	동고라미	동그라미	*Tong korami*
Cercle	*n.m.*	고리 ... 톄박위	고리 ... 쳇바퀴	*Kori .. Ttiei pakoui*
Cercueil	*n.m.*	관	관(棺)	*Koane*
Cérèmonie	*n.f.*	예졀	예절(禮節)	*Hiei tjiaule*
Cerf	*n.m.*	사슴	사슴	*Sasseume*
Cerf-volant	*n.m.*	연	연(鳶)	*Hiaune*
Cerise	*n.f.*	잉도	앵두	*Haing to*
Cerisier	*n.m.*	잉도나무	앵두나무	*Haing to namou*
Certainement	*adv.*	일뎡[41] ... 곡	일정(一定) ... 꼭	*Hiltieng .. Kkok*
	Très-certainement	만만코	만만(滿滿)코	*Mane mane k'ko*
	Il viendra certainement demain	제가 내일 곡 오겟소	제가 내일(來日) 꼭 오겠소	*Tjeika naihil kkok hokeisso*

41 확실히. 표제어 'Assurément', 'Certes', 'Sûr' 참고.

Certes	*adj.*	일뎡[42]	일정(一定)	*Hiltieng*
Certificat	*n.m.*	문셔[43]	문서(文書)	*Moune sau*
Céruse	*n.f.*	분[44]	분(粉)	*Poune*
Cerveau	*n.m.*	골 ... 머리골[45]	골 ... 머리골	*Kol .. Maurikol*
Cesser	*v.t.*	그치오	그치오	*Keutchiho*
C'est-à-dire	*l.conj.*	풀어 이라면	풀어 이르면	*Pfourau hirimiaune*
Cet	*p.dém.*	이 ... 뎌 ... 그	이 ... 저 ... 그	*Hi .. Tiau .. Keu*
Chacal	*n.m.*	살가지[46]	살가지	*Salkatji*
Chacun	*p.ind.*	각각	각각(各各)	*Kak kak*
Chagrin	*n.m.*	근심	근심	*Keune sime*
Chagriner	*v.t.*	근심ᄒᆞ오	근심하오	*Keune sime h'aho*
Chaîne	*n.f.*	사슬	사슬	*Sasseul*
Chair	*n.f.*	살[47]	살	*Sal*
Chaise	*n.f.*	교의[48] ... 걸상	교의(交椅) ... 걸상(床)	*Kioheui .. Kaulsang*
	chaise à 2 porteurs	보교[49]	보교(步轎)	*Pokio*
	chaise à 4 chaise	ᄉᆞ인교[50]	사인교(四人轎)	*Sarine kio*
Chaleur	*n.f.*	더위	더위	*Tau houi*
	Aujourd'hui il fait très-chaud	오날 일긔가 ᄆᆡ우 덥소	오늘 일기(日氣)가 매우 덥소	*Honal hilkeuika maihou taupso*
Chambre	*n.f.*	방 ... 안방	방(房) ... 안방(房)	*Pang .. Hanepang*

42 확실한. 표제어 'Assurément', 'Certainement', 'Sûr' 참고.
43 프랑스어의 의미는 '증명서'. 표제어 'Bail', 'Document', 'Ecrit', 'Inventaire' 참고.
44 화장품.
45 가르마.
46 살쾡이.
47 살갗, 피부.
48 의자.
49 두 사람이 메는 가마.
50 네 사람이 메는 가마. 한불 386: ᄉᆞ인교 四人轎 Chaise à quatre porteurs.

Chameau	*n.m.*	약ᄃᆡ[51]	약대	*Hiak tai*
Champ	*n.m.*	밧	밭	*Pate*
	champ deblé	밀밧	밀밭	*Mil pate*
Champagne	*n.m.*	삼판쥬[52]	삼판주(三判酒)	*Samepfane tjiou*
Champignon	*n.m.*	버셧	버섯	*Paussaute*
Chanceler	*v.int.*	드둠드둠ᄒᆞ오 [53]	드둠드둠하오	*Teutoume teutoume h'aho*
Chandelier	*n.m.*	쵸ᄃᆡ	촛대(臺)	*Tchiote tai*
Chandelle	*n.f.*	쵸 ... 육쵸[54]	초 ... 육(肉)초	*Tchio .. Hiouk tchio*
Changement	*n.m.*	박구면셔	바꾸면서	*Pakoumiaune sau*
Changer	*v.t.*	박구오	바꾸오	*Pak kouho*
	changer d'habit	옷 가라입소	옷 갈아입소	*Hote kara hipso*
	Il faut changer celui-ci	이것슬 박구는 거시 됴소	이것을 바꾸는 것이 좋소	*Hikausseul pak kouneune kaussi tiosso*
Chanson	*n.f.*	승가[55]	승가(升歌)	*Seung ka*
Chant	*n.m.*	노ᄅᆡ	노래	*Norai*
Chanter	*v.t.*	노ᄅᆡᄒᆞ오	노래하오	*Norai h'aho*
	Savez-vous chanter	노ᄅᆡ ᄒᆞᆯ 줄 아시오[56]	노래 할 줄 아시오	*Norai h'al tjoul hassio*[57]
Chanteur	*n.m.*	노ᄅᆡᄒᆞᄂᆞᆫ 사람	노래하는 사람	*Norai h'aneune sarame*
Chanvre	*n.m.*	베 ... 삼	베 ... 삼	*Pei .. Same*

51 낙타.

52 샴페인.

53 비틀거리다, 흔들리다. [한불] 484: 되록되록ᄒᆞ다 搖貌 Chanceler; [한불] 500: 뒤룩뒤룩ᄒᆞ다 Chanceler; [한불] 500: 뒤룽뒤룽ᄒᆞ다 Chanceler.

54 쇠기름으로 만든 초.

55 제례(祭禮)를 행할 때 묘당(廟堂) 위에서 하는 노래. [장드르] Chanson 노ᄅᆡ, 타령. 프랑스어의 의미는 '샹송', '가요'.

56 원문에는 'ᄒᆞ시오'.

57 원문에는 '*h'assio*'.

Chapeau	*n.m.*	갓	갓	*Kate*
	Bord du chapeau	갓테	갓테	*Kate t'tei*
	Chapeau deuil	방갓[58]	방(方)갓	*Pang kate*
	Courve-chapeau	갓모[59]	갓모(冒)	*Kanemo*
Chapelet	*n.m.*	염쥬	염주(念珠)	*Hiaume tjiou*
Chapelier	*n.m.*	갓징이	갓쟁이	*Kate tjaing hi*
Chapellerie	*n.f.*	갓 만드는 곳	갓 만드는 곳	*Kate mane teuneune kote*
Chapitre	*n.m.*	편	편(篇)	*Pjiaune*
Chaque	*adj.in.*	마다 ... 각	마다 ... 각(各)	*Mata .. Kak*
	Venez chaque jour	날마다 오시오	날마다 오시오	*Nalmata hossio*
Char	*n.m.*	큰 슈레	큰 수레	*K'keune sourei*
Charbon (bois)	*n.m.*	나무 숫	나무 숯	*Namou soute*
Charbon (de terre)	*n.m.*	석탄	석탄(石炭)	*Sauk t'tame*
Charbonnier	*n.m.*	숫장사	숯장수	*Soute tjang sa*
Chardon	*n.m.*	흔긍킈[60]	엉겅퀴	*H'eune keung k'keui*
Charge (fonction)	*n.f.*	벼슬	벼슬	*Piausseul*
Charge (de boeuf)	*n.f.*	바리 ... 짐	바리 ... 짐	*Pari .. Tjime*
	Chargé d'affaires	공사	공사(公使)	*Kong sa*
Charger	*v.t.*	짐 싯소	짐 싣소	*Tjime sisso*
	Chargez cela	이것 시르시오	이것 실으시오	*Hikaute sireussio*

58 장례식에서 남자가 쓰는 모자. 표제어 'Voile de deuil' 참고. 한불 302: 방갓 方笠 Grand chapeau en bambou blanc d'homme en deuil, en forme de parapluie.

59 갈모. 갓 위에 쓰던 기름종이로 만든 우산. 한불 137: 갓모 笠冒 Parapluie coréen, *c. a. d.* esp. D'entonnoir en papier huilé qu'on fixe sur le chapeau.

60 표제어 'Ortie' 참고.

Charitable	*adj*	구제ᄒᆞ오	구제(救濟)하오	*Koutjei h'aho*
Charité	*n.f.*	구제	구제(救濟)	*Koutjei*
Charnière	*n.f.*	돌젹위 … 쟝식	돌쩌귀 … 장식(裝飾)	*Toltjiaukoui .. Tjiang sik*
Charpente	*n.f.*	널싼지	널빤지	*Naul ppanetji*
Charpentier	*n.m.*	목슈	목수(木手)	*Moksou*
Charrette	*n.f.*	수레	수레	*Sourei*
Charrue	*n.f.*	장기[61]	쟁기	*Tjang ki*
	Soc de charrue	보습	보습	*Posseup*
Chasse	*n.f.*	산양	사냥	*Saniang*
Chasser	*v.t.*	산양ᄒᆞ오	사냥하오	*Saniang h'aho*
Chasser (mettre dehors)	*v.t.*	내좃소	내쫓소	*Naitjosso*
Chasseur	*n.m.*	산양군	사냥꾼	*Saniang koune*
Chassie	*n.f.*	안질[62]	안질(眼疾)	*Hanetjil*[63]
Chaste	*adj.*	조잘ᄒᆞᆫ[64]	조찰한	*Tjotjar h'ane*
Chasteté	*n.f.*	졍덕[65]	정덕(貞德)	*Tjieng tauke*
Chat	*n.m.*	고애이[66]	고양이	*Koaingni*
Chat-huant	*n.m.*	부헝	부엉이	*Pouh'aung*
Châtaigne	*n.f.*	밤 … 날밤	밤 … 날밤	*Pâme .. Nal páme*
Châtaigner	*n.m.*	밤나무	밤나무	*Pâme namou*
Châtaignerie	*n.f.*	밤나무 밧	밤나무 밭	*Pame namou pate*
Château	*n.m.*	ᄃᆡᆨ … 궁	댁(宅) … 궁(宮)	*Taik .. Koung*

61 [한불] 527: 장기 耟 Charrue.
62 원문에는 '안질안질'. [한불] 293: 눈쉽 眼苔 Chassie. [한불] 7: 안질 眼疾 Ophthalmie, maladie des yeux.
63 원문에는 '*Hanetjil hanetjil*'.
64 깨끗한, 순결한. 표제어 'Pur' 참고. [한불] 574: 조찰ᄒᆞ다 潔淨 Chaste.
65 한문서학서에서 라틴어 'charitas'의 번역어. [라틴어-옛한글] Castitas 졍덕, 졍결, 조찰ᄒᆞᆷ.
66 [페롱] 괴, 고양이. [라틴어-옛한글] Feles vel Felis 괴, 고양이.

Châtier	*v.t.*	벌ᄒᆞ오	벌(罰)하오	*Paurh'aho*
Châtiment	*n.m.*	벌	벌(罰)	*Pau*
Chatouillement	*n.m.*	간지름	간지럼	*Kane tjireume*
Chatouiller	*v.t.*	간지르오	간지르오	*Kane tjireuho*
Chaud	*adj.*	덥소 ... 더우온	덥소 ... 더운	*Taupso .. Tauhou hone*
	Le vin est chaud	술이 덥소	술이 덥소	*Souri taupso*
	De l'eau chaude	더운 물	더운 물	*Tauhoune moul*
Chaudière	*n.f.*	ᄉᆞᆺ	솥	*Sote*
	chaudière d'argile	질ᄉᆞᆺ[67]	질솥	*Tjil sote*
Chaudron	*n.m.*	ᄉᆞᆺ	솥	*Sote*
Chaudronnier	*n.m.*	대암쟝이[68]	대암장이	*Taihame tjiang hi*
Chauffer	*v.int.*	ᄯᆡ오[69]	때오	*Ttai ho*
Chauffer	*v.int.*	더웁게 ᄒᆞ오	덥게 하오	*Tauhoupekei h'aho*
	c'est froid faites chauffer un peu	이것시 차니 조곰 덥게 ᄒᆞ시오	이것이 차니 조금 덥게 하시오	*Hikaussi tchani tjokome taupekei h'assio*
Chauffrette	*n.f.*	화로	화로(火爐)	*H'oaro*
Chausser	*v.t.*	신 신쏘	신 신소	*Sine sine sso*
Chaussette	*n.f.*	버션[70]	버선	*Possaune*
Chauve	*adj.*	머리 몟소[71]	머리 미었소	*Maurimiausso*
Chauve-souris	*n.f.*	박쥐	박쥐	*Paktju*

67 [한불] 566: 질ᄉᆞᆺ 土鼎 Chaudière d'argile.
68 대장장이.
69 데우다, 덥히다. [한불] 468: 데다 燔 chauffer.
70 프랑스어의 의미는 '짧은 양말'. 표제어 'Bas' 참고. [한불] 318: 버션 襪 Bas, chaussettes.
71 민머리의, 대머리의. [한불] 250: 뮌머리 蓬頭 Tête chauve. Etre chauve.

Chaux	*n.f.*	회[72]	회(灰)	*H'eu*
Chef	*n.m.*	두목	두목(頭目)	*Toumok*
Chemin	*n.m.*	길	길	*Kil*
	où est le chemin de Sèoul	서울 길이 어ᄃᆡ오	서울 길이 어디오	*Sauhoul kiri hauteui ho*
	Chemin de fer	텰로	철로(鐵路)	*T'tiaullo*
Cheminée	*n.f.*	굴뚝	굴뚝	*Koul ttouk*
Chemise	*n.f.*	젹삼[73]	적삼	*Tjiauksame*
	chemise de nuit	자리 젹삼[74]	자리 적삼	*Tjari tjiauksame*
Chemulpo	*n.p.*	인쳔	인천(仁川)	*Hine tchiaune*
Chêne	*n.m.*	ᄎᆞᆷ나무	참나무	*Tchame namou*
Chenille	*n.f.*	숑츙이	송충(松蟲)이	*Song tchioungni*
Cher	*adj.*	비싸오	비싸오	*Pissaho*
	C'est très-cher	ᄆᆡ우 비싸오	매우 비싸오	*Maihou pissaho*
Chercher	*v.t.*	찻소	찾소	*Tchasso*
	Cherchez-le	그것 차즈시오	그것 찾으시오	*Keukaute tcha tjeussio*
Chérir	*v.t.*	사랑ᄒᆞ오	사랑하오	*Sarang h'aho*
Cheval	*n.m.*	말[75]	말	*Mal*
Chevelure	*n.f.*	머리털	머리털	*Mauri t'taul*
Chevet	*n.m.*	벼개	베개	*Piaukai*
Cheveu	*n.m.*	털	털	*T'taul*
Cheville (du pied)	*n.f.*	발목	발목	*Palmok*

72 석회.

73 윗도리에 입는 홑옷. 프랑스어의 의미는 '셔츠'.

74 잠자리에 입는 홑옷.

75 馬.

Chèvre	*n.f.*	암염소	암염소	*Hame hiaumesso*
Chevreau	*n.m.*	염소 석이	염소 새끼	*Hiaumesso saiki*
Chevreuil	*n.m.*	노루	노루	*Norou*
Chez	*prép.*	집에	집에	*Tjipei*
	Portez cela chez moi	내 집에 가져 가시오	내 집에 가져가시오	*Nai tjipei katjiau kassio*
Chicorée	*n.f.*	면둘네[76]	민들레	*Miaune tullei*
Chien	*n.m.*	개	개	*Kai*
	Petit chien	강아지	강아지	*Kang hatji*
Chiffre	*n.m.*	수 글자	수(數) 글자	*Soukeultja*
Chignon	*n.m.*	상투	상투	*Saug t'tou*
Chine	*n.p.*	청국	청국(淸國)	*Tchieng kouk*
Chinois	*n.m.*	청국 사람	청국(淸國) 사람	*Tchieng kouk sarame*
	Légation de Chine	청국 공사관	청국(淸國) 공사관(公使館)	*Tchieng kouk kong sakoane*
Chirurgien	*n.m.*	외치의원[77]	외치의원(外治醫員)	*Heutchi heui houaune*
Choisir	*v.t.*	갈희오[78]	가리오	*Karh'euiho*
Choisir	*v.t.*	간션ᄒᆞ오	간선(揀選)하오	*Kanessaune h'aho*
	Choisissez-bien	잘 갈희시오	잘 가리시오	*Tjal karh'euissio*
Choléra	*n.m.*	괴질 ... 곽난[79]	괴질(怪疾) ... 곽란(霍亂)	*Keutjil .. Koaknane*
Chose	*n.f.*	것	것	*Kaute*
	Cette chose	이것시	이것이	*Hikaussi*
	C'est la même chose	이것시 맛찬가지오	이것이 마찬가지오	*Hikaussi mate tchane katjio*

76 프랑스어의 의미는 '치커리'.

77 외과의사.

78 가리다, 분류하다. 한불 133: 갈희다 擇 Choisir.

79 프랑스어의 의미는 '콜레라'. 한불 178: 곽난 霍亂 Esp. de maladie dans les temps de chaleur (p.ê. le choléra).

Chou	*n.m.*	ᄇᆡ추	배추	*Paitchou*
Chouette	*n.f.*	옷밤이	올빼미	*Hote pami*
Chrétien	*n.m.*	교우[80]	교우(教友)	*Kio hou*
Chrértienne	*n.f.*	녀교우	여교우(女教友)	*Hiau kio hou*
Chrysanthéme	*n.m.*	국화	국화(菊花)	*Kouk h'oa*
Chuchoter	*v.t.*	속운속운ᄒᆞ오	소곤소곤하오	*Sokoune sokoune h'aho*
Chute	*n.f.*	낙셩[81]	낙성	*Nakseng*
Cible	*n.f.*	과냑	과녁	*Koaniak*
Cicatrice	*n.f.*	험집	흠(欠)집	*H'aume tjipe*
Ciel	*n.m.*	ᄒᆞ날	하늘	*H'anal*
Cierge	*n.m.*	쵸[82]	초	*T'chio*
Cigale	*n.f.*	ᄆᆡ암이	매미	*Maihami*
Cigare	*n.m.*	여송년[83]	여송연(呂宋煙)	*Hiaussongniaune*
Cigarette	*n.f.*	지권연[84]	지권연(紙卷煙)	*Tjikouauniaune*
Cigogne	*n.f.*	ᄇᆡᆨ노	백로(白鷺)	*Paikno*
Cil	*n.m.*	쇽눈셥	속눈썹	*Soknoune saupe*
Ciment	*n.m.*	양국회[85]	양국회(洋國灰)	*Hiang kouk h'eu*
Cimetière	*n.m.*	산소 ... 무덤	산소(山所) ... 무덤	*Sanesso .. Mou taume*
Cirage	*n.m.*	신약[86]	신약(藥)	*Sine hiak*
Circuler	*v.int.*	도로다니오	돌아다니오	*Torotaniho*

80 프랑스어의 의미는 '기독교인'.
81 낙상(落傷). 떨어져 다침.
82 燭.
83 담뱃잎을 통째로 돌돌 말아서 만든 담배.
84 지궐연. 담뱃잎을 썰어서 종이로 싸서 만든 담배.
85 시멘트.
86 구두약.

Cire	*n.f.*	밀[87]	밀(蜜)	*Mil*
Cirer	*v.t.*	약칠ᄒᆞ오[88]	약칠(藥漆)하오	*Hiaktjil h'aho*
Ciseau	*n.m.*	끌	끌	*Kkeul*
Ciseaux	*n.m.pl.*	가위 ... 가새	가위 ... 가새	*Kahour .. Kassai*
Citadelle	*n.f.*	보탑[89]	보탑(寶塔)	*Pot'tape*
Citron	*n.m.*	유ᄌᆞ	유자(柚子)	*Hioutja*
Citronnier	*n.m.*	유ᄌᆞ나무	유자(柚子)나무	*Hioutja namou*
Citrouille	*n.f.*	호박[90]	호박	*H'opak*
Civil	*adj.*	례 안난	예(禮) 아는	*Hiei hanane*
Civilisateur	*n.m.*	ᄀᆡ화ᄒᆞᄂᆞᆫ 사람	개화(開化)하는 사람	*Kaih'oa h'aneune sarame*
Civilisation	*n.f.*	ᄀᆡ화	개화(開化)	*Kai h'oa*
Civiliser	*v.t.*	ᄀᆡ화ᄒᆞ오	개화(開化)하오	*Kai h'oa h'aho*
Civilité	*n.f.*	례모[91]	예모(禮貌)	*Hieimo*
Clair	*adj.*	분명ᄒᆞ오	분명(分明)하오	*Poune mieng h'aho*
Clairement	*adv.*	분명이	분명(分明)히	*Poune mieng hi*
Clairon	*n.m.*	나발	나팔(喇叭)	*Napal*
Clarinette	*n.f.*	피리[92]	피리	*Pfiri*
Classe (ècole)	*n.f.*	학방	학방(學房)	*H'akpang*
Clef	*n.f.*	열쇠	열쇠	*Hiaulseu*
	Fermez la porte à clef	문 걸으시오	문(門) 걸으시오	*Moune kaureussio*
Cligner	*v.t.*	눈 작이오[93]	눈 작이오	*Noune tjakiho*

87 밀납.

88 프랑스어의 의미는 '밀납을 입히다', '왁스로 닦다'. 페롱 Mirer 밀칠ᄒᆞ다.

89 성채, 보루. 표제어 'Tour' 참고.

90 식물.

91 예절에 맞는 몸가짐. 표제어 'Poli', 'Urbanité' 참고.

92 프랑스어의 의미는 '클라리넷'.

93 눈을 깜짝이다. 한불 126: 쌈작이다 Cligner des yeux.

Climat	n.m.	슈토[94]	수토(水土)	*Sout'to*
Cloche	n.f.	죵	종(鐘)	*Tjiong*
Clochette	n.f.	요령	요령(鐃鈴)	*Hiorieng*
Cloison	n.f.	판벽[95]	판벽(板壁)	*Pfanepiauk*
Clou	n.m.	못	못	*Mote*
Clouterie	n.f.	못전[96]	못전(廛)	*Mote tjiaune*
Club	n.m.	회소	회소(會所)	*Heusso*
Cocarde	n.f.	표	표(標)	*Pfio*
Cochon	n.m.	되야지	돼지	*Teu hiatji*
Cocon	n.m.	누에꼿치	누에고치	*Nouhei kkotchi*
Coeur	n.m.	마음 ... 념통	마음 ... 염통	*Maheume .. Hiaume t'tong*
	Avec coeur	마음으로	마음으로	*Maheumeuro*
Coffre-fort	n.m.	은젼궤[97]	은전궤(銀錢櫃)	*Heunetjiaune kouei*
Cognée	n.f.	독긔	도끼	*Tok keui*
Coiffeur	n.m.	머리 단장ᄒᆞ는 사람	머리 단장(丹粧)하는 사람	*Mauri tane tjang h'aneune sarame*
Coiffure	n.f.	머리 단장	머리 단장(丹粧)	*Mauri tanetjang*
Coin (intérieur)	n.m.	구셕	구석	*Koussauk*
Coin (extérieur)	n.m.	모퉁이	모퉁이	*Mot'tong hi*
Coing	n.m.	모과	모과(木瓜)	*Mokoa*
Col	n.m.	목도리	목도리	*Moktori*
Colère	n.f.	분긔[98]	분기(憤氣)	*Poune keui*
Colique	n.f.	복통	복통(腹痛)	*Pok t'tong*

94 프랑스어의 의미는 '기후', '풍토'. 페롱 Climat 슈토. 한불 446: 슈토 水土 Eau et terre, climat.

95 칸막이, 격벽.

96 못제조공장.

97 프랑스어의 의미는 '금고'. 표제어 'Cassette' 참고.

98 분노.

Collant	*adj.*	ᄭᅳᆫᄭᅳᆫᄒᆞ오	끈끈하오	*Kkeune kkeune h'aho*
Colle (farine)	*n.f.*	풀[99]	풀	*Pfoul*
Colle (forte)	*n.f.*	아ᄭᅭ	아교(阿膠)	*Hakio*
Collection	*n.f.*	도취[100] ... 모됨[101]	도취(徒取) ... 모둠	*Totchu .. mo tume*
Collectionner	*v.t.*	도취ᄒᆞ오	도취(徒取)하오	*Totchu h'aho*
Collectionneur	*n.m.*[102]	도취ᄒᆞ는[103] 사람	도취(徒取)하는 사람	*Totchu h'aneune sarame*
Collège	*n.m.*	셔당	서당(書堂)	*Sautang*
Collègue	*n.m.*	동관[104]	동관(同官)	*Tong kane*
Coller	*v.t.*	붓치오	붙이오	*Poute tchiho*
Collier	*n.m.*	굴네[105] ... 앙화	굴레 ... 앙화(仰花)	*Koullei .. h'ang h'oa*
Colline	*n.f.*	언덕	언덕	*Haune tauk*
Colombe	*n.f.*	비듥이	비둘기	*Piteulki*
Colombier	*n.m.*	비듥이쟝	비둘기장(欌)	*Piteulki tjiang*
Colonel	*n.m.*	졍영[106]	정령(正領)	*Tjiengnieng*
Colonie	*n.f.*	속국	속국(屬國)	*Sokouk*
Colonne	*n.f.*	기동	기둥	*Kitong*
Coloration	*n.f.*	치ᄉᆡᆨ	채색(彩色)	*Tchaissaik*
Colorer	*v.t.*	치ᄉᆡᆨᄒᆞ오	채색(彩色)하오	*Tchaissaik h'aho*
Colossal	*adj.*	지극히 큰	지극히(至極) 큰	*Tjikeuk h'ik'keune*
Colporter	*v.t.*	길가에서 장사ᄒᆞ오	길가에서 장사하오	*Kilka heissau tjang sa h'aho*

99 접착제.
100 힘들이지 않고 얻다.
101 한데 모음.
102 원문에는 '*n.c.*'.
103 원문에는 '도최ᄒᆞ는'.
104 동료.
105 목끈, 마구.
106 대한 제국 때의 영관 계급 가운데 하나. 표제어 'Commandant', 'Sergent', 'Sous-Lieutenant' 참고.

Colporteur	*n.m.*	노변 장사 길가 장사	노변(路邊) 장사 길가 장사	*Nopiaune tjang sa* *kilka tjang sa*
Colporteur (de vases)	*n.m.*	부샹[107]	부상(負商)	*Poussang*
Combat	*n.m.*	졉젼	접전(接戰)	*Tjiaupe tjiaune*
Combattre	*v.t.*	졉젼ᄒᆞ오	접전(接戰)하오	*Tjiaupe tjiaune h'aho*
Combien	*adv.*	얼마	얼마	*Haulma*
	Combien de crayons avez-vous?	연필이 얼마나 잇소	연필이 얼마나 있소	*Hiaune pfiri haulmana hisso*
Combler	*v.t.*	매오 ... 제우오[108]	메우오 ... 제우오	*Meiho .. Tjeihouho*
Comédie	*n.f.*	산두도감[109]	산대도감(山臺都監)	*Sane tou to kame*
Comédien	*n.m.*	광대	광대	*Koang tai*
Comète	*n.f.*	미셩[110]	미성(尾星)	*Misseng*
Comique	*adj.*	산두[111]	산대(山臺)	*Sane tou*
Comité	*n.m.*	총ᄃᆡ위원	총대위원(總代委員)	*Tchang tai houi houaune*
Commandant	*n.m*	참영[112]	참령(參領)	*Tchamenieng*
Commandant	*n.m*	식이는 사람	시키는 사람	*Sikineune sarame*
Commandement	*n.m.*	구령	구령(口令)	*Kourieng*
Commander	*v.t.*	식이오	시키오	*Sikiho*
Comme	*conj.*	것치 ... 갓소	같이 ... 같소	*Kaute tchi .. Kasso*
	Comme ceci	이러케	이렇게	*Hirauk'kei*
	Comme moi	나와 갓소	나와 같소	*Nahoa kasso*

107 보부상.
108 제우다, 조이다.
109 프랑스어 의미는 '코미디'이다. 산대놀이를 하는 단체. 페롱 산ᄃᆡ, 산듸. 한불 509: 탈노롬 戱子 Comédie.
110 이십팔수(二十八宿)의 여섯째 별자리에 있는 별들.
111 산대놀이.
112 대한 제국 때에 둔, 영관 계급의 하나. 표제어 'Colonel', 'Sergent', 'Sous-Lieutenant' 참고.

	Ce n'est pas comme cela	이것 것지 안소	이것 같지 않소	*Hikaute kautji hanesso*
Commençant	*n.m.*	시작ᄒᆞ는 사람	시작(始作)하는 사람	*Sitjiak h'aneune sarame*
Commencement	*n.m.*	시쟉 ... 비로소	시작(始作) ... 비로소	*Sitjiak .. Pirosso*
Commencer	*v.t.*	시쟉ᄒᆞ오	시작(始作)하오	*Sitjiak h'aho*
	Commencez maintenant	지금 시쟉ᄒᆞ시오	지금(只今) 시작(始作)하시오	*Tjikeume sitjiak h'assio*
Comment	*adv.*	엇더케	어떻게	*Hautauk'ei*
Comment	*adv.*	엇지	어찌	*Hautji*
	Comment ferez-vous?	엇더케 ᄒᆞ려시오	어떻게 하려시오	*Hautauk'kei h'ariaussio*
	Comment le savez-vous?	엇지 그것슬 아시오	어찌 그것을 아시오	*Hautji keu kausseul hassio*
Commerce	*n.m.*	장사	장사	*Tjang sa*
Commettre	*v.t.*	죄 범ᄒᆞ오	죄(罪) 범(犯)하오	*Tjau paume h'aho*
Commission	*n.f.*	심부럼	심부름	*Sime pouraume*
Commissionnaire	*n.m.*	심부럼ᄒᆞ는 사람	심부름하는 사람	*Sime pouraume*[113] *h'aneune sarame*
Commode	*n.f.*	셔랍 잇는 쟝	서랍 있는 장(欌)	*Sanrape hitneune tjiang*
Commode	*adj.*	경편ᄒᆞ오[114]	경편(輕便)하오	*Kieng pfiaune h'aho*
Commodément	*adv.*	경편ᄒᆞ게	경편(輕便)하게	*Kieng pfiaune h'akei*
Commuer	*v.t.*	밧고오[115]	바꾸오	*Pate koho*[116]
Commun	*adj.*	흔ᄒᆞ오	흔하오	*H'eune h'aho*
Communication	*n.f.*	통신	통신(通信)	*T'tong sine*

113 원문에는 '*pouraune*'.
114 손쉬운, 편리한.
115 한불 307: 밧고다 換 Echanger; changer.
116 원문에는 '*Tate koho*'.

Communication	*n.f.*	훌영	훈령(訓令)	*H'oullieng*
Communiquer	*v.t.*	훌영ᄒᆞ오	훈령(訓令)하오	*H'oullieng h'aho*
Communiquer	*v.t.*	젼ᄒᆞ오[117]	전(傳)하오	*Tjiaune*[118] *h'aho*
Compagnie	*n.f.*	회사	회사(會社)	*H'eussa*
Compagnon	*n.m.*	동힝	동행(同行)	*Tong h'aing*
Comparaison	*n.f.*	비유	비유(比喩)	*Pihiou*
Comparer	*v.t.*	비유ᄒᆞ오	비유(比喩)하오	*Pihiou h'aho*
Compassion	*n.f.*	가련ᄒᆞᆷ	가련(可憐)함	*Kariaune h'ame*
Compatissant	*adj.*	인ᄌᆞᄒᆞᆫ	인자(仁慈)한	*Hinetja h'ane*
Complet	*adj.*	온젼ᄒᆞ오	온전(穩全)하오	*Honetjiaune h'aho*
Complètement	*adv.*	온전이	온전(穩全)히	*Honetjiauni*
Compléter	*v.t.*	채우오	채우오	*Tchai houho*
Complice	*n.m.*	모의ᄒᆞ는 사람	모의(謀議)하는 사람	*Moheui h'aneune sarame*
Compliment	*n.m.*	찬존[119]	찬존(讚尊)	*Tchane tjone*
Complimenter	*v.t.*	찬존ᄒᆞ오	찬존(讚尊)하오	*Tchane tjone h'aho*
Complot	*n.m.*	역젹질	역적(逆賊)질	*Hiauk tjiauk tjil*
Comploter	*v.t.*	모의ᄒᆞ오	모의(謀議)하오	*Moheui h'aho*
Composer	*v.t.*	글짓소	글짓소	*Keultjisso*
Composition	*n.f.*	작문	작문(作文)	*Tjakmoune*
Comprendre	*v.t.*	아라듯소	알아듣소	*Harateusso*
	Comprenez-vous?	아라드르시오	알아들으시오	*Harateureussio*
	Je ne comprends pas	아라듯지 못ᄒᆞ오	알아듣지 못하오	*Harateute tji mote h'aho*

117 원문에는 '졍ᄒᆞ오'. 표제어 'Propager' 참고. 한불 546: 젼ᄒᆞ다 傳 Propager, communiquer.

118 원문에는 '*Tjieng*'.

119 찬사, 축사.

Comprimer	*v.t.*	취오 ... 눌이오	쥐오 ... 누르오	*Tchuho .. Noulliho*
Comptabilité	*n.f.*	회계	회계(會計)	*H'eukiei*
Comptable	*n.f.*	회계ᄒᆞ는 사람	회계(會計)하는 사람	*H'eukiei h'aneune sarame*
Compte	*n.m.*	세음조[120]	셈조(條)	*Siei heume tjio*
Compter	*v.t.*	세오 ... 헤하리오	세오 ... 헤아리오	*Siei ho .. H'ei h'ariho*
	Comptez	셰시오	세시오	*Siei sio*
Concert	*n.m.*	풍악	풍악(風樂)	*Pfoung hak*
Concession	*n.f.*	허락 ... 죠계[121]	허락(許諾) ... 조계(租界)	*H'aurak .. Tjiokei*
Concevoir	*v.t.*	ᄋᆡ ᄇᆡ오	애 배오	*Haipaiho*
Concombre	*n.m.*	외	오이	*Heu*
Concubine	*n.f.*	별실 ... 쳡	별실(別室) ... 첩(妾)	*PiaulsilTchiaupe*
Condamnable	*adj.*	쳐할 만ᄒᆞ오	처(處)할 만하오	*Tchiau h'ale mane h'aho*
Condamné	*v.t.*	쳐ᄒᆞ오	처(處)하오	*Tchiau h'aho*
Condoleance	*n.f.*	죠상	조상(祖上)	*Tjiossang*
Condisciple	*n.m.*	동모	동무	*Tong mo*
Conducteur	*n.m.*	인도ᄒᆞ는 사람	인도(引導)하는 사람	*Hineto h'aneune sarame*
Conducteur (du cheval)	*n.m.*	마부	마부(馬夫)	*Mapou*
Conduire	*v.t.*	인도ᄒᆞ오	인도(引導)하오	*Hineto h'aho*
	Conduisez-moi à la Légation de France	법국[122] 공ᄉᆞ관에 인도ᄒᆞ시오	법국(法國) 공사관(公使館)에 인도(引導)하시오	*Paupe kouk kong sakoanei hineto h'assio*

120 돈 따위로 셈하는 조건.

121 19세기 개항 도시에 외국인이 자유로이 통상 거주하며 치외법권을 누릴 수 있도록 설정한 구역.

122 프랑스. 표제어 'France' 참고.

Confluite	*n.f.*	힝실	행실(行實)	*H'aing sil*
Confesser	*v.t.*	고히ᄒᆞ오	고해(告解)하오	*Ko h'ai h'aho*
Confession	*n.f.*	고히[123]	고해(告解)	*Ko h'ai*
Confiance	*n.f.*	맛김	맡김	*Mate kime*
Confidence	*n.f.*	비밀ᄒᆞᆫ 말	비밀(祕密)한 말	*Pimil h'ane mal*
Confier	*v.t.*	맛기오	맡기오	*Mate kiho*
Confire	*v.t.*	과ᄌᆞ 만드오[124]	과자(菓子) 만드오	*Koa tja mane teuho*
Confirmation	*n.f.*	견진[125]	견진(堅振)	*Kiaune tjine*
Confirmer	*v.t.*	견진ᄒᆞ오	견진(堅振)하오	*Kiaune tjine h'aho*
Confiscation	*n.f.*	젹물홈[126]	적물(籍物)함	*Tjieng moule h'ame*
Confiserie	*n.f.*	과자젼	과자전(菓子廛)	*Koatjatjiaune*
Confisquer	*v.t.*	젹물ᄒᆞ오	적물(籍物)하오	*Tjieng moul h'aho*
Confisquer	*v.t.*	빼셔가오	뺏어가오	*Ppaissau kaho*
Confiture	*n.f.*	과쟈[127]	과자(菓子)	*Koatja*
Congé	*n.m.*	슈유	수유(受由)	*Sou hiou*
Congédier	*v.t.*	노아보닉오	놓아보내오	*Noha ponaiho*
Congédier	*v.t.*	내좃소	내쫓소	*Naitjosso*
Connaissance	*n.f.*	인사	인사(人事)	*Hinessa*
Connaître	*v.t.*	아오	아오	*Haho*
	Connaissez-vous cet homme?	이 사람을 아시오	이 사람을 아시오	*Hi sarameul hassio*

123 한문 서학서에서 라틴어 'confessio'의 번역어.

124 프랑스어의 의미는 '설탕에 절이다'.

125 한문 서학서에서 라틴어 'Confirmatio'의 번역어. 가톨릭 교회의 7성사 중 하나.

126 프랑스어의 의미는 '압수', '몰수재산'을 의미. 한불 545: 젹물ᄒᆞ다 籍物 Confisquer les biens, les propriétés d'un condamné (rebelle ou chrétien, etc.).

127 프랑스어의 의미는 '콩피투르', 잼'.

Conquérir	*v.t.*	강복ᄒᆞ야 엇소[128]	강복(剛腹)하여 얻소	*Kang pok h'ahia hausso*
Consacrer	*v.t.*	츅셩ᄒᆞ오	축성(祝聖)하오	*Tchiouk seug h'aho*
Conscience	*n.f.*	양심	양심(良心)	*Hing sime*
Consciencieux	*n.m.*	양심 바른 사람	양심(良心) 바른 사람	*Hiang sime pareune sarame*
Consécutif	*adj.*	연ᄒᆞ오	연(連)하오	*Hiaune h'aho*
Conseil	*n.m.*	권[129]	권(勸)	*Kouaune*
	Conseil Privé	즁추원[130]	즁추원(中樞院)	*Tjioung tchou houaune*
Conseiller	*v.t.*	권ᄒᆞ오	권(勸)하오	*Kouaune h'aho*
	conseiller d'Etat	찬뎡	찬정(贊政)	*Tchane tjieng*
Consentir	*v.int.*	의합ᄒᆞ오	의합(意合)하오	*Heui h'ape h'aho*
Conservateur	*n.m.*	보젼ᄒᆞ는 사람	보전(保存)하는 사람	*Potjiaune h'aneune sarame*
Conservation	*n.f.*	보젼	보전(保存)	*Potjiaune*
Conserver	*v.t.*	보젼ᄒᆞ오	보전(保存)하오	*Potjiaune h'aho*
Considérable	*adj.*	흔ᄒᆞ오	흔하오	*H'eune h'aho*
Considérer	*v.t.*	살비오	살피오	*Salpiho*
Consigne	*n.f.*	금단[131]	금단(禁斷)	*Keume tane*
Consolateur	*n.m.*	즐겁게ᄒᆞ는 사람	즐겁게 하는 사람	*Tjeulkaupekei h'aneune sarame*
Consolation	*n.f.*	즐거옴	즐거움	*Tjeulkau home*
Consoler	*v.t.*	즐기게ᄒᆞ오	즐기게 하오	*Tjeulkikei h'aho*
Consoler	*v.t.*	위로ᄒᆞ오	위로(慰勞)하오	*Houiro h'aho*

128 쟁취하다, 정복하다.
129 권고, 충고.
130 프랑스어는 행정 및 사법기관인 '추밀원'을 의미한다.
131 금지.

Consonne	*n.f.*	밧침	받침	*Pate tchime*
Conspirateur	*n.m.*	역젹	역적(逆賊)	*Hiauk tjiauk*
Conspiration	*n.f.*	역젹질	역적(逆賊)질	*Hiauk tjiauk tjil*
Conspirer	*v.int.*	역젹질ᄒᆞ오	역적(逆賊)질하오	*Hiauk tjiauk tjil h'aho*
Constamment	*adv.*	항상	항상(恒常)	*H'ang sang*
Constance	*n.f.*	항구홈	항구(恒久)함	*H'ang kou h'ame*
Constant	*adj.*	항구ᄒᆞ오	항구(恒久)하오	*H'ang kou h'aho*
Constater	*v.t.*	알아보오	알아보오	*Hara poho*
Constiper	*v.t.*	동 잘 못 누오[132]	똥 잘 못 누오	*Tong tjalmot nouho*
Constructeur	*n.m.*	진는 사람	짓는 사람	*Tjineune sarame*
Construction	*n.f.*	짓 것[133]	짓 것	*Tjine kaute*
Construire	*v.t.*	짓소	짓소	*Tjisso*
Consul	*n.m.*	령사	영사(領事)	*Hieng sa*
Consulat	*n.m.*	령사관	영사관(領事官)	*Hieng sakoane*
Consulter	*v.t.*	무러보오	물어보오	*Mourau poho*
Consumer	*v.t.*	다 타오	다 타오	*Ta t'taho*
Contagieux	*adj.*	젼임ᄒᆞ오	전염(傳染)하오	*Tjiaunime h'aho*
Contagion	*n.f.*	젼임	전염(傳染)	*Tjiaunime*
Contempler	*v.t.*	살펴보오	살펴보오	*Salpfiau poho*
Content	*adj.*	반갑소	반갑소	*Pane kapso*
Content	*adj.*	깃버ᄒᆞ오	기뻐하오	*Kite pau h'aho*
	Vous n'êtes pas content	깃버ᄒᆞ지 안소	기뻐하지 않소	*Kite pau h'atji hanesso*
Contenter	*v.t.*	즐거워ᄒᆞ오	즐거워하오	*Tjeulkau houau h'aho*

132 변비증이 있다.
133 지은 것.

Conter	*v.t.*	니애기ᄒᆞ오	이야기하오	*Hihaiki h'aho*
Continuellement	*adv.*	연히셔	연(連)해서	*Hiaune h'aissau*
Continuer	*v.t.*	연ᄒᆞ오	연(連)하오	*Hiaune h'aho*
	Continuez	연ᄒᆞ시오	연(連)하시오	*Hiaune h'assio*
Contradiction	*n.f.*	샹반	상반(相反)	*Sang pane*
Contraire	*adj.*	샹반ᄒᆞ오	상반(相反)하오	*Sang pane h'aho*
	Vous faites le contraire de ceque je vous dis	노형이 내가 이르는 것슬 샹반ᄒᆞ게 ᄒᆞ오	노형이 내가 이르는 것을 상반(相反)하게 하오	*Hireuneune kausseul sang pane h'akei h'aho*
Contrarier	*v.t.*	셥셥ᄒᆞ오	섭섭하오	*Saup saupe h'aho*
Contrariété	*n.f.*	셥셥	섭섭	*Saupe saupe*
Contrat	*n.m.*	약조	약조(約條)	*Hiak tjo*
Contre	*prép.*	ᄃᆡ히셔	대(對)해서	*Tai h'ajssau*
Contrebande	*n.f.*	세 물지 안소[134]	세(稅) 물지 않소	*Seimoutji hanesso*
Contrebandier	*n.m.*	세 물지 안는 사람	세(稅) 물지 않는 사람	*Seimoutji haneune sarame*
Contredire	*v.t.*	틀니게 말ᄒᆞ오	틀리게 말하오	*T'teullikei marh'aho*
Contrefacon	*n.f.*	효본조작[135]	표본조작(標本造作)	*H'iopone tjotjak*
Contremaître	*n.m.*	픠장[136]	패장(牌將)	*Pfai tjang*
Contrepoison	*n.m.*	사약을 금ᄒᆞ는 약[137]	사약(賜藥)을 금(禁)하는 약	*Sahiakeul keume h'aneune hiak*
Contrevent	*n.m.*	덧문	덧문(門)	*Taute moune*
Contrôle	*n.m.*	샹고[138]	상고(詳考)	*Sang ko*

134 프랑스어의 의미는 '밀수입'.
135 페롱 Contremaître 위조.
136 패의 우두머리.
137 해독제.
138 꼼꼼하게 검토하고 참고함.

Contrôleur	*n.m.*	상고ᄒᆞ는 사람	상고(詳考)하는 사람	*Sang ko h'aneune sarame*
Contrôler	*v.t.*	상고ᄒᆞ오	상고(詳考)하오	*Sang ko h'aho*
Convalescent	*adj.*	나가오	나가오	*Nakaho*
Convenable	*adj.*	합당ᄒᆞ오	합당(合當)하오	*H'ape tang h'aho*
Convenance	*n.f.*	합당	합당(合當)	*H'ape tang*
Convenir	*v.int.*	합당ᄒᆞ오	합당(合當)하오	*H'ape tang h'aho*
	Ce lame convient	이것시 내게 합당ᄒᆞ오	이것이 내게 합당(合當)하오	*Hikaussi naikei h'apetang h'aho*
Conversation	*n.f.*	슈쟉[139]	수작(酬酌)	*Soutjiak*
Converser	*v.int.*	슈쟉ᄒᆞ오	수작(酬酌)하오	*Soutjiak h'aho*
Convier	*v.t.*	청ᄒᆞ오	청(請)하오	*Tchieng h'aho*
Convier	*v.t.*	대졉ᄒᆞ오	대접(待接)하오	*Tai tjiaupe h'aho*
Convive	*n.m.*	청좌	청좌(請坐)	*Tchieng tjoa*
Convoiter	*v.t.*	탐ᄒᆞ오	탐(貪)하오	*T'tame h'aho*
Coolie	*n.m.*	모군[140]	모군(募軍)	*Mokoune*
Coopérer	*v.int.*	도와주오	도와주오	*Toha tjouho*
Copeau	*n.m.*	ᄃᆡᄑᆡᆺ밥	대팻밥	*Taipfai pape*
Copie	*n.f.*	쵸[141]	초(抄)	*Tchio*
Copier	*v.t.*	벽기오	베끼오	*Piauk kiho*
Copiste	*n.m.*	벽기는 사람	베끼는 사람	*Piaukineune sarame*
Coq	*n.m.*	닭 ... 쟝닭	닭 ... 장닭	*Talk .. Tjiang talk*
Coquillage	*n.m.*	조ᄀᆡ	조개	*Tjokai*
Coquille	*n.f.*	ᄭᅥᆸ질	껍질	*Kkaupe tjil*

139 말을 서로 주고받다, 이야기하다. 표제어 'Causer', 'Entretenir (s')', 'Narration' 참고.

140 삯을 받고 일하는 노동자. 표제어 'Ouvrier' 참고. [한불] 243: 모군 募軍 Travailleur, ouvrier à un travail commun.

141 필요한 부분을 뽑아서 적은 기록.

Coquin	*n.m.*	이놈	이놈	*Hinome*
Corail	*n.m.*	산호	산호(珊瑚)	*Sane h'o*
Corbeau	*n.m.*	가마귀	까마귀	*Kamakoui*
Corbeille	*n.f.*	ᄎᆡ빤 ... 바구니	채반(盤) ... 바구니	*Tchaipane .. Pakouni*
Corbillard	*n.m.*	상여	상여(喪輿)	*Sang hian*
Corde	*n.f.*	노ᄭᅳᆫ	노끈	*Nokkeune*
Cordon	*n.m.*	ᄭᅳᆫ아불	끄나풀	*Kkeunapoul*
Cordonnier	*n.m.*	신쟁이	신장이	*Sine tjaing hi*
Cordonnier	*n.m.*	갓바치[142]	갖바치	*Kate patchi*
Corée	*n.p.*	됴션	조선(朝鮮)	*Tiossaune*
Corée (nouveau)	*n.p.*	ᄃᆡ한	대한(大韓)	*Tai H'ane*
Coréen	*n.m.*	됴션 사람	조선(朝鮮) 사람	*Tiossaune sarame*
Coréenne	*n.f.*	됴션 녀편네	조선(朝鮮) 여편(女便)네	*Tiossaune hiaupfiaunei*
Corne	*n.f.*	ᄲᅳᆯ	뿔	*Ppoul*
Corne (de mouton)	*n.f.*	양각	양각(羊角)	*Hiang kak*
Corneille	*n.f.*	갈가마귀	갈까마귀	*Kalikamakoui*
Corps	*n.m.*	몸	몸	*Mome*
Correct	*adj.*	올소	옳소	*Holso*
Correction	*n.f.*	올음	옳음	*Horeume*
Corriger	*v.t.*	고치오	고치오	*Kotchi ho*
Corroyeur	*n.m.*	피쟝이[143]	피(皮)장이	*Pfitjiang hi*
Cortège	*n.m.*	거동	거동(擧動)	*Keutong*
Coryza	*n.m.*	장감[144]	장감(長感)	*Tjang kame*

142 가죽으로 된 신발을 만드는 사람. 한불 137: 갓바치 皮匠 Cordonnier.

143 피색장. 가죽으로 물건 만드는 일을 하는 사람.

144 프랑스어의 의미는 '코감기', '비염'. 한불 532: 쟝감 長感 Coryza.

Costume	*v.t.*	의복	의복(衣服)	*Peui pok*
Côte	*n.f.*	갈비	갈비	*Kalpi*
Côte (rivage)	*n.f.*	물ᄭᅡ	물가	*Moulkka*
Côté	*n.m.*	늑방[145] ... 협방	늑방(肋旁) ... 협방(夾房)	*Neukpang .. H'iaupe pang*
	à côté *loc.adv.*	겻ᄒᆡ ... 편	곁에 ... 편(便)	*Kiaute h'ai .. Pfiaune*
	Mettez cela à côté	이 겻ᄒᆡ 노으시오	이 곁에 놓으시오	*Hi kiaute h'ai neussio*
	Allez de l'autre côté	다른 편으로 가시오	다른 편(便)으로 가시오	*Tareune pfiauneuro kassio*
Côtelette	*n.f.*	가리대[146]	가리대	*Karitai*
Cotisation	*n.f.*	추념[147]	추렴	*Tchouniaumc*
Cotiser	*v.t.*	추념 ᄂᆡ오	추렴 내오	*Tchouniaume naiho*
Coton	*n.m.*	솜	솜	*Some*
	Coton étoffe	ᄉᆡᆼ목	생목(生木)	*Saing moke*
Cotonnier	*n.m.*	면화나무	면화(綿花)나무	*Miaune h'oa namou*
Cou	*n.m.*	목	목	*Mok*
Coucher (se)	*v.p.*	눕소	눕소	*Noupso*
Coucou	*n.m.*	ᄲᆡ국ᄉᆡ	뻐꾹새	*Ppaukkouksai*
Coude	*n.m.*	팔굼치	팔꿈치	*Pfal koume tchi*
Coudre	*v.t.*	바느질ᄒᆞ오	바느질하오	*Paneutjil h'aho*
Couler	*v.int.*	<u>흐르오</u>	<u>흐르오</u>	*H'eureuho*
Couleur	*n.f.*	빗	빛	*Pite*
Couleuvre	*n.f.*	구렁이	구렁이	*Kourengni*
Coup	*n.m.*	번 ... 침	번(番) ... 침	*Paune .. Tchime*

145 엽구리. 한불 281: 륵방 肋旁 Côté du corps, flanc.
146 갈빗대, 늑골. 장드르 Côtelette 가리, 갈비.
147 분담금, 갹출금.

Coupable	*n.m.*	죄인	죄인(罪人)	*Tjeuhine*
Coupe-papier	*n.m.*	죵의 칼	종이 칼	*Tjong heui kkal*
Couper	*v.t.*	비오 ... 쌔히오[148]	베오 ... 베이오	*Piho .. Ppau h'iho*
	Coupez cela	이것 비시오	이것 베시오	*Hikaute pissio*
Coupure	*n.f.*	손 버임	손 베임	*Sone pauhime*
Cour	*n.f.*	마당	마당	*Matang*
Courage	*n.m.*	담ᄃᆡ	담대(膽大)	*Tame tai*
Courageux	*adj.*	담ᄃᆡᄒᆞ오	담대(膽大)하오	*Tametai h'aho*
Courant	*n.m.*	물결	물결	*Moul kiaul*
Courber	*v.t.*	휘오 ... 굽소	휘오 ... 굽소	*H'ouiho .. Koupso*
Courge	*n.f.*	호박[149]	호박	*H'opak*
Courir	*v.int.*	다름박질 ᄒᆞ오[150]	달음박질 하오	*Tareume paktjil h'aho*
Couronne	*n.f.*	금관	금관(金冠)	*Keume koane*
Couronnement	*n.m.*	금관 밧치는 날[151]	금관(金冠) 바치는 날	*Keume koane pate tchineune nal*
Couronner	*v.t.*	금관 스오	금관(金冠) 쓰오	*Keune koane seuho*
Course	*n.f.*	다름박질	달음박질	*Tareume paktjil*
Court	*adj.*	차르오[152] ... 찰소	자르오 ... 잘소	*Tjareuho .. Tjalso*
	C'est trop court	이것시 ᄆᆡ우 차르오	이것이 매우 자르오	*Htkaussi maihou tjareuho*
Courtisan	*n.m.*	죠신	조신(朝臣)	*Tjiossine*
Courtisane	*n.f.*	갈보 ... 논단이[153]	갈보 ... 논다니	*Kalpo .. Nonetani*
Cousin	*n.m.*	사촌	사촌(四寸)	*Satchone*

148 한불 312: 베히다 割 Couper.

149 식물.

150 한불 461: 다름박질 ᄒᆞ다 急步 Courir promptement.

151 대관식.

152 잘다, 가늘고 작다.

153 유녀, 창부, 창녀. 표제어 'Prostituée' 참고. 한불 289: 논단이 Courtisane.

Cousin (moustique)	*n.m.*	모긔	모기	*Mokeui*
Cousine	*n.m.*	사촌 뉘	사촌(四寸) 누이	*Satchone noui*
Coussin	*n.m.*	방셕	방석(方席)	*Pang sauk*
Couteau	*n.m.*	칼	칼	*K'kal*
	Ce couteau ne coupe pas	이 칼이 들지 안소	이 칼이 들지 않소	*Hik'kari teultji hanesso*
Coûter	*v.int.*	금졍ᄒᆞ오[154]	금정(金定)하오	*Keume tjieng h'aho*
Coutume	*n.f.*	풍쇽	풍속(風俗)	*Pfoung soke*
Couver	*v.t.*	알 가오[155]	알 까오	*Hal kaho*
Couvercle	*n.m.*	쑤겅	뚜껑	*Ttoukkeng*
Couverture	*n.f.*	니불 ... 쑤긔[156]	이불 ... 뚜개	*Hipoul .. Ttoukai*
Couvreur	*n.m.*	기와쟁이	기와장이	*Kihoa tjaing hi*
Couvrir	*v.t.*	덥소	덮소	*Taupesso*
	Couvrez cela	이것 덥흐시오	이것 덮으시오	*Hikaute tauph'eussio*
Crabe	*n.m.*	게[157]	게	*Kei*
Crachat	*n.m.*	침[158]	침	*Tchime*
Cracher	*v.t.*	침 빗소	침 뱉소	*Tchime paisso*
Crachoir	*n.m.*	요강	요강	*Hiokang*
Craie	*n.f.*	분필	분필(粉筆)	*Poune pfil*
Craindre	*v.t.*	염녜ᄒᆞ오	염려(念慮)하오	*Hiaume niei h'aho*
Crainte	*n.f.*	염녜	염려(念慮)	*Hiaume niei*
Craintif	*adj.*	염녜ᄒᆞ오	염려(念慮)하오	*Hiaume niei h'aho*

154 가격을 정하다. [한불] 167: 금뎡ᄒᆞ다 金定 Fixer le prix.

155 알을 품다.

156 덮개, 뚜겅. [한불] 499: 두에 盖 Couverture.

157 동물.

158 (뱉어낸) 침.

Crâne	*n.m.*	두골 ... 히골	두골(頭骨) ... 해골(骸骨)	*Toukol .. H'aikol*
Crapaud	*n.m.*	두겁이	두꺼비	*Toukaupi*
Crasse	*n.f.*	씌곱[159]	때꼽	*Ttaikkope*
Crasseux	*n.m.*	씌곱쟁이[160]	때꼽재기	*Ttaikkope tjaing hi*
Cravate	*n.f.*	목도리	목도리	*Moktori*
Crayon	*n.m.*	연필	연필(鉛筆)	*Hiaune pfil*
Crédit	*n.m.*	외샹	외상	*Heussang*
Créer	*v.t.*	죠셩ᄒᆞ오	조성(造成)하오	*Tjiosseng h'aho*
Créme	*n.f.*	조흔 졋	좋은 젖	*Tjoh'eune tjiaute*
Crépuscule	*n.m.*	어둑어둑	어둑어둑	*Hautouk hautouk*
Cresson	*n.m.*	슈갓[161]	수(水)갓	*Soukate*
Crête	*n.m.*	닭 벳	닭 볏	*Talk peit*
Creuser	*v.t.*	파오[162]	파오	*Pfaho*
Creux	*adj.*	오목ᄒᆞ오	오목하오	*Homok h'aho*
Crevette	*n.f.*	새우	새우	*Saihou*
Cri	*n.m.*	소릐	소리	*Sori*
	Cri de douieur	익고[163]	애고(哀告)	*Haiko*
Crible	*n.m.*	얼망이[164] ... 쳬	어레미 ... 체	*Haulmang hi .. Tchiei*
Crier	*v.int.*	소릐 지르오	소리 지르오	*Soritjireuho*
Crime	*n.m.*	죄	죄(罪)	*Tjeu*
Criminel	*n.m.*	죄인	죄인(罪人)	*Tjeuhine*

159 때, 더러운 것. 한불 464: 씨 垢 Crasse.
160 더러운 사람.
161 물냉이. 한불 372: 산갓 Cresson.
162 구멍을 뚫다, 속을 파내다.
163 애처로운 소리.
164 구멍이 큰 체. 한불 23: 얼망이 Crible.

Crin	*n.m.*	말총[165]	말총	*Maltchong*
Crinière	*n.f.*	말갈기	말갈기	*Malkalki*
Cristal	*n.m.*	슈졍	수정(水晶)	*Soutjieng*
Croc	*n.m.*	갈구렁이[166]	갈고랑이	*Kalkoureng hi*
Crochet	*n.m.*	갈귀장이	갈고쟁이	*Kalkoui tjang hi*
Croire	*v.t.*	ᄉᆡᆼ각ᄒᆞ오	생각하오	*Saing kak h'aho*
Croire	*v.t.*	밋소	믿소	*Misso*
	Je ne vous crois pas	밋지 못ᄒᆞ오	믿지 못하오	*Mitji mote h'aho*
Croiser	*v.t.*	상환ᄒᆞ오	상환(相換)하오	*Sang h'oane h'aho*
Croix	*n.f.*	십자가	십자가(十字架)	*Sipe tjaka*
Croque-mort	*n.m.*	상두군[167]	상(喪)두꾼	*Sang toukoune*
Crosse	*n.f.*	총ᄀᆡ머리	총(銃)개머리	*Tchong kaimauri*
Crottin	*n.m.*	말동	말똥	*Maltong*
Croyable	*adj.*	밋들 만ᄒᆞᆫ	믿을 만한	*Miteul mane h'ane*
Cru	*adj.*	생것	생(生)것	*Saing kaute*
Cru	*adj.*	익지 ᄋᆞᆫ은 것	익지 않은 것	*Hiktji haneune kaute*
Cruauté	*n.f.*	포악ᄒᆞᆷ	포악(暴惡)함	*Tfohak h'ame*
Cruche	*n.f.*	물독	물독	*Moultok*
Crucifix	*n.m.*	고샹[168]	고상(苦像)	*Kossang*
Cruel	*adj.*	포악ᄒᆞ오	포악(暴惡)하오	*Pfohak h'aho*
Cueillir	*v.t.*	ᄯᅡ오[169]	따오	*Ttaho*
Cuillère	*n.f.*	슈가락	숟가락	*Soukarak*

165 말 갈기나 꼬리의 털.
166 갈고리, 작은 갈고리. 한불 134: 갈구리 鉤 Croc, Crochet.
167 상여를 메는 사람.
168 예수의 수난상. 한불 194: 고샹 苦像 Crucifix.
169 따다, 모으다.

Cuir	*n.m.*	가죽	가죽	*Katjouk*
Cuirasse	*n.f.*	갑옷	갑(甲)옷	*Kapote*
Cuirassé	*adj.*	철갑선	철갑선(鐵甲船)	*Tchaul kapsaune*
Cuire	*v.t.*	익히오	익히오	*Hikh'iho*
Cuisine	*n.f.*	부엌	부엌	*Pouhauk*
Cuisiner	*v.int.*	밥 짓소	밥 짓소	*Papetjisso*
Cuisinier	*n.m.*	슉슈[170]	숙수(熟手)	*Souksou*
Cuisinier	*n.m.*	밥 짓는 사람	밥 짓는 사람	*Papetjineune sarame*
Cuisinière	*n.f.*	여슉슈	여숙수(女熟手)	*Hiau souksou*
Cuisse	*n.f.*	넙젹달이	넓적다리	*Naupe tjiauk tari*
Cuit	*adj.*	익소	익소	*Hikso*
	La viande n'est pas tout-à-fait cuite	고기가 다 익지 ᄋᆞᆫ엇소	고기가 다 익지 않았소	*Kokika ta hiktji hanausso*
Cuivre (blanc)	*n.m.*	빅동	백동(白銅)	*Paik tong*
Cuivre (jaune)	*n.m.*	쥬셕	주석(朱錫)	*Tjiou sauk*
Cuivre rouge	*n.m.*	구리	구리	*Kouri*
Culbute	*n.f.*	타도[171]	타도(打倒)	*T'tato*
Culbuter	*v.t.*	너머트리오	넘어뜨리오	*Naumau t'teuriho*
Cul-de-jatte	*n.m.*	안즌방이	앉은뱅이	*Hanetjeune pang hi*
Cultivateur	*n.m.*	농군[172]	농군(農軍)	*Nong koune*
Cultiver	*v.t.*	농사ᄒᆞ오	농사(農事)하오	*Nong sa h'aho*
Culture	*n.f.*	농사	농사(農事)	*Nong sa*
Cumuler	*v.t.*	겸ᄒᆞ오	겸(兼)하오	*Kiaume h'aho*

170 요리사, 요리하는 사람. 표제어 'Cuisinière', 'Restaurateur' 참고. 한불 440: 슉슈 熟手 (Habile, main) Habitude, habileté acquise.

171 거꾸러뜨림, 넘어뜨림.

172 농부.

Cure-dent	*n.m.*	이쓔시ᄀᆡ	이쑤시개	*Hissou sikai*
Cure-oreille	*n.m.*	귀ᄀᆡ	귀이개	*Kouikai*
Curieusement	*adv.*	이샹ᄒᆞ게	이상(異常)하게	*Hissang h'akei*
Curieux	*adj.*	이샹ᄒᆞ오	이상(異常)하오	*Hissang h'aho*
Curiosité	*n.f.*	볼만ᄒᆞᆫ 것[173]	볼만한 것	*Polmane h'ane kaute*
Cuvette	*n.f.*	세슈그릇	세수(洗手)그릇	*Seissou keureute*
Cuvette	*n.f.*	ᄃᆡ여	대야	*Tai hiau*
Cygne	*n.m.*	곤이[174]	고니	*Koni*
Cymbale	*n.f.*	졔금[175]	제금(提金)	*Tjiei keume*

173 진기한 것. 표제어 'Admiration' 참고.

174 백조. 한불 187: 곤이 鵾 Cygne ou outarde.

175 타악기. 한불 543: 졔금 當金 Cymbales. *當金은 提金의 오자로 보인다.

D.d

D'abord	*loc.adv.*	몬져	먼저	*Mone tjiau*
Dague	*n.f.*	칼	칼	*K'kal*
Daigner	*v.t.*	즐겨ᄒᆞ오	즐겨하오	*Tjeulkiau h'aho*
Danger	*n.m.*	위틔	위태(危殆)	*Houi t'tai*
Dangereusement	*adv.*	위틔ᄒᆞ게	위태(危殆)하게	*Houit'tai h'akei*
Dangereux	*adj.*	위틔ᄒᆞ오	위태(危殆)하오	*Houit'tai h'aho*
Dans	*prép.*	애 ... 속애	에 ... 속에	*Hei .. Sokei*
Dans	*prép.*	안에	안에	*Hanei*
	C'est dans ma chambre	그것시 내 방에 잇소	그것이 내 방(房)에 있소	*Keukaussi nai pang hei hisso*
Danse	*n.f.*	춤	춤	*Tchoume*
Danser	*v.int.*	춤추오	춤추오	*Tchoume tchouho*
Danseur	*n.m.*	춤추는 사람	춤추는 사람	*Tchoume tchou neune sarame*
Dartre	*n.f.*	어루럭이[1]	어루러기	*Haurourauki*
Date	*n.f.*	날자	날짜	*Naltja*

1 옴, 피부병. 한불 23:어루럭이 Dartre.

Datte	*n.f.*	대초	대추	*Taitcho*
Davantage	*adv.*	쏘	또	*Tto*
De	*prép.*	의 ... 셔 ... 의셔	의 ... 서 ... 에셔	*Heui .. Sau .. Heuissau*
	Il vient de France	법국셔 오오	법국(法國)서 오오	*Paupe kouk sau hoho*
Dé (à coudre)	*n.m.*	골미[2]	골무	*Kolmi*
Dè (à jouer)	*n.m.*	골픠[3]	골패(骨牌)	*Kolpfai*
Déballer	*v.t.*	쓰내오	꺼내오	*Kkeunaiho*
	Déballez cela	이것 쓰내시오	이것 꺼내시오	*Hikaute kkeunaissio*
Dêbarbouiller (se)	*v.p.*	세슈ᄒᆞ오	세수(洗手)하오	*Seissou h'aho*
Débarquer	*v.t.*	하륙ᄒᆞ오[4]	하륙(下陸)하오	*H'ariouk h'aho*
Débarquer	*v.t.*	네리오	내리오	*Neiriho*
Débarrasser	*v.t.*	다 집어내오	다 집어내오	*Tatjipau naiho*
Déborder	*v.int.*	넘소	넘소	*Neumesso*
Déboucher	*v.t.*	쎄오	빼오	*Ppaiho*
Debout	*adv.*	서오	서오	*Sauho*
Déboutonner	*v.t.*	단추 쎄오	단추 빼오	*Tanetchou ppaiho*
Débrider	*v.t.*	굴네 벽이오	굴레 벗기오	*Koullei peikiho*
Débris	*n.m.*	조각	조각	*Tjok'kak*
Débrouillard	*n.m.*	발근 사람[5]	밝은 사람	*Palkeune sarame*
Début	*n.m.*	시쟉	시작(始作)	*Sitjiak*
Décacheter	*v.t.*	편지 쪠오	편지(便紙) 떼오	*Pfiaunetji tteiho*
Décacheter	*v.t.*	봉지 쪠오	봉지(封紙) 떼오	*Pontji tteiho*

2 바느질할 때 손가락에 끼는 도구.
3 노름 기구에 속한 납작하고 네모진 나뭇조각.
4 하역하다, 하선하다.
5 프랑스어의 의미는 '재치 있는 사람', '능수능란한 사람'.

Décapiter	*v.t.*	목 비오	목 베오	*Mokpiho*
Décéder	*v.int.*	죽소	죽소	*Tjoukso*
Décembre	*n.m.*	십이월	십이월(十二月)	*Sipi houaul*
Déchargement	*n.m.*	내여 ᄇᆞ림	내어 버림	*Naihiau parime*
Décharger	*v.t.*	내여 ᄇᆞ리오	내어 버리오	*Naihiau pario*
	Déchargez cela	이것 내여 ᄇᆞ리오	이것 내어 버리오	*Hikaute naihiau parissio*
Déchargeur	*n.m.*	내여 ᄇᆞ리는 사람	내어 버리는 사람	*Naihiau pari neune sarame*
Déchausser	*v.t.*	신 벗소	신 벗소	*Sine pausso*
Déchirer	*v.t.*	찌소	찢소	*Ttjisso*
Décider	*v.t.*	쟉뎡ᄒᆞ오	작정(作定)하오	*Tjiak tieng h'aho*
Décider	*v.t.*	판단ᄒᆞ오	판단(判斷)하오	*Pfanetane h'aho*
	qu'est-ce qu'on a décidé	무어슬 쟉뎡히소	무엇을 작정(作定) 했소	*Mouhausseul tjiak tieng h'aisso*
Déclarer	*v.t.*	고명ᄒᆞ오[6]	고명(告明)하오	*Komieng h'aho*
Décocher	*v.t.*	활살 쏘오	화살 쏘오	*H'oalsal ssoho*
Décoiffer	*v.t.*	갓 벗소	갓 벗소	*Kate pausso*
Décommander	*v.t.*	식이지 안소	시키지 않소	*Sikitji hanesso*
Deconseiller	*v.t.*	권ᄒᆞ지 안소	권(勸)하지 않소	*Kouaune h'atji hanesso*
Décortiquer	*v.t.*	겁질 벗기오	껍질 벗기오	*Kkauptjil paute kiho*
Découdre	*v.t.*	바느질 ᄯᅳᆺ소	바느질 뜯소	*Panoutjil tteusso*
Décourager	*v.t.*	낙심ᄒᆞ오[7]	낙심(落心)하오	*Naksime h'aho*
Découvert	*adj.*	버섯소	벗었소	*Paussausso*
Découvrir	*v.t.*	벗기오	벗기오	*Paute kiho*

6 고백하다. 한불 186: 고명ᄒᆞ다 告明 Faire la confession, se confesser.

7 원문에는 '나심ᄒᆞ오'.

Découvrir	*v.t.*	지어내소	지어내소	*Tjihau naisso*
Décret	*n.m.*	죠칙[8]	조칙(詔勅)	*Tjio tchik*
Dédaigner	*v.t.*	즐겁지 안케 ᄒᆞ오	즐겁지 않게 하오	*Tjeulkauptji hane k'kei h'aho*
Dedans	*adv.*	안에 ... 속에	안에 ... 속에	*Hanei .. Sokei*
	Mattez-le dedans	그것슬 안에 너으시오	그것을 안에 넣으시오	*Keukausseul hanei neussio*
Dédommager	*v.t.*	무러쥬오	물러주오	*Mourau tjiouho*
Défaire	*v.t.*	못 쓰게ᄒᆞ오	못 쓰게하오	*Motsseukei h'aho*
Défaut	*n.m.*	허물	허물	*H'aumoul*
Défaut	*n.m.*	습관	습관(習慣)	*Seupkoane*
Défendre	*v.t.*	금ᄒᆞ오	금(禁)하오	*Keume h'aho*
Défendre	*v.t.*	호위ᄒᆞ오	호위(護衛)하오	*H'ohoui h'aho*
Défendre	*v.t.*	방비ᄒᆞ오	방비(防備)하오	*Pang pi h'aho*
Défense	*n.f.*	금지	금지(禁止)	*Keume tji*
Défiance	*n.f.*	의심	의심(疑心)	*Heuissime*
Défiant	*adj.*	의심나는	의심(疑心)나는	*Heuissime naneune*
Déformer	*v.t.*	못 쓰게 ᄒᆞ오	못 쓰게 하오	*Mosseukei h'aho*
Dégarnir	*v.t.*	꿈이지 안소	꾸미지 않소	*Kkoumi tji hanesso*
Dégât	*n.m.*	ᄭᆡ진 것	깨진 것	*Kkaitjine kaute*
Dégel	*n.m.*	ᄒᆡ빙	해빙(解氷)	*H'aipigne*
Dégeler	*v.t.*	ᄒᆡ빙ᄒᆞ오	해빙(解氷)하오	*H'aipigne h'aho*
Dégonfler	*v.t.*	바람 ᄈᆡ오	바람 빼오	*Parame ppaiho*
Dégourdi	*adj.*	ᄲᅡ른	빠른	*Pparane*
Degré	*n.m.*	등[9]	등(等)	*Teung*

8 조서(詔書).

9 등급.

Déguiser	*v.t.*	옷 박궈 입소	옷 바꿔 입소	*Hote pakouau hipso*
Dehors	*adv.*	밧긔 ... 밧겻	밖에 ... 바깥	*Patekeui .. patekiaute*
Déjà	*adv.*	임의[10] ... 벌셔	이미 ... 벌써	*Himeui .. Paulsau*
	Je suis déjà venu une fois	내가 임의 ᄒᆞᆫ번 왓섯소	내가 이미 한번(番) 왔었소	*Naika Himeui[11] h'ane paune h'oassausso*
Déjeuner	*v.int.*	아참 먹소	아침 먹소	*Hatchame maukso*
Déjeuner	*n.m.*	아참밥	아침밥	*Hatchame pape*
Délai	*n.m.*	뎡한[12]	정한(定限)	*Tchieu h'ane*
Délaisser	*v.t.*	바리오	버리오	*Pariho*
Délégation	*n.f.*	틱출	택출(擇出)	*T'taik tchoul*
Délégué	*n.m.*	쏍는 사람	뽑는 사람	*Ppope neune sarame*
Délibération	*n.f.*	의논	의논(議論)	*Heuinone*
Délibérer	*v.int.*	의논ᄒᆞ오	의논(議論)하오	*Heuinone h'aho*
Délicieux	*adj.*	훌늉ᄒᆞ오	훌륭하오	*H'oullioung h'aho*
Délier	*v.t.*	푸오[13]	푸오	*Pfouho*
Délivrer	*v.t.*	구푸ᄒᆞ오[14]	교부(交付)하오	*Koupfou h'aho*
Déloger	*v.t.*	이ᄉᆞᄒᆞ오	이사(移徙)하오	*Hissa h'aho*
Déloyal	*adj.*	긔심ᄒᆞ오[15]	기심(欺心)하오	*Keuissime h'aho*
Demain	*adv.*	릭일	내일(來日)	*Naihil*
	Revenez demain	릭일 도라오시오	내일(來日) 돌아오시오	*Naihil tora hossio*
Demande	*n.f.*	청촉[16]	청촉(請囑)	*Tchieng tchok*
Demander	*v.t.*	청ᄒᆞ오	청(請)하오	*Tchieng h'aho*

10 원문에는 '입의'.
11 원문에는 '*Himeui*'.
12 기안, 기일.
13 풀다.
14 교부되다, 인도하다.
15 자기의 양심을 속이다.
16 청을 들어 주기를 부탁.

Demander	*v.t.*	달나오[17]	달라오	*Tallaho*
Demander	*v.t.*	무러보오	물어보오	*Mouraupoho*
	que demandez-vous?	무엇 달나시오	무엇 달라시오	*Mouhaute tallassio*
Démangeaison	*n.f.*	가려움	가려움	*Kariau houme*
Démanger	*v.int.*	가려오	가려우오	*Kariau ho*
Déméloir	*n.m.*	얼네빗[18]	얼레빗	*Haullei pit*
Déménager	*v.t.*	옹기오	옮기오	*Hong kiho*
Demeure	*n.f.*	거쳐	거처(居處)	*Kautchiau*
Demeurer	*v.int.*	사오 ... 거ᄒᆞ오	사오 ... 거(居)하오	*Saho .. Kauh'aho*
Demi	*adj.*	반	반(半)	*Pâne*
Démission	*n.f.*	사직	사직(辭職)	*Satjik*
Démissionnaire	*n.m.*	사직ᄒᆞ는 사람	사직(辭職)하는 사람	*Satjik h'aneune sarame*
Démissionner	*v.int.*	사직ᄒᆞ오	사직(辭職)하오	*Satjik h'aho*
Demoiselle	*n.f.*	시악시	색시	*Sihaksi*
Démolir	*v.t.*	허오[19]	허오	*H'euho*
Démonter	*v.t.*	듯소[20]	듣소	*Tteusso*
Démontrer	*v.t.*	ᄀᆞᄅᆞ치오	가르치오	*Karatchiho*
Dénoncer	*v.t.*	구초ᄒᆞ오[21]	구초(口招)하오	*Koutcho h'aho*
Dénonciateur	*n.m.*	구초ᄒᆞ는 사람	구초(口招)하는 사람	*Koutcho h'aneune sarame*
Dénonciation	*n.f.*	구초	구초(口招)	*Koutcho*
Dénouer	*v.t.*	ᄆᆡ듭 푸오	매듭 푸오	*Maiteupe pfouho*

17 요구하다.

18 빗의 종류.

19 한불 91: 헐다 毁 Démolir.

20 떨어지다. 한불 482: 듯다 落 Dégoutter (gouttes d'eau).

21 자백하다. 한불 214: 구초ᄒᆞ다 口招 Dénonciation. Avouer, confesser son crime.

Dent	*n.f.*	니[22]	이	*Hi*
	Dent incisive	압니 ... 웃니	앞니 ... 윗니	*Hameni .. Houteni*
	Dent molaire	악음니	어금니	*Hakeumeni*
Départ	*n.m.*	발뎡[23]	발정(發程)	*Paletieng*
Dépêche	*n.f.*	뎐보	전보(電報)	*Tieunepo*
Dépêcher	*v.t.*	ᄌᆡ촉ᄒᆞ오	재촉하오	*Tjaitchok h'aho*
Dépense	*n.f.*	허비 ... 부비[24]	허비(虛費) ... 부비(浮費)	*H'aupi .. Poupi*
Dépenser	*v.t.*	허비ᄒᆞ오	허비(虛費)하오	*H'aupi h'aho*
Dépenser	*v.t.*	쓰오	쓰오	*Sseuho*
	Combien avez-vous dépensé?	돈을 얼마나 허비 ᄒᆡᆺ소	돈을 얼마나 허비(虛費)했소	*Haulmana h'aupi h'aisso*
Dépeupler	*v.t.*	인종 ᄭᆡ오[25]	인종(人種) 깨오	*Hine tchong kkaiho*
Déplacer	*v.t.*	차리 밧구오	자리 바꾸오	*Tjari pate kouho*
Déplaire	*v.int.*	불안ᄒᆞ오	불안(不安)하오	*Pourane h'aho*
Déplier	*v.t.*	펴오	펴오	*Pfiau ho*
Déposer	*v.t.*	유치ᄒᆞ오[26]	유치(留置)하오	*Hioutchi h'aho*
Dépouiller	*v.t.*	버이오	벗기오	*Pauhiho*
Depuis	*prép.*	부터	부터	*Pout'tau*
Déraciner	*v.t.*	쎱소	뽑소	*Ppopesso*
Dérangement	*n.m.*	엉킨 것	엉킨 것	*Heng k'kine kaute*
Déranger	*v.t.*	엉키오	엉키오	*Heng k'kiho*

22 齒.

23 길을 떠남.

24 지출, 비용. 한불 343: 부비 浮費 Dépense.

25 사람을 쫓아내다, 이주시키다. 장드르 Dépeupler 사ᄅᆞᆷ 업시ᄒᆞ다, 사람 쏫다.

26 물건을 맡아 두다.

	Ne vous dérangez pas	설난게[27] 마시오	선란(煽亂)케 마시오	*Sollane keimassio*
Dernier	*adj.*	뒤 ... 간 ... 지난	뒤 ... 긴 ... 지난	*Tu .. Kanc .. tjinanc*
	Le mois dernier Dernièrement	간 달[28]	간 달	*Kanetale*
Dèrnierement	*adv.*	요ᄉᆞ이	요사이	*Hiossahi*
Dérober	*v.t.*	도적질ᄒᆞ오	도적(盜賊)질하오	*Totjiauktjil h'aho*
Dérouiller	*v.t.*	동녹 벗기오	동록(銅綠) 벗기오	*Tong nok paute kiho*
Dérouler	*v.t.*	펴오	펴오	*Pfiauho*
Derrière	*adv.*	뒤희	뒤에	*Tuh'eui*
Dès	*prép.*	부터	부터	*Pout' tau*
Désaccord	*n.m.*	불목[29]	불목(不睦)	*Poulmok*
Désagréable	*adj.*	셩가신	성가신	*Seng kassine*
Désarmement	*n.m.*	군긔 것음	군기(軍旗) 걷음	*Kounekeui kauteume*
Désarmer	*v.t.*	군긔 것소	군기(軍旗) 걷소	*Kunekeui kausso*
Descendre	*v.int.*	내려가오	내려가오	*Nairiau kaho*
Descente	*n.f.*	내려감	내려감	*Nairiau kame*
Description	*n.f.*	이야기	이야기	*Hihiaki*
Désert	*n.m.*	ᄉᆞ막	사막(沙漠)	*Samak*
Désert	*n.m.*	모릐사장	모래사장(沙場)	*Morai satjang*
Déserter	*v.t.*	도망ᄒᆞ오	도망(逃亡)하오	*Tomang h'aho*
Désespérer	*v.int.*	실망ᄒᆞ오	실망(失望)하오	*Silmang h'aho*
Désespoir	*n.m.*	실망ᄒᆞᆷ	실망(失望)함	*Silmang h'eume*
Déshabiller	*v.t.*	옷 벗기오	옷 벗기오	*Hote pautekiho*

27 선동하여 소란하게.
28 지난 달.
29 불화.

Déshonneur	*n.m.*	망신	망신(亡身)	*Mang sine*
Deshonorer	*v.t.*	망신ᄒᆞ오	망신(亡身)하오	*Mang sine h'aho*
Désignation	*n.f.*	젼거[30]	천거(薦擧)	*Tjiaunekau*
Désigner	*v.t.*	젼거ᄒᆞ오	천거(薦擧)하오	*Tjiaunekau h'aho*
Désir	*n.m.*	원의[31]	원의(願意)	*Houaune heui*
Désirer	*v.t.*	원ᄒᆞ오	원(願)하오	*Houaune h'aho*
Désirer	*v.t.*	시부오	싶으오	*Sipouho*
Désobéir	*v.int.*	거사리오	거스리오	*Kaussariho*
Désobéir	*v.int.*	슌명 아니ᄒᆞ오	순명(順命) 아니하오	*Sounemieng hani h'aho*
Désobéissance	*n.f.*	거힝 아니ᄒᆞ오	거행(擧行) 아니하오	*Kauh'aing hani h'aho*
Désobéissant	*adj.*	슌명치 ᄒᆞ니ᄒᆞ오	순명(順命)치 하니하오	*Sounemiengtchi h'ani h'aho*
Désolation	*n.f.*	슬허 움	슬퍼 욺	*Seurh'au houme*
Désoler	*v.t.*	슬허ᄒᆞ오	슬퍼하오	*Seurh'au h'aho*
Désordre	*n.m.*	무법	무법(無法)	*Moupaupe*
Désorganisation	*n.f.*	분별 아니함	분별(分別) 아니함	*Pounepiaul hani h'ame*
Désorganiser	*v.t.*	분별지 안소	분별(分別)치 않소	*Pounepiaul tji hanesso*
Désormais	*adv.*	지금부터	지금(只今)부터	*Tjikeume pout'tau*
Désosser	*v.t.*	쌔를 쌔오[32]	뼈를 빼오	*Ppeireul ppaiho*
Desserrer	*v.t.*	늣추오	늦추오	*Neute tchouho*
Dessert	*n.m.*	반후과[33]	반후과(飯後果)	*Paneh'ou koa*
Dessin	*n.m.*	화샹 ... 그림	화상(畫像) ... 그림	*H'oassang .. Keurime*

30 추천함.

31 한문 서학서에서 라틴어 'Desiderium', 'Voluntas'의 번역어.

32 뼈를 발라내다.

33 디저트, 식후과(食後果). 한불 299: 반후 飯後 Après le repas.

Dessiner	*v.t.*	그림 그리오[34]	그림 그리오	*Keurime keuriho*
Dèssous	*adv.*	아래 ... 밋ᄒᆡ	아래 ... 밑에	*Harai .. Mith'ai*
	Mettez cela dèssous	이것슬 아래 노으시오	이것을 아래 놓으시오	*Hikausseul harai neussio*
Dessus	*adv.*	위 ... 위에	위 ... 위에	*Houi .. Houihei*
	Mettez cela dessous	이것슬 위에 노으시오	이것을 위에 놓으시오	*Hikausseul houihei neussio*
Détacher	*v.t.*	푸오	푸오	*Pfouho*
Déteindre	*v.t.*	퇴색ᄒᆞ오	퇴색(退色)하오	*T'teussaik h'aho*
Déteindre	*v.t.*	물이 나오	물이 나오	*Mourinaho*
Détermination	*n.f.*	완졍[35]	완정(完整)	*Hoane tjieng*
Détermination	*n.f.*	결뎡ᄒᆞᆷ	결정(決定)함	*Kiaultieng h'ame*
Déterminer	*v.t.*	완졍ᄒᆞ오	완정(完整)하오	*Hoanetjieng h'aho*
Déterrer	*v.t.*	쌍에셔 ᄭᅳᄂᆡ오	땅에서 꺼내오	*Ttang heissau kkeunaiho*
Détestable	*adj.*	미워ᄒᆞ오	미워하오	*Mihouauh'aho*
Détester	*v.t.*	미워ᄒᆞ오	미워하오	*Mihouauh'aho*
Détordre	*v.t.*	펴오	펴오	*Pfiauho*
Détourner	*v.t.*	도러가오	돌아가오	*Toraukaho*
Détrôner	*v.t.*	님군 드러ᄂᆡ오[36]	임금 들어내오	*Himekoune teurau naiho*
Détruire	*v.t.*	문허쓰리오	무너뜨리오	*Mouneh'au tteuriho*
Dette	*n.f.*	빗	빚	*Pite*
Deuil	*n.m.*	상ᄉᆞ	상사(喪事)	*Sang sa*
Devant	*prép.*	압ᄒᆡ ... 젼에	앞에 ... 전(前)에	*Hapeh'ei .. Tjiaunei*

34 원문에는 '리그오'.

35 완전하게 정돈함.

36 왕위를 박탈하다.

	Devant la maison	집 압희	집 앞에	*Tjipe hapeh'ei*
Développer	*v.t.*	풀어 주오	풀어 주오	*Pfourau tjouho*
Devenir	*v.int.*	되오	되오	*Teuho*
Deviner	*v.t.*	알아ᄂᆡ오	알아내오	*Haranaiho*
Deviner	*v.t.*	가량ᄒᆞ오[37]	가량(假量)하오	*Kariang h'aho*
Dévisser	*v.t.*	나사 ᄲᅢ오[38]	나사(螺絲) 빼오	*Nassa ppaiho*
Devoir	*v.t.*	마당ᄒᆞ오	마땅하오	*Matang h'aho*
Devoir	*n.m.*	본분 ... 직분	본분(本分) ... 직분(職分)	*Ponepoune .. Tjik poune*
Dévorer	*v.t.*	더락더락 먹소[39]	더럭더럭 먹소	*Taurak taurak maukso*
Dévotion	*n.f.*	허원[40]	허원(許願)	*H'auhouaune*
Diable	*n.m.*	마귀[41] ... 귀신	마귀(魔鬼) ... 귀신(鬼神)	*Makoui .. Koui ssine*
Diablerie	*n.f.*	이단[42]	이단(異端)	*Hitane*
Dialecte	*n.m.*	사토리	사투리	*Sat'tori*
Dialogue	*n.m.*	문답	문답(問答)	*Mounetape*
Diamant	*n.m.*	금강셕	금강석(金剛石)	*Keume kanssauk*
Diamant	*n.m.*	보셕	보석(寶石)	*Possauk*
Diarrhée	*n.f.*	셜샤	설사(泄瀉)	*Saulsa*
Dictateur	*n.m.*	ᄃᆡ리	대리(代理)	*Tairi*
Dictée	*n.f.*	셔취[43]	서취(書取)	*Sautchu*

37 짐작하다, 추측하다.

38 풀다, 해체하다.

39 계속 많이 먹다. 한불 471: 더럭더럭 Beaucoup, avec vitesse, vigoureusement, avec avidité. 한불 471: 더럭먹다 多食 Manger beaucoup; manger gloutonnement.

40 한문 서학서에서 라틴어 'Votum'의 번역어.

41 한문 서학서에서 라틴어 'Daemon', 'Diabolus'의 번역어.

42 프랑스어의 의미는 '마법', '마술'. 한불 225: 마슐 魔術 Ruse du diable; diablerie. Art diabolique; magie; sorcellerie; 한불 445: 슐법 術法 sorcellerie; magie; diableries.

43 받아씀.

Dicter	*v.t.*	셔취ᄒᆞ오	서취(書取)하오	*Sautchu h'aho*
Dictionnaire	*n.m.*	ᄌᆞ휘[44]	자휘(字彙)	*Tja h'oui*
Dieu	*n.p.*	텬쥬[45]	천주(天主)	*T'tiaune tjiou*
Diffamer	*v.t.*	망신식이오	망신(亡身)시키오	*Mang sine sikiho*
Différemment	*adv.*	다르케	다르게	*Tareuk'kei*
Différence	*n.f.*	다름 … 분별	다름 … 분별(分別)	*Tareume .. Poune piaule*
Différent	*adj.*	다르오	다르오	*Tareuho*
	C'est différent	이것시 다르오	이것이 다르오	*Hikaussi tareuho*
Différer	*v.t.*	밀위오[46]	미루오	*Miruho*
Difficile	*adj.*	어렵소	어렵소	*Hauriaupso*
Difficilement	*adv.*	어렵게	어렵게	*Hauriaupkei*
Digérer	*v.t.*	소식되오[47]	소식(消食)되오	*Sossik teuho*
Digestion	*n.f.*	소식	소식(消食)	*Sossik*
Digne	*adj.*	마당ᄒᆞᆫ	마땅한	*Matang h'ane*
Dignitaire	*n.m.*	죠관[48]	조관(朝官)	*Tjiokoane*
Dignité	*n.f.*	공명[49]	공명(功名)	*Kong mieng*
Digue	*n.f.*	물셩[50]	물성(城)	*Moulseng*
Diligent	*adj.*	부ᄌᆞ런ᄒᆞ오	부지런하오	*Poutjarne h'aho*
Dimanche	*n.m.*	일요일 … 공일	일요일(日曜日) … 공일(空日)	*Hiriohil .. Konghil*
Dimension	*n.f.*	척량	척량(尺量)	*Tchiaukniang*
Diminuer	*v.t.*	감ᄒᆞ오	감(減)하오	*Kame h'aho*

44 한자의 뜻과 음을 풀이한 책. 프랑스어의 의미는 '사전'.
45 한문 서학서에서 라틴어 'Deus'의 번역어.
46 연기하다, 연장하다. [한불] 240: 미루다 推托 Différer; proroger.
47 소화되다.
48 조정에서 벼슬살이를 하고 있는 고관.
49 공적와 명예.
50 둑, 제방.

Diminuer	*v.t.*	주리오	줄이오	*Tjouriho*
Diminution	*n.f.*	감	감(減)	*Kame*
Dîner	*n.m.*	저녁밥	저녁밥	*Tjiauniauk pape*
	Le dîner est-il prêt?	저녁밥이 되소	저녁밥이 됐소?	*Tjiauniauk papi tuésso*
Diplomate	*n.m.*	공문	공문(公文)	*Kong moune*
Diplôme	*n.m.*	교지[51]	교지(教旨)	*Kiotji*
Dire	*v.t.*	말아오 ... 일으오	말하오 ... 이르오	*Maraho .. Hireuho*
Directeur	*n.m.*	감독	감독(監督)	*Kametok*
	Directeur des postes	우체사장	우체사장(郵遞社長)	*Houtchiei satjang*
Diriger	*v.t.*	다ᄉᆞ리오	다스리오	*Tassariho*
Diriger	*v.t.*	인도ᄒᆞ오	인도(引導)하오	*Hineto h'aho*
Discerner	*v.t.*	분별ᄒᆞ오	분별(分別)하오	*Pounepiaul h'aho*
Discipline	*n.f.*	군법	군법(軍法)	*Kounepaupe*
Discours	*n.m.*	연셜	연설(演說)	*Hiaune saule*
Discussion	*n.f.*	말다튬	말다툼	*Malta t'toume*
Discuter	*v.t.*	승강ᄒᆞ오[52]	승강(昇降)하오	*Seung kang h'aho*
Discuter	*v.t.*	의논ᄒᆞ오	의논(議論)하오	*Heuinone h'aho*
Disjoindre	*v.t.*	ᄣᅦ여노오	떼어놓으오	*Tteihiau noho*
Disparaître	*v.int.*	숨소	숨소	*Soumesso*
Disperser	*v.t.*	헛어지오	흩어지오	*H'autau tjiho*
Disposer	*v.t.*	예비ᄒᆞ오	예비(豫備)하오	*Hieipi h'aho*
Dispute	*n.f.*	시비	시비(是非)	*Sipi*
Disputer	*v.t.*	시비ᄒᆞ오	시비(是非)하오	*Sipi h'aho*

51 공문서.

52 서로 주장하며 옥신각신하다. 표제어 'Raisonnement' 참고.

Disputer	*v.t.*	말노 싸호오	말로 싸우오	*Mallossa h'oho*
Dissemblable	*adj.*	ᄀᆞᆺ지 안소	같지 않소	*Katji hanesso*
Dissimulation	*n.f.*	것숨	겉꾸밈	*Kaute kkoume*
Dissimuler	*v.t.*	것숨이오	겉꾸미오	*Kaute kkoumiho*
Dissolution	*n.f.*	풀어짐	풀어짐	*Pfourautjime*
Distance	*n.f.*	샹거[53]	상거(相距)	*Sangkau*
Distinguer	*v.t.*	분별ᄒᆞ오	분별(分別)하오	*Poune piaurh'aho*
Distraction	*n.f.*	분심[54]	분심(分心)	*Poune sime*
Distraire	*v.t.*	ᄂᆞᆫ호오	나누오	*Nane h'oho*
Distraire	*v.t.*	마음이 갈니오	마음이 갈리오	*Mami kallio*
Distribuer	*v.t.*	ᄂᆞᆫ화주오	나눠주오	*Naneh'oa tjouho*
Distributeur	*n.m.*	ᄂᆞᆫ화주는 사람	나눠주는 사람	*Nane h'oa tjou neune sarame*
Distribution	*n.f.*	ᄂᆞᆫ화줌	나눠줌	*Naneh'oa tjoume*
Distribution	*n.f.*	분급[55]	분급(分給)	*Pounekeupe*
District	*n.m.*	골[56]	고을	*Kole*
Diurne	*adj.*	날엣	낮의	*Nareit*
Divers	*adj.*	각 모양	각(各) 모양(模樣)	*Kakmo hiang*
Divertir	*v.t.*	질기오	즐기오	*Tjilkiho*
Divinité	*n.f.*	텬쥬셩[57]	천주성(天主性)	*T'tiaune tjiou seng*
Diviser	*v.t.*	ᄂᆞᆫ호오	나누오	*Nane h'oho*
Division	*n.f.*	분법[58]	분법(分法)	*Poune paupe*
Division	*n.f.*	ᄂᆞᆫ옴	나눔	*Nane home*

53 떨어져 있는 두 곳의 거리. 표제어 'Zone' 참고. 한불 381: 샹거 相距 Distance d'un lieu à un autre.
54 부주의, 방심.
55 배급, 분배.
56 한불 192: 골 邑 District gouverné par un mandarin.
57 한문 서학서에서 라틴어 'Divinitas'의 번역어이며, 예수의 두 본성, 즉 '텬쥬셩'(신성)과 '인셩'(인성) 중의 하나.
58 나누기.

Divorce	*n.m.*	소박[59]	소박(疏薄)	*Sopak*
Divorcer	*v.int.*	소박ᄒᆞ오	소박(疏薄)하오	*Sopak h'ako*
Divulgation	*n.f.*	젼파	전파(傳播)	*Tjiaune pfa*
Divulguer	*v.t.*	젼파ᄒᆞ오	전파(傳播)하오	*Tjiaune pfa h'aho*
Divulguer	*v.t.*	누셜ᄒᆞ오	누설(漏泄)하오	*Noussaur h'aho*
Docile	*adj.*	슌령ᄒᆞ오[60]	순령(純靈)하오	*Soullieng h'aho*
Docilité	*n.f.*	슌령홈	순령(純靈)함	*Soulling h'ame*
Docilement	*adv.*	슌령ᄒᆞ게	순령(純靈)하게	*Soullieng h'akei*
Docteur	*n.m.*	의원	의원(醫員)	*Heuihouaune*
Docteur	*n.m.*	급졔 ... 박ᄉᆞ	급제(及第) ... 박사(博士)	*Keupetjiei .. Paksa*
Document	*n.m.*	문셔[61] ... 녹지[62]	문서(文書) ... 녹지(錄紙)	*Mounessau .. Noktji*
Doigt	*n.m.*	손가락	손가락	*Sonekarak*
Doléance	*n.f.*	앏음[63]	앓음	*Halpeume*
Dollar	*n.m.*	원 ... 푼	원 ... 푼	*Houaune .. Pfoune*
Domestique	*n.m.*	하인	하인(下人)	*H'ahine*
	Où est-allé mon domestique?	내 하인 어ᄃᆡ 갓소	내 하인(下人) 어디 갔소	*Nai h'ahine hautai kasso*
Domicile	*n.m.*	본집 ... 사는 ᄃᆡ	본(本)집 ... 사는 데	*Ponetjipe .. Sananetai*
Domination	*n.f.*	ᄎᆞ지	차지	*Tchatji*
Dominer	*v.int.*	ᄎᆞ지ᄒᆞ오	차지하오	*Tchatji h'aho*
Dominer	*v.int.*	쥬쟝ᄒᆞ오	주장(主張)하오	*Tjioutjiang h'aho*
Dompter	*v.t.*	길디리오	길들이오	*Kiltiriho*

59 처를 내쫓음, 이혼.

60 순전히 영적이다.

61 표제어 'Bail', 'Certificat', 'Ecrit', 'Inventaire' 참고.

62 기록지(記錄紙).

63 불평, 하소연.

Dompteur	*n.m.*	길디리는 사람	길들이는 사람	*Kiltirineune sarame*
Don	*n.m.*	례물	예물(禮物)	*Hieimoule*
Donc	*conj.*	이럼으로	이러므로	*Hiraumeuro*
Donc	*conj.*	그런고로	그런고로	*Keuraunekoro*
Donner	*v.t.*	주오	주오	*Tjouho*
	Donnez-lui seulement 5 cents	오전만 주시오	오전(五錢)만 주시오	*Hotjaune mane tjoussio*
Dont	*prép.*	바에[64]	바에	*Pahei*
Dorénavant	*adv.*	일후에	일후(日後)에	*Hirh'ou hei*
Dorer	*v.t.*	금 올니오[65]	금(金) 올리오	*Keumollio*
Doreur	*n.m.*	금칠ᄒᆞ는 사	금칠(金漆)하는 자	*Keumetjil h'anane tjia*
Dormir	*v.int.*	자오	자오	*Tjaho*
	Dormez bien	잘 주무시오	잘 주무시오	*Tjaltjoumoussio*
Dortoir	*n.m.*	침방	침방(寢房)	*Tchimepang*
Dos	*n.m.*	등[66]	등	*Teung*
Dossier	*n.m.*	안석[67]	안석(案席)	*Hanessauk*
Dot	*n.f.*	예물	예물(禮物)	*Hieimoule*
Douane	*n.f.*	히관[68]	해관(海關)	*H'aikoane*
	Douane commissaire	세무사	세무사(稅務士)	*Sieimoussa*
Douanier	*n.m.*	히관 사람[69]	해관(海關) 사람	*H'aikoane sarame*
Double	*n.m.*	두겹	두겹	*Toukiaupe*

64 대해, 대해서.
65 금칠(金漆)하다.
66 뒷면.
67 벽에 세우고 몸을 기대는 방석.
68 항구에 설치한 관문 또는 세관.
69 항구에 설치한 세관에서 일하는 사람.

Doucement	*adv.*	쳔쳔이	천천히	*Tchiaune tchiauni*
Douceur	*n.f.*	인자	인자(仁慈)	*Hinetjia*
Douleur	*n.f.*	압하[70]	아파	*Haph'a*
Douloureux	*adj.*	압으오	아프오	*Hapheuho*
Doute	*n.m.*[71]	의심	의심(疑心)	*Heuissime*
Douter	*v.int.*	의심ᄒᆞ오	의심(疑心)하오	*Heuissime h'aho*
Douteux	*adj.*	의심ᄒᆞ오	의심(疑心)하오	*Heuissime h'aho*
Doux	*adj.*	다오[72]	다오	*Taho*
Doux	*adj.*	인쟈ᄒᆞ오	인자(仁慈)하오	*Hinetjia h'aho*
Dragon	*n.m.*	용	용(龍)	*Hiong*
Drap	*n.m.*	전[73] ... 홋니불	전(氈) ... 홑이불	*Tjaune .. H'oteni poul*
Drapeau	*n.m.*	긔	기(旗)	*Keui*
Drogue	*n.f.*	조찬는 약[74]	좋지 않은 약(藥)	*Tjotchaneune hiak*
Droit	*adj.*	쏫쏫ᄒᆞ오	꼿꼿하오	*Kkote kkote h'aho*
Droit	*adj.*	바로	바로	*Paro*
	Allez tout droit	바로 가시오	바로 가시오	*Haro kassio*
Droite	*n.f.*	오른쪽	오른쪽	*Horeune ttjok*
	à droite *loc.adv.*	바른편	바른편(便)	*Pareune pfiaune*
Du	*art.c.*	에	에	*Hei*
	Du vin	술에	술에	*Sourei*
Duel	*n.m.*	싸움	싸움	*Ssahoume*
Dupe	*n.f.*	속는 사람	속는 사람	*Sokneune sarame*

70 [한불] 8: 압하 ᄒᆞᄒᆞ다 痛恨 Détester avec douleur, se repentir.
71 원문에는 '*n.n.*'.
72 맛이 달다.
73 짐승의 털로 두껍게 짠 천.
74 마약, 환각제.

Duquel	*pr.rel.*	누구에	누구에	*Noukouhei*
Dur	*adj.*	ᄃᆞᆫᄃᆞᆫᄒᆞ오	단단하오	*Tane tane h'aho*
Durer	*v.int.*	오래지오	오래지오	*Horaitjiho*
Durcir	*v.t.*	굿게 ᄒᆞ오	굳게 하오	*Koutekei h'aho*
Durillon	*n.m.*	틔눈	티눈	*T'teui noune*
Dynastie	*n.f.*	긔국 긔원[75]	개국(開國) 기원(紀元)	*Keuikouk keuihouaune*
Dyssenterie	*n.f.*	이질	이질(痢疾)	*Hitjil*

75 왕조 통치 원년.

E.e

Eau	*n.f.*	물	물	*Moul*
	eau bénite	셩슈[1]	성수(聖水)	*Seng sou*
	eau bouillie	끄린 물	끓인 물	*Kkeurine moul*
	eau de puit	우물물	우물물	*Houmoul moul*
	Apportez de l'eau	물 가져오시오	물 가져오시오	*Moul katjiauhossio*
Ébène	*n.f.*	오목[2]	오목(烏木)	*Homok*
Ébéniste	*n.m.*	목물쟁이[3]	목물(木物)장이	*Mokmoul tjainghi*
Éblouir	*v.t.*	눈부시오	눈부시오	*Nounepoussio*
Éblouissant	*adj.*	눈부시오	눈부시오	*Nounepoussio*
Ébranler	*v.t.*	흔드오	흔드오	*H'eune teuho*
Ébrécher	*v.t.*	이지러쓰리오	이지러뜨리오	*Hitjirau tteuriho*
Écaille	*n.f.*	비눌	비늘	*Pinoul*
Écailler	*v.t.*	비눌 긁소	비늘 긁소	*Pinoul keulkso*

1 축성(祝聖)한 물.

2 흑단(黑檀).

3 흑단 등의 고급 가구 세공인.

Écart	*n.m.*	비킴	비킴	*Pik'kime*
Écarter	*v.t.*	비켜오	비키오	*Pik'kiauho*
	Écartez-vous	비켜시오	비키시오	*Pik'kiaussio*
Échafaud	*n.m.*	목 비는 긔계칼[4]	목 비는 기계(機械) 칼	*Mokpineune keui kiei k'kal*
Échafaudage	*n.m.*	비계[5]	비계(飛階)	*Pikiei*
Échafauder	*v.t.*	비계민오	비계(飛階)매오	*Pikiei maiho*
Échalote	*n.f.*	부쳐[6]	부추	*Poutchiau*
Échange	*n.m.*	밧굼	바꿈	*Pate koume*
Échanger	*v.t.*	밧구오	바꾸오	*Pate kouho*
Échantillon	*n.m.*	본싀[7]	본색(本色)	*Pone saik*
Échapper	*v.int.*	다러나오	달아나오	*Taraunaho*
Échéance	*n.f.*	돈 갑을 훈[8]	돈 갚을 한(限)	*Tonekaplh'eul h'ane*
Échecs	*n.m.pl.*	장긔[9]	장기(將棋)	*Tjang keui*
Échelle	*n.f.*	사닥드리	사닥다리	*Satak tari*
Échelon	*n.m.*	칭딕 ... 층	층대(層臺) ... 층(層)	*Tchingtai .. Tcheung*
Écho	*n.m.*	옹셩[10]	웅성	*Heung seng*
Éclabousser	*v.t.*	흙 뒤오[11]	흙 튀오	*H'eulk tuho*
Éclair	*n.m.*	번게	번개	*Paune kei*
Éclaircir	*v.t.*	청명흐오	청명(淸明)하오	*Tchieng mieng h'aho*
Éclairer	*v.t.*	발키오	밝히오	*Palk'kiho*

4 단두대, 처형대.
5 높은 공사를 위해 설치한 가설물.
6 염교. 백합과에 속한 여러해살이풀. 페롱 Échalotte 달뇌. 한불 달늬 辛草 Petite échalote sauvage. 장드르 Échalotte 달뇌, 달늬, 부초.
7 표본, 규격. 장드르 Échantillon 견본, 간싀.
8 지불기한.
9 프랑스어의 의미는 '체스'.
10 메아리, 울림.
11 흙땅물 따위를 튀기다.

Éclater	*v.int.*	터지오	터지오	*T'tau tjiho*
Éclipse (soleil)	*n.f.*	일식	일식(日蝕)	*Hilsik*
Éclipse lune	*n.f.*	월식	월식(月蝕)	*Houaule sik*
Éclore	*v.int.*	피여가오[12]	피어가오	*Pfihiau kaho*
École	*n.f.*	학교 ... 학당	학교(學校) ... 학당(學堂)	*H'akio .. H'aktang*
	École privée	샤립학교	사립학교(私立學校)	*Saripe h'akio*
Écolier	*n.m.*	학도	학도(學徒)	*H'akto*
Économe	*n.m.*	져룡ᄒᆞ는 사람	절용(節用)하는 사람	*Tjiauriong h'aneune sarame*
Économie	*n.f.*	져룡	절용(節用)	*Tjiauriong*
Économiquenent	*adv.*	져룡으로	절용(節用)으로	*Tjiauriong heuro*
Économiser	*v.t.*	져룡ᄒᆞ오	절용(節用)하오	*Tjiauriong h'aho*
Écorce	*n.f.*	나무겁질	나무껍질	*Namou kkauptjil*
	Écorce d'orange	귤피	귤피(橘皮)	*Kioulpfi*
Écorcer	*v.t.*	셥질 벗기오[13]	껍질 벗기오	*Kkauptjil peikiho*
Écorcher	*v.t.*	살 겁질 벗기오	살 껍질 벗기오	*Sal kkauptjil peikiho*
Écorcheur	*n.m.*	살 겁질 벗기는 사람	살 껍질 벗기는 사람	*Sal kkauptjil peite kineune sarame*
Écorchure	*n.f.*	상쳐	상처(傷處)	*Sang tchiau*
Écorner	*v.t.*	쁠 부러드리오	뿔 부러뜨리오	*Ppoulpourau teuriho*
Écoulement	*n.m.*	지나감	지나감	*Tjinakame*
Écouler (s')	*v.p.*	지나가오	지나가오	*Tjinakaho*
Écouter	*v.t.*	듯소	듣소	*Teusso*
Écraser	*v.t.*	누루오	누르오	*Nourouho*

12 (꽃이) 피다.

13 원문에는 '벽기오'.

Écraser	*v.t.*	눌녀 바수오[14]	눌러 바수오	*Noulliau passouho*
Écrevisse	*n.f.*	개가재[15]	게가재	*Kaikatjai*
Écrire	*v.t.*	쓰오 ... 글시 쓰오	쓰오 ... 글씨 쓰오	*Sseuho .. Keulsi sseuho*
	Écrivez	쓰시오	쓰시오	*Sseussio*
Écrit	*n.m.*	문셔[16]	문서(文書)	*Mounessau*
Écriteau	*n.m.*	고빅	고백(告白)	*Kopaik*
Écritoire	*n.f.*	먹통	먹통(桶)	*Mauk ttong*
Écriture	*n.f.*	글시 ... 쓴 것	글씨 ... 쓴 것	*Keulsi .. Sseunekaute*
	Écriture coréenne	언문	언문(諺文)	*Haunemoune*
	Écriture Sainte	셩경[17]	성경(聖經)	*Seng kieng*
Écrivain	*n.m.*	글시 쓰는 사람	글씨 쓰는 사람	*Keulsi sseuneune sarame*
Écrouler (s')	*v.p.*	주저안소	주저앉소	*Tjoutjau hanesso*
Écueil	*n.m.*	물속 바위[18]	물속 바위	*Moulsok pahoui*
Écuelle	*n.f.*	사발	사발(沙鉢)	*Sapal*
Écume	*n.f.*	물거품	물거품	*Moulkau pfoume*
Écumer	*v.t.*	물가품 거지오	물거품 걷으오	*Moulkau pfoume kautjiho*
Écureuil	*n.f.*	다람쥐	다람쥐	*Tarame tju*
Écurie	*n.f.*	마구	마구(馬廏)	*Makou*
Écurie	*n.f.*	오양간	외양간(間)	*Hohiang khane*
Édifice	*n.m.*	관실	관실(官室)	*Koane sil*
Édifier	*v.t.*	짓소	짓소	*Tjisso*

14 부수다.
15 갑각류의 하나.
16 표제어 'Bail', 'Certificat', 'Document', 'Inventaire' 참고.
17 한문 서학서에서 라틴어 'Biblia', 'Evangelium', 'Scriptura sacra'의 번역어.
18 암초.

Édit	*n.m.*	칙녕 ... 조칙	칙령(勅令) ... 조칙(詔勅)	*Tchikniegn .. Tjotchik*
Éditer	*v.t.*	신문 빅이오[19]	신문(新聞) 베끼오	*Sinemoune paikiho*
Éditeur	*n.m.*	신문징이	신문(新聞)쟁이	*Sinemoune tjiainghi*
Effaçable	*adj.*	질 만ᄒᆞ오	질 만하오	*Tjilmane h'aho*
Effacement	*n.m.*	지임	지움	*Tjihime*
Effacer	*v.t.*	짓소[20]	짓소	*Tjisso*
Effectif	*n.m.*	실슈	실수(實數)	*Silsou*
Effectivement	*adv.*	실다히[21]	실다히	*Siltah'i*
Effectuer	*v.t.*	시힝ᄒᆞ오	시행(施行)하오	*Sih'aing h'aho*
Effet	*n.m.*	관계	관계(關係)	*Koane kiei*
Effervescence	*n.f.*	ᄭᅳᆯ음	끓음	*Kkeureume*
Effeuiller	*v.t.*	입사귀 ᄡᅡ오	잎사귀 따오	*Hipe sakoui ttaho*
Efficace	*adj.*	효험 보오	효험(效驗) 보오	*H'io h'aume poho*
Efficacement	*adv.*	효험답게[22]	효험(效驗)답게	*H'io h'aume tapekei*
Efforcer (s')	*v.t.*	심스오[23]	심(心)쓰오	*Simesseuho*
Effort	*n.m.*	면역	면역(免疫)	*Miauniauk*
Effort	*n.m.*	용녁[24]	용력(用力)	*Hiongniauk*
Effrayant	*adj.*	진져리나오	진저리나오	*Tjitjiauri naho*
Effrayé	*adj.*	무셥소	무섭소	*Moussaupso*
Effrayer	*v.t.*	놀나게 ᄒᆞ오	놀라게 하오	*Nollakeih'aho*
Égal	*adj.*	ᄀᆞᆺ소	같소	*Kasso*

19 출판하다.
20 지우다.
21 실제로, 정말로, 진실로. 한불 423: 실다히 正實 Effectivement.
22 효험있게, 효과적으로.
23 힘쓰다.
24 힘을 씀.

	Cela m'est égal	나는 샹관업소	나는 상관(相關)없소	*Sangkoane haupso*
Également	*adv.*	ᄀᆞᆺ게	같게	*Katekei*
Égaler	*v.t.*	ᄀᆞᆺ소 ... 만 ᄒᆞ오	같소 ... 만 하오	*Kasso .. Man h'aho*
Égalité	*n.f.*	동뉴	동류(同類)	*Tongniou*
Égard	*n.m.*	공경	공경(恭敬)	*Kongkieng*
Égarer	*v.t.*	실슈ᄒᆞ오	실수(失手)하오	*Silsou h'aho*
Égayer	*v.t.*	질겨ᄒᆞ오	즐겨하오	*Tjilkiau h'aho*
Église	*n.f.*	교당 ... 셩당[25]	교당(教堂) ... 성당(聖堂)	*Kiotang .. Sentang*
	Église française	법국교당[26]	법국교당(法國教堂)	*Paupekouk kiotang*
Égoïste	*n.m.*	인ᄒᆞᆫ 놈[27]	인(吝)한 놈	*Hine h'anenome*
Égorger	*v.t.*	사린ᄒᆞ오	살인(殺人)하오	*Sarine h'aho*
Égoutter	*v.t.*	물 ᄯᅥ러지오	물 떨어지오	*Moulttaurau tjiho*
Égrainer	*v.t.*	알맹이 나오[28]	알맹이 나오	*Halmainghi naho*
Égratigner	*v.t.*	글켜 미오[29]	긁혀 미오	*Keulk'kiau miho*
Égratignure	*n.f.*	글켜 미임	긁혀 밈	*Keulk'kiau mihime*
Élan	*n.m.*	도망	도망(逃亡)	*Tomang*
Élancer (s')	*v.p.*	도망ᄒᆞ오	도망(逃亡)하오	*Tomang h'aho*
Élancer (s')	*v.p.*	달녀드오	달려드오	*Talliau teuho*
Élargir	*v.t.*	널피오	넓히오	*Naulpfiho*
Élargir	*v.t.*	널어지오	넓어지오	*Naurautjiho*
Élargissement	*n.m.*	널핌	넓힘	*Naulpfime*

25 한문 서학서에서 라틴어 'Ecclesia'의 번역어.

26 프랑스 교당.

27 잔인한 사람, 인색한 사람. 프랑스어의 의미는 '이기주의자'. 표제어 'Avare', 'Rapace' 참고.

28 열매가 떨어지다.

29 한불 80: 할퀴다 Egratigner.

Électricité	*n.f.*	뎐긔	전기(電氣)	*Tjiaunekeui*
Élégant	*adj.*	고은	고운	*Koheune*
Élément	*n.m.*	오힝[30]	오행(五行)	*Heh'aing*
Éléphant	*n.m.*	코씨리	코끼리	*K'kokkiri*
Élévation	*n.f.*	놉히	높이	*Nopeh'i*
Élève	*n.m.*	학도	학도(學徒)	*H'akto*
Élever	*v.t.*	기르오 ... 드오	기르오 ... 드오	*Kireuho .. Teuho*
Élire	*v.t.*	간션ᄒᆞ오	간선(揀選)하오	*Kanessaune h'aho*
Elle	*p.p.*	져	저	*Tjiau*
Elles	*p.p.pl.*	져이들	저이들	*Tjiauhiteul*
Éloge	*n.m.*	찬미	찬미(讚美)	*Tchanemi*
Éloignement	*n.m.*	멀니ᄒᆞᆷ	멀리함	*Maullih'ame*
Éloigner	*v.t.*	멀니ᄒᆞ오	멀리하오	*Maullih'aho*
Éloquemment	*adv.*	호변으로[31]	호변(好辯)으로	*H'opiauneuro*
Éloquence	*n.f.*	호변	호변(好辯)	*H'opiaune*
Éloquent	*adj.*	호변ᄒᆞ오	호변(好辯)하오	*H'opiaune h'aho*
Émail	*n.m.*	파란[32] ... 도금	파란 ... 도금(鍍金)	*Pfarane .. Tokeume*
Émailler	*v.t.*	파란 올니오[33]	파란 올리오	*Pfarane holliho*
Émancipation	*n.f.*	쇽냥	속량(贖良)	*Sokniang*
Émanciper	*v.t.*	쇽냥ᄒᆞ오	속량(贖良)하오	*Sokniang h'aho*
Emballage	*n.m.*	너음	넣음	*Neuheume*
Emballer	*v.t.*	넛소	넣소	*Neusso*
Embarquer	*v.t.*	ᄇᆡ 타오	배 타오	*Pait'taho*

30 다섯 가지 원소.

31 뛰어난 말솜씨로.

32 광물을 원료로 하여 만든 유약(釉藥).

33 파란을 칠하다.

Embarras	*n.m.*	괴롬	괴롬	*Keurome*
Embarrassant	*adj.*	괴롭소	괴롭소	*Keuropso*
Embarrasser	*v.t.*	괴롭소	괴롭소	*Keuropso*
Embellir	*v.t.*	아람다게 ᄒᆞ오	아름답게 하오	*Hareume takei h'aho*
Embellissement	*n.m.*	아람다게 함	아름답게 함	*Hareume takei h'ame*
Embêter	*v.t.*	셩가시게 ᄒᆞ오	성가시게 하오	*Seng kassikei h'aho*
Embonpoint	*n.m.*	ᄇᆡ불눅이	배불뚝이	*Paipoullouki*
Embouchure	*n.f.*	어귀	어귀	*Haukoui*
Embourber	*v.t.*	흙에 뭇치오	흙에 묻히오	*H'eulkeui moutchiho*
Embrasser	*v.t.*	입마추오	입맞추오	*Hipematchouho*
Embrouiller	*v.t.*	엉크오	엉키오	*Heng k'keuho*
Embûche	*n.f.*	함지[34]	함지(陷地)	*H'ametji*
Embuscade	*n.f.*	복병	복병(伏兵)	*Pokpieng*
Emeraude	*n.f.*	청강셕	청강석(青剛石)	*Tchieng kang sauk*
Émerveiller	*v.t.*	신통이 넉이오	신통(神通)히 여기오	*Sine t'tong hi naukiho*
Émeute	*n.f.*	요란	요란(搖亂)	*Hiorane*
Émigrant	*adj.*	이ᄉᆞᄒᆞ오	이사(移徙)하오	*Hissa h'aho*
Émigration	*n.f.*	이ᄉᆞ	이사(移徙)	*Hissa*
Émigrer	*v.int.*	이ᄉᆞᄒᆞ오	이사(移徙)하오	*Hissa h'aho*
Emmancher	*v.t.*	ᄌᆞ루 박소[35]	자루 박소	*Tjaroupakso*
Emmener	*v.t.*	더리고 가오	데리고 가오	*Taurikokaho*
Émotion	*n.f.*	감동	감동(感動)	*Kametong*
Empailler	*v.t.*	집흐로 치우오	짚으로 채우오	*Tjipeh'euro tchai houho*

34 움푹 들어간 땅.
35 손잡이를 박다, 달다.

Emparer (s')	*v.p.*	차지ᄒᆞ오	차지하오	*Tchatji h'aho*
Empêchement	*n.m.*	금단	금단(禁斷)	*Keume tane*
Empêcher	*v.t.*	금ᄒᆞ오	금(禁)하오	*Keume h'aho*
Empereur	*n.m.*	황졔	황제(皇帝)	*H'oang tjei*
Empereur	*n.m.*	텬ᄌᆞ	천자(天子)	*T'tjiaune tja*
	fils empereur	황제ᄌᆞ	황제자(皇帝子)	*H'oang tjei tja*
Empiler	*v.t.*	차레로 싸오	차례(次例)로 쌓오	*Tchareirossaho*
Empire	*n.m.*	나라	나라	*Nara*
Emplacement	*n.m.*	좌처[36]	좌처(坐處)	*Tjoa tchan*
Emplâtre	*n.m.*	고약[37]	고약(膏藥)	*Kohiak*
Emplir	*v.t.*	채오오	채우오	*Tchai hoho*
Emploi	*n.m.*	씨임 ... 직무	쓰임 ... 직무(職務)	*Ssihime .. Tjikmou*
Employer	*v.t.*	고용ᄒᆞ오	고용(雇用)하오	*Kohiong h'aho*
Employer	*v.t.*	쓰오	쓰오	*Sseuho*
Empoigner	*v.t.*	손으로 잡소	손으로 잡소	*Soneuro tjapso*
Empoisonnement	*n.m.*	사약	사약(賜藥)	*Sohiak*
Empoisonner	*v.t.*	사약ᄒᆞ오	사약(賜藥)하오	*Sahiak h'aho*
Empoisonneur	*n.m.*	사약ᄒᆞ는 사람[38]	사약(賜藥)하는 사람	*Sahiak h'aneune sarame*
Emporter	*v.t.*	가져가오	가져가오	*Katjiaukaho*
	Emportez cela	이것슬 가져가시오	이것을 가져가시오	*Hikau katjiau kassio*
Empreinte	*n.f.*	자죽	자국	*Tjatjouk*
Empressement	*n.m.*	밧븀	바쁨	*Patepoume*
Emprisonnement	*n.m.*	가둠	가둠	*Katoume*

36 집, 가게 등이 차지하고 있는 자리.
37 곪은 데에 붙이는 약.
38 독살자, 독을 넣는 사람.

Emprisonner	*v.t.*	가두오	가두오	*Katouho*
Emprunt	*n.m.*	비러 옴 ... 차릐[39]	빌려 옴 ... 차래(借來)	*Pirauhome .. Tcharai*
Emprunter	*v.t.*	비러 오오	빌려 오오	*Pirauhoho*
Emprunteur	*n.m.*	비러 가는 사람	빌려 가는 사람	*Piraukaneune sarame*
En	*prép.*	에 ... 으로 ... 로	에 ... 으로 ... 로	*Hei .. Heuro .. Ro*
	En avant	압헤	앞에	*Hape h'ei*
	En bois	나무로	나무로	*Nemouro*
	En France	법국에	법국(法國)에	*Paupe kaoukei*
Encadrer	*v.t.*	그림틀에 넛소	그림틀에 넣소	*Keurime t'teurei nausso*
Enceinte	*n.f.*	아희븨오	아이배오	*Hah'eui paiho*
	Enceinte Muraille	쥬회[40] ... 셩안	주회(周回) ... 성(城)안	*Tjiouh'eu .. Seng hane*
Encens	*n.m.*	유향	유향(乳香)	*Hiouh'iang*
Enchainer	*v.t.*	쳘샤 믜오	철사(鐵絲) 매오	*Tchiaulsa maiho*
Enclume	*n.f.*	모루[41]	모루	*Morou*
Encore	*adv.*	또 ... 아직	또 ... 아직	*Tto .. hatjik*
Encore	*adv.*	오히려	오히려	*Hoh'irian*
	Pas encore venu	아직 아니 왓소	아직 아니 왔소	*Hatjik hani hoasso*
Encouragement	*n.m.*	용밍 줌	용맹(勇猛) 줌	*Hiong maing tjoume*
Encourager	*v.t.*	용밍을 주오	용맹(勇猛)을 주오	*Hiong maing heul tjouho*
Encourager	*v.t.*	권면ᄒᆞ오	권면(勸勉)하오	*Kouaune miaune h'aho*

39 빌려 옴.

40 둘레를 한 바퀴 돈 길이.

41 (두드려서 작업하는) 작업대.

Encre	*n.f.*	먹	먹	*Mauke*
Encrier	*n.m.*	먹통	먹통(桶)	*Mauke t'tong*
Endetter	*v.t.*	빗지오	빚지오	*Pite tjiho*
Endormir	*v.t.*	직우오	재우오	*Tjaihouho*
Endormir (S')	*v.p.*	잠오오	잠오오	*Tjame hoho*
Endroit	*n.m.*	곳	곳	*Kot*
Endurer	*v.t.*	고싱ᄒᆞ오	고생(苦生)하오	*Kossaing h'aho*
Endurer	*v.t.*	참아 밧소	참아 받소	*Tchama passo*
Energie	*n.f.*	심녁	심력(心力)	*Sime niauk*
Energique	*adj.*	심녁 잇소	심력(心力) 있소	*Simeniauk hisso*
Enfant	*n.m.*	아희	아이	*Ha h'eui*
Enfer	*n.m.*	지옥	지옥(地獄)	*Tjihok*
Enfermer	*v.t.*	가두오	가두오	*Katouho*
Enfiler	*v.t.*	바눌 쒸오	바늘 꿰오	*Panoul kkuiho*
Enfin	*adv.*	맛침네	마침내	*Matchimenei*
Enfin	*adv.*	나죵에	나중에	*Natjiong hei*
Enflammer	*v.t.*	불꼿 니러나오	불꽃 일어나오	*Poulkkote hirau naho*
Enfler	*v.t.*	붓소	붓소	*Pousso*
Enfoncer	*v.t.*	박소	박소	*Pakso*
Enfoncer	*v.t.*	싸지오	빠지오	*Ppatjiho*
Enfreindre	*v.t.*	어긔ᄒᆞ오[42]	어기오	*Haukeui h'aho*
Enfuir (s')	*v.p.*	다라나오	달아나오	*Taranaho*
Engagement	*n.m.*	젼당[43]	전당(典當)	*Tjiaune tang*

42 어기다, 위반하다.
43 저당, 담보. 표제어 'Gage' 참고.

Engager	*v.t.*	젼당 ᄌᆡ피오	전당(典當) 잡히오	*Tjiaune tang tjai pfiho*
Engelure	*n.f.*	ᄉᆞᆫ 다름[44]	손 닳음	*Sone tareume*
Engourdir	*v.t.*	저리오	저리오	*Tjauriho*
Engrais	*n.m.*	거름[45]	거름	*Kaureume*
Engraisser	*v.t.*	살씨오	살찌오	*Sal ttjiho*
Enivrer	*v.t.*	슐 취ᄒᆞ오	술 취(醉)하오	*Soultchu h'aho*
Enlacer	*v.t.*	품ᄒᆞ오[46]	품하오	*Pfoume h'aho*
Enlever	*v.t.*	드러ᄂᆡ오	들어내오	*Teuraunaiho*
Enlever	*v.t.*	ᄇᆡ오	베오	*Paiho*
Ennemi	*n.m.*	원슈	원수(怨讐)	*Houaune sou*
Ennui	*n.m.*	심심[47]	심심	*Sime sime*
Ennuyeux	*adj.*	심심ᄒᆞ오	심심하오	*Sime sime h'aho*
Ennuyeux	*adj.*	괴롭소	괴롭소	*Keuropso*
Enorgueillir (s')	*v.p.*	오심 부리오[48]	오심(傲心) 부리오	*Hossime pouriho*
Énorme	*adj.*	대단히 크오	대단히 크오	*Taitaneh'i k'keuho*
Enquête	*n.f.*	탐지	탐지(探知)	*T'tame tji*
Enraciner	*v.t.*	ᄲᅮ리 ᄇᆡ기오	뿌리 박히오	*Ppouri paikiho*
Enrager	*v.int.*	미치오	미치오	*Michiho*
Enregistrer	*v.t.*	죤안ᄒᆞ오[49]	존안(存案)하오	*Tjiouane h'aho*
Enregistrer	*v.t.*	치부ᄒᆞ오[50]	치부(置簿)하오	*Tchipou h'aho*

44 손이 얼어서 붉어짐. [장드르] Engelure 한창, 동창.

45 비료.

46 포옹하다.

47 지겨움, 지루함.

48 거만, 뽐냄. [한불] 58: 오심 傲心 Coeur orgueilleux. Orgueil.

49 보존하여 두다.

50 돈이나 물건이 드나드는 것을 적다. 표제어 'Carnet', 'Registre', 'Tarif' 참고. [한불] 603: 치부ᄒᆞ다 置符 Registre; enregistrer. [라틴어-옛한글] Rationarium 치부칙, 문셔칙.

	Enregistrez vos dépenses	쓴 것슬 치부ᄒᆞ시오	쓴 것을 치부(置簿)하시오	*Sseunekausseul tchipouh'assio*
Enrhumer	*v.t.*	감긔드오	감기(感氣)드오	*Kamekeui teuho*
Enrichir	*v.t.*	부자 만드오	부자(富者) 만드오	*Poutjamane teuho*
Enrichir (s')	*v.p.*	부자 되오	부자(富者) 되오	*Poutja teuho*
Enrouler	*v.t.*	마오 ... 감소	마오 ... 감소	*Maho .. Kamso*
Ensanglanter	*v.t.*	피 흘리오	피 흘리오	*Pfih' eulliho*
Enseigner	*v.t.*	가르치오	가르치오	*Kareutchiho*
Ensemble	*adv.*	한가지 ᄒᆞᆷ씌	한가지 함께	*H'ane katji .. H'amekkeui*
Ensemencer	*v.t.*	씨 ᄲᅮ리오	씨 뿌리오	*Ssippouriho*
Ensemencer	*v.t.*	씨므오	심으오	*Ssimeuho*
Ensuite	*adv.*	뒤에	뒤에	*Tuhei*
Entamer	*v.t.*	몬져 시작ᄒᆞ오	먼저 시작(始作)하오	*Monetjiau sitjak h'aho*
Entassement	*n.m.*	싸논 것	쌓아놓은 것	*Ssanone kaute*
Entassement	*n.m.*	무덱이	무더기	*Mouteiki*
Entasser	*v.t.*	싸 놋소	쌓아 놓소	*Ssanosso*
Entasser	*v.t.*	모히오	모이오	*Moh'iho*
Entendre	*v.t.*	듯소	듣소	*Teusso*
	Avez-vous entendu?	노형이 드럿소	노형(老兄)이 들었소	*Noh'ienghi teurausso*
Entente	*n.f.*	공논	공론(公論)	*Kong none*
Enterrement	*n.m.*	쟝사	장사(葬事)	*Tjaang sa*
Enterrer	*v.t.*	쟝사 지ᄂᆡ오	장사(葬事) 지내오	*Tjaang satjinaiho*
Entêté	*adj.*	고집ᄒᆞᆫ	고집(固執)한	*Kotjipe h'ane*
Entêter(s')	*v.p.*	고집 세오	고집(固執) 세오	*Kotjipe sieiho*
Entier	*adj.*	온젼ᄒᆞᆫ	온전(穩全)한	*Honetjiaune h'ane*

Entièrement	*adv.*	왼통 ... 온젼이	온통 ... 온전(穩全)히	*Heunet'tong .. Honetjiauni*
Entonnoir	*n.m.*	귀뙤[51]	귀때	*Kouittai*
Entourer	*v.t.*	둘누오	두르오	*Toullouho*
Entrailles	*n.f.pl.*	창자	창자	*Tchang tja*
Entraîner	*v.t.*	잇그오	이끄오	*Hitekeuho*
Entre	*prép.*	싸이에	사이에	*Sahi hei*
Entrée	*n.f.*	문간 ... 문젼	문간(門間) ... 문전(門前)	*Moune kkane .. Mounetjiaune*
Entremetteur	*n.m.*	거관	거간(居間)	*Kaukoane*
Entremise	*n.f.*	거관질	거관(居間)질	*Kaukoanetjil*
Entreprendre	*v.t.*	주션ᄒᆞ오	주선(周旋)하오	*Tjoussaune h'aho*
Entrepreneur	*n.m.*	주션ᄒᆞ는 사람	주선(周旋)하는 사람	*Tjoussaune h'aneune sarame*
Entreprise	*n.f.*	주션	주선(周旋)	*Tjoussaune*
Entrer	*v.int.*	드러오오	들어오오	*Teurau hoho*
	Entrez	드러오시오	들어오시오	*Teurau hossio*
Entretenir (s')	*v.p.*	슈쟉ᄒᆞ오[52]	수작(酬酌)하오	*Soutjiak h'aho*
Entretien	*n.m.*	슈쟉	수작(酬酌)	*Soutjiak*
Entrevoir	*v.t.*	바라보오	바라보오	*Para poho*
Entrevue	*n.f.*	서로 맛남	서로 만남	*Sauro matename*
Entr'ouvrir	*v.t.*	반씸 여오	반(半)쯤 여오	*Penettjime hiauho*
Envahir	*v.t.*	침범ᄒᆞ오	침범(侵犯)하오	*Tchimepaume ha'ho*
Enveloppe	*n.f.*	봉투 ... 비봉[53]	봉투(封套) ... 비봉(祕封)	*Pong t'tou .. pipong*
Envelopper	*v.t.*	봉ᄒᆞ오 ... 싸오	봉(封)하오 ... 싸오	*Pong h'aho .. ssaho*

51 주전자의 부리, 깔때기.

52 말을 서로 주고받다, 이야기하다. 표제어 'Causer', 'Conversation', 'Narration' 참고.

53 단단히 봉한 봉투.

Envers	*prép.*	향ᄒᆞ야	향(向)하여	*H'iang h'ahia*
	à l'envers	뒤쥽어	뒤집어	*Tutjioupau*
	Mettez à l'envers	뒤쥽어 노으시오	뒤집어 놓으시오	*Tutjioupau neussio*
Envie	*n.f.*	원흠	원(願)함	*Houaune h'ame*
Envie	*n.f.*	ᄉᆡᆼ각 ... 질투	생각 ... 질투(嫉妬)	*Saing kak .. tjilt'ou*
Envier	*v.t.*	ᄉᆡᆼ각ᄒᆞ오	생각하오	*Saingkak h'aho*
Envieux	*adj.*	질투ᄒᆞ오	질투(嫉妬)하오	*Tjilt'tou h'aho*
Environ	*adv.*	어림에	어림에	*Haurimei*
Environ	*adv.*	아마 ... 대개	아마 ... 대개(大槪)	*HamaTaikai*
Environner	*v.t.*	둘녀싸오	둘러싸오	*Toulliau ssaho*
Envoi	*n.m.*	보내미	보냄	*Ponaimi*
Envoler (s')	*v.p.*	날너가오	날아가오	*Nallaukaho*
Envoyer	*v.t.*	보내오	보내오	*Ponaiho*
	Qui l'a envoyé?	누구가 보냇소?	누구가 보냈소?	*Noukouka ponaisso*
	Je vous enverrai mon domestique	내가 노형게 내 하인을 보내겟소	내가 노형(老兄)께 내 하인(下人)을 보내겠소	*Naika noh'ieng kkei nai h'ahineul ponaikeisso*
Épais	*adj.*	둣겁소	두껍소	*Toutekaupso*
Épaisseur	*n.f.*	둣게	두께	*Toutekei*
Épaissir	*v.t.*	둣겁게ᄒᆞ오	두껍게 하오	*Toutekaupekeih'aho*
Épanouir	*v.t.*	솟피오	꽃피오	*Kkote pfiho*
Épargner	*v.t.*	앗기오	아끼오	*Hatekiho*
	c'est épatant	괴샹ᄒᆞ오	괴상(怪常)하오	*Keussang h'aho*
Épaule	*n.f.*	엇기	어깨	*Hautekai*
Épauler	*v.t.*	겨냥ᄒᆞ오[54]	겨냥하오	*Kiaunang h'aho*

54 프랑스어의 의미는 '거총하다'.

Épaulette	*n.f.*	견쟝	견장(肩章)	*Kiaune tjiang*
Épée	*n.f.*	한도[55]	환도(環刀)	*H'aneto*
Éperlan	*n.m.*	은어	은어(銀魚)	*Heunau*
Éperon	*n.m.*	며ᄂᆞ리발톱	며느리발톱	*Miaunari pal t'top*
Épervier	*n.m.*	ᄆᆡ	매	*Mai*
	Épervier (filet)	죄양이[56]	좽이	*Tjeuhiang hi*
Épi	*n.m.*	이삭	이삭	*Hissak*
Épice	*n.f.*	양념	양념	*Hiangniaume*
Épidémie	*n.f.*	염병	염병(染病)	*Hiaumepieng*
Épier	*v.t.*	탐지ᄒᆞ오	탐지(探知)하오	*T'tametji h'aho*
Épilepsie	*n.f.*	질알[57]	지랄	*Tjiral*
Épileptique	*n.m.*	질알장이	지랄쟁이	*Tjiral tjang hi*
Épinard	*n.m.*	싀근치	시금치	*Seuikeunetchai*
Épine	*n.f.*	가시	가시	*Kassi*
Épingle	*n.f.*	못바늘	못바늘	*Motepaneul*
Épingler	*v.t.*	못바늘노 박소	못바늘로 박소	*Motepaneullo pakso*
Épitaphe	*n.f.*	무덤의 비문	무덤의 비문(碑文)	*Moutaumeui pimoune*
Éplucher	*v.t.*	다듬소	다듬소	*Tateumesso*
Éplucher	*v.t.*	겁질 베기오	껍질 벗기오	*Kkaupetjil peikiho*
Éponge	*n.f.*	바다버셧[58]	바다버섯	*Pata paussaute*
Épouse	*n.f*	아ᄒᆡ	아이	*Haneh'ai*
Épouser	*v.t.*	혼인ᄒᆞ오	혼인(婚姻)하오	*H'onine h'aho*
Épousseter	*v.t.*	몬지 터오	먼지 터오	*Monetji t'teuho*

55 검, 단검.
56 물고기를 잡는 그물의 하나.
57 간질. [한불] 566: 질알 癎疾 Epilepsie.
58 해면(海綿), 해면동물. [장드르] Eponge ᄒᆡ융, ᄒᆡ면, ᄒᆡ버셧.

Épouvantail	*n.m.*	초인[59]	초인(草人)	*Tchohine*
Épouvanter	*v.t.*	놀나게 ᄒᆞ오	놀라게 하오	*Nollakei h'aho*
Époux	*n.m.*	장부	장부(丈夫)	*Tjangpou*
Époux	*n.m.*	난편	남편(男便)	*Nanepfiaune*
Éprouver	*v.t.*	ᄭᆡ닷소	깨닫소	*Kkaitasso*
Éprouver	*v.t.*	시험ᄒᆞ오	시험(試驗)하오	*Sih'aume h'aho*
Épuiser	*v.t.*	궁진ᄒᆞ오	궁진(窮盡)하오	*Koungtjine h'aho*
Épuiser	*v.t.*	쇠진ᄒᆞ오	쇠진(衰盡)하오	*Seutjine h'aho*
Épurer	*v.t.*	ᄆᆰ소	맑소	*Malkso*
Équarrir	*v.t.*	네모로 ᄭᅡᆨ소	네모로 깎소	*Neimoro kkakso*
Équerre	*n.f.*	세모진 ᄌᆞ	세모진 자	*Seimo tjinetja*
Équilibre	*n.m.*	평균	평균(平均)	*Pfiengkioune*
Équinoxe	*n.m.*	주야평균[60]	주야평균(晝夜平均)	*Tjouhia pfieng kioune*
Équivalent	*adj.*	상반ᄒᆞ오	상반(相半)하오	*Sangpane h'aho*
Équivoque	*adj.*	ᄂᆡ외 상반된	내외(內外) 상반(相半)된	*Naiheu sangpane teune*
Ergot	*n.m.*	엄지발[61]	엄지발	*Haumetji pal*
Ériger	*v.t.*	셰우오	세우오	*Seihouho*
Erratum	*n.m.*	그릇친 것	그르친 것	*Keureutchine kaute*
Errer	*v.int.*	ᄯᅥ도라ᄃᆞᆫ이오	떠돌아다니오	*Ttautoratane hiho*
Erreur	*n.f.*	실슈 ... 그릇침	실수(失手) ... 그르침	*Silsou .. Keureut chime*
Escalader	*v.t.*	담 넘소	담 넘소	*Tamenaumesso*
Escalier	*n.m.*	칭게	층계(層階)	*Tchine kiei*

59 짚으로 만든 사람 모양의 물건. 한불 91: 허슈아비 偶人 Epouvantail pour les oiseaux.

60 춘분(春分)과 추분(秋分)에 밤과 낮의 길이가 똑같음.

61 수탉·소·말 등의 며느리 발톱. 한불 19: 엄발 Ergot de coq.

Escamoter	*v.t.*	잡슐ᄒᆞ오[62]	잡술(雜術)하오	*Tjapessoule h'aho*
Escamoteur	*n.m.*	잡슐ᄒᆞᄂᆞᆫ 사람	잡술(雜術)하는 사람	*Tjapessoule h'aneune sarame*
Escargot	*n.m.*	달팡이	달팽이	*Talpfaingni*
Esclave	*n.m.*	종[63]	종	*Tjong*
Escorte	*n.f.*	거동[64]	거동(擧動)	*Keutong*
Escorte	*n.f.*	보호병	보호병(保護兵)	*Poh'opeing*
Escorter	*v.t.*	모시오	모시오	*Mossio*
Espace	*n.m.*	사이	사이	*Sahi*
Espèce	*n.f.*	죵류	종류(種類)	*Tjiong hiou*
Espérance	*n.f.*	바람[65]	바람	*Parame*
Espérer	*v.t.*	바라오	바라오	*Paraho*
Espion	*n.m.*	탐지ᄒᆞᄂᆞᆫ[66] 사람	탐지(探知)하는 사람	*T'tametji h'aneune sarame*
Espionnage	*n.m.*	동졍 살핌	동정(動靜) 살핌	*Tong tjieng salpfime*
Espionner	*v.t.*	탐지ᄒᆞ오	탐지(探知)하오	*T'tametji h'aho*
Espionner	*v.t.*	엿보오	엿보오	*Hiaute poho*
Espoir	*n.m.*	바람	바람	*Parame*
Esprit	*n.m.*	명오[67]	명오(明悟)	*Miengho*
Esquiver	*v.t.*	파ᄒᆞ오	파(罷)하오	*Pfih'aho*
Essai	*n.m.*	시험	시험(試驗)	*Sih'iaume*
Essaim	*n.m.*	벌통	벌통(桶)	*Paul t'tong*
Essayer	*v.int.*	시험ᄒᆞ오	시험(試驗)하오	*Sih'aume h'aho*

62 요사한 술법을 쓰다.
63 노예.
64 의식이나 행사를 치르기 위해 움직이는 행위. 거행(擧行).
65 희망.
66 원문에는 '터지ᄒᆞᄂᆞᆫ'.
67 한문 서학서에서 라틴어 'Intellectus'의 번역어. 표제어 'Intelligent' 참고.

Essentiel	*adj.*	긴요호	긴요(緊要)한	*Kinio h'ane*
Essentiellement	*adv.*	십분 요긴이	십분(十分) 요긴(要緊)히	*Sipounio kini*
Essieu	*n.m.*	박휘도리[68]	바퀴도리	*Pakh'oui tori*
Essouffler	*v.t.*	숨차오	숨차오	*Soume tchaho*
Essuyer	*v.t.*	닥소 ... 씨소	닦소 ... 씻소	*Takso .. Ssisso*
	Essuyez la table	상을 닥그시오	상(床)을 닦으시오	*Sangheul takeussio*
Est	*n.m.*	동 ... 동편	동(東) ... 동편(東便)	*Tong .. tongpfiaune*
	Est ce que?	그럿소	그렇소	*Keurausso*
Estime	*n.f.*	경즁	경중(輕重)	*Kieng tjioung*
Estimer	*v.t.*	경즁 넉이오	경중(輕重) 여기오	*Kieng tjioung naukiho*
Estomac	*n.m.*	비위 ... 가삼	비위(脾胃) ... 가슴	*Pihoui .. Kassame*
Estropié	*n.m.*	병신[69]	병신(病身)	*Pieng sine*
Étable	*n.f.*	우리간	우릿간(間)	*Hourikkane*
Établi	*n.m.*	대쟝간	대장간(間)	*Taitjiang kane*
Établir	*v.t.*	창셜호오	창설(創設)하오	*Tchang saurh'aho*
Établir	*v.t.*	셜시호오[70]	설시(設始)하오	*Saulsi h'aho*
Établissement	*n.m.*	셜시 ... 장시[71]	설시(設始) ... 장시(場市)	*Saulsi .. Tchang si*
Étage	*n.m.*	칭(집)	층(層)(집)	*Tchine (tjipe)*
Étagère	*n.f.*	탁즈	탁자(卓子)	*T'taktja*
Étai	*n.m.*	벗틤	버팀	*Paut'teutme*

68 바퀴 중심축, 차축. 페롱 Essieu 굴통. 한불 188: 곤드람이 Essieu; 한불 211: 굴통 轉筒 Essieu. 장드르 Essieu 굴통, 곤드람, 차축, 심봉.

69 불구자.

70 설립하다, 설치하다. 표제어 'Associer', 'Reprise', 'Rétablir' 참고. 한불 407: 셜시호다 設始 Établir.

71 사설 시장.

Étain	*n.m.*	ᄯᆡᆷ납	땜납	*Ttaime nape*
Étaler	*v.t.*	펴노오	펴놓으오	*Pfiaunoho*
Étalon	*n.m.*	유랑마[72]	유랑마(劉郞馬)	*Hiourang ma*
Étang	*n.m.*	못 ... 방츅[73]	못 ... 방축(防築)	*Mote .. Pang tchiouk*
État	*n.m.*	국 ... 나라	국(國) ... 나라	*Kouk .. Nara*
Étayer	*v.t.*	벗티오	버티오	*Paut'teui ho*
Et	*conj.*	과 ... 와	과 ... 와	*Koa .. Hoa*
Et	*conj.*	밋 ... ᄯᅩ	및 ... 또	*Mite .. Tto*
	Un cheval et une corde	말 ᄒᆞ나와 노ᄭᅳᆫ ᄒᆞ나	말 하나와 노끈 하나	*Mal h'ana hoa nokkeune h'ana*
Été	*n.m.*	녀름	여름	*Hiaureume*
	Saison d'été	ᄒᆞ졀	하절(夏節)	*H'atjiaul*
Éteindre	*v.t.*	ᄭᅳ오 ... 불 잡소	끄오 ... 불 잡소	*Kkeuho .. Poul tjapso*
Éteindre (s')	*v.p.*	ᄶᅥ지오	꺼지오	*Kkautjiho*
Éteindre	*v.t.*	펴오	펴오	*Pfiauho*
Étendue	*n.f.*	널피	넓이	*Naulpfi*
Éternel	*adj.*	영원	영원(永遠)	*Hieng houaune*
Éternuement	*n.m.*	ᄌᆡ칙이	재채기	*Tjai tchaiki*
Éternuer	*v.int.*	ᄌᆡ칙이ᄒᆞ오	재채기하오	*Tjai tchaiki h'aho*
Étinceler	*v.int.*	번젼번젼ᄒᆞ오	번쩍번쩍하오	*Paunetjiaune paunetjiaune h'aho*
Étincelle	*n.f.*	불ᄯᅩᆼ	불똥	*Poul ttong*
Étiquette	*n.f.*	표 ... 보람[74]	표(標) ... 보람	*Pfio .. porame*
	Étiquette cérémonial	례식	예식(禮式)	*Hieissik*

72 종마, 씨말.

73 방죽, 둑.

74 표적. 표제어 'Symbole' 참고.

Étirer (s')	*v.p.*	기지게 켜오	기지개 켜오	*Kitjikei k'kiauho*
Étoffe	*n.f.*	필육[75]	피륙	*Pfiriouk*
Étoile	*n.f.*	별	별	*Pieule*
	Il est né sous une heureuse étoile	팔자 됴소	팔자 좋소	*Pfaltja tiosso*
Étonnement	*n.m.*	놀ᄂᆡ	놀람	*Nollaime*
Étonner	*v.t.*	놀ᄂᆡ오	놀래오	*Nollaiho*
Étonner	*v.t.*	ᄀᆡ막이오	기(氣)막히오	*Keuimakiho*
Étouffer	*v.t.*	숨 ᄆᆡᆨ혀 죽소	숨 막혀 죽소	*Soumaik h'iau tjioukso*
Étourderie	*n.f.*	챵실[76]	창실	*Tchiang sil*
Étourdi	*adj.*	혼미ᄒᆞ오	혼미(昏迷)하오	*H'onemi h'aho*
Étranger	*n.m.*	외국 사람	외국(外國) 사람	*Heukouk sarame*
Étranger (chose)	*n.m.*	외국 것	외국(外國) 것	*Heukouk kaute*
Étrangler	*v.t.*	목ᄆᆡ오	목매오	*Mokmaiho*
Étrangler	*v.t.*	얼겨 죽이오[77]	얽어 죽이오	*Haulkiau tjoukiho*
Être	*v.s.*	오[78]	오	*Ho*
	Je suis	내오	내오	*Nai ho*
	Soyez	계시오	계시오	*Kieissio*
	Demain soyez devant la maison à 8 heures	내일 여닯 시에 집 앞헤 계시오	내일 여덟 시에 집 앞에 계시오	*Nailhil hiautaul sié tjipe haph'ei kieissio*
Étrier	*n.m.*	등자[79]	등자(鐙子)	*Teung tja*

75 옷감, 직물.

76 프랑스어의 의미는 '경솔', '경솔한 언동'. 페롱 Étourderie 요망ᄒᆞ기, 요망홈이, 경솔ᄒᆞ기, 경솔홈이. *'챵실'의 의미를 알 수 없음.

77 목졸라 죽이다.

78 이다, 있다.

79 말의 안장에 달려 두 발을 디디게 되어 있는 물건.

Étroit	*adj.*	좁소	좁소	*Tjopso*
	C'est trop étroit	ᄆᆡ우 좁소	매우 좁소	*Maihou tjopso*
Étude	*n.f.*	공부	공부(工夫)	*Kong pou*
Étudier	*v.t.*	ᄇᆡ우오	배우오	*Paihouho*
Étudier	*v.t.*	공부ᄒᆞ오	공부(工夫)하오	*Kong pou h'aho*
Étui	*n.m.*	갑 ... 바늘통	갑(匣) ... 바늘통(筒)	*Kape .. Paneul t'tong*
Eucharistie	*n.f.*	셩톄[80]	성체(聖體)	*Seng t'tiei*
Eunuque	*n.m.*	내관 ... 고자	내관(內官) ... 고자(鼓子)	*Naikoane .. Kotja*
Europe	*n.p.*	양국[81] ... 셔양	양국(洋國) ... 서양(西洋)	*Hiankouk .. saukiang*
Européen	*n.m.*	양국 사람	양국(洋國) 사람	*Hiankouk sarame*
Européen	*n.m.*	양인	양인(洋人)	*Hianhine*
Eux	*p.p.*	저의들	저희들	*Tjauheui teul*
	Eux-mêmes *p.p.*	저의들 ᄆᆞ암ᄃᆡ로	저희들 마음대로	*Tjauheuiteul maheume tairo*
Évacuer	*v.t.*	ᄇᆡ우오	배우오	*Paihouho*
Évader (s')	*v.p.*	도쥬ᄒᆞ오	도주(逃走)하오	*Totjiou h'aho*
Évaluer	*v.t.*	갑 졍ᄒᆞ오	값 정하오	*Kapetjieng h'aho*
Évangile	*n.m.*	셩경[82]	성경(聖經)	*Seung kieng*
Évaporer (s')	*v.p.*	김 나오	김 나오	*Kimenaho*
Évasion	*n.m.*[83]	도망	도망(逃亡)	*Tomang*
Évêché	*n.m.*	주교집[84]	주교(主敎)집	*Tjoukio tjipe*
Éveiller	*v.t.*	ᄭᆡ우오	깨우오	*Kkaihouho*

80 성찬(식).
81 원문에는 '양구'.
82 한문 서학서에서 라틴어 'Biblia', 'Evangelium', 'Scriptura sacra'의 번역어.
83 원문에는 '*n.n.*'.
84 주교관(主敎館).

Événement	*n.m.*	위연ᄒᆞᆫ 일	우연(偶然)한 일	*Houihiaune h'ane hil*
Éventail	*n.m.*	붓치	부채	*Poute tchai*
Éventer	*v.t.*	붓치질ᄒᆞ오	부채질하오	*Poutetchai tjil h'aho*
Évêque	*n.m.*	주교 ... 감목	주교(主教) ... 감목(監牧)	*Tjoukio .. Kamok*
Évidemment	*adv.*	붉이 ... 분명이	밝히 ... 분명(分明)히	*Palki .. Poune mieng hi*
Évidence	*n.f.*	분명	분명(分明)	*Poune mieng*
Évitable	*adj.*	피할 만ᄒᆞᆫ	피(避)할 만한	*Pfih'al maneh'ane*
Éviter	*v.t.*	피신ᄒᆞ오	피신(避身)하오	*Pfissine h'aho*
Exact	*adj.*	쏙쏙ᄒᆞ오	똑똑하오	*Ttok ttok h'aho*
Exactement	*adv.*	쏙쏙이 ... ᄌᆞ셰히	똑똑히 ... 자세(仔細)히	*Ttok ttoki .. Tjassiei h'i*
Exactitude	*n.f.*	쏙쏙함	똑똑함	*Ttok ttok h'ame*
Exagération	*n.f.*	부언	부언(附言)	*Pouhaune*
Exagérer	*v.t.*	부언ᄒᆞ오	부언(附言)하오	*Pouhaune h'aho*
Exaltation	*n.f.*	놉힘	높힘	*Nope h'ime*
Exalter	*v.t.*	놉히오	높이오	*Nope h'iho*
Examen	*n.m.*	시혐	시험(試驗)	*Sih'iaume*
	Examen littéraire	문과	문과(文科)	*Moune koa*
Examiner	*v.t.*	시혐ᄒᆞ오	시험(試驗)하오	*Sih'iaume h'aho*
Examiner	*v.t.*	살비오	살피오	*Salpiho*
Excellence (son)	*adj.*	각하[85]	각하(閣下)	*Kak h'a*
Excellent	*adj.*	귀ᄒᆞ오	귀(貴)하오	*Koui h'aho*
Exceller	*v.int.*	출중ᄒᆞ오	출중(出衆)하오	*Tchoultjoung h'aho*
Excepter	*v.t.*	고ᄉᆞᄒᆞ오	고사(固辭)하오	*Kossa h'aho*

85 고급 관료에 대한 경칭.

Exception	*n.f.*	고ᄉᆞ	고사(固辭)	*Kossa*
Excès	*n.m.*	과함	과(過)함	*Koa h'ame*
Excessivement	*adv.*	몹시 ... 과히	몹시 ... 과(過)히	*Mopsi .. Koah'i*
Excessivement	*adv.*	심이 ... 대단히	심(甚)히 ... 대단히	*Simi .. Taitaneh'i*
Excitation	*n.f.*	츙동	충동(衝動)	*Tchioung tong*
Exciter	*v.t.*	츙동ᄒᆞ오	충동(衝動)하오	*Tchioung tong h'aho*
Exclure	*v.t.*	막소	막소	*Makso*
Exclusion	*n.f.*	막음	막음	*Makeume*
Excommunication	*n.f.*	기졀	기절(棄絕)	*Kitjiaule*
Excrément	*n.m.*	인분 ... 똥	인분(人糞) ... 똥	*Hinepoune .. ttong*
Excursion	*n.f.*	구경	구경	*Koukieng*
Excusable	*adj.*	용셔할 만ᄒᆞ오	용서(容恕)할 만하오	*Hiong sau h'al mane h'aho*
Excuse	*n.f.*	핑계	핑계	*Pfine kiei*
Excuser	*v.t.*	용셔ᄒᆞ오	용서(容恕)하오	*Hiong sau h'aho*
Excuser (s')	*v.p.*	핑계ᄒᆞ오	핑계하오	*Pfine kiei h'aho*
Exécrable	*adj.*	흉악ᄒᆞ오	흉악(凶惡)하오	*Hioung hak h'aho*
Exécuter	*v.t.*	쳐잠ᄒᆞ오	처참(處斬)하오	*Tjiautjame h'aho*
Exécuter	*v.t.*	시힝ᄒᆞ오	시행(施行)하오	*Sih'aing h'aho*
Exécution	*n.f.*	시힝	시행(施行)	*Sih'aing*
Exemple	*n.m.*	비우	비유(比喩)	*Pihou*
Exercer	*v.t.*	죠련ᄒᆞ오	조련하오	*Tjioriaune h'aho*
Exercice	*n.m.*	닉킴 ... 죠련	익힘 ... 조련(調鍊)	*Hik'kime .. Tjioriaune*
Exhiber	*v.t.*	펴노오	펴놓으오	*Pfiaunoho*
Exhorter	*v.t.*	권면ᄒᆞ오	권면(勸勉)하오	*Kouaune miaune h'aho*
Exiger	*v.t.*	압제ᄒᆞ오	압제(壓制)하오	*Hapetjiei h'aho*

Exiger	*v.t.*	구ᄒᆞ오	구(求)하오	*Kou h'aho*
Exigu	*adj.*	미쇼한	미소(微小)한	*Misso h'ane*
Exil	*n.m.*	귀향 ... 뎡빈[86]	귀향(歸鄕) ... 정배(定配)	*Kouih'iang .. Tieng pai*
Exilé	*n.m.*	귀향 간 사람	귀향(歸鄕) 간 사람	*Kouih'iang kane sarame*
Exiler	*v.t.*	귀향 보닉오	귀향(歸鄕) 보내오	*Kouih'iang ponaiho*
Existence	*n.f.*	잇슴	있음	*Hisseume*
Exister	*v.int.*	잇소	있소	*Hisso*
Expédier	*v.t.*	보닉오	보내오	*Ponaiho*
Expéditif	*adj.*	총총ᄒᆞ오	총총(悤悤)하오	*Tchong tchong h'aho*
Expédition	*n.f.*	발병	발병(發兵)	*Palpieng*
Expérience	*n.f.*	지각 ... 쳘[87]	지각(知覺) ... 철	*Tjikak .. tchiaule*
Expérimenter	*v.t.*	토득ᄒᆞ오	터득(攄得)하오	*T'toteuk h'aho*
Expérimenter	*v.t.*	시험ᄒᆞ오	시험(試驗)하오	*Sih'aume h'aho*
Expert	*adj.*	익달ᄒᆞ오[88]	익달하오	*Hiktarh'aho*
Expirer	*v.int.*	숨지오	숨지오	*Soume tjiho*
Explication	*n.f.*	셜명	설명(說明)	*Saulmieng*
Explication	*n.f.*	풀어 일음	풀어 읽음	*Pfouran hireume*
Expliquer	*v.t.*	셜명ᄒᆞ오	설명(說明)하오	*Saulmieng h'aho*
Exploit	*n.m.*	큰 공	큰 공(功)	*K'keune kong*
Exploiter	*v.t.*	ᄏᆡ오	캐오	*K'kaiho*
Explorateur	*n.m.*	탐지ᄒᆞ는 사람	탐지(探知)하는 사람	*T'tametji h'aneune sarame*
Explorer	*v.t.*	삷혀보오	살펴보오	*Salph'iau poho*

86 유배.

87 사리를 분별하는 힘.

88 익숙하다, 숙달하다.

Explosion	*n.f.*	화긔 발ᄒᆞᆷ[89]	화기(火器) 발(發)함	*H'oakeui porh'ame*
Exportateur	*n.m.*	외국으로 물건 보ᄂᆡ는 자	외국(外國)으로 물건(物件) 보내는 자(者)	*Heukoukeuro moul kaune ponai neune tja*
Exporter	*v.t.*	츌화ᄒᆞ오[90]	출화(出貨)하오	*Tchiourh'oa h'aho*
Exposer	*v.t.*	ᄂᆡ놋소	내놓소	*Nainosso*
Exposer	*v.t.*	박남회ᄒᆞ오	박람회(博覽會)하오	*Pang name h'eu h'aho*
Exposition	*n.f.*	박남회	박람회(博覽會)	*Pang name h'eu*
Exprès	*adv.*	부러[91]	부러	*Pourau*
	Il est fait exprès pour cela	글노 인ᄒᆞ야 일부러 ᄒᆞᆫ 것시오	그로 인(因)하여 일부러 한 것이오	*Keullo hine h'ahia hilpourau h'ane kaussio*
Expression	*n.f.*	말ᄒᆞᄂᆞᆫ 법	말하는 법(法)	*Marh'anane paupe*
Exprimer	*v.t.*	출언ᄒᆞ오	출언(出言)하오	*Tchouraune h'aho*
Expulser	*v.t.*	ᄂᆡ쬬소	내쫓소	*Nai ttjiosso*
Extérieur	*adj.*	외면	외면(外面)	*Heumiaune*
Exterminer	*v.t.*	뭇질너 죽이오	무찔러 죽이오	*Moutjillau tjoukiho*
Extinction	*n.f.*	쇼멸ᄒᆞᆷ	소멸(消滅)함	*Somiaurh'ame*
Extorquer	*v.t.*	쎗소	뺏소	*Ppaisso*
Extraction	*n.f.*	쏩음 ... ᄭᅳᆺᄂᆡᆷ	뽑음 ... 끝냄	*Ppopeume .. Kkeu naime*
Extraire	*v.t.*	짜ᄂᆡ오	짜내오	*Ttjanaiho*
Extraire	*v.t.*	ᄭᅳᄂᆡ오	꺼내오	*Kkeunaiho*
Extraordinaire	*adj.*	비상ᄒᆞ오	비상(非常)하오	*Pissang h'aho*
Extraordinairement	*adv.*	비상ᄒᆞ게 특별이	비상(非常)하게 특별(特別)히	*Pissang h'akei T'teuk piauri*

89 폭발.

90 출하하다.

91 일부러.

Extrême	*n.m.*	말지	말(末)째	*Maltjai*
Extrémité	*n.f.*	끗트머리	끄트머리	*Kkeute t'teumauri*
Extrémité	*n.f.*	마즈막	마지막	*Matjeumak*

F.f

Fable	*n.f.*	ᄒᆞᆫ담[1] … 고담[2]	한담(閑談) … 고담(古談)	*H'anetame .. Kotame*
Fabricant	*n.m.*	ᄆᆞᆫ드는 사람	만드는 사람	*Maneteuneune sarame*
Fabricant	*n.m.*	조쟉ᄒᆞ는 쟈	조작(操作)하는 자(者)	*Tjotjiak h'aneune tjia*
Fabrique	*n.f.*	졔죠	제조(製造)	*Tjieitjio*
Fabrique	*n.f.*	졔죠젼	제조전(製造廛)	*Tjieitjio tjiaume*
Fabriquer	*v.t.*	ᄆᆞᆫ드오	만드오	*Mane teuho*
	Qui a fabriqué cela	누가 이것슬 ᄆᆞᆫ들엇소	누가 이것을 만들었소	*Nouka hikausseul mane teurausso*
Façade	*n.f.*	뎐면	전면(前面)	*Tiaune miaune*
Face	*n.f.*	면	면(面)	*Miaune*
	En face *loc.adv.*	ᄃᆡ하야	대(對)하여	*Tai h'a hia*
Facétie	*n.f.*	롱담	농담(弄談)	*Nong tame*
Fâcher	*v.t.*	분ᄒᆞ오	분(憤)하오	*Poune h'aho*

1 한가할 때 나누는 이야기.

2 옛 이야기.

Fâcher (se)	*v.p.*	셩ᄂᆡ오	성내오	*Seung naiho*
Facile	*adj.*	쉽소	쉽소	*Supso*
	C'est facile	이것시 쉽소	이것이 쉽소	*Hikaussi supso*
Facilement	*adv.*	쉽게	쉽게	*Supe kei*
Facilité	*n.f.*	쉬옴	쉬움	*Su home*
Façon	*n.f.*	법	법(法)	*Paupe*
Façonner	*v.t.*	ᄆᆞᆫ드오	만드오	*Mane teuho*
Facteur	*n.m.*	우톄사령	우체사령(郵遞使令)	*Hout'tiei sarieng*
Faction	*n.f.*	편당 ... 파슈[3]	편당(偏黨) ... 파수(把守)	*Piaunetang .. Pfassou*
Factionnaire	*n.m.*	파슈병정	파수병정(把守兵丁)	*Pfassou piengtjieng*
Facture	*n.f.*	쟝긔[4]	장기(帳記)	*Tjiang keui*
Fagot	*n.m.*	뭇[5]	뭇	*Moute*
Faible	*adj.*	약ᄒᆞ오	약(弱)하오	*Hiak h'aho*
Faiblesse	*n.f.*	약ᄒᆞᆷ	약(弱)함	*Hiak h'ame*
Faïence	*n.f.*	질그릇	질그릇	*Tjil keureute*
Faillir	*v.int.*	망ᄒᆞ오	망(亡)하오	*Mang h'aho*
Faillir	*v.int.*	쌘ᄒᆞ오	뻔하오	*Ppaune h'aho*
	Il a faili mourir	죽을 쌘ᄒᆞ엿소	죽을 뻔하였소	*Tjoukeul ppaune h'ahiausso*
Faillite	*n.f.*	망함	망(亡)함	*Mang h'ame*
Faim	*n.f.*	ᄇᆡ곱후오	배고프오	*Paikope h'ouho*
Faim	*n.f.*	시장ᄒᆞ오	시장하오	*Sitjang h'aho*

3 보초.

4 물품 목록.

5 나뭇단, 묶음. 한불 259: 뭇 束 Numéral de fagots.

	Avez-vous faim?	시장ᄒᆞ시오?	시장하시오?	*Sitjang h'assio*
	J'ai faim	내가 시장ᄒᆞ오	내가 시장하오	*Naika sitjang h'aho*
Fainéant	*n.m.*	건달	건달(乾達)	*Kaune tal*
Fainéant	*n.m.*	계른 사람	게으른 사람	*Kieireune sarame*
Faire	*v.t.*	ᄒᆞ오	하오	*H'aho*
	Fais cela	이것슬 ᄒᆡ라	이것을 해라	*Hikausseul h'aira*
Faites cela	*v.t.*	이거슬 ᄒᆞ시오	이것을 하시오	*Hikausseul[6] h'assio*
	Que faites-vous?	무엇 ᄒᆞ시오	무엇 하시오	*Mouhaute h'assio*
	Refaites cela	이것 다시 ᄒᆞ시오	이것 다시 하시오	*Hikaute tassi h'assio*
	Que faut-il faire?	무엇슬 ᄒᆞ랍시오	무엇을 하랍시오	*Mouhotte h'arapsio*
Faisable	*adj.*	ᄒᆞᆯ 만ᄒᆞᆫ	할 만한	*H'almane h'ane*
Faisan	*n.m.*	궝	꿩	*Koueng*
Faisceau (former)	*adj.*	총계러 놋소[7]	총계(總計)로 놓소	*Tchong kiaurau nosso*
Falsifier	*v.t.*	위죠ᄒᆞ오	위조(僞造)하오	*Houitjio h'aho*
Fameux	*adj.*	유명ᄒᆞ오	유명(有名)하오	*Hioumieng h'aho*
Familiariser	*v.t.*	슉친ᄒᆞ오[8]	숙친(熟親)하오	*Souktchine h'aho*
Familier	*adj.*	슉친ᄒᆞ오	숙친(熟親)하오	*Souktchine h'aho*
Famille	*n.f.*	식구	식구(食口)	*Sikkou*
Famine	*n.f.*	흉년	흉년(凶年)	*H'ioungniaune*
Fanal	*n.m.*	쵸롱등	초롱등(籠燈)	*Tchiorong teung*
Fanatique	*n.m.*	반ᄒᆞᆫ 사람	반한 사람	*Paneh'ane sarame*
Fange	*n.f.*	진흙	진흙	*Tjine h'eulk*

6 원문에는 'do.'.

7 다발, 묶음으로 놓다.

8 오래 사귀어 아주 가깝다.

Fantaisie	*n.f.*	ᄉᆡᆼ각	생각	*Saing kak*
Fantôme	*n.m.*	ᄉᆞ귀 ... 긔신[9]	사귀(邪鬼) ... 귀신(鬼神)	*Sakoui .. koui ssine*
Faon	*n.m.*	노루 ᄉᆡᆨ이	노루 새끼	*Norou saiki*
Farce	*n.f.*	쇽여 희롱ᄒᆞᆷ	속여 희롱(戲弄)함	*Sokiau h'euirong h'ame*
Farceur	*n.m.*	속여 희롱ᄒᆞ는 사람	속여 희롱(戲弄)하는 사람	*Sokiau h'euirong h'aneune sarame*
Fardeau	*n.m.*	짐	짐	*Tjime*
Farder	*v.t.*	분 바르오	분(粉) 바르오	*Poune pareuho*
Farine	*n.f.*	가로	가루	*Karo*
	Farine de blé	밀가로	밀가루	*Milkaro*
Farouche	*adj.*	야만요	야만(野蠻)요	*Hiamane hio*
Fatal	*adj.*	운수요	운수(運數)요	*Hounessou hio*
Fatalité	*n.f.*	운수	운수(運數)	*Hounessou*
Fatiguant	*adj.*	곤ᄒᆞᆫ	곤(困)한	*Kone h'ane*
Fatigue	*n.f.*	곤핍	곤핍(困乏)	*Kone pfipe*
Fatiguer	*v.t.*	피곤ᄒᆞ오	피곤(疲困)하오	*Pfikone h'aho*
	Etes-vous fatigué	곤ᄒᆞ시오	곤(困)하시오	*Kone h'assio*
Faubourg	*n.m.*	문박	문(門)밖	*Moune pak*
Faucher	*v.t.*	ᄂᆞᆺ질ᄒᆞ오	낫질하오	*Nate tjil h'aho*
Faucher	*v.t.*	풀 쌔이오	풀 베오	*Pfoul ppauhiho*
Faucille	*n.f.*	낫[10]	낫	*Nate*
Faucon	*n.m.*	ᄆᆡ[11]	매	*Mai*
Fausser	*v.t.*	그르게 ᄒᆞ오	그르게 하오	*Keureukei h'aho*

9 원문에는 '긔선'.
10 기구.
11 조류.

Fausseté	*n.f.*	거진말	거짓말	*Keutjine mal*
Faute	*n.f.*	오셔 ... 오자	오서(誤書) ... 오자(誤字)	*Hossau .. hotja*
Faute	*n.f.*	허물 ... 실슈	허물 ... 실수(失手)	*H'aumoul .. silsou*
Fauteuil	*n.m.*	의ᄌ	의자(椅子)	*Heuitja*
Fautif	*adj.*	그르오	그르오	*Keureuho*
Faux	*n.f.*	자로 큰 낫	자루 큰 낫	*Tjaro k'keune nate*
Faux	*n.m.*	그즛말	거짓말	*Keutjate mal*
	C'est faux	그즛말이요	거짓말이요	*Keutjate mario*
Faux-monnayeur	*n.m.*	사쥬젼ᄒᆞ는 사람[12]	사주전(私鑄錢)하는 사람	*Satjioutjiaune h'aneune sarame*
Faveur	*n.f.*	돌봄	돌봄	*Tolle pome*
Favorable	*adj.*	순ᄒᆞᆫ	순(順)한	*Soune h'ane*
Favorable	*adj.*	돌보ᄂᆞᆫ	돌보는	*Tolle ponane*
Favoriser	*v.t.*	돌보오	돌보오	*Tolle poho*
Feindre	*v.t.*	그런 쳬ᄒᆞ오	그런 체하오	*Keuraune tchiei h'aho*
Félicitation	*n.f.*	치ᄒᆞ	치하(致賀)	*Tchih'a*
Féliciter	*v.t.*	치ᄒᆞᄒᆞ오	치하(致賀)하오	*Tchih'a h'aho*
	Je vous félicite	내가 노형게 치ᄒᆞᄒᆞ오	내가 노형(老兄)께 치하(致賀)하오	*Naika noh'ieng kkei tchih'a h'aho*
	Je vous félicite Très-poli	내가 감사함이다	내가 감사(感謝)합니다	*Naika kamessa h'amenita*
Femelle	*n.f.*	암[13]	암	*Hame*
Féminin	*n.m.*	암[14]	암	*Hame*
Femme	*n.f.*	녜편네	여편(女便)네	*Nieipfiaunei*

12 개인이 사사로이 돈을 주조하는 사람.

13 성(性).

14 성(性).

	Femme de la cour	나인	나인	*Nahine*
	Femme du peuple	계집	계집	*Kiei tjipe*
	Femme publique	논단이[15] ... 갈보	논다니 ... 갈보	*Nonetani .. Kalpo*
Fendre	*v.t.*	쪼ᄀᆡ오	쪼개오	*Ttjokaiho*
Fenêtre	*n.f.*	창문	창문(窓門)	*Tchang moune*
Fente	*n.f.*	틈	틈	*T'teume*
Fer	*n.m.*	쇠	쇠	*Seu*
	Fil de fer	쳘사	철사(鐵絲)	*Tchiaulsa*
	Fer blanc	셔양쳘[16]	서양철(西洋鐵)	*Sauhiang tchiaul*
	Fer à cheval	말편자	말편자	*Malpfiaune tja*
	Fer à repasser	대림이	다리미	*Tairimi*
Ferme	*n.f.*	양쥭소	양축소(養畜所)	*Hiang tjioukso*
Ferme	*adj.*	단단ᄒᆞ오	단단하오	*Tanetane h'aho*
Ferme	*adj.*	굿소	굳소	*Kousso*
Fermentation	*n.f.*	괴게 함	괴게 함	*Keukei h'ame*
Fermenter	*v.int.*	괴게 ᄒᆞ오	괴게 하오	*Keukei h'aho*
Fermer	*v.t.*	닷소 ... 닷치오	닫소 ... 닫히오	*Tasso .. tatchiho*
Ferme la porte	*adj.*	문 다더라	문 닫어라	*Moune tataura*
Fermeté	*n.f.*	견고ᄒᆞᆫ 마음	견고(堅固)한 마음	*Kiauneko h'ane maheume*
Fermeture	*n.f.*	빗쟝	빗장	*Pite tjiang*
Féroce	*adj.*	사나운[17]	사나운	*Sana houme*
Ferrure	*n.f.*	쟝식	장식(裝飾)	*Tjiang sik*

15 몸을 파는 여자. 표제어 'Courtisane', 'Prostituée' 참고.

16 통조림을 만드는 데 쓰이는 주석을 입힌 얇은 철판. 한불 311: 빅텰 白鐵 Fer blanc.

17 원문에는 '사나움'.

Fertile	*adj.*	풍셩ᄒᆞᆫ	풍성(豐盛)한	*Pfoung seng h'ane*
Fertiliser	*v.t.*	풍셩ᄒᆞ게 ᄒᆞ오	풍성(豐盛)하게 하오	*Pfoung seng h'akei h'aho*
Fertilité	*n.f.*	풍셩ᄒᆞᆷ	풍성(豐盛)함	*Pfoung seng h'ame*
Fesse	*n.f.*	ᄫᅟᅵᆰ잇ᄶᅣᆨ	볼기짝	*Polki tjiak*
Fesse	*n.f.*	궁듸이	궁둥이	*Koung teuingni*
Festin	*n.m.*	찬치	잔치	*Tjanetchi*
Fête	*n.f.*	명절	명절(名節)	*Mieng tjaul*
Fête	*n.f.*	명일	명일(名日)	*Mieng hil*
	Demain c'est fête	내일이 명일이오	내일(來日)이 명일(名日)이오	*Naihiri mieng hirio*
Feu	*n.m.*	불 ... 와	불 ... 화(火)	*Poul .. Hoa*
	N'allumez pas le feu	불케지 마시오	불켜지 마시오	*Poul k'kieitji massio*
Feuillage	*n.m.*	입사귀들	잎사귀들	*Hipsakoui teul*
Feuille	*n.f.*	입사귀	잎사귀	*Hipsakoui*
	Feuille de chanvre	베[18] 입사귀	베 잎사귀	*Pei hipsakoui*
	Feuille de papier	종의 ᄒᆞᆫ 장	종이 한 장	*Tjong heui h'ane tjang*
Fève	*n.f.*	큰 콩[19]	큰 콩	*K'keune k'kong*
Février	*n.m.*	이월	이월(二月)	*Hi houaul*
Fiancé	*n.m.*	신낭	신랑(新郞)	*Sillang*
Fiancée	*n.f.*	신부	신부(新婦)	*Sinepou*
Fiancer	*v.t.*	혼인 졍ᄒᆞ오	혼인(婚姻) 정(定) 하오	*H'onine tjieng h'aho*
Ficeler	*v.t.*	얼거ᄆᆡ오	얽어매오	*Haulkau maiho*

18 삼, 대마.
19 잠두콩.

Ficelle	*n.f.*	간는 노ᄭᅳᆫ	가는 노끈	*Kaneune nokkeune*
Fidèle	*adj.*	진실ᄒᆞ오	진실(眞實)하오	*Tjine sirh'aho*
Fidèlement	*adv.*	진실이	진실(眞實)히	*Tjine siri*
Fidèlement	*adv.*	진실ᄒᆞ게	진실(眞實)하게	*Tjine sil h'akei*
Fidélité	*n.f.*	진실ᄒᆞᆷ	진실(眞實)함	*Tjine sirh'ame*
Fiel	*n.m.*	쓸ᄀᆡ	쓸개	*Sseulkai*
Fier	*adj.*	거만ᄒᆞ오	거만(倨慢)하오	*Kaumane h'aho*
Fier (se)	*v.p.*	맛기오	맡기오	*Makiho*
Fièvre	*n.f.*	학질	학질(瘧疾)	*H'aktjil*
Figue	*n.f.*	무화과	무화과(無花果)	*Mouh'oa koa*
Figuier	*n.m.*	무화목	무화목(無花木)	*Mouh'oa mok*
Figure	*n.f.*	얼골	얼굴	*Haulkol*
Fil	*n.m.*	실[20]	실	*Sil*
Filateur	*n.m.*	실 짯는 사람	실 잣는 사람	*Silttjateneune sarame*
Filature	*n.f.*	실 쨧는 곳	실 잣는 곳	*Silttjateneune kote*
Filer	*v.t.*	실 ᄆᆞᆫ드오	실 만드오	*Silmane teuho*
Filet	*n.m.*	그물	그물	*Keumoule*
	Filet de viande	안심육	안심육(肉)	*Hoanessime hiouk*
Fille	*n.f.*	ᄯᆞᆯ	딸	*Ttal*
Fille	*n.f.*	계집아ᄒᆡ	계집아이	*Kieitjipe hah'ai*
Fils	*n.m.*	아ᄃᆞᆯ	아들	*Hatal*
Filtrer	*v.t.*	거르오	거르오	*Kaureuho*
Fin	*n.f.*	맛침	마침	*Mate tchime*
	C'est la fin	맛쳣소	마쳤소	*Mate tchiausso*

20 선, 줄.

	Fin du mois	그뭄날	그믐날	*Keumoume nal*
Final	*adj.*	ᄭᅳᆺ치ᄂᆞᆫ	그치는	*Kkeutchinane*
Finalement	*adv.*	마조막	마지막	*Matjomak*
Finalement	*adv.*	나죵에	나중에	*Natjiong hei*
Finance	*n.f.*	탁지[21]	탁지(度支)	*T'taktji*
Finir	*v.t.*	마치오	마치오	*Matchiho*
Finir	*v.t.*	ᄭᅳᆺ치오	그치오	*Kkeutchiho*
	Finissez vite cela	이것 어셔 마치시오	이것 어서 마치시오	*Hikaute haussau matchissio*
Fiole	*n.m.*	자근 병	작은 병(甁)	*Tjakeune pieng*
Firmament	*n.m.*	쳥쳔[22]	청천(靑天)	*Tchieng tchiaune*
Fixe	*adj.*	안졍ᄒᆞᆫ	안정(安定)한	*Hanetjieng h'ane*
Fixer	*v.t.*	졍ᄒᆞ오	정(定)하오	*Tjieng h'aho*
Flacon	*n.m.*	자근병	작은 병(甁)	*Tjakeune pieng*
Flairer	*v.t.*	냄ᄉᆡ 맛소	냄새 맡소	*Naimessai masso*
Flambeau	*n.m.*	쵸ᄭᅩ지 ... 홰	초꽂이 ... 홰	*Tchiokkotji .. H'oai*
Flamme	*n.f.*	불ᄭᅩᆺ	불꽃	*Poul kkote*
Flanc	*n.m.*	겻가리[23]	곁가리	*Kiaute kari*
Flatter	*v.t.*	아쳠ᄒᆞ오	아첨(阿諂)하오	*Hatchiaume h'aho*
Flatterie	*n.f.*	쳠[24]	첨(諂)	*Tchiaume*
Flatteur	*n.m.*	쳠군	첨(諂)꾼	*Tchiaume koune*
Fléau	*n.m.*	도리개[25]	도리깨	*Torikai*
	Fléau balance	져울대	저울대	*Tjiauhoul tai*

21 대한 제국 때에 재정을 맡아보던 관청.
22 하늘, 창공.
23 갈빗대 아래쪽에 붙어 있는 가늘고 짧은 뼈.
24 아첨.
25 곡식의 낟알을 떠는 데 쓰는 농구.

Fléche	*n.f.*	화살	화살	*H'oassal*
Flétrir	*v.t.*	퇴식ᄒᆞ오	퇴색(退色)하오	*T'teussaik h'aho*
Flétrissure	*n.f.*	수욕 ... 봉욕[26]	수욕(受辱) ... 봉욕(逢辱)	*Souhiok .. Pong hiok*
Fleur	*n.f.*	ᄭᅩᆺ	꽃	*Kkote*
Fleurir	*v.int.*	ᄭᅩᆺ피오	꽃피오	*Kkote pfiho*
Fleuve	*n.m.*	강 ... 강물	강(江) ... 강(江)물	*Kang .. Kang moul*
Flexible	*adj.*	부드러온	부드러운	*Pouteurau hone*
Flexible	*adj.*	휠 만ᄒᆞ오	휠 만하오	*H'oauilmane h'aho*
Flocon	*n.m.*	눈덩어리	눈덩어리	*Nouneteng hauri*
Flot	*n.m.*	결	결	*Kiaul*
Flotter	*v.int.*	ᄯᅳ오	뜨오	*Tteuho*
Flûte	*n.f.*	젹ᄃᆡ[27]	젓대	*Tjiaute tai*
Flux	*n.m.*	상죠[28]	상조(上潮)	*Sang tjio*
Foi	*n.f.*	신 ... 밋분[29]	신(信) ... 미쁜	*Sine .. mitepoune*
Foie	*n.m.*	간	간(肝)	*Kâne*
Foin	*n.m.*	여물	여물	*Hiaumoul*
Fois	*n.f.*	번	번(番)	*Paune*
	Deux fois	두 번	두 번(番)	*Toupaune*
	A la fois!	한 겁에	한 겁(劫)에	*Hane kaupei*
Folie	*n.f.*	광징	광증(狂症)	*Koang tjinegue*
Folle	*n.f.*	밋친 계집	미친 계집	*Mitchine kieitjipe*
Fonction	*n.f.*	벼슬	벼슬	*Piausseul*
Fonctionnaire	*n.m.*	관인	관인(官人)	*Koane hine*

26 남에게 모욕을 당함.

27 저. 목관 악기. 한불 542: 져 笛 Flûte traversière.

28 밀물.

29 믿을 만한.

Fonctionner	*v.int.*	가오[30]	가오	*Kaho*
Fond	*n.m.*	밋바다	밑바닥	*Mite patak*
Fondateur	*n.m.*	셜시ᄒᆞ는 사람[31]	설시(設始)하는 사람	*Saulsi h'aneune sarame*
Fondre	*v.t.*	뇍이오	녹이오	*Neuk hiho*
Fontaine	*n.f.*	ᄉᆡ암 … ᄉᆡᆷ	새암 … 샘	*Saihame*[32] *.. Saime*
Fonte	*n.f.*	무쇠	무쇠	*Mousseu*
Forçat	*n.m.*	징력군	징역(懲役)꾼	*Tjiniaukoune*
Force	*n.f.*	심	힘	*Sime*
Forcer	*v.t.*	압제ᄒᆞ오	압제(壓制)하오	*Haptjiei h'aho*
Forêt	*n.f.*	수림	수림(樹林)	*Sourime*
Forge	*n.f.*	ᄃᆡ졍간	대장간(間)	*Taitjieng kane*
Forge	*n.f.*	풀모 아공이	풀무 아궁이	*Pfoulmo hakong hi*
Forger	*v.t.*	쳘 일ᄒᆞ오	철(鐵) 일하오	*Tchiaul hirh'aho*
Forgeron	*n.m.*	ᄃᆡ졍쟁이	대장장이	*Taitjieng tjaing hi*
Forme	*n.f.*	모양	모양(模樣)	*Mohiang*
Former	*v.t.*	만다오	만드오	*Mane taho*
Formule	*n.f.*	진언[33]	진언(眞諺)	*Tjinaune*
Fornication	*n.f.*	간음	간음(姦淫)	*Kaneume*
Fort	*adj.*	강ᄒᆞ오 … 단단ᄒᆞᆫ	강(強)하오 … 단단한	*Kang h'aho .. Tane tane h'ane*
	Fort (homme)	심세오	힘세오	*Sime seiho*
	Fort (chose)	독ᄒᆞ오	독(毒)하오	*Tok h'aho*
Fortification	*n.f.*	읍내셩	읍내성(邑内城)	*Heupenai seng*

30 작동하다, 움직이다.

31 설립하는 사람, 착수하는 사람. 표제어 'Associer', 'Etablir', 'Reprise', 'Rétablir' 참고. 한불 407: 셜시ᄒᆞ다 設始 Commencer; se merttre à; arranger; disposer; établir.

32 원문에는 'Saihame ..'이 없음.

33 경구, 속담, 주문. 표제어 'Maléfice' 참고. 한불 562: 진언 嗔諺 Formule de sorciers.

Fortifier	*v.t.*	긔운 세게 ᄒᆞ오	기운 세게 하오	*Keuihoune seikei h'aho*
Fortune	*n.f.*	ᄌᆡ물	재물(財物)	*Tjaimoul*
Fosse	*n.f.*	디암[34]	지함(地陷)	*Tihame*
Fossé	*n.m.*	구뎅이	구덩이	*Koutieng hi*
Fossé	*n.m.*	ᄯᅩ랑	도랑	*Ttorang*
Fossette	*n.f.*	관대ᄲᅧ	광대뼈	*Koanetai ppio*
Fossoyeur	*n.m.*	산녁군[35]	산역(山役)꾼	*Saniauk koune*
Fou	*n.m.*	밋친 사람	미친 사람	*Mitchine sarame*
Fou	*n.m.*	광인	광인(狂人)	*Koang hine*
Foudre	*n.f.*	벼락	벼락	*Piaurak*
Foudroyer	*v.t.*	벼락치오	벼락치오	*Piaurak tchiho*
Fouet	*n.m.*	칫쥭	채찍	*Tchaittjiouk*
Fouetter	*v.t.*	칫쥭질ᄒᆞ오	채찍질하오	*Tchaittjiouk tjil h'aho*
Fougère	*n.f.*	거사리	고사리	*Kaussari*
Fouiller	*v.t.*	차져ᄂᆡ오	찾아내오	*Tchatjiau naiho*
Fouine	*n.f.*	살가지[36]	살가지	*Salkatji*
Foulard	*n.m.*	영건[37]	영건(領巾)	*Hieng kaune*
Foule	*n.f.*	무리	무리	*Mouri*
Fouler	*v.t.*	밟소	밟소	*Palpso*
Four	*n.m.*	화덕장[38]	화(火)덕장	*H'oatauk tjang*
Fourbe	*adj.*	간샤ᄒᆞ오	간사(奸邪)하오	*Kanessa h'aho*
Fourberie	*n.f.*	계교	계교(計巧)	*Kieikio*

34 땅이 움푹 꺼짐.
35 묘를 만들거나 이장하는 일을 직업으로 하는 사람.
36 '살쾡이'의 방언. 페롱 Fouine 족졉이. 장드르 Fouine 쪽져비.
37 스카프, 머플러.
38 화로, 오븐.

Fourche	*n.f.*	셰스랑이	쇠스랑	*Sieisseu rang hi*
Fourchette	*n.f.*	창시[39]	창시(槍匙)	*Tchang si*
Fourmi	*n.f.*	가얌이	개미	*Kaimi*
Fourneau	*n.m.*	화로	화로(火爐)	*H'oaro*
Fournir	*v.t.*	진ᄇᆡᄒᆞ오[40]	진배(進排)하오	*Tjinepai h'aho*
Fournir	*v.t.*	당ᄒᆞ오	당(當)하오	*Tang h'aho*
Fournisseur	*n.m.*	진ᄇᆡᄒᆞ는 사람	진배(進排)하는 사람	*Tjinepai h'aneune sarame*
Fourniture	*n.f.*	진ᄇᆡ	진배(進排)	*Tjinepai*
Fourrage	*n.m.*	말죽[41]	말죽(粥)	*Maltjouk*
Fourreau	*n.m.*	칼집	칼집	*K'kal tjipe*
Foyer	*n.m.*	아궁이	아궁이	*Hakoung hi*
Fragile	*adj.*	약ᄒᆞ오	약(弱)하오	*Hiak h'aho*
Fragilité	*n.f.*	약ᄒᆞᆷ	약(弱)함	*Hiak h'ame*
Frais	*adj.*	셩ᄒᆞᆫ[42]	시원한	*Seng haune*
Frais	*adj.*	스늘ᄒᆞᆫ	서늘한	*Seuneur h'ane*
	Très-frais	ᄆᆡ우 셩ᄒᆞᆫ	매우 시원한	*Maihou seng haune*
Fraise	*n.f.*	ᄯᅡᆯ기	딸기	*Ttalki*
Fraisier	*n.m.*	ᄯᅡᆯ기나무	딸기나무	*Ttalki namou*
Framboise	*n.f.*	산ᄯᅡᆯ기	산딸기	*Sane ttalki*
Framboisier	*n.m.*	산ᄯᅡᆯ기나무	산딸기나무	*Sane ttalki namou*
Franc	*adj.*	곳소	곧소	*Kosso*
Français	*n.m.*	법국 사람	법국(法國) 사람	*Paupekouk sarame*

39 프랑스어의 의미는 '포크'. 삼지창 모양의 서양 젓가락이라는 의미로 보았다. [장드르] Fourchette 셔양 져가락, 사시.

40 물건을 나라에 바치다. 표제어 'Pourvoir' 참고.

41 말의 사료, 꼴.

42 선선한. [한불] 393: 선선ᄒᆞ다 寒冷 Etre un peu frais.

France	*n.p.*	법국[43]	법국(法國)	*Paupekouk*
France	*n.p.*	불난셔[44]	불란서(佛蘭西)	*Poullanessau*
	Légation de France	법국 공사관	법국(法國) 공사관(公使館)	*Paupekouk kong sakoane*
Franchement	*adv.*	곳게	곧게	*Kote kei*
Franchir	*v.t.*	월셩ᄒᆞ오[45]	월성(越城)하오	*Houaul seng h'aho*
Franchir	*v.t.*	넘어가오	넘어가오	*Naumau kaho*
Frange	*n.f.*	단[46]	단	*Tane*
Frapper	*v.t.*	ᄯᅢ리오	때리오	*Ttairiho*
Frapper	*v.t.*	두드리오	두드리오	*Touteuriho*
	Frapper du pied	발노 차오	발로 차오	*Pallo tchaho*
	Frappez à la porte avant d'entrer	드러가기 전에 문을 두드리시오	들어가기 전(前)에 문(門)을 두드리시오	*Teurau kaki tjaunei mouneul touteurissio*
Fraude	*n.f.*	외슈[47] ... 속임	외수(外數) ... 속임	*Heussou .. sokime*
Frauder	*v.t.*	외슈 부치오	외수(外數) 부치오	*Heussou poutchiho*
Frauder	*v.t.*	속이오	속이오	*Sok hiho*
Frauduleux	*adj.*	외슈ᄒᆞᆫ	외수(外數)한	*Heussou h'ane*
Frauduleusement	*adv.*	외슈ᄒᆞ면서[48]	외수(外數)하면서	*Heussou h'a miaune sau*
Frayeur	*n.f.*	겁[49]	겁(怯)	*Kaupe*
Frelon	*n.m.*	왕통벌[50]	왕통벌	*Hoang t'tong paul*
Frémir	*v.int.*	ᄯᅥᆯ니오	떨리오	*Ttaulliho*

43 '프랑스'를 이르던 말.
44 '프랑스'를 이르던 말.
45 뛰어넘다, 건너다.
46 옷단.
47 남을 속이는 짓.
48 원문에는 '외슈흔면서'.
49 두려움.
50 무늬말벌. [한불] 49: 왕퉁이 露蜂 Frelon.

Frémir	*v.int.*	응그리오	웅그리오	*Heung keuriho*
Frémissement	*n.m.*	쎨님	떨림	*Ttaullime*
Frêne	*n.m.*	무푸레나무	물푸레나무	*Moupfourei namou*
Fréquent	*adj.*	잣소	잦소	*Tjasso*
Fréquentation	*n.f.*	잣즘	잦음	*Tjate tjeume*
Fréquenter	*v.t.*	샹죵ᄒᆞ오	상종(相從)하오	*Sang tjiong h'aho*
Frère	*n.m.*	동생	동생	*Tong saing*
Frère. aîné	*n.m.*	형님	형(兄)님	*H'ieng nime*
Friction	*n.f.*	문지름	문지름	*Mounetjireume*
Frictionner	*v.t.*	문지르오	문지르오	*Mounetjireuho*
Fripon	*n.m.*	흉ᄒᆞᆫ 놈	흉(凶)한 놈	*H'ioung h'ane nome*
Froid	*adj.*	춥소 ... 차오	춥소 ... 차오	*Tchoupso .. Tchaho*
	Il fait froid	일긔가 춥소	일기(日氣)가 춥소	*Hilkeuika tchoupso*
	De l'eau froide	찬물 ... ᄂᆡᆼ슈	찬물 ... 냉수(冷水)	*Tchane moul .. Naing sou*
Froisser	*v.t.*	국이오	구기오	*Kouk hiho*
Fromage	*n.m.*	나병	나병(糯餠)	*Napieng*
Fromage	*n.m.*	젓썩[51]	젓떡	*Tjiautettauk*
Froment	*n.m.*	밀	밀	*Mil*
Fronde	*n.f.*	무리ᄆᆡ	뭇매	*Mourimai*
Fronde	*n.f.*	풀ᄆᆡ[52]	팔매	*Pfoulnai*
Front	*n.m.*	이마	이마	*Hima*
Frontière	*n.f.*	지경 ... 분계	지경(地鏡) ... 분계(分界)	*Tjikieng .. Pounekiei*
Frotter	*v.t.*	문지르오	문지르오	*Moune tjireuho*

---

51 치즈.

52 돌팔매질, 투석기.

Frotter	*v.t.*	비오	비오	*Piho*
Frottoir	*n.m.*	힝쥬	행주	*H'aing tjiou*
Fructifier	*v.int.*	소츌 나오	소출(所出) 나오	*Sotchioul naho*
Fructifier	*v.int.*	싱리ᄒᆞ오	생리(生利)하오	*Saing hi h'aho*
Fructueusement	*adv.*	소츌 잇게	소출(所出) 있게	*Sotchioul hite kei*
Fructueux	*adj.*	소츌 나는	소출(所出) 나는	*Sotchioullaneune*
Fruit	*n.m.*	실과	실과(實果)	*Silkoa*
Fruiterie	*n.f.*	모젼[53]	모전(毛廛)	*Motjiaune*
Fruitier	*n.m.*	실과나무	실과(實果)나무	*Silkoa namou*
Fugitif	*n.m.*	도망군	도망(逃亡)꾼	*Tomang koune*
Fuir	*v.t.*	다라나오	달아나오	*Taranaho*
Fuite	*n.f.*	도망	도망(逃亡)	*Tomang*
	Il est en fuite	도망힛소	도망(逃亡)했소	*Tomang h'aisso*
Fumée	*n.f.*	연긔	연기(煙氣)	*Hiaune keui*
Fumer	*v.t.*	담빅 먹소	담배 먹소	*Tamepai maukso*
	Fumez-vous?	담빅 잡수시오	담배 잡수시오	*Tamepai tjapessoussio*
Fumier	*n.m.*	거름[54]	거름	*Kaureume*
Funérailles	*n.f.pl.*	장사	장사(葬事)	*Tchiahang sa*
Funeste	*adj.*	히로운 ... 불힝ᄒᆞᆫ	해(害)로운 ... 불행(不幸)한	*H'airohone .. Poul h'aing h'ane*
Fureur	*n.f.*	분로 ... 대로	분노(憤怒) ... 대로(大怒)	*Poulle .. Tairo*
Furieusement	*adv.*	광픽이[55]	광패(狂悖)히	*Koang pfai hi*
Furieux	*adj.*	분ᄒᆞᆫ ... 셩낸	분(憤)한 ... 성낸	*Poune h'ane .. Seng naine*

53 청과물 가게.

54 퇴비.

55 미친것 같이 격노하여.

Furoncle	*n.m.*	죵긔 ... 부스럼	종기(腫氣) ... 부스럼	*Tjiong keui .. Pousseuraume*
Furtif	*adj.*	가만이 ... 몰닉	가만히 ... 몰래	*Kamani .. Mollai*
Furtivement	*adv.*	몰으계	모르게	*Moreukei*
Fusil	*n.m.*	춍	총(銃)	*Tchong*
Futile	*adj.*	무익ᄒᆞ오	무익(無益)하오	*Mouhik h'aho*
Futilité	*n.f.*	무익ᄒᆞᆷ	무익(無益)함	*Mouhik h'ame*
Futur	*n.m.*	쟝릐	장래(將來)	*Tjiang nai*
Fuyard	*n.m.*	피란ᄒᆞᄂᆞᆫ 사람	피란(避亂)하는 사람	*Pfirane h'aneune sarame*

G.g

Gâcher	*v.t.*	드레오[1]	더레오	*Teurei ho*
	Gâcher mélanger	뭉둥구리오	뭉뚱그리오	*Moung ttoung kourio*
Gage	*n.m.*	뎐당[2] ... 삭	전당(典當) ... 삯	*Tieunetang .. Sak*
Gager	*v.t.*	내기ᄒᆞ오	내기하오	*Naiki h'aho*
Gagnant	*n.m.*	타는 사람[3]	타는 사람	*T'taneune sarame*
Garner	*v.t.*	돈 버오	돈 버오	*Tone pauho*
Gai	*adj.*	즐겁소	즐겁소	*Tjeul kaupso*
Gaiement	*adv.*	즐겁게	즐겁게	*Tjeul kaupekei*
Gaieté	*n.f.*	즐거움	즐거움	*Tjeul kauhoume*
Gain	*n.m.*	이 ... 이젼	이(利) ... 이전(利錢)	*Hi .. Hitjiaune*
Gale	*n.f.*	옴[4]	옴	*Home*
Galeux	*n.m.*	옴쟝이[5]	옴쟁이	*Home tjiang hi*

1 드럽히다, 더럽히다.
2 저당, 담보. 표제어 'Engagement' 참고.
3 당첨자, 승자, 승마.
4 피부병.
5 옴 환자.

Galon	*n.m.*	동[6]	동	*Tong*
Galop	*n.m.*	ᄯᅮ감 ... ᄯᅮ임	뛰어감 ... 뜀	*Ttueikame .. Ttume*
Galoper	*v.int.*	ᄯᅱ여가오	뛰어가오	*Ttuhiau kaho*
Gambade[7]	*n.f.*	경졍경졍 ᄯᅱᆷ[8]	겅정겅정 뜀	*Keng tjieng keng tjieng ttume*
Gambader	*v.int.*	경졍경졍 ᄯᅱ오[9]	겅정겅정 뛰오	*Keng tjieng keng tjieng ttuho*
Gamin	*n.m.*	어린 아ᄒᆡ	어린 아이	*Haurine hah'ai*
Ganache	*n.f.*	못ᄉᆡᆼ긴 놈	못생긴 놈	*Mossaing kinome*
Gant	*n.m.*	쟝갑	장갑(掌匣)	*Tjang kape*
Gantier	*n.m.*	쟝갑 장사	장갑(掌匣) 장수	*Tjang kape tjang sa*
Ganter (se)	*v.p.*	쟝갑 ᄭᅵ오	장갑(掌匣) 끼오	*Tjang kape kkihe*
Garant	*n.m.*	보졍인	보증인(保證人)	*Potjieng hine*
Garantie	*n.f.*	보졍	보증(保證)	*Potjieng*
Garantir	*v.t.*	보셔오	보(保)서오	*Possauho*
Garçon	*n.m.*	산해	사내	*Sane h'ai*
Garde	*n.f.*	직힘	지킴	*Tjik h'ime*
Garde-fou	*n.m.*	난간	난간(欄干)	*Nane kane*
Garde-manger	*n.m.*	찬쟝	찬장(饌欌)	*Tchane ttjiang*
	Mettez cela dans le garde-manger	이것 찬쟝에 노으시오	이것 찬장(饌欌)에 놓으시오	*Hikaute tchane ttjiang hei neussio*
Garde-robe	*n.f.*	의장[10]	의장(衣欌)	*Heuitjang*
Garder	*v.t.*	직히오	지키오	*Tjik h'iho*
Garder	*v.t.*	보촌ᄒᆞ오	보존(保存)하오	*Potchone h'aho*

6 저고리 소매 등에 이어 대는 천 조각.
7 원문에는 'Gamcade'.
8 원문에는 '경졍경졍 됨'. 깡총깡총 뜀.
9 원문에는 '경졍경졍 뒤오'.
10 옷장.

Gardien	*n.m.*	직히는 사람	지키는 사람	*Tjik h'ineune sarame*
Gare!	*int.*	죠심	조심(操心)	*Tjiossime*
Gare	*n.f.*	졍거졍	정거장(停車場)	*Tjieng kauijieng*
Garer (se)	*v.p.*	비키오	비키오	*Pik'kiho*
Gargariser (se)	*vp.*	양추질 ᄒᆞ오	양치질 하오	*Hiang tchou tjil h'aho*
Garnir	*v.t.*	쑴이오	꾸미오	*Kkoumi ho*
Garnison	*n.f.*	셩 직히는 병졍	성(城) 지키는 병정(兵丁)	*Sentjik h'ineune pieng tjieng*
Garniture	*n.f.*	쑴임	꾸밈	*Kkoumime*
Garrotter	*v.t.*	흔들리오	흔들리오	*H'eune teulliho*
Gaspiller	*v.t.*	공연이 돈 쓰오[11]	공연(空然)히 돈 쓰오	*Kong hiauni tone sseuho*
Gastrite	*n.f.*	담[12]	담(痰)	*Tame*
Gâteau	*n.m.*	썩	떡	*Ttauk*
Gâter	*v.t.*	석소	썩소	*Ssaukso*
Gauche	*n.f.*	왼편	왼편(便)	*Heune pfiaune*
Gauche	*n.f.*	왼쪽	왼쪽	*Heune ttjok*
Gaucher	*n.m.*	왼손지비	왼손잡이	*Heune sone tjaipi*
Gaz	*n.m.*	화긔[13]	화기(火氣)	*H'oa keui*
Gaze	*n.f.*	사[14]	사(紗)	*Sa*
Gazette	*n.f.*	관보	관보(官報)	*Koane po*
Gazon	*n.m.*	잔디	잔디	*Tjane teui*
Gazonner	*v.t.*	잔디 입히오	잔디 입히오	*Tjan teui hipe h'iho*
Geai	*n.m.*	째갓치	때까치	*Ttai kat tchi*

11 낭비하다.
12 위염.
13 가스.
14 얇은 천.

Géant	*n.m.*	키 큰 사람	키 큰 사람	*K'kik'keune sarame*
Geindre	*v.int.*	근심ᄒᆞ오	근심하오	*Keune sime h'aho*
Gelée (blanche)	*n.f.*	셔리	서리	*Sauri*
Geler	*v.int.*	어오	얼오	*Hauho*
	cela est gelé	이것시 얼엇소	이것이 얼었소	*Hiakussi haurau sso*
Gémir	*v.int.*	탄식ᄒᆞ오	탄식(歎息)하오	*T'tane sik h'aho*
Gémir	*v.int.*	울곡ᄒᆞ오[15]	울곡하오	*Houlkok h'aho*
Gémissement	*n.m.*	탄식	탄식(歎息)	*T'tane sik*
Gencive	*n.f.*	임념[16]	잇몸	*Hime niaume*
Gendre	*n.m.*	사위[17]	사위	*Sahoui*
Gêne	*n.f.*	황송	황송(惶悚)	*Hoang song*
Généalogie	*n.f.*	족보	족보(族譜)	*Tjok pi*
Gêner	*v.t.*	황송ᄒᆞ오	황송(惶悚)하오	*H'oang song h'aho*
Général	*n.m.*	ᄃᆡ장	대장(大將)	*Tai t'jang*
Général	*n.m.*	ᄃᆡ원슈	대원수(大元帥)	*Tai houaune sou*
Général	*adj.*	공번된[18]	공(公)번된	*Kong paune teune*
Généralement	*adv.*	간혹	간혹(間或)	*Kane h'ok*
Généreux	*adj.*	너그럽소	너그럽소	*Naukeuraupso*
Générosité	*n.f.*	너그러옴	너그러움	*Naukeurau home*
Génie	*n.m.*	신긔ᄒᆞᆫ 사람[19]	신기(神奇)한 사람	*Sinekeui h'ane sarame*
Génisse	*n.f.*	암송아지	암송아지	*Hamessong hatji*
Genou	*n.m.*	무릅	무릎	*Moureupe*

15 프랑스어의 의미는 '신음하다', '울먹이다'. 표제어 'Lamenter' 참고. 한불 43: 일곡 一哭 Gémir une fois.

16 표제어 'Mâchoire' 참고. 한불 니모음 齦 Gencives.

17 원문에는 '사외'.

18 공변된.

19 프랑스어의 의미는 '정령', '요정', '귀신'. 장드르 Génie 귀신, 잡귀.

Genre	*n.m.*	류 ... 죵류	류(類) ... 종류(種類)	*Hiou .. Tjiong hiou*
Gens	*n.m.pl.*	사람들	사람들	*Sarame teul*
Genseng	*n.m.*	인삼	인삼(人蔘)	*Hine same*
Gentil	*adj.*	싈긔시럽소[20]	슬기롭소	*Silkeui siraupso*
Génuflexion	*n.f.*	무릅 쑮	무릎 꿇음	*Moureupe kkoulme*
Géographie	*n.f.*	지리	지리(地理)	*Tjiri*
Geôlier	*n.m.*	옥직이	옥(獄)지기	*Hok tjiki*
Geôlier	*n.m.*	옥ᄉᆞ장이	옥(獄)사쟁이	*Hoksa tjang hi*
Géomètre	*n.m.*	지슐 ᄒᆞ는 사람	지술(地術) 하는 사람	*Tjissoul h'aneune sarame*
Géométrie	*n.f.*	지리학	지리학(地理學)	*Tjiri h'ak*
Gérant	*n.m.*	셔리[21]	서리(胥吏)	*Sauri*
Gerbe (de blé)	*n.f.*	밀뭇[22]	밀뭇	*Mil moute*
Germe	*n.m.*	싹 ... 순	싹 ... 순(筍)	*Ssak .. soune*
Germer	*v.int.*	싹나오	싹나오	*Ssak naho*
Geste	*n.m.*	팔짓	팔짓	*Pfal tjite*
Gesticuler	*v.int.*	팔짓ᄒᆞ오	팔짓하오	*Pfal tjite h'aho*
Gibier	*n.m.*	산냥ᄒᆞᆫ 짐셩	사냥한 짐승	*Saniang h'ane jime seng*
Gigot	*n.m.*	양다리[23]	양(羊)다리	*Hiang tari*
Gilet	*n.m.*	조기 ... 등고리	조끼 ... 등거리	*Tjoki .. teung kori*
	Gilet doublé	겹져구리	겹저고리	*Kiaupe tjiau kori*
Gingembre	*n.m.*	생[24]	생강(生薑)	*Saing*

20 한불 412: 슬긔 智 Sagesse; prudence; science; intelligence; prévoyance; finesse; précaution.

21 관리.

22 볏단을 세는 단위. 한불 259: 뭇 束 Gerbe.

23 원문에는 '양다랴'. 페롱 Gigot 뒤다리.

24 생강과의 여러해살이풀. 한불 386: 싱강 生薑 Gingembre frais ou cru.

Girouette	*n.f.*	풍침[25]	풍침(風針)	*Pfoung tchime*
Givre	*n.m.*	셩ᄒᆡ[26]	성에	*Seng h'ai*
Glace	*n.f.*	어름	얼음	*Haureume*
	Glace miroir	거울 ... 명경	거울 ... 명경(明鏡)	*Kauhoul .. Mieng kieng*
Glaçon	*n.m.*	어름장[27]	얼음장	*Haureume tjang*
	Glaçon de toiture	고두룸	고드름	*Kotouroume*
Glaive	*n.m.*	칼	칼	*K'kal*
Gland	*n.m.*	도투리	도토리	*To t'touri*
Glisser	*v.int.*	미ᄭᅳ러지오	미끄러지오	*Mikkeurau tjiho*
Gloe	*n.m.*	지구	지구(地球)	*Tjikou*
	Gloe de l'oeil	눈망울	눈망울	*Noune mang houl*
Gloire	*n.f.*	영광	영광(榮光)	*Hieng koaug*
Gloire	*n.f.*	영화	영화(榮華)	*Hieng h'oa*
Glorieusement[28]	*adv.*	영광으로	영광(榮光)으로	*Hieng koang heuro*
Glorieux	*adj.*	영광시럽소	영광(榮光)스럽소	*Hieng koang siraupso*
Gobelet	*n.m.*	쇠잔	쇠잔(盞)	*Seutjane*
Godiller	*v.int.*	노질ᄒᆞ오	노(櫓)질하오	*Notjil h'aho*
Goitre	*n.m.*	연쥬창[29]	연주창(連珠瘡)	*Hiaune tjiou tchang*
Golfe	*n.m.*	ᄒᆡ각[30]	해각 (海角)	*H'ai kak*
Gonfler	*v.t.*	불니오[31]	불리오	*Poulliho*

25 풍향계.
26 [한불] 401: 셩에 澌 Givre.
27 얼음 조각. [한불] 22: 어름장 氷板 Glaçon.
28 원문에는 'Gloreiusement'.
29 갑상선종. [한불] 109: 혹 疣 Goitre.
30 만(灣).
31 부풀리다.

Gonfler (se)	*v.p.*	붓소	붇소	*Pousso*
Gomme	*n.f.*	풀 ... 인도고[32]	풀 ... 인도고(印度膏)	*Pfoul .. Hinetoko*
Gond	*n.m.*	지도리[33]	지도리	*Tjitori*
Gond	*n.m.*	돌져긔	돌쩌귀	*Tol tjiaukeui*
Gorge	*n.f.*	목구멍	목구멍	*Mok koumeng*
Gorge	*n.f.*	톡줄	턱줄	*T'tok tjoul*
Gosier	*n.m.*	목	목	*Mok*
Goudron	*n.m.*	거문 칠	검은 칠(漆)	*Kaumoune tchil*
Goudronner	*v.t.*	거문 칠 ᄒᆞ오	검은 칠(漆) 하오	*Kaumoune tchil h'aho*
Gouffre	*n.m.*	못[34]	못	*Mote*
Goujon	*n.m.*	모래무지[35]	모래무지	*Morai moutji*
Goulot	*n.m.*	병 목아지	병(甁) 모가지	*Pieng mokatji*
Gourde	*n.f.*	박[36]	박	*Pak*
Gourmand	*n.m.*	탐식쟁이	탐식(貪食)쟁이	*T'tame sik tjaing hi*
Gourmandise	*n.f.*	탐식	탐식(貪食)	*T'tame sik*
Goût	*n.m.*	맛	맛	*Mate*
Goûter	*v.t.*	맛보오	맛보오	*Mate poho*
Goutte (eau)	*n.f.*	물방울	물방울	*Moule pang houl*
	la goutte	습다리[37]	습(濕)다리	*Seupe tari*
Gouttière	*n.f.*	낙슈 홈통	낙수(落穗) 홈통(桶)	*Naksou h'ome t'tong*

32 생고무를 주원료로 하는 물질.
33 경첩, 돌쩌귀.
34 연못.
35 어류.
36 식물.
37 통풍, 통풍성 관절염.

Gouvernail	*n.m.*	키 ... 치[38]	키 ... 치	*K'ki .. Tchi*
Gouvernement	*n.m.*	졍부	정부(政府)	*Tjieng pou*
Gouverner	*v.t.*	다스리오	다스리오	*Tasseuriho*
Gouverneur	*n.m.*	감ᄉᆞ	감사(監司)	*Kamessa*
	Gouverneur province	관찰사	관찰사(觀察使)	*Koane tchalsa*
Grâce	*n.f.*	은혜	은혜(恩惠)	*Heune h'iei*
	Grâce! Grâce!	살녀 쥽시오	살려 줍시오	*Salliau tjoupessio*
Gracier	*v.t.*[39]	은혜주오	은혜(恩惠)주오	*Heune h'iei tjouho*
Gracieux	*adj.*	관후ᄒᆞ오[40]	관후(寬厚)하오	*Koane h'ou h'aho*
Gracieusement	*adv.*	공순이[41]	공순(恭順)히	*Kong souni*
Grade	*n.m.*	품	품(品)	*Pfoume*
Graduellement	*adv.*	차례로	차례(次例)로	*Tchareiro*
Grain	*n.m.*	알맹이	알맹이	*Halmeing hi*
Graine	*n.f.*	씨	씨	*Ssi*
Graisse	*n.f.*	기름	기름	*Kireume*
	Graisse de porc	비게	비계	*Pikei*
Graisser	*v.t.*	비게질ᄒᆞ오[42]	비계질하오	*Pikei tjil h'aho*
Grammaire	*n.f.*	문법	문법(文法)	*Moune paupe*
Grand	*adj.*	크오 ... 큰	크오 ... 큰	*K'keuho .. K'keune*
Grandir	*v.int.*	자라오	자라오	*Tjaraho*
Grand-mère	*n.f.*	조모	조모(祖母)	*Tjomo*
Grand-mère	*n.f.*	할머니	할머니	*H'almauni*

38 한불 600: 치 舵 Gouvernail (de navire).
39 원문에는 없음.
40 너그러운, 후덕한. 표제어 'Magnanime' 참고.
41 공손히, 온순히. 표제어 'Respectueusement' 참고.
42 기름을 묻히다. 한불 325: 비계 肥猪 Graisse de porc entre la chair et la couenne.

Grand-père	*n.m.*	조부	조부(祖父)	*Tjopou*
Grand-père	*n.m.*	할아바지	할아버지	*H'arapatji*
Grange	*n.f.*	곡간	곳간(庫間)	*Kok kane*
Grappe	*n.f.*	포도쇵이	포도(葡萄)송이	*Pfoto seung hi*
Gras	*adj.*	부ᄒᆞ오	부(富)하오	*Pou h'aho*
Gras (animaux)	*adj.*	살쪗소	살쪘소	*Sal ttjiausso*
Gratification	*n.f.*	상급	상급(賞給)	*Sang keupe*
Gratifier	*v.t.*	상급ᄒᆞ오	상급(賞給)하오	*Sang keupe h'aho*
Gratis	*adv.*	공것시오	공(空)것이오	*Kong kaussio*
Gratitude	*n.f.*	보은	보은(報恩)	*Poheune*
Gratter	*v.t.*	긁소	긁소	*Keulkso*
Gratuit	*adj.*	그져요	거저요	*Keutjiau hio*
Gratuitement	*adv.*	공으로	공(空)으로	*Kong heuro*
Grave	*adj.*	관즁ᄒᆞ오[43]	관중(關重)하오	*Koane tjioung h'aho*
Graver	*v.t.*	ᄉᆡᆨ이오	새기오	*Saikiho*
Graveur	*n.m.*	ᄉᆡᆨ이는 사람	새기는 사람	*Saikineune sarame*
Gravier	*n.m.*	모ᄅᆡ	모래	*Morai*
Gravir	*v.t.*	올너가오	올라가오	*Hollau kaho*
Gravure	*n.f.*	그림	그림	*Keurime*
Greffer	*v.t.*	나무 접ᄒᆞ오	나무 접(椄)하오	*Namou tjaupe h'aho*
Grêle	*n.f.*	우박	우박(雨雹)	*Houpak*
Grêlé	*adj.*	얽소[44]	얽소	*Haulkso*
Grêler	*v.imp.*	우박ᄒᆞ오[45]	우박(雨雹)하오	*Houpak h'aho*
Grelot	*n.m.*	방울	방울	*Pang houl*

43 [한불] 180: 관즁ᄒᆞ다 關重 Nécessaire; très-utile.

44 (얼굴이) 곰보인, 얽은.

45 우박이 오다.

Grelotter	*v.int.*	춰쪄오[46]	춰떠오	*Tchouau ttauho*
Grenade	*n.f.*	셕뉴	석류(石榴)	*Saukniou*
Grenadier	*n.m.*	셕뉴목	석류목(石榴木)	*Saukniou mok*
Grenouille	*n.f.*	개고리	개구리	*Kaikori*
Grés	*n.m.*	돌멩이	돌멩이	*Tolmeing hi*
Griffe	*n.f.*	발톱	발톱	*Pal t'toupe*
Griffer	*v.t.*	할퀴오	할퀴오	*H'al k'koui ho*
Griffonner	*v.t.*	ᄂᆡ둘너 쓰오	내둘러 쓰오	*Naitoullau seuho*
Gril	*n.m.*	셕쇠	석쇠	*Saukseu*
Grillage	*n.m.*	쳘망	철망(鐵網)	*Tchiaulmang*
Griller	*v.t.*	ᄭᅳ실느오	그슬리오	*Kkeussilleuho*
Griller	*v.t.*	구오	구우오	*Kouho*
Grillon	*n.m.*	구두람이[47]	귀뚜라미	*Koutourami*
Grimace	*n.f.*	징그림	찡그림	*Ttjine keurime*
	Pourquoi faites-vous la grimace	웨 상 징그리시오	왜 상(相) 찡그리시오	*Houei sang ttjine keurissio*
Grimper	*v.int.*	나무에 올나가오	나무에 올라가오	*Namou hei holla kaho*
Grippe	*n.f.*	장감[48]	장감(長感)	*Tjang kame*
Gris	*adj.*	회ᄉᆡᆨ이오	회색(灰色)이오	*H'eussaik hiho*
Grogner	*v.int.*	군소리ᄒᆞ오	군소리하오	*Koune sori h'aho*
Grogner (cochon)	*v.int.*	ᄭᅮᆯᄭᅮᆯ거리오	꿀꿀거리오	*Kkoul kkoul kauriho*
Groin	*n.m.*	도야지 고두리[49]	돼지 고두리	*Teuhiatji kotouri*
Gronder	*v.int.*	ᄭᅮ지지오	꾸짖으오	*Kkoutji tjiho*

46 원문에는 '줘쩌오'. 추워서 떨다.

47 [한불] 202: 귀드람이 蟋蟀 Grillon domestique.

48 휴행성 감기 증상. [한불] 532: 쟝감 長感 Coryza, grippe.

49 주둥이. [장드르] Groin 부리, 쥬둥이.

Grossesse	*n.f.*	빅불너오오	배불러오오	*Paipoullau hoho*
Grossesse	*n.f.*	만삭되오[50]	만삭(滿朔)되오	*Manessak teuho*
Grosseur	*n.f.*	분 것	불은 것	*Poune kaute*
Grossier	*adj.*	무례ᄒᆞ오	무례(無禮)하오	*Mouriei h'aho*
Grossièreté	*n.f.*	무례	무례(無禮)	*Mouriei*
Grossir	*v.t.*	굴게 ᄒᆞ오	굵게 하오	*Koulkei h'aho*
Grotte	*n.f.*	굴	굴(窟)	*Koule*
Groupe	*n.m.*	사람 몃 명	사람 몇 명	*Sarame miaute mieng*
Gruau	*n.m.*	옥슈슈 가로	옥수수 가루	*Hoksoussou karo*
Grue	*n.f.*	왕새[51]	황새	*Hoang sai*
Guenille	*n.f.*	누덕지	누더기	*Noutauk tji*
Guenon	*n.f.*	암잠납이	암잔나비	*Hame tjame napi*
Guêpe	*n.f.*	말벌	말벌	*Mal paul*
Guêpier	*n.m.*	벌집	벌집	*Paul tjipe*
Guère	*adv.*	조곰	조금	*Tjokome*
Guèrir	*v.int.*	낫소	낫소	*Nasso*
Guèrir	*v.int.*	낫게 ᄒᆞ오	낫게 하오	*Natekei h'aho*
	Etes-vous guéri?	병이 낫소	병(病)이 낫소	*Pieng hi nate so*
Guérite	*n.f.*	병졍 파수간[52]	병정(兵丁) 파수간(把守間)	*Pieng tjieng pfa soukane*
Guérite (Police)	*n.f.*	순포막[53]	순포막(巡捕幕)	*Soune pfo mak*
Guerre	*n.f.*	젼쟝	전쟁(戰爭)	*Tjiaune tjiang*

50 원문에는 '만산되오'.

51 장드르 Grue 두루미, 학, 야학.

52 초소, 파수막.

53 파출소.

Guêtre[54]	*n.f.*	힝젼[55]	행전(行纏)	*H'aing tjiauue*
Guetter	*v.t.*	엿보오	엿보오	*Hiaute poho*
Gueule	*n.f.*	아가리	아가리	*Hakari*
Gui	*n.m.*	교우사리[56]	겨우사리	*Kiohou sari*
Guichet	*n.m.*	쥬고밧는 구망[57]	주고받는 구멍	*Tjiouko pate neune koumeng*
Guide	*n.m.*	길 가르치는 사람	길 가르치는 사람	*Kilkareu tchi neune sarame*
Guider	*v.t.*	길 가르치오	길 가르치오	*Kilkareu tchiho*
Guillotine	*n.f.*	목비는 틀	목베는 틀	*Mokpineune t'teul*
Guimauve	*n.f.*	아옥[58]	아욱	*Hahok*
Guitare	*n.f.*	거문고	거문고	*Kaumouneko*
Gymnastique	*n.f.*	운동	운동(運動)	*Houne tong*

54 원문에는 'Guêttre'.
55 각반(脚絆). [한불] 85: 힝젼 行纏 Esp. de guêtres en toile.
56 [한불] 152: 겨우살이 蔦 Gui (plante).
57 창구, 개찰구.
58 식물.

H.h

Habile	*adj.*	지조 잇소	재주 있소	*Tjai Tjouhisso*
Habileté	*n.f.*	지조	재주	*Tjai Tjou*
Habillement	*n.m.*	옷 ... 의복[1]	옷 ... 의복(衣服)	*Hote .. Heuipok*
Habiller	*v.t.*	옷 입히오	옷 입히오	*Hounipe h'iho*
Habit	*n.m.*	옷 ... 의관	옷 ... 의관(衣冠)	*Hote .. Heui koane*
	Habit d'homme	남인의 의복	남인(男人)의 의복(衣服)	*Namineui heuipok*
	Habit de femme	녀인의 의복	여인(女人)의 의복(衣服)	*Hiauhineui heui pok*
	Habit ouaté	핫옷[2]	핫옷	*H'ate hote*
Habitable	*adj.*	살 만흔	살 만한	*Salmane h'ane*
Habitant	*n.m.*	인구	인구(人口)	*Hine kou*
Habitant	*n.m.*	거흐는 사람	거(居)하는 사람	*Kau h'aneune sarame*
Habitation	*n.f.*	거쳐 ... 가호	거처(居處) ... 가호(家戶)	*Kautchiau .. Kah'o*

1 원문에는 '익복'.

2 안에 솜을 두어 만든 옷. 한불 81: 핫옷 襖 Habit ouaté.

Habiter	*v.t.*	사오 ... 거ᄒᆞ오	사오 ... 거(居)하오	*Saho .. Kauh'aho*
	où habitez-vous?	어ᄃᆡ 살으시오	어디 사시오	*Hauteui sareussio*
Habitude	*n.f.*	ᄒᆡᆼ습[3]	행습(行習)	*H'aing seupe*
Habituel	*adj.*	ᄒᆡᆼ습이오	행습(行習)이오	*H'aing seupe h'iho*
Habituellement	*adv.*	ᄒᆡᆼ습으로	행습(行習)으로	*H'aing seupe heuro*
Habituer	*v.t.*	ᄒᆡᆼ습ᄒᆞ오	행습(行習)하오	*H'aing seupe h'aho*
Hache	*n.f.*	독긔	도끼	*Tok keui*
Hacher	*v.t.*	독긔질ᄒᆞ오	도끼질하오	*Tok keui tjil h'aho*
Haie	*n.f.*	울타리	울타리	*Hoult' tari*
Haillon	*n.m.*	ᄒᆡ진 옷	해진 옷	*H'aitjine hote*
Haine	*n.f.*	한함[4]	한(恨)함	*H'ane h'ame*
Haineux	*adj.*	뮈워ᄒᆞ오	미워하오	*Mouihouau h'aho*
Haïr	*v.t.*	한ᄒᆞ오	한(恨)하오	*H'ane h'aho*
Haïssable	*adj.*	한ᄒᆞᆯ 만ᄒᆞ오	한(恨)할 만하오	*H'ane h'al mane h'aho*
Haleine	*n.f.*	입긔운	입김	*Hipekeui houne*
Halle	*n.f.*	쟝터	장(場)터	*Tjiang t'tau*
Halte!	*int.*	서[5]	서	*Sau*
Halte	*n.f.*	주졈쇼[6]	주점소(住店所)	*Tjiou tjiaume so*
Hameau	*n.m.*	촌	촌(村)	*Tchione*
Hameçon	*n.m.*	낙시	낚시	*Naksi*
Hanche	*n.f.*	허벅댜리 위	허벅다리 위	*H'aupauk tari houi*
Hangar	*n.m.*	헤깐	헛간(間)	*H'ei kkane*

3 습성, 습관.
4 싫어함, 미워함.
5 정지!.
6 술 파는 곳. 프랑스어의 의미는 '휴게소'.

Harangue	*n.f.*	셜명	설명(說明)	*Saule mieng*
Haranguer	*v.t.*	셜명ᄒᆞ오	설명(說明)하오	*Saule mieng h'aho*
Harasser	*v.t.*	곤궁ᄒᆞ오	곤궁(困窮)하오	*Kone koung h'aho*
Hardi	*adj.*	담ᄃᆡᄒᆞ오	담대(膽大)하오	*Tame tai h'aho*
Hardiesse	*n.f.*	담ᄃᆡ	담대(膽大)	*Tame tai*
Hardiment	*adv.*	감히	감(敢)히	*Kame h'i*
Hareng	*n.m.*	비웃[7]	비웃	*Pihoute*
Haricot	*n.m.*	콩	콩	*K'kong*
Harmonie	*n.f.*	화합	화합(和合)	*H'oa h'ape*
Harmoniser	*v.t.*	화합ᄒᆞ오	화합(和合)하오	*H'oa h'ape h'aho*
Harnacher[8]	*v.t.*	안쟝 짓소[9]	안장(鞍裝) 짓소	*Hanetjiang tjisso*
Harnais	*n.m.*	안쟝제구	안장제구(鞍裝諸具)	*Hane tjiang tjiei kou*
Harpe	*n.f.*	피파	비파(琵琶)	*Pfi pfa*
Hasard	*n.m.*	요힝	요행(僥倖)	*Hio h'aing*
	Par hasard	위연이	우연(偶然)히	*Houi hiauui*
Hasarder	*v.t.*	요힝ᄒᆞ오	요행(僥倖)하오	*Hio h'iang h'aho*
Hâte	*n.f.*	지촉	재촉	*Tjai tchok*
Hâte	*n.f.*	밧복이	바쁘게	*Pate pouki*
Hâter	*v.t.*	지촉ᄒᆞ오	재촉하오	*Tjai tchok h'aho*
Hausser	*v.t.*	올니키오	올리오	*Holli k'kiho*
Haut	*adj.*	놉소 ... 놉흔	높소 ... 높은	*Nopso .. Noph'eune*
Hautain	*adj.*	거만ᄒᆞ오	거만(倨慢)하오	*Keumane h'aho*
Hautement	*adv.*	놉게	높게	*Nopekei*

7 청어(靑魚).

8 원문에는 'Harnaoher'.

9 마구를 달다.

Hauteur	*n.f.*	놉히	높이	*Nope h'i*
Hâve	*adj.*	피긔 업소	핏기(氣) 없소	*Pfikeui haupso*
Hâve	*adj.*	황겻소[10]	황(黃)겼소	*H'oang kkiausso*
Hebdomadaire	*adj.*	호 쥬일 동은	한 주일(週日) 동안	*H'anetjiou hil tong hane*
Hein !	*int.*	무어 엇지	뭐 어째	*Mouhautjai*
Hélas !	*int.*	이고 ... 오허	애고 ... 오호(嗚呼)	*Haiko .. hoh'au*
Hémorragie	*n.f.*	토혈	토혈(吐血)	*T'to h'iaul*
Hémisphère	*n.m.*	반구	반구(半球)	*Páne kou*
Herbe	*n.f.*	풀	풀	*Pfoule*
Hercule	*n.m.*	긔운 만흔 사람	기운 많은 사람	*Keuihoune mane h'eune sarame*
Héréditaire	*adj.*	후사호오[11]	후사(後嗣)하오	*H'oussa h'aho*
Hérédité	*n.f.*	후사	후사(後嗣)	*H'oussa*
Hérésie	*n.f.*	빈교[12]	배교(背教)	*Paikio*
Hérisson	*n.m.*	고슴돗치	고슴도치	*Kossoume totchi*
Héritage	*n.m.*	딕물닌 것	대(代)물린 것	*Taimoulline kaute*
Hériter	*v.int*	딕물니오	대(代)물리오	*Taimoulli ho*
Héritier	*n.m.*	사손[13]	사손(使孫)	*Sassoune*
Hermine	*n.f.*	춍모피[14]	총모피(毛皮)	*Tchiong mopfi*
Héron	*n.m.*	왜가리	왜가리	*Hoai kari*
Héros	*n.m.*	영웅	영웅(英雄)	*Hieng houng*

10 노란색으로 변한, 창백한, 야윈.

11 대를 잇는. 표제어 'Succéder' 참고.

12 믿던 종교를 배반함. 프랑스어의 의미는 '이교', '이단'. 한문 서학서에서 '빈교'는 라틴어 'Apostasia'의 번역어. 표제어 'Apostasier' 참고.

13 자녀가 없이 죽은 사람의 유산을 상속받을 수 있는 일정한 범위의 친족.

14 소나 말의 꼬리 모피. 프랑스어의 의미는 '흰담비' 또는 '흰담비 모피'. 장드르 Hermine 흰족져비, 셴족져비.

Herse	*n.f.*	씨 덥는 긔계[15]	씨 덮는 기계(器械)	*Ssitaupeneune keui kiei*
Herser	*v.t.*	씨 덥소	씨 덮소	*Ssitaupso*
Hésitation	*n.f.*	의심	의심(疑心)	*Heuissime*
Hésiter	*v.int.*	의심ᄒᆞ오	의심(疑心)하오	*Heuissime h'aho*
Heure	*n.f.*	시	시(時)	*Si*
	1/4 d'heure	각 ... ᄒᆞᆫ객	각(刻) ... 한각[一刻]	*Kak .. H'ane kaik*
	1/2 heure	반시	반시(半時)	*Pánessi*
	de bonne heure	일쥭이	일찍이	*Hiltjieuki*
	Demain matin venez de bonne heure	ᄂᆡ일 아침에 일즉이 오시오	내일(來日) 아침에 일찍이 오시오	*Naihil hatchimei hiltjeuki hossio*
Heureux	*adj.*	유복ᄒᆞ오	유복(有福)하오	*Hioupok h'aho*
Heurter	*v.t.*	닥드리오[16]	닥뜨리오	*Tak teuriho*
Hibou	*n.m.*	부엉이	부엉이	*Pouheng hi*
Hideux	*adj.*	고약ᄒᆞ오	고약하오	*Kohiak h'aho*
Hier	*adv.*	어제	어제	*Haoutjei*
Hier	*adv.*	어적긔	어저께	*Hautjaukei*
	Il est parti hier	제가 어제 ᄯᅥ낫소	제가 어제 떠났소	*Tjeika hautjei ttaunasso*
Hilarité	*n.f.*	즐거옴	즐거움	*Tjeulkau home*
Hilarité	*n.f.*	우슴	웃음	*Housseume*
Hirondelle	*n.f.*	제비	제비	*Tjeipi*
Hisser	*v.t.*	다러올니오	달아올리오	*Taraw holliho*
Histoire	*n.f.*	니야기	이야기	*Hihiaki*

15 쇠스랑.

16 부딪다, 맞서다. 한불 348: 부듯다 撲 Heurter contre.

Historien	*n.m.*	니야기ᄒᆞ는 사람	이야기하는 사람	*Hihiaki h'aneune sarame*
Hiver	*n.m.*	겨울	겨울	*Kiau houl*
Holà!	*int.*	여보[17]	여보	*Hiaupo*
Homicide	*n.m.*	살인ᄒᆞᆫ 사람	살인(殺人)한 사람	*Sarine h'ane sarame*
Hommage	*n.m.*	공경	공경(恭敬)	*Kong kieng*
Homme	*n.m.*	사람	사람	*Sarame*
Homonyme	*n.m.*	일홈 갓튼 사람	이름 같은 사람	*Hirh'ome kate t'teune sarame*
Hongre	*n.m.*	무랑마[18]	무낭마(無囊馬)	*Mourang ma*
Honnête	*adj.*	양심 바르오	양심(良心) 바르오	*Hiang sime pareuho*
Honnêteté	*n.f.*	바른 양심	바른 양심(良心)	*Pareune hiang sime*
Honneur	*n.m.*	공경	공경(恭敬)	*Kong kieng*
Honorable	*adj.*	공경할 만ᄒᆞ오	공경(恭敬)할 만하오	*Kong kieng h'ale mane h'aho*
Honorer	*v.t.*	공경ᄒᆞ오	공경(恭敬)하오	*Kong kieng h'aho*
Honorifique	*adj.*	차한[19]	차(借)한	*Tcha h'ane*
Honte	*n.f.*	붓그러옴	부끄러움	*Poute keurau home*
Honteux	*adj.*	붓그럽소	부끄럽소	*Poute keuraupso*
Honteusement	*adv.*	붓그럽게	부끄럽게	*Poute keuraupe kei*
Hôpital	*n.m.*	병원	병원(病院)	*Pieng houaune*
Horde	*n.f.*	힝인	행인(行人)	*H'aing hine*
Horizon	*n.m.*	ᄒᆞ날가[20]	하늘가	*H'anoulka*
Horizontal	*adj.*	평평ᄒᆞ오	평평(平平)하오	*Pfieng pfieng h'aho*
Horizontalement	*adv.*	평평ᄒᆞ게	평평(平平)하게	*Pfieng pfieng h'akei*

17 이봐.

18 거세된 말. 한불 255: 무랑마 Cheval châtré.

19 이름 등을 빌린. 프랑스어의 의미는 '명예의', '명성 있는'.

20 지평선.

Horloge	*n.f.*	큰 괘종	큰 괘종(掛鐘)	*K'keune koai tjong*
Horloger	*n.m.*	시계쟁이	시계(時計)쟁이	*Sikiei tjaing hi*
Horreur	*n.f.*	증그러옴	징그러움	*Tjeung keurau home*
Horrible	*adj.*	증그럽소	징그럽소	*Tjeung keuraupso*
Horriblement	*adv.*	증그럽게	징그럽게	*Tjeung keuraupe kei*
Hors	*prép.*	밧게 ... 말고	밖에 ... 말고	*Patekei .. Malko*
Horticulteur	*n.m.*	화초쟁이	화초(花草)쟁이	*H'oatcho tjaing hi*
Horticulture	*n.f.*	곳농ᄉᆞ[21]	꽃농사(農事)	*Kkote nong sa*
Hospice	*n.m.*	병원	병원(病院)	*Pieng houaune*
Hospitalier	*adj.*	손 ᄃᆡ졉 잘ᄒᆞ오	손 대접(待接) 잘하오	*Sonetai tjiaupe tjal h'aho*
Hospitalité	*n.f.*	후ᄒᆞ게 손 ᄃᆡ졉 ᄒᆞᆷ	후(厚)하게 손 대접(待接) 함	*H'ouh'akei sonetai tjiaupe h'ame*
Hostie	*n.f.*	졔병[22]	제병(祭餠)	*Tjiei pieng*
Hostile	*adj.*	원슈요	원수(怨讐)요	*Hoauaune souhio*
Hostilité	*n.f.*	원슈시러움	원수(怨讐)스러움	*Houaune sou sirau houme*
Hôte	*n.m.*	판관이[23]	판관(判官)	*Pfane koani*
Hôte	*n.m.*	손님 ... ᄀᆡᆨ	손님 ... 객(客)	*Sonime .. Kaik*
Hôtel	*n.m.*	주막	주막(酒幕)	*Tjoumak*
	Où est l'hôtel français?	법국 주막이 어ᄃᆡ오	법국(法國) 주막(酒幕)이 어디오	*Paupe kouk tjou maki hauteuiho*
Hôtelier	*n.m.*	주막쟁이[24]	주막(酒幕)쟁이	*Tjoumak tjaing hi*
Hotte	*n.f.*	지게	지게	*Tjikei*
Houille	*n.f.*	석탄	석탄(石炭)	*Sauk t'tane*

21 원문에는 '곳농소'.

22 미사 때 쓰는 누룩 없이 만든 둥근 빵. 한불 543: 제병 祭餠 Gâteau de sacrifices, offert en sacrifice. Hostie.

23 관리인, 대리인.

24 원문에는 '주막챙이'.

Housse	*n.f.*	교의에 씨우는 껍질[25]	교의(交椅)에 씌우는 껍질	*Kioheuihei ssihou neune kkaupetjil*
Hoyau	*n.m.*	광이	괭이	*Koangni*
Huil	*n.f.*	기름	기름	*Kireume*
	Huile de ricin	피마ᄌ기름	피마자(蓖麻子)기름	*Pfimatja kireume*
Huile	*adj.*	기름 겻소	기름 겼소	*Kireume kiausso*
Huileux	*adj.*	기름 뭇소	기름 묻소	*Kireume mousso*
Huilier	*n.m.*	기름병	기름병(甁)	*Kireume pieng*
Huître	*n.f.*	조ᄀᆡ	조개	*Tjokai*
Humain	*adj.*	어지오	어지오	*Hautjiho*
Humainement	*adv.*	어질게	어질게	*Hautjilkei*
Humanité	*n.f.*	어짐	어짊	*Hautjime*
Humble	*adj.*	겸손ᄒᆞ오	겸손(謙遜)하오	*Kiame sone h'aho*
Humecter	*v.t.*	조곰 적시오	조금 적시오	*Tjokome tjauksiho*
Humeur	*n.f.*	셩품 ... 담	성품(性品) ... 담(膽)	*Seng pfoume .. Tame*
	Il est de mauvaise humeur	제가 셩품이 고약ᄒᆞ오	제가 성품(性品)이 고약하오	*Tjeika seng pfoumi kohiak h'aho*
Humide	*adj.*	누습ᄒᆞ오[26]	누습(漏濕)하오	*Nousseupe h'aho*
Humide	*adj.*	젹신[27]	적신	*Tjiauksine*
Humidité	*n.f.*	습긔	습기(濕氣)	*Seupekeui*
Humiliant	*adj.*	욕ᄒᆞ오	욕(辱)하오	*Hiok h'aho*
Humiliation	*n.f.*	슈욕[28]	수욕(受辱)	*Souhiok*
Humilier	*v.t.*	욕ᄒᆞ오	욕(辱)하오	*Hiok h'aho*

25 의자 덮개.

26 축축한.

27 젖은.

28 모욕을 당함.

Humilité	*n.f.*	겸손	겸손(謙遜)	*Kiaume sone*
Hurlement	*n.m.*	길게 욺	길게 욺	*Kilkei houlme*
Hurler	*v.int.*	길게 우오	길게 우오	*Kilkei houho*
Hutte	*n.f.*	초막	초막(草幕)	*Tchomak*
Hydrographie	*n.f.*	술이법	수리법(水理法)	*Souri paupe*
Hydrophobie	*n.f.*	밋친기병[29]	미친개병(病)	*Mitchine kaipieng*
Hydropique	*n.m.*[30]	담복 알는 쟈[31]	단복(單腹) 앓는 자	*Tamepok halane tjia*
Hydropisie	*n.f.*	부징병[32]	부증병(浮症病)	*Poutjine pieng*
Hymen	*n.m.*	혼스	혼사(婚事)	*H'onessa*
Hypocrisie	*n.f.*	것쑴임	겉꾸밈	*Kaute kkoumime*
Hypocrite	*n.m.*	것쑴이는 사람	겉꾸미는 사람	*Kaute kkoumi neune sarame*
Hystérie	*n.f.*	싁욕	색욕(色慾)	*Saikiok*
Hystérique	*adj.*	싁욕 잇소	색욕(色慾) 있소	*Saikiok hisso*

29 공수병, 광견병.

30 원문에는 'm.n.'.

31 수종 환자. 한불 단복고창 單腹痼脹 Hydropisie.

32 수종, 몸이 붓는 병. 한불 350: 부증 脬症 Hydropisie.

I.i

Ici	*adv.*	여긔	여기	*Hiaukeui*
	D'ici	여긔셔	여기서	*Hiaukeui sau*
	Par ici	이리로	이리로	*Hiriro*
	Ici	여긔로	여기로	*Hiaukeuiro*
	Votre maître est-il ici?	주인 여긔 잇소	주인(主人) 여기 있소	*Tjouhine hiaukeui hisso*
	Il est là	잇소	있소	*Hisso*
	Ici-bas	셰상	세상(世上)	*Sieissang*
Idée	*n.f.*	의ᄉᆞ	의사(意思)	*Heuissa*
Identifier	*v.t.*	갓게 ᄒᆞ오	같게 하오	*Katekei h'aho*
Identique	*adj.*	갓소	같소	*Kasso*
Identité	*n.f.*	갓틈	같음	*Kate t'teume*
Idiome	*n.m.*	사투리	사투리	*Sat'touri*
Idiot	*n.m.*	병신	병신(病身)	*Pieng sine*
Idiot	*n.m.*	바삭이[1]	바사기	*Passaki*

1 똑똑하지 못한 사람. 한불 306: 바삭이 Mal bâti, avorton.

Idolâtre	*n.m.*	불도 ᄒᆞ는 사람	불도(佛道) 하는 사람	*Poulto h'aneune sarame*
Idolâtrie	*n.f.*	불도 홈	불도(佛道) 함	*Poulto h'ame*
Idole	*n.f.*	부쳐[2]	부처	*Putchiau*
Ignare	*adj.*	무식ᄒᆞ오	무식(無識)하오	*Moussik h'aho*
Ignoble	*adj.*	비쳔ᄒᆞ오	비천(卑賤)하오	*Pitchiaune h'aho*
Ignominie	*n.f.*	능욕	능욕(凌辱)	*Neung hiok*
Ignominieux	*adj.*	붓그러온	부끄러운	*Poutekeurauhone*
Ignorance	*n.f.*	무식홈	무식(無識)함	*Moussik h'ame*
Ignorant	*adj.*	무식ᄒᆞ오	무식(無識)하오	*Moussik h'aho*
Ignorer	*v.t.*	무식ᄒᆞ오	무식(無識)하오	*Moussik h'aho*
Il	*p.p.*	제 ... 제가	제 ... 제가	*Tjei .. Tjeika*
	Il est venu	제가 왓소	제가 왔소	*Tjeika hoasso*
Ile	*n.f.*	셤[3]	섬	*Seûme*
Illégal	*adj.*	법 어긔오	법(法) 어기오	*Paupau keuiho*
Illégalement	*adv.*	법 어긔면서	법(法) 어기면서	*Paupau keui miaunessau*
Illégitime	*adj.*	법에 틀니오	법(法)에 틀리오	*Paupei t'teulliho*
Illettré	*n.m.*	무식ᄒᆞᆫ 사람	무식(無識)한 사람	*Moussik h'ane sarame*
Illicite	*adj.*	불가ᄒᆞ오	불가(不可)하오	*Poulka h'aho*
Illimité	*adj.*	무ᄒᆞᆫᄒᆞ오	무한(無限)하오	*Mouh'ane h'aho*
Illisible	*adj.*	아라보지 못ᄒᆞ오	알아보지 못하오	*Harapotji mote h'aho*
Illisiblement	*adv.*	아라보지 못ᄒᆞ게	알아보지 못하게	*Harapotji mote h'akei*
Illogique	*adj.*	잇치 밧기오	이치(理致) 밖이오	*Hitchi patekiho*

2 표제어 'Bouddha' 참고. [장드르] Idole 허샹, 샤샹, 마샹, 우샹, 샤신우샹.

3 島.

Illumination	*n.f.*	마는 등불	많은 등(燈)불	*Maneune teung poul*
Illuminer	*v.t.*	마는 등불 켜오	많은 등(燈)불 켜오	*Maneune teung poul k'kiauho*
Illusion	*n.f.*	슬ᄃᆡ업는 싱각	쓸데없는 생각	*Sseultai heupe neune saing kak*
Illusoire	*adj.*	슬ᄃᆡ업는 싱각요	쓸데없는 생각요	*Sseultai heupeneune saing kak hio*
Illustre	*adj.*	유명ᄒᆞᆫ	유명(有名)한	*Hioumieng h'ane*
Illustrer	*v.t.*	유명ᄒᆞ오	유명(有名)하오	*Hioumieng h'aho*
Îlot	*n.m.*	조곰만 셤	조그만 섬	*Tjokomane seûme*
Image	*n.f.*	그림	그림	*Keurime*
Imaginaire	*adj.*	구름 속이요	구름 속이요	*Koureume sokihio*
Imagination	*n.f.*	모호ᄒᆞᆫ 싱각	모호한(模糊) 생각	*Moh'oh'ane saing kak*
Imaginer	*v.t.*	모호이 싱각ᄒᆞ오	모호(模糊)히 생각 하오	*Moh'ohi saing kak h'aho*
Imbécile	*n.m.*	어림업는 사람[4]	어림없는 사람	*Haurime haupe neune sarame*
Imbécilité	*n.f.*	어림업슴	어림없음	*Haurime haupe seume*
Imberbe	*adj.*	수염 아니 낫소	수염(鬚髥) 아니 났 소	*Souhiaume hani nasso*
Imbiber	*v.t.*	축이오	축이오	*Tchuk hiho*
Imitable	*adj.*	본밧을 만ᄒᆞ오	본(本)받을 만하오	*Ponepateul mane h'aho*
Imitation	*n.f.*	본밧음	본(本)받음	*Ponepateume*
Imiter	*v.t.*	본밧소	본(本)밧소	*Ponepasso*
Immaculé	*adj.*	정절ᄒᆞ오	정절(貞節)하오	*Tjieng tjaul h'aho*
Immangeable	*adj.*	못 먹을 것	못 먹을 것	*Mote maukeul kaute*

4 어리석은 사람. 한불 22: 어림장이 痴 Imbécile.

Immatériel	*adj.*	무형무톄ᄒᆞ오	무형무체(無形無體)하오	*Mouh'ieng mou tchei h'aho*
Immatriculer	*v.t.*	일흠 젹소	이름 적소	*Hirh'ome tjiaukso*
Immédiat	*adj.*	즉시	즉시(卽時)	*Tjeuksi*
Immédiatement	*adv.*	즉시	즉시(卽時)	*Tjeuksi*
Immense	*adj.*	ᄃᆡ단이 크오	대단히 크오	*Taitani k'keuho*
Immensité	*n.f.*	가업슴[5]	가없음	*Ka haupseume*
Immensité	*n.f.*	무변	무변(無邊)	*Moupiaune*
Immersion	*n.f.*	빠짐	빠짐	*Ppatjime*
Imminent	*adj.*	면부득이오[6]	면부득(免不得)이오	*Miaunepouteuk hiho*
Immobile	*adj.*	흔들니지 안소	흔들리지 않소	*H'eune teulli tji hanesso*
Immobilité	*n.f.*	흔들니지 아늠	흔들리지 않음	*H'eune teulli tji haneume*
Immodéré	*adj.*	과도ᄒᆞ오	과도(過度)하오	*koate h'aho*
Immodérément	*adv.*	과도ᄒᆞ게	과도(過度)하게	*Koato h'akei*
Immodeste	*adj.*	겸손치 안소	겸손(謙遜)치 않소	*Kiaume sone tchi hanesso*
Immodestement	*adv.*	겸손치 안케	겸손(謙遜)치 않게	*Kiaume sone tchi hanek'kei*
Immodestie	*n.f.*	겸손치 아늠	겸손(謙遜)치 않음	*Kiaume sone tchi haneume*
Immolation	*n.f.*	졔헌홈[7]	제헌(祭獻)함	*Tjiei h'aune h'ame*[8]
Immoler	*v.t.*	졔헌ᄒᆞ오[9]	제헌(祭獻)하오	*Tjiei h'aune h'aho*
Immonde	*adj.*	ᄆᆡ우 드럽소	매우 더럽소	*Maihou teuraupso*

5 끝이 없음.

6 면하려고 해도 면하지 못하다. 표제어 'Obligatoire' 참고. 한불 234: 면부득일다 免不得 Etre inévitable.

7 원문에는 '졔언홈'. 봉헌함. 한불 543: 졔헌ᄒᆞ다 祭献 Offrir le sacrifice, faire l'offrande dans le sacrifice, offrir.

8 원문에는 '*h'aho*'.

9 원문에는 '졔언ᄒᆞ오'.

Immondice	*n.f.*	드러운 것	더러운 것	*Teurauheune kaute*
Immortaliser	*v.t.*	죽지 안소	죽지 않소	*Tjouk tji hanessso*
Immortalité	*n.f.*	죽지 아늠	죽지 않음	*Tjouk tji haneume*
Immortel	*adj.*	죽지 안소	죽지 않소	*Tjouk tji haneusso*
Impair	*adj.*	짝 맛지 안소	짝 맞지 않소	*Ttjak mate tji hanesso*
Impardonnable	*adj.*	용서치 못할 만ᄒᆞ오	용서(容恕)치 못할 만하오	*Hiong sautchi mote h'ale mane h'aho*
Imparfait	*adj.*	덜돳소	덜됐소	*Taul tuaisso*
Impartial	*adj.*	샤졍업소	사정(事情)없소	*Satjieng haupso*
Impartialité	*n.f.*	샤졍업슴	사정(事情)없음	*Satjieng haupe seume*
Impasse	*n.f.*	골목	골목	*Kolmok*
Impassibilité	*n.f.*	앏ᄒᆞ하지 안음	아파하지 않음	*Hulpe h'a h'atji haneume*
Impassible	*adj.*	앏ᄒᆞ하지 안소	아파하지 않소	*Halpe h'a h'atji hanesso*
Impatience	*n.f.*	참지 못ᄒᆞᆷ	참지 못함	*Tchame tji mote h'ame*
Impatient	*adj.*	참지 못ᄒᆞ오	참지 못하오	*Tchame tji mote h'aho*
Impatienter	*v.t.*	참지 못ᄒᆞ오	참지 못하오	*Tchame tji mote h'aho*
Impénétrable	*adj.*	통치 못ᄒᆞ오	통(通)치 못하오	*T'tong tchi mote h'aho*
Impératif	*adj.*	명ᄒᆞ오	명(命)하오	*Mieng h'aho*
Impérativement	*adv.*	분부ᄒᆞ면서	분부(分付)하면서	*Pounepou h'a miaune sau*
Impératrice	*n.f.*	황후	황후(皇后)	*H'oang h'ou*
Imperceptible	*adj.*	겨우 볼만ᄒᆞ오	겨우 볼만하오	*Kiauhou pol mane h'aho*
Imperfection	*n.f.*	덜됨	덜됨	*Taul teume*

Imperméable	*adj.*	들지 안소[10]	들지 않소	*Teultji hanesso*
Impétueusement	*adv.*	호되게[11]	호되게	*H'oteukei*
Impétueux	*adj.*	호되오	호되오	*H'oteuho*
Impétuosité	*n.f.*	호됨	호됨	*H'oteume*
Impie	*adj.*	불효ᄒᆞ오	불효(不孝)하오	*Pourh'io h'aho*
Impiété	*n.f.*	불효ᄒᆞᆷ	불효(不孝)함	*Pourh'io h'ame*
Implacable	*adj.*	ᄀᆞ란치지 못ᄒᆞ오	가라앉히지 못하오	*Karane tchi tji mote h'aho*
Implacablement	*adv.*	ᄀᆞ란치지 못ᄒᆞ면서	가라앉히지 못하면서	*Karane tchi tji mote h'amiaune sau*
Implorer	*v.t.*	ᄀᆞᆫ구ᄒᆞ오	간구(懇求)하오	*Kanekou h'aho*
Impoli	*adj.*	예모업소[12]	예모(禮貌)없소	*Hieimo haupso*
Impoli	*adj.*	무례ᄒᆞ오	무례(無禮)하오	*Mouriei h'aho*
Impoliment	*adv.*	예모업게	예모(禮貌)없게	*Hieimo haupekei*
Impolitesse	*n.f.*	무례ᄒᆞᆷ	무례(無禮)함	*Mouriei h'ame*
Impopulaire	*adj.*	ᄇᆡᆨ셩이 ᄒᆞᆫᄒᆞ오[13]	백성(百姓)이 한(恨)하오	*Paikseng hi h'ane h'aho*
Impopularité	*n.f.*	ᄇᆡᆨ셩이 ᄒᆞᆫᄒᆞᆷ[14]	백성(百姓)이 한(恨)함	*Paikseng hi h'ane h'ame*
Importance	*n.f.*	요긴ᄒᆞᆷ	요긴(要緊)함	*Hiokine h'ame*
Important	*adj.*	긴ᄒᆞ오	긴(緊)하오	*Kine h'aho*
Importateur	*n.m.*	항구로 드려오는 사람	항구(港口)로 들여오는 사람	*H'ang kouro teui riau honeune sarame*
Importation	*n.f.*	항구로 드려옴	항구(港口)로 들여옴	*H'ang kouro teui riau home*

10 스며들지 않다.

11 매우 심하게.

12 예절에 맞는 몸가짐이 없음. 표제어 'Civilité', 'Urbanité' 참고.

13 백성이 싫어하는, 미워하는, 백성에게 인기가 없는. 표제어 'Haine' 참고. 한불 86: ᄒᆞᆫᄒᆞ다 恨 Haïr, avoir en horreur, détester.

14 백성이 싫어함, 백성에게 인기가 없음.

Importer	*v.t.*	항구로 듸려오오[15]	항구(港口)로 들여오오	*H'ang kouro teui riau hoho*
Importunément	*adv.*	귀찬게	귀찮게	*Kouitchane k'kei*
Importun	*adj.*	긴치 안소	긴(緊)치 않소	*Kinetchi hanesso*
Importuner	*v.t.*	성가시오	성가시오	*Seng kassio*
Importuner	*v.t.*	귀찬게 ᄒᆞ오	귀찮게 하오	*Kouitchane k'kei h'aho*
Importunité	*n.f.*	긴치 아니ᄒᆞᆷ	긴(緊)치 아니함	*Kine tchi hani h'ame*
Imposer	*v.t.*	수세ᄒᆞ오	수세(收稅)하오	*Soussei h'aho*
Impossible	*adj.*	능치 못ᄒᆞ오	능(能)치 못하오	*Neung tchi mote h'aho*
Impossibilité	*n.f.*	능치 못ᄒᆞᆷ	능(能)치 못함	*Neung tchi mote h'ame*
Imposteur	*n.m.*	속이는 사람	속이는 사람	*Sokineune sarame*
Impôt	*n.m.*	공뎐 ... 세	공전(公田) ... 세(稅)	*Kong tjiaune .. sei*
Impotence	*n.f.*	심 업슴	힘 없음	*Sime haupseume*
Impotent	*adj.*	심 업소	힘 없소	*Sime haupso*
Imprécation	*n.m.*	악담	악담(惡談)	*Hak tame*
Imprégner	*v.t.*	자쥭 ᄂᆡ오	자국 내오	*Tjatjiouk naiho*
Imprenable	*adj.*	능히 잡지 못ᄒᆞ오	능(能)히 잡지 못하오	*Neung h'i tjaptji mote h'aho*
Impression	*n.f.*	박음	박음	*Pakeume*
Impressionner	*v.t.*	ᄆᆞ음에 박소	마음에 박소	*Maheumei pakso*
Imprévoyance	*n.f.*	뒤 ᄉᆡᆼ각 업슴	뒤 생각 없음	*Tu saing kak haupseume*
Imprévoyant	*adj.*	뒤 ᄉᆡᆼ각 업소	뒤 생각 없소	*Tu saing kak haupso*

15 원문에는 '듸려오'.

Imprévu	*adj.*	먼져 보지 못ᄒᆞ오	먼저 보지 못하오	*Maune tjiau potji mote h'aho*
Imprimer	*v.t.*	판 박소	판(版) 박소	*Pfane pakso*
Imprimerie	*n.f.*	쥬자ᄒᆞ는 집[16]	주자(鑄字)하는 집	*Tjioutja h'a neune tjipe*
Impropre	*adj.*	당치안소	당(當)치않소	*Tang tchi hanesso*
Improviste (à l')		부지불각에	부지불각(不知不覺)에	*Poutji poulkakei*
Imprudence	*n.f.*	삼가지 아님	삼가지 않음	*Same katji haneume*
Imprudence	*n.f.*	미련홈	미련함	*Miriaune h'ame*
Imprudent	*adj.*	삼가지 안소	삼가지 않소	*Same katji hane sso*
Impudence	*n.f.*	념치 업슴	염치(廉恥) 없음	*Hiaume tchi haupseume*
Impudicité	*n.f.*	음논	음란(淫亂)	*Heume nane*
Impudicité	*n.f.*	쟙됨	잡(雜)됨	*Tjiape teume*
Impudique	*adj.*	음논ᄒᆞ오	음란(淫亂)하오	*Heumenane h'aho*
Impudiquement	*adv.*	잡씨럽게	잡(雜)스럽게	*Tjapessi raupe kei*
Impuissance	*n.f.*	능업슴	능(能)없음	*Neung haupseume*
Impuissance	*n.f.*	무력	무력(無力)	*Mouriauk*
Impuissant	*adj.*	무력ᄒᆞ오	무력(無力)하오	*Mouriauk h'aho*
Impulsion	*n.f.*	밀침	밀침	*Mile tchime*
Impunité	*n.f.*	사죄	사죄(赦罪)	*Satjeu*
Imputer	*v.t.*	헛 부오[17]	헛 부오	*H'aute pouho*
Inabordable	*adj.*	능이 가지 못ᄒᆞ오	능(能)히 가지 못하오	*Neung hi katji mote h'aho*
Inaccessible	*adj.*	갓가이 못ᄒᆞ오	가까이 못하오	*Katekahi mote h'aho*

16 활자를 만드는 곳, 인쇄소.

17 거짓으로 고발하다. 한불 348: 부다 嘘 Souffler; venter.

Inaccoutumé	*adj.*	힝습지 못히소[18]	행습(行習)지 못했소	*H'aing seupe tji mote h'aisso*
Inachevé	*adj.*	덜되오	덜되오	*Taul teuho*
Inactif	*adj.*	부지런치 안소	부지런치 않소	*Poutjiraune tchi hanesso*
Inadmissible	*adj.*	밋지 못ᄒᆞ오	믿지 못하오	*Mitji mote h'aho*
Inadvertance	*n.f.*	무심	무심(無心)	*Moussime*
Inaltérable	*adj.*	영영이 변치안소	영영(永永)히 변치 않소	*Hieng hieng hi piaune tchi hanesso*
Inanimé	*adj.*	싱명 업소	생명(生命) 없소	*Saing mieng haupso*
Inaperçu	*adj.*	보지 안소	보지 않소	*Potji hanesso*
Inappliqué	*adj.*	공부 잘 못ᄒᆞ오	공부(工夫) 잘 못하오	*Kong pou tjal mote h'aho*
Inappréciable	*adj.*	무갑시오[19]	무(無)값이오	*Moukapsio*
Inattendu	*adj.*	호련ᄒᆞ오	홀연(忽然)하오	*H'oriaune h'aho*
Inattentif	*adj.*	조심 업소	조심(操心) 없소	*Tjossime haupso*
Inattention	*n.f.*	조심 업슴	조심(操心) 없음	*Tjossime haup seume*
Inauguration	*n.f.*	쵸례[20]	초례(醮禮)	*Tchio riei*
Inaugurer	*v.t.*	쳐음으로 ᄒᆞ오	처음으로 하오	*Tchiau heumeuro h'aho*
Incalculable	*adj.*	헤아릴 슈 업소	헤아릴 수 없소	*H'ei haril sou haupso*
Incapable	*adj.*	능치 못ᄒᆞ오	능(能)치 못하오	*Neung tchi mote h'aho*
Incapacité	*n.f.*	능치 못홈	능(能)치 못함	*Neung tchi mote h'ame*
Incarcérer	*v.t.*	옥에 ᄀᆞ두오	옥(獄)에 가두오	*Hokei katouho*

18 습관이 되지 못한. 표제어 'Habitude' 참고.

19 값이 없음, 무가(無價).

20 결혼식의 첫번째 의식. 한불 607: 초례 醮禮 premières cérémonies du mariage.

Incarnation	*n.f.*	강싱홈	강생(降生)함	*Kang saing h'ame*
Incendiaire	*n.m.*	불지르는 사람	불지르는 사람	*Poultjireuneune sarame*
Incendie	*n.f.*	화지	화재(火災)	*H'oatjai*
Incendier	*v.t.*	화지 보오[21]	화재(火災) 보오	*H'oatjai poho*
Incertain	*adj.*	일뎡 안이오	일정(一定) 아니오	*Hiltieng hanio*
Incertainement	*adv.*	일뎡치 안케	일정(一定)치 않게	*Hiltieng tchi hane k'kei*
Incertitude	*n.f.*	일뎡치 안음	일정(一定)치 않음	*Hiltieng tchi haneume*
Incessamment	*adv.*	쉬[22] ... 볼일 닉로	쉬 ... 볼일 내(內)로	*Su .. Pourilnairo*
Incessible	*adj.*	주지 못ᄒᆞ오[23]	주지 못하오	*Tjoutji mote h'aho*
Inceste	*n.m.*	싱피 붓튼 놈[24]	상피(相避) 붙은 놈	*Saing pfi poute t'teune nome*
Incident	*n.m.*	뜻밧게 일	뜻밖의 일	*Tteute pate kei hil*
Inciser	*v.t.*	비오	베오	*Piho*
Incision	*n.f.*	베힘	베임	*Piei h'ime*
Incitation	*n.f.*	츙동	충동(衝動)	*Tchioung tong*
Inciter	*v.t.*	츙동ᄒᆞ오	충동(衝動)하오	*Tchiong tong h'aho*
Incivil	*adj.*	무례ᄒᆞ오	무례(無禮)하오	*Mouriei h'aho*
Incivilement	*adv.*	무례ᄒᆞ게	무례(無禮)하게	*Mouriei h'akei*
Incivilité	*n.f.*	무례홈	무례(無禮)함	*Mouriei h'ame*
Inclémence	*n.f.*	불슌홈	불순(不順)함	*Poulsoune h'ame*
Inclément	*adj.*	불슌ᄒᆞ오	불순(不順)하오	*Poulsoune h'aho*
Inclinaison	*n.f.*	기우러짐	기울어짐	*Kihourau tjime*

21 방화하다, 불지르다.

22 곧, 즉시. 한불 437: 쉬 易 Bientôt, vite, dans peu.

23 양도할 수 없는.

24 근친상간한 사람.

Inclination	*n.f.*	숙어짐	숙어짐	*Soukautjime*
Incliner	*v.t.*	기우러지오	기울어지오	*Kihourau tjiho*
Inclus	*adv.*	안에	안에	*Hanei*
Inclusivement	*adv.*	안으로	안으로	*Haneuro*
Incognito	*n.m.*	변셩[25]	변성(變姓)	*Piaune seng*
Incombustible	*adj.*	타지 못ᄒᆞ오[26]	타지 못하오	*T'tatji mote h'aho*
Incommode	*adj.*	그북ᄒᆞ오	거북하오	*Keupouk h'aho*
Incommodément	*adv.*	그북ᄒᆞ게	거북하게	*Keupouk h'akei*
Incommoder	*v.t.*	셩가시게 ᄒᆞ오	성가시게 하오	*Seng kassikei h'aho*
Incomparable	*adj.*	비ᄒᆞ지 못ᄒᆞ오	비(比)하지 못하오	*Pih'atji mote h'aho*
Incomplet	*adj.*	온젼치 안소	온전(穩全)치 않소	*Hone tjiaune tchi hanesso*
Incompréhensible	*adj.*	알아듯지 못ᄒᆞ오	알아듣지 못하오	*Harateutji mote h'aho*
Inconcevable	*adj.*	ᄉᆡᆼ각지 못ᄒᆞ오	생각지 못하오	*Saing kak tji mote h'aho*
Inconduite	*n.f.*	ᄒᆡᆼ실 부졍ᄒᆞᆷ	행실(行實) 부정(不正)함	*H'aing sil pou tjieng h'ame*
Incongru	*adj.*	실녜ᄒᆞ오	실례(失禮)하오	*Silliei h'aho*
Incongruité	*n.f.*	실녜	실례(失禮)	*Silliei*
Inconnu	*adj.*	도모지 모르오	도무지 모르오	*Tomotji moreuho*
Inconscient	*adj.*	모르오	모르오	*Moreuho*
Inconséquence	*n.f.*	반복ᄒᆞᆷ	반복(反覆)함	*Pane pok h'ame*
Inconséquent	*adj.*	반복ᄒᆞ오	반복(反覆)하오	*Pane pok h'aho*
Inconsolable	*adj.*	위로치 못ᄒᆞ오	위로(慰勞)치 못하오	*Houiro tchi mote h'aho*

25 성을 빠꿈, 이름을 숨김.

26 원문에는 '타치 못ᄒᆞ오'. 불연소성의.

Inconstance	*n.f.*	ᄒᆞᆼ심 업슴	항심(恒心) 없음	*H'ang sime haup seume*
Inconstant	*adj.*	ᄒᆞᆼ심 업소	항심(恒心) 없소	*H'ang sime haup so*
Incontestable	*adj.*	분명ᄒᆞ오	분명(分明)하오	*Poune mieng h'aho*
Incontestablement	*adv.*	분명이	분명(分明)히	*Poune mieng hi*
Inconvénient	*adj.*	합당치 안소	합당(合當)치 않소	*H'apetang tchi hanesso*
Incorporer	*v.t.*	드오	드오	*Teuho*
Incorrigible	*adj.*	곳치지 못ᄒᆞ오	고치지 못하오	*Kotchitji mote h'aho*
Incorruptible	*adj.*	썩지 안소	썩지 않소	*Ssauktji hanesso*
Incrédule	*adj.*	밋지 안소	믿지 않소	*Mitji hanesso*
Incrédulité	*n.f.*	밋지 안음	믿지 않음	*Mitji haneume*
Incroyable	*adj.*	밋지 못ᄒᆞ오	믿지 못하오	*Mitji mote h'aho*
Incrustation	*n.f.*	자게 박음[27]	자개 박음	*Tjakei pakeume*
Incruster	*v.t.*	자개 박소	자개 박소	*Tjakai pakso*
Inculte	*adj.*	농사치 못ᄒᆞ오	농사(農事)치 못하오	*Nong satchi mote h'aho*
Indécence	*n.f.*	례답지 안음	예(禮)답지 않음	*Hiei tape tji haneume*
Indecence	*n.f.*	춘흥[28]	춘흥(春興)	*Tchoune h'eung*
Indécent	*adj.*	례답지 안소	예(禮)답지 않소	*Hiei tape tji hane sso*
Indécis	*adj.*	뎡치 못ᄒᆞ오	정(定)치 못하오	*Tieng tchi mote h'aho*
Indécision	*n.f.*	뎡치 못홈	정(定)치 못함	*Tieng tchi mote h'ame*
Indemniser	*v.t.*	ᄇᆡ상밧소	배상(賠償)받소	*Paissang passo*
Indemnité	*n.f.*	ᄇᆡ상밧듬	배상(賠償)받음	*Paissang pateume*

27 원문에는 '차게 박음'.

28 선정적이고 노골적인 것을 즐김, 외설, 음란.

Indépendamment	*adv.*	말고[29] ... 홀노	말고 ... 홀로	*Malko .. H'ollo*
Indépendance	*n.f.*	독닙 ... 자쥬	독립(獨立) ... 자주(自主)	*Tong nipe .. tja tjiou*
Indépendant	*adj.*	독닙요	독립(獨立)요	*Tong nipe hio*
Indépendant	*adv.*	자쥬요	자주(自主)요	*Tjatjiou hio*
Indétermination	*n.f.*	뎡치 못홈	정(定)치 못함	*Tieng tchi mote h'ame*
Indéterminé	*adj.*	뎡치 못ᄒᆞ오	정(定)치 못하오	*Tieng tchi mote h'aho*
Index	*n.m.*	직제손[30]	집게손	*Tjik tjié sone*
Indication	*n.f.*	가르침	가르침	*Kareutchime*
Indifféremment	*adv.*	분별 업시	분별(分別) 없이	*Poune piauraupsi*
Indifférence	*n.f.*	분별 업슴	분별(分別) 없음	*Poune piauraupe seume*
Indifférent	*adj.*	분별 업소	분별(分別) 없소	*Poune piauraupso*
Indigence	*n.f.*	궁홈	궁(窮)함	*Koung h'ame*
Indigène	*n.m.*	분국[31] 사람	분국(分國) 사람	*Poune kouk sarame*
Indigent	*adj.*	궁ᄒᆞ오	궁(窮)하오	*Koung h'aho*
Indigestion	*n.f.*	톄징	체증(滯症)	*Tchiei tjinegue*
Indigeste	*adj.*	톄ᄒᆞ오	체(滯)하오	*Tchiei h'aho*
Indignation	*n.f.*	분홈	분(憤)함	*Poune h'ame*
Indigne	*adj.*	분ᄒᆞ오	분(憤)하오	*Poune h'aho*
Indignement	*adv.*	분ᄒᆞ게	분(憤)하게	*Poune h'akei*
Indigner	*v.t.*	분ᄒᆞ게 ᄒᆞ오	분(憤)하게 하오	*Poune h'akei h'aho*
Indiquer	*v.t.*	가르치오	가르치오	*Kareutchi ho*
Indirect	*adj.*	바르지 안소	바르지 않소	*Pareutji hanesso*

29 별도로, 외에.

30 [한불] 559: 지가락 食指 Index.

31 각 나라.

Indirectement	*adv.*	바르지 안케	바르지 않게	*Pareutji h'ane k'kei*
Indiscipliné	*adj.*	규모 업소[32]	규모(規模) 없소	*Kioumo haupso*
Indiscrètement	*adv.*	마고	마구	*Mako*
Indispensable	*adj.*	아쥬 요긴ᄒᆞᆫ	아주 요긴(要緊)한	*Hatjiou hiokine h'ane*
Indisposition	*n.f.*	편치 아늠	편(便)치 않음	*Pfiaune tchi haneume*
Individu	*n.m.*	궐ᄌᆞ[33]	궐자(厥者)	*Kouaul tja*
Indivisible	*adj.*	ᄂᆞᆫ호지 못ᄒᆞ오	나누지 못하오	*Nane h'otji mote h'aho*
Indocile	*adj.*	불슌ᄒᆞ오	불순(不順)하오	*Poulsoune h'aho*
Indulgence	*n.f.*	너그러옴	너그러움	*Naukeurau home*
Indulgent	*adj.*	너그러ᄋᆞᆫ	너그러운	*Naukeurau hane*
Industrie	*n.f.*	공ᄌᆡ[34]	공재(空財)	*Kong tjai*
Industrieux	*adj.*	ᄌᆡ죠 잇소	재주 있소	*Tjaitjio hisso*
Inégal	*adj.*	ᄀᆞᆺ지 안소	같지 않소	*Katji hanesso*
Inépuisable	*adj.*	화슈분[35]	화수분	*H'oassou poune*
Inertie	*n.f.*	동치 안음	동(動)치 않음	*Tong tchi haneume*
Inévitable	*adj.*	면치 못ᄒᆞᆯ	면(免)치 못할	*Miaune tchi mote h'al*
Inexact	*adj.*	자셔치 안소	자세(仔細)치 않소	*Tjassau tchi hanesso*
Inexpérience	*n.f.*	지각 업슴	지각(知覺) 없음	*Tjikak haupseume*
Inexplicable	*adj.*	풀어낼 슈 업소	풀어낼 수 없소	*Pfourau nailsou haupso*
Infanterie	*n.f.*	보병	보병(步兵)	*Popieng*

32 규율이 없는.

33 그 사람, 그자.

34 공동의 부, 정부의 재산. 프랑스어의 의미는 '공업', '산업'. 한불 191: 공ᄌᆡ 空財 Richesses communes; les biens du gouvernement.

35 무궁무진한, 한없는.

Infatigable	*adj.*	곤ᄒᆞᆫ 줄 모로	곤(困)할 줄 모르는	*Kone h'ane tjoul moro*
Inférieur	*adj.*	아ᄅᆡ ... 낫진	아래 ... 낮은	*Harai .. Natjine*
Infidèle	*adj.*	진실치 안소	진실(眞實)치 않소	*Tjine sil tchi hanesso*
Infidélité	*n.f.*	진실치 안음	진실(眞實)치 않음	*Tjine sil tchi haneume*
Infini	*adj.*	무궁무진ᄒᆞ오	무궁무진(無窮無盡)하오	*Moukoung moutjine h'aho*
Infiniment	*adv.*	무궁무진ᄒᆞ게	무궁무진(無窮無盡)하게	*Moukoung moutjine h'akei*
Infirme	*adj.*	병드럿소	병(病)들었소	*Pieng teurausso*
Infirmité	*n.f.*	병듬	병(病)듦	*Pieng teume*
Infliger	*v.t.*	벌주오	벌(罰)주오	*Paul tjouho*
Influence	*n.f.*	권셰	권세(權勢)	*Koaune siei*
Influent	*adj.*	권셰잇소	권세(權勢)있소	*Koaune siei hisso*
Informer	*v.t.*	알게 ᄒᆞ오	알게 하오	*Halkei h'aho*
Ingénieur	*n.m.*	기ᄉᆞ[36]	기사(技士)	*Kissa*
Ingénieux	*adj.*	춍명시럽소	총명(聰明)스럽소	*Tchiong mieng siraupso*
Ingrat	*n.m.*	ᄇᆡ은ᄒᆞᆫ 사람	배은(背恩)한 사람	*Pai heune h'ane sarame*
Ingratitude	*n.f.*	ᄇᆡ은	배은(背恩)	*Pai heune*
Inhabile	*adj.*	ᄌᆡ쥬 업소	재주 없소	*Tjaitjiou haupso*
Inhabitable	*adj.*	살지 못ᄒᆞᆯ	살지 못할	*Saltji mote h'al*
Inhabité	*adj.*	살지 못ᄒᆞ오	살지 못하오	*Saltji mote h'aho*
Inhumain	*adj.*	포악ᄒᆞᆫ	포악(暴惡)한	*Pfohak h'ane*
Inhumer	*v.t.*	뭇소	묻소	*Mousso*

36 기술자.

Injure	*n.f.*	욕	욕(辱)	*Hiok*
Injurier	*v.t.*	욕ᄒᆞ오	욕(辱)하오	*Hiok h'aho*
Injurieux	*adj.*	욕되ᄂᆞᆫ	욕(辱)되는	*Hiok teuneune*
Injuste	*adj.*	바르지 안소	바르지 않소	*Pareutji hanesso*
Injustice	*n.f.*	바르지 안음	바르지 않음	*Pareutji haneume*
Innocence	*n.f.*	무죄	무죄(無罪)	*Moutjeu*
Innocent	*adj.*	무죄ᄒᆞ오	무죄(無罪)하오	*Moutjeu h'aho*
Innombrable	*adj.*	무슈ᄒᆞ오	무수(無數)하오	*Moussou h'aho*
Inondation	*n.f.*	시위[37]	시위	*Si houi*
Inquiet	*adj.*	답답ᄒᆞ오	답답하오	*Tape tape h'aho*
Inquiéter	*v.t.*	답답ᄒᆞ오	답답하오	*Tape tape h'aho*
Inquiéter	*v.t.*	걱졍ᄒᆞ오	걱정하오	*Kauktjieng h'aho*
Inquiétude	*n.f.*	걱졍	걱정	*Kauktjieng*
Insaisissable	*adj.*	붓잡을 슈 업ᄂᆞᆫ	붙잡을 수 없는	*Poute tjapeul sou haupeneune*
Inscription	*n.f.*	긔록	기록(記錄)	*Keuirok*
Inscrire	*v.t.*	긔록ᄒᆞ오	기록(記錄)하오	*Keuirok h'aho*
Insecte	*n.m.*	벌네	벌레	*Paullei*
Insecte	*n.m.*	날버러지	날벌레	*Nalpaurautji*
Insensible	*adj.*	ᄭᆡ닷지 못ᄒᆞ오	깨닫지 못하오	*Kkaitatji mote h'aho*
Insensiblement	*adv.*	ᄭᆡ닷지 못ᄒᆞ게	깨닫지 못하게	*Kkaitatji mote h'akei*
Inséparable	*adj.*	ᄯᅦ여 내지 못ᄒᆞ오	떼어 내지 못하오	*Ttei hiau naitji mote h'aho*
Insignifiant	*adj.*	ᄆᆡ우 작소	매우 작소	*Maihou tjakso*
Insinuation	*n.f.*	빗ᄃᆡ여 말ᄒᆞᆫ 것[38]	빗대어 말한 것	*Pitai hiaumal h'ane kaute*

37 홍수.

38 암시.

Insipide	*adj.*	싱거온	싱거운	*Sine kau hone*
Insolence	*n.f.*	버릇 업슴	버릇 없음	*Paureute haupseume*
Insolent	*adj.*	버릇 업소	버릇 없소	*Paureute haupso*
Inspecter	*v.t.*	경찰ᄒᆞ오	경찰(警察)하오	*Kieng tchal h'aho*
Inspecteur	*n.m.*	춍슌[39]	총순(總巡)	*Tchong soune*
Inspection	*n.f.*	경찰	경찰(警察)	*Kieng tchal*
Inspiration	*n.f.*	ᄉᆡᆼ각남	생각남	*Saing kak name*
Inspirer	*v.t.*	ᄉᆡᆼ각나오	생각나오	*Saing kak naho*
Instable	*adj.*	자쥬 변ᄒᆞ오	자주 변(變)하오	*Tjatjiou piaune h'aho*
Instabilité	*n.f.*	자쥬 변홈	자주 변(變)함	*Tjatjiou piaune h'ame*
Instant	*n.m.*	쟘간	잠깐(暫間)	*Tjiame kkane*
Instinct	*n.m.*	지각	지각(知覺)	*Tjikak*
Instituer	*v.t.*	세우오	세우오	*Sei houho*
Institution	*n.f.*	세움	세움	*Sei houme*
Instructif	*adj.*	교훈ᄒᆞ오	교훈(教訓)하오	*Kio houne h'aho*
Instruction	*n.f.*	교훈	교훈(教訓)	*Kio h'oune*
Instruire	*v.t.*	교훈ᄒᆞ오	교훈(教訓)하오	*Kio h'oune h'aho*
Instrument	*n.m.*	긔계	기계(器械)	*Keuikiei*
Insuffisamment	*adv.*	넉넉지 못ᄒᆞ게	넉넉지 못하게	*Nauk nauktji mote h'akei*
Insuffisance	*n.f.*	넉넉지 못홈	넉넉지 못함	*Nauk nauktji mote h'ame*
Insuffisant	*adj.*	부족ᄒᆞᆫ	부족(不足)한	*Poutjok h'ane*
Insulte	*n.f.*	욕	욕(辱)	*Hiok*
Insulter	*v.t.*	욕ᄒᆞ오	욕(辱)하오	*Hiok h'aho*

39 구한말에, 경무청에 속한 판임관.

Insulteur	*n.m.*	욕ᄒᆞᄂᆞᆫ 사람	욕(辱)하는 사람	*Hiok h'aneune sarame*
Insupportable	*adj.*	참지 못ᄒᆞ오	참지 못하오	*Tchame tji mote h'aho*
Insurger (s')	*v.p*	역젹되오	역적(逆賊)되오	*Hiauk tjiauk teuho*
Intact	*adj.*	온젼ᄒᆞ오	온전(穩全)하오	*Hone tjiaune h'aho*
Intelligence	*n.f.*	ᄌᆡ쥬	재주	*Tjai tjiou*
Intelligence	*n.f.*	명ᄇᆡᆨᄒᆞᆷ	명백(明白)함	*Mieng paik h'ame*
Intelligent	*adj.*	명오[40] 밝은	명오(明悟) 밝은	*Mieng ho palkeune*
Intelligent	*adj.*	ᄌᆡ쥬 잇소	재주 있소	*Tjai tjiou hisso*
Intendant	*n.m.*	텽직이	청(廳)지기	*T'tieng tjiki*
Intendant	*n.m.*	살임 맛흔 사람	살림 맡은 사람	*Salime mate h'eune sarame*
Intention	*n.f.*	ᄉᆡᆼ각 ... 의ᄉᆞ	생각 ... 의사(意思)	*Saing kak .. Heuissa*
Intercéder	*v.int.*	견달ᄒᆞ오[41]	전달(轉達)하오	*Kiaune tal h'aho*
Interdire	*v.t.*	금ᄒᆞ오	금(禁)하오	*Keume h'aho*
Intéressant	*adj.*	ᄌᆡ미잇소	재미있소	*Tjaimi hisso*
Intéresser	*v.t.*	ᄌᆡ미잇게 ᄒᆞ오	재미있게 하오	*Tjami hite kei h'aho*
Intérêt	*n.m.*	별니	변리(邊利)	*Piaulli*
Intérieur	*n.m.*	ᄂᆡ지	내지(內地)	*Naitji*
Intérim	*n.m.*	셔리[42]	서리(署理)	*Seuri*
Intermédiaire	*n.m.*	즁간	중간(中間)	*Tjioung kane*
	Par intermédiaire	경ᄒᆞ여	경(經)하여	*Kieng h'ahiau*
Interne	*adj.*	안에	안에	*Hanei*
Interpeller	*v.t.*	간구ᄒᆞ오	간구(懇求)하오	*Kane kou h'aho*

40 한문 서학서에서 라틴어 'Intellectus'의 번역어. 표제어 'Esprit' 참고.

41 개입하다, 중재하다. 한불 548: 젼달ᄒᆞ다 轉達 Intercéder pour. Syn. 뎐달ᄒᆞ다.

42 대리.

Interprète	*n.m.*	통사[43]	통사(通事)	*T'tong sa*
Interprète écrivain	*n.m.*	번역관	번역관(飜譯官)	*Pauniauk koane*
Interpréter	*n.m.*	통어ᄒᆞ오	통어(通語)하오	*T'tong hau h'aho*
Interrogateur	*n.m.*	뭇는 사름	묻는 사람	*Moutneune sarame*
Interrogation	*n.f.*	무러봄	물어봄	*Mourau pome*
Interroger	*v.t.*	뭇소	묻소	*Mousso*
Interrompre	*v.t.*	말 끈소	말 끊소	*Mal kkeune so*
Interruption	*n.f.*	말 끈음	말 끊음	*Mal kkeuneume*
Intervalle	*n.m.*	즁간	중간(中間)	*Tjioung kane*
Intervenir	*v.int*	거간ᄒᆞ오	거간(居間)하오	*Kaukane h'aho*
Intervention	*n.f.*	거간	거간(居間)	*Kaukane*
Intervertir	*v.t.*	차례 밧구오	차례(次例) 바꾸오	*Tchariei pate kouho*
Intestin	*n.m.*	오장륙부	오장육부(五臟六腑)	*Hotjang nioukpou*
Intime	*adj.*	친밀ᄒᆞ오	친밀(親密)하오	*Tchine mirh'aho*
Intimement	*adv.*	친밀이	친밀(親密)히	*Tchine miri*
Intimer	*v.t.*	식히오[44]	시키오	*Sik h'iho*
Intimider	*v.t.*	쥬쥽어ᄒᆞ오	수줍어하오	*Tjou tjioupau h'aho*
Intimité	*n.f.*	친밀ᄒᆞᆷ	친밀(親密)함	*Tchine mirh'ame*
Intolérable	*adj.*	견딜 슈 업소	견딜 수 없소	*Kiaune tailsou haupso*
Intraduisible	*adj.*	번역ᄒᆞᆯ 슈 업소	번역(飜譯)할 수 없소	*Pauniauk h'alsou h'aupso*
Intrépide	*adj.*	담대ᄒᆞ오	담대(膽大)하오	*Tame tai h'aho*
Intrépide	*adj.*	겁 업ᄂᆞᆫ	겁 없는	*Kaupaupe nane*

43 통역사.

44 원문에는 '식히ᄒᆞ'.

Intrigant	*n.m.*	청군[45]	청(請)꾼	*Tchieng koune*
Introduction	*n.f.*	담아 둠	담아 둠	*Tama toume*
Introduire	*v.t.*	담아 두오	담아 두오	*Tama touho*
Introuvable	*adj.*	웃지 못ᄒᆞ오	웃지 못하오	*Heutji mote h'aho*
Inutile	*adj.*	쓸대업ᄂᆞᆫ	쓸데없는	*Sseul tai haupneune*
Invalide	*adj.*	셩치 못ᄒᆞ오	성치 못하오	*Seng tchi mote h'aho*
Invariable	*adj.*	변치 안이ᄒᆞ오	변(變)치 아니하오	*Piaune tchi hani h'aho*
Invariablement	*adv.*	변치 안케	변(變)치 않게	*Piaune tchi hane k'kei*
Inventaire	*n.m.*	문셔[46]	문서(文書)	*Moune sau*
Inventer	*v.t.*	지어내오	지어내오	*Tji hau naiho*
Inventer	*v.t.*	발명히 ᄂᆡ오	발명(發明)해 내오	*Pale mieng h'ai naiho*
Inventeur	*n.m.*	발명히 ᄂᆡᄂᆞᆫ 사람	발명(發明)해 내는 사람	*Pale mieng h'ai naineune sarame*
Invention	*n.f.*	발명히 ᄂᆡᆷ	발명(發明)해 냄	*Pale mieng h'ai naime*
Inversion	*n.f.*	뒤집음	뒤집음	*Tu tjipeume*
Invincible	*adj.*	이긔지 못ᄒᆞ오	이기지 못하오	*Hikeuitji mote h'aho*
Inviolable	*adj.*	손샹지 못ᄒᆞ오	손상(損傷)치 못하오	*Sone sang tji mote h'aho*
Invisible	*adj.*	뵈이지 안소	보이지 않소	*Peuhitji hanesso*
Invitation	*n.f.*	청ᄒᆞᆷ	청(請)함	*Tchieng h'ame*
	carte d'invitation	청쳡	청첩(請牒)	*Tchieng tchiaupe*
	Avez-vous reçu une invitation?	노형이 청쳡 ᄒᆞ나를 밧으셧소	노형(老兄)이 청첩(請牒) 하나를 받으셨소	*Noh'ieng hi tchieng tchiaupe h'anareul pateussausso*

45 권세 있는 사람에게 부탁하여 그 힘을 빌리는 사람.

46 프랑스어의 의미는 '목록'. 표제어 'Bail', 'Certificat', 'Document', 'Ecrit' 참고.

Invité	*n.m.*	청ᄒᆞᆫ ... 손님	청(請)한 ... 손님	*Tchieng h'ane .. Sonime*
Inviter	*v.t.*	대쳡ᄒᆞ오	대접(待接)하오	*Tai tchiaupe h'aho*
Inviter	*v.t.*	손님 청ᄒᆞ오	손님 청(請)하오	*Sonime tchieng h'aho*
Involontaire	*adj.*	ᄆᆞ음에 업소	마음에 없소	*Maheumei haupso*
Involontairement	*adv.*	ᄆᆞ음에 업시	마음에 없이	*Maheumei haupsi*
Irascible	*adj.*	셩품 조ᄒᆞᆫ[47]	성품(性品) 조(燥)한	*Seng pfoume tjo h'ane*
Ironie	*n.f.*	희롱	희롱(戱弄)	*H'euirong*
Ironique	*adj.*	희롱이오	희롱(戱弄)이오	*H'euirong hiho*
Ironiquement	*adv.*	희롱으로	히롱(戱弄)으로	*H'euirong heuro*
Irréfléchi	*adj.*	조심 업소	조심(操心) 없소	*Tjossime haupso*
Irrégularité	*n.f.*	규칙 업슴	규칙(規則) 없음	*Kioutchik haupseume*
Irrégulier	*adj.*	규칙 업소	규칙(規則) 없소	*Kioutchik haupso*
Irréparable	*adj.*	곳치지 못ᄒᆞ오	고치지 못하오	*Kotchitji mote h'aho*
Irréprochable	*adj.*	나무라지 못ᄒᆞ오	나무라지 못하오	*Namouratji mote h'aho*
Irrité	*adj.*	분ᄒᆞᆫ	분(憤)한	*Poune h'ane*
Isolé	*adj.*	외롭소	외롭소	*Heuraupso*
Isolé	*adj.*	외다로 잇소	외따로 있소	*Heutaro hisso*
Itinéraire	*n.m.*	노졍긔[48]	노정기(路程記)	*Notjieng keui*
Ivoire	*n.m.*	샹아[49]	상아(象牙)	*Sang ha*
Ivraie	*n.f.*	바랑이[50]	바랭이	*Paraing hi*
Ivre	*adj.*	취ᄒᆞ오	취(醉)하오	*Tchu h'aho*

47 성마른, 성품이 거친.

48 여행 기록.

49 원문에는 '사아'.

50 볏과의 한해살이풀. 프랑스어의 의미는 '가라지', '독보리'.

Ivresse	*n.f.*	술 취홈	술 취(醉)함	*Soultchu h'ame*
Ivrogne	*n.m.*	쥬졍군	주정(酒酊)꾼	*Tjiou tjieng koune*
Ivrognerie	*n.f.*	술 취홈	술 취(醉)함	*Soultchu h'ame*

J.j

Jade	*n.m.*	옥	옥(玉)	*Hok*
Jadis	*adv.*	이젼에	이전(以前)에	*Hitjiaunei*
Jaillir	*v.int.*	물 나오	물 나오	*Moul naho*
Jaillir	*v.int.*	쥴기 뺏소	줄기 뺏소	*Tjioulki ppausso*
Jalouser	*v.t.*	질투ᄒᆞ오	질투(嫉妒)하오	*Tjilt'tou h'aho*
Jalousie	*n.f.*	시긔 ... 셰홈[1]	시기(猜忌) ... 샘함	*Sikeui .. Siei h'ame*
Jaloux	*adj.*	시긔ᄒᆞ오	시기(猜忌)하오	*Sikeui h'aho*
Jamais	*adv.*	도모지	도무지	*Tomotji*
	Il ne faut jamais faire comme cela	이러케 ᄒᆞ는 것시 도모지 맛당치 안소	이렇게 하는 것이 도무지 마땅치 않소	*Hirauk'kei h'aneune kaussi tomotji matang tchi hanesso*
Jambe	*n.f.*	다리	다리	*Tari*
	J'ai mal à la jambe	다리 압흐오	다리 아프오	*Tari haph'ouho*
Jambon	*n.m.*	되야지 다리	돼지 다리	*Teuhiatji tari*
Janvier	*n.m.*	일월	일월(一月)	*Hirouaule*

1 시샘함.

Japon	*n.p.*	일본 ... 쇄국	일본(日本) ... 왜국(倭國)	*Hilpone .. H'oaikouk*
	Légation du Japon	일본 공사관	일본(日本) 공사관(公使館)	*Hilpone kong sakoane*
Japonais	*n.m.*	일본 사람	일본(日本) 사람	*Hilpone sarame*
Jaquette	*n.f.*	두루막이	두루마기	*Touroumaki*
Jardin	*n.m.*	치마젼[2]	채마전(菜麻田)	*Tchaimatjiaune*
Jardin	*n.m.*	밧 ... 동산	밭 ... 동산	*Pate .. Tong sane*
Jardinier	*n.m.*	동산직이	동산직이	*Tong sane tjiki*
Jarret	*n.m.*	다리 오굼지[3]	다리 오금	*Tari hokoume tji*
Jarretière	*n.f.*	단님[4]	대님	*Tanime*
Jaune	*adj.*	누르오[5] ... 황	누르오 ... 황(黃)	*Noureuho .. H'oang*
	C'est jaune	이것시 누르오	이것이 누르오	*Hikaussi noureuho*
Je	*p.p.*	나 ... 내가 ... 내게	나 ... 내가 ... 내게	*Na .. Naika .. Naikei*
	J'ai un jardin	내게 밧 ᄒᆞ나 잇소	내게 밭 하나 있소	*Neikei pate h'ana hisso*
	Je mange	내가 먹소	내가 먹소	*Naika maukso*
Jeter	*v.t.*	던지오	던지오	*Taune tjiho*
Jeter	*v.t.*	내여 ᄇᆞ리오	내어 버리오	*Naihiau pariho*
Jeu	*n.m.*	노름 ... 장난	노름 ... 장난	*Noreume .. Tjang nane*
Jeudi	*n.m.*	목요일	목요일(木曜日)	*Mokio hil*
Jeun (à)	*l.adv.*	공복으로	공복(空腹)으로	*Kong pokeuro*
Jeûne	*n.m.*	졈소	젊소	*Tjieume so*
Jeûner	*v.int.*	대진[6] 직히오	대재(大齋) 지키오	*Taitjai tjik h'iho*

2 나물 등의 먹을 거리인 채마를 가꾸는 밭.
3 무릎 안쪽의 오목한 부분. 한불 53: 오굼 Creux de la jambe par derriere au-dessus du jarret.
4 한복에서 발목은 졸라매는 끈.
5 누런, 노란.
6 한문 서학서에서 라틴어 'Jejunium'의 번역어. 단식재.

Jeunesse	*n.f.*	졀머쓸 씩	젊었을 때	*Tjiaulmau sseulttai*
Joie	*n.f.*	즐거옴	즐거움	*Tjeulkau home*
Joindre	*v.t.*	붓치오	붙이오	*Poute tchi ho*
Joindre	*v.t.*	합ᄒᆞ오	합(合)하오	*H'ape h'aho*
Joli	*adj.*	이쁘오	이쁘오	*Hippouho*
Joli	*adj.*	얌젼ᄒᆞ오	얌전하오	*Hiame tjiaune h'aho*
	Jolie fille	미싁[7]	미색(美色)	*Missaik*
Jonc	*n.m.*	등[8]	등(藤)	*Teung*
Joue	*n.f.*	뺨	뺨	*Ppiame*
Jouer	*v.int.*	노름ᄒᆞ오	노름하오	*Noreume h'aho*
Jouer	*v.int.*	장난ᄒᆞ오[9]	장난하오	*Tjang nane h'aho*
Joueur	*n.m.*	노름군	노름꾼	*Noreume koune*
Jouir	*v.int.*	즐거워ᄒᆞ오	즐거워하오	*Tjeulkau houau h'aho*
Joujou	*n.m.*	장난감	장난감	*Tjang nane kame*
Jour	*n.m.*	날 ... 일	날 ... 일(日)	*Nal .. Hil*
	Au point du jour	새벽에	새벽에	*Saipiaukei*
	Dans quelques jours	수일간	수일간(數日間)	*Sou kile kane*
	Ces jours-ci	요ᄉᆞ이	요사이	*Hiossai*
Journal	*n.m.*	신문지	신문지(新聞紙)	*Sine moune tji*
Journalier	*n.m.*	모군군[10]	모군(募軍)꾼	*Mokoune koune*
Joyeux	*adj.*	즐거워ᄒᆞ오	즐거워하오	*Tjeul kau houau h'aho*
Jubilation	*n.f.*	즐거워ᄒᆞᆷ	즐거워함	*Tjeulkau houau h'ame*

7 아름다운 여자.
8 등나무.
9 원문에는 '장난ᄒᆞᄒᆞ'.
10 공사판 따위에서 삯을 받고 일하는 사람. 표제어 'Coolie', 'Manoeuvre' 참고.

Juge	*n.m.*	직판관	재판관(裁判官)	*Tjai pfane koane*
Jugement	*n.m.*	직판	재판(裁判)	*Tjai pfane*
Juger	*v.t.*	직판ᄒᆞ오	재판(裁判)하오	*Tjai pfane h'aho*
Juillet	*n.m.*	칠월	칠월(七月)	*Tchirouaul*
Juin	*n.m.*	육월	유월(六月)	*Hiouhouaul*
Jujube	*n.m.*	ᄃᆡ츄	대추	*Tai tchiou*
Jujubier	*n.m.*	ᄃᆡ츄나무	대추나무	*Taichiou namou*
Jumeau	*n.m.*	쌍둥이	쌍(雙)둥이	*Ssang toung hi*
Jument	*n.f.*	암말 … 피마[11]	암말 … 피마(馬)	*Hame mal .. Pfima*
Jupon	*n.m.*	무직이[12]	무지기	*Moutjiki*
Juridiction	*n.f.*	권셰	권세(權勢)	*Kouaune siei*
Jus	*n.m.*	즙	즙(汁)	*Tjipe*
Jusque	*prép.*	ᄭᆞ지	까지	*Kkatji*
	J'irai jusqu'à Tjieng Tong avec vous	내가 노형ᄒᆞ고 졍동ᄭᆞ지 가겟소	내가 노형(老兄)하고 정동까지 가겠소	*Naika noh'ieng h'ako Tjieng tong kkatji kakeisso*
Juste	*adj.*	바르오	바르오	*Pareuho*
Justement	*adv.*	바르게	바르게	*Pareukei*
Justice	*n.f.*	의덕[13] … 법	의덕(義德) … 법(法)	*Heuitauk .. Paupe*
Justification	*n.f.*	죄를 벗겨 쥼	죄(罪)를 벗겨 줌	*Tjeureul paute kiautjioume*
Justifier	*v.t.*	발명ᄒᆞ오[14]	발명(發明)하오	*Palmieng h'aho*
Justifier	*v.t.*	죄를 벗겨 쥬오	죄(罪)를 벗겨 주오	*Tjeureul paute kiautjiouho*

11 다 자란 암말.

12 치마 속에 입던 통치마. 한불 260: 무직이 Crinoline, jupon empesé des femmes coréennes.

13 한문 서학서에서 신자들이 마음에 새기고 몸에 익혀야 할 네 가지 덕행인 사추덕(四樞德) 중의 하나이며, 라틴어 'Justitia'의 번역어.

14 죄나 잘못이 없음을 밝히다.

K.k

Kaki (arbre)	*n.m.*	감나무	감나무	*Kâme namou*
Kaki (fruit)	*n.m.*	감	감	*Káme*
Kaki (mûr)	*n.m.*	홍시	홍시(紅柹)	*H'ong si*
Kaki (sec)	*n.m.*	곡감	곶감	*Kok káme*
Kaolin	*n.m.*	빅토[1]	백토(白土)	*Paik t'to*
Képi	*n.m.*	벙거지[2]	벙거지	*Peng kautji*
Kilomètre (1/2)	*n.m.*	리	리(里)	*Li*
Kiosque	*n.m.*	산졍[3]	산정(山亭)	*Sane tjieng*

1 고령토(高嶺土).

2 모자의 하나.

3 산속에 있는 정자. 한불 374: 산뎡 山亭 Villa, pavillon sur la montagne.

L.1

La (voir le)	*art.d.*			
Là	*adv.*	뎌긔	저기	*Tiaukeni*
	Par l'à *l.adv.*	뎌긔로	저기로	*Tiaukeuiro*
	Allez là-bas	뎌긔 가시오	저기 가시오	*Tiaukeui kassio*
Labeur	*n.m.*	공부[1] ... 고싱	공부(工夫) ... 고생(苦生)	*Kong pou .. Kossaing*
Laborieux	*adj.*	슈고롭소	수고롭소	*Soukoropso*
Laborieux	*adj.*	부ᄌᆞ런ᄒᆞᆫ	부지런한	*Poutjaraune h'ane*
Labourage	*n.m.*	밧 갊	밭 갊	*Pate kalme*
Labourer	*v.t.*	밧 가오	밭 가오	*Pate kaho*
Laboureur	*n.m.*	농부 ... 밧 가는 사람	농부(農夫) ... 밭 가는 사람	*Nong pou .. Pate kaneune sarame*
Lac	*n.m.*	큰 못[2]	큰 못	*K'keune mote*
Lacer	*v.t.*	신ᄭᅳᆫ ᄆᆡ오	신끈 매오	*Sine kkeune maiho*
Lacet	*n.m.*	신ᄭᅳᆫ	신끈	*Sine kkeune*

1 한문 서학서에서 라틴어 'opus'의 번역어로, 일, 사역 등을 의미한다.

2 호수.

Lâche	*n.m.*	역젹 놈	역적(逆賊) 놈	*Hiauktjiauk nome*
Lâcher	*v.t.*	놋소	놓소	*Nosso*
Lâcheté	*n.f.*	역젹질	역적(逆賊)질	*Hiauktjiauk tjil*
Laid	*adj.*	흉ᄒᆞ오	흉(凶)하오	*H'ioung h'aho*
Laine	*n.f.*	양의 톨 ... 양모	양(羊)의 털 ... 양모(羊毛)	*Hiang heui t'tol .. Hiang mo*
Laisser	*v.t.*	내버려 두오	내버려 두오	*Naipauriau touho*
	Laissez cela	이것 내버려 두시오	이것 내버려 두시오	*Hikaute naipau riau toussio*
Laissez-passer	*n.m.*	표	표(票)	*Pfio*
Lait	*n.m.*	졋 ... 우유	젖 ... 우유(牛乳)	*Tjioute .. houyou*
Laiton	*n.m.*	구리 ... 쥬셕	구리 ... 주석(朱錫)	*Kouri .. Tjiou ssauk*
Laiton	*n.m.*	쳘ᄉᆞ[3]	철사(鐵絲)	*Ttchiaulsa*
Laitue	*n.f.*	면둘네	민들레	*Miaune toullei*
Lambiner	*v.int.*	구물구물ᄒᆞ시오	구물구물하시오	*Koumoul koumoul h'assio*
Lame	*n.f.*	칼날	칼날	*K'kal nal*
	Lame de la mer	물결	물결	*Moul kiaule*
Lamentation	*n.f.*	통곡	통곡(痛哭)	*T'tong kok*
Lamenter (se)	*v.p.*	울곡ᄒᆞ오[4]	울곡(哭)하오	*Houlkok h'aho*
Lampe	*n.f.*	석유등	석유등(石油燈)	*Saukiou teung*
Lampion	*n.m.*	등농[5]	등롱(燈籠)	*Teung nong*
Lance	*n.f.*	창	창(槍)	*Tchang*
Lancer	*v.t.*	던지오	던지오	*Taune tjiho*
Langage	*n.m.*	말	말	*Mal*

3 원문에는 '졀ᄉᆞ'.
4 프랑스어의 의미는 '신음하다', '울먹이다'. 표제어 'Gémir' 참고. [한불] 43: 일곡 一哭 Pleurer une fois, gémir une fois.
5 등(燈)의 하나.

Langue	*n.f.*	혀 ... 세ᄲᅢ닥[6]	혀 ... 셋바닥	*H'iau .. Seippeitak*
Langue étrangère	*n.f.*	외국말	외국(外國)말	*Heukouk mal*
Langueur	*n.f.*	피곤	피곤(疲困)	*Pfikone*
Languir	*v.int.*	피곤ᄒᆞ오	피곤(疲困)하오	*Pfikone h'aho*
Lanière	*n.f.*	가쥭ᄭᅳᆫ	가죽끈	*Katjiouk kkeune*
Lanterne	*n.f.*	초롱 ... 등	초롱(籠) ... 등(燈)	*Tchorong .. Teung*
Lapereau	*n.m.*	톡ᄭᅵ ᄉᆡᆨ이	토끼 새끼	*T'tokki saiki*
Lapider	*v.t.*	돌질ᄒᆞ오	돌질하오	*Tol tjil h'aho*
Lapin	*n.m.*	톡ᄭᅵ	토끼	*T'tokki*
Laps	*n.m.*	잠시 ... 조곰	잠시(暫時) ... 조금	*Tjamessi .. tjokome*
Lapsus	*n.m.*	말 헛나감	말 헛나감	*Marh'aute nakame*
Larcin	*n.m.*	좀도젹질	좀도적질	*Tjiome totjiauk tjil*
Lard	*n.m.*	비계	비계	*Pikiei*
Large	*adj.*	널소	넓소	*Naulso*
	c'est trop large	이것시 대단이 널소	이것이 대단히 넓소	*Hikaussi taitani naulso*
Largeur	*n.f.*	널비 ... 광	넓이 ... 광(廣)	*Naulpi .. Koang*
Larme	*n.f.*	눈물	눈물	*Noune moul*
Larynx	*n.m.*	목졋	목젖	*Mok tjiaute*
Las	*adj.*	곤ᄒᆞ오	곤(困)하오	*Kone h'aho*
Lascif	*adj.*	방탕ᄒᆞ오	방탕(放蕩)하오	*Pang t'tang h'aho*
Lascivité	*n.f.*	방탕ᄒᆞᆷ	방탕(放蕩)함	*Pang t'tang h'ame*
Lassitude	*n.f.*	곤ᄒᆞᆷ	곤(困)함	*Kone h'ame*
Latitude	*n.f.*	위도	위도(緯度)	*Houito*
Latrines	*n.f.pl.*	뒤간	뒷간(間)	*Tukane*

6 혓바닥.

Laurier	*n.m.*	계슈나무	계수(桂樹)나무	*Kieissou namou*
Laver	*v.t.*	씨소 ... 빠오	씻소 ... 빠오	*Ssisso .. Ppaho*
Le..la	*art.d.*	이 ... 시 ... 가	이 ... 시 ... 가	*Hi .. Si .. Ka*
	L'homme	사람이[7]	사람이	*Sarami*
	La main	손이	손이	*Soni*
	Le chapeau	갓시	갓이	*Kassi*
	Le chien	개가	개가	*Kaika*
Légal	*adj.*	법답소[8]	법(法)답소	*Paupe tapso*
Légalement	*adv.*	법답게	법(法)답게	*Paupe tapkei*
Légalisation	*n.f.*	법답게 ᄒᆞᆷ	법(法)답게 함	*Paupe tapkei h'ame*
Légaliser	*v.t.*	법답게 ᄒᆞ오	법(法)답게 하오	*Paupe tapkei h'aho*
Légation	*n.f.*	공사관	공사관(公事官)	*Kong sakoane*
Légende	*n.f.*	이야기	이야기	*Hihiaki*
Léger	*adj.*	갑엽소	가볍소	*Kapiaupso*
légèrement	*adv.*	갑엽게	가볍게	*Kapiaupkei*
Légèreté	*n.f.*	갑엽움	가벼움	*Kapiau houme*
Législateur	*n.m.*	법 셰우는 사람	법(法) 세우는 사람	*Paupsiei houneune sarame*
Législation	*n.f.*	법 셰움	법(法) 세움	*Paupsiei houme*
Légitime	*adj.*	뎍실ᄒᆞ오[9]	적실(的實)하오	*Tiauksil h'aho*
Léguer	*v.t.*	쥬오 ... 유언ᄒᆞ오	주오 ... 유언(遺言) 하오	*Tjiouho .. Hiou haune h'aho*
Légume	*n.m.*	나물	나물	*Namoul*
Lendemain	*n.m.*	명일 ... 웃날	명일 ... 훗날	*Mienghil .. houtnal*
Lent	*adj.*	눅으러지오	누그러지오	*Noukeurautjiho*

7 원문에는 '사람 ... 이'

8 법에 맞는. 표제어 'Régulier' 참고.

9 틀림없이 확실한. 표제어 'Véritable' 참고.

Lent	*adj.*	완완ᄒᆞ오	완완(緩緩)하오	*Hoane hoane h'aho*
Lentement	*adv.*	쳔쳔이	천천히	*Tchiaune tchiauni*
Lentement	*adv.*	더듸	더디	*Tauteui*
Léopard	*n.m.*	바둑호랑이[10]	바둑호랑이	*Patouk h'orang hi*
Lèpre	*n.f.*	문둥이병	문둥병(病)	*Mounetong hi pieng*
Lépreux	*n.m.*	문둥이	문둥이	*Mounetong hi*
Lequel	*p.r.*	엇던 것	어떤 것	*Hautaune kaute*
Les	*art.d.pl.*	들	들	*Teul*
	Les hommes	사람들	사람들	*Sarame teul*
Léser	*v.t.*	ᄒᆡ 뵈오[11]	해(害) 뵈오	*H'ai peuho*
Léser	*v.t.*	상ᄒᆞ오	상(傷)하오	*Sang h'aho*
Lésiner	*v.int.*	돈 쓰기 시려ᄒᆞ오	돈 쓰기 싫어하오	*Tonesseuki siriau h'aho*
Lessive	*n.f.*	쌀ᄂᆡ	빨래	*Ppallai*
Lessiver	*v.t.*	쌀ᄂᆡᄒᆞ오	빨래하오	*Ppallai h'aho*
Leste	*adj.*	급ᄒᆞ오 ... 날낸	급(急)하오 ... 날랜	*Keuph'aho .. Nallaine*
Lestement	*adv.*	급ᄒᆞ게	급(急)하게	*Keuph'akei*
Lettre	*n.f.*	편지[12]	편지(便紙)	*Pfiaune tji*
Liguer (se)	*v.p.*	당되오[13]	당(黨)되오	*Tang teuho*
Limace	*n.f.*	썹질 업는 달핑이	껍질 없는 달팽이	*Kkauptjil haupneune tal pfiing hi*
Lime	*n.f.*	쥴[14]	줄	*Tjioule*
Limer	*v.t.*	쥴질ᄒᆞ오	줄질하오	*Tjioule tjil h'aho*
Limite	*n.f.*	ᄒᆞᆫ뎡	한정(限定)	*H'ane tjieng*

10 표범.

11 해를 끼치다. 표제어 'Opprimer' 참고. 한불 75: 해ᄒᆞ다 害 Nuisible, préjudiciable, faire tort, nuire.

12 원문에는 '편지'.

13 장드르 Liguer 동밍ᄒᆞ다, 결합ᄒᆞ다, 동력ᄒᆞ다.

14 연장.

Limiter	*v.t.*	ᄒᆞᆫ뎡하오	한정(限定)하오	*H'ane tjieng h'aho*
Limon	*n.m.*	진흙	진흙	*Tjine h'eulk*
Limpide	*adj.*	ᄆᆞᆰ소	맑소	*Malkso*
Limpidité	*n.f.*	ᄆᆞᆰ음	맑음	*Malkeume*
Lin	*n.m.*	삼[15]	삼	*Same*
Linceul	*n.m.*	염습[16]	염습(殮襲)	*Hiaume seupe*
Linge	*n.m.*	옷	옷	*Hote*
Lingot (or)	*n.m.*	금덩어리	금(金)덩어리	*Keume teng hauri*
Lingot (argent)	*n.m.*	은덩어리	은(銀)덩어리	*Heune teng hauri*
Lion	*n.m.*	사자	사자(獅子)	*Sotja*
Lionceau	*n.m.*	사자 ᄉᆡᆨ이	사자(獅子) 새끼	*Satja saiki*
Lionne	*n.f.*	암사자	암사자(獅子)	*Hame satja*
Liqueur	*n.f.*	슐[17]	술	*Soul*
Liquidation	*n.f.*	방ᄆᆡ[18]	방매(放賣)	*Pang mai*
Liquide	*n.m.*	ᄆᆞᆰ은 것	묽은 것	*Moulkeune kaute*
Liquider	*v.t.*	방ᄆᆡᄒᆞ오	방매(放賣)하오	*Pang mai h'aho*
Lire	*v.t.*	읽소	읽소	*Hilkso*
Lis	*n.m.*	옥ᄌᆞᆷ화	옥잠화(玉簪花)	*Hok tjame h'oa*
Liseron	*n.m.*	흑츅[19]	흑축(黑丑)	*H'euk tjiouke*
Lisible	*adj.*	읽은 만ᄒᆞ오	읽을 만하오	*Hilkeune mane h'aho*
Lisiblement	*adv.*	알아보게	알아보게	*Harapokei*
Lisière	*n.f.*	슈림가[20]	수림(樹林)가	*Sourime ka*

15 아마.
16 시신을 씻기고 수의를 갈아입히고 염포로 묶는 일. 프랑스어의 의미는 '수의(壽衣)', '염포(殮布)'.
17 酒.
18 물건을 내놓고 팖. 프랑스어의 의미는 '결산', '청산'. 한불 방매ᄒᆞ다 放賣 Marchandise; objet à vendre. Vendre.
19 한방에서 메꽃과의 씨를 이르는 말. 프랑스어의 의미는 '메꽃', '메꽃과 식물'.
20 프랑스어의 의미는 '가장자리', '변방'.

Lisse	*adj.*	반질반질ᄒᆞ오	반질반질하오	*Pane tjil pane tjil h'aho*
Liste	*n.f.*	발긔 ... 쳥단	발기(記) ... 청단(請單)	*Palkeui .. Tchieng tane*
Lit	*n.m.*	평상 ... 침상	평상(平牀) ... 침상(寢牀)	*Pfieng sang .. Tchime sang*
	Faites le lit	침상 깔으시오	침상(寢牀) 까시오	*Tchime sang kka reussio*
Litanies	*n.f.pl.*	도문[21]	도문(禱文)	*Tomoune*
Litre	*n.m.*	복자[22]	복자	*Poktja*
Littérateur	*n.m.*	박학ᄉᆞ	박학사(博學士)	*Pak h'aksa*
Littérature	*n.f.*	글씨	글씨	*Keulsi*
Littoral	*n.m.*	ᄒᆡ변	해변(海邊)	*H'aipiaune*
Livide	*adj.*	먹장 가러 부니 갓소	먹장 갈아 부은 것 같소	*Mauktjang karau pouni kasso*
Livraison	*n.f.*	교부	교부(交付)	*Kiopou*
Livre	*n.m.*	ᄎᆡᆨ	책(冊)	*Tchaik*
	Livre de prières *n.m.*	경문	경문(經文)	*Kieng moune*
	Livre poids *n.f.*	근	근(斤)	*Keune*
	2 livres de viande	고기 두 근	고기 두 근(斤)	*Koki toukeune*
	Couverture de livre	ᄎᆡᆨ의[23]	책의(冊衣)	*Tchaik[24] heui*
	Un livre	ᄎᆡᆨ ᄒᆞᆫ 권	책(冊) 한 권(卷)	*Tchaik h'ane kounaune*
Livrer	*v.t.*	교부ᄒᆞ오	교부(交付)하오	*Kiopou h'aho*

21 기도문.

22 망건의 하나.

23 책의 겉장의. 원문에는 '칙의의'. 표제어 'Carton' 참고.

24 원문에는 '*Tchaikeui* '.

Livrer	*v.t.*	붓치오	부치오	*Poutchi ho*
Locataire	*n.m.*	세 든 사람	세(貰) 든 사람	*Sieiteune sarame*
Location	*n.f.*	셋돈	셋(貰)돈	*Sieitone*
Locution	*n.f.*	말ᄒᆞ는 법	말하는 법(法)	*Marh'aneune paupe*
Logement	*n.m.*	거쳐	거처(居處)	*Kautchiau*
Loger	*v.t.*	거쳐ᄒᆞ오	거처(居處)하오	*Kautchiau h'aho*
Loger	*v.t.*	대졉ᄒᆞ오	대접(待接)하오	*Taitjiaupe h'aho*
Logis	*n.m.*	거쳐	거처(居處)	*Kautchiau*
Loi	*n.f.*	법	법(法)	*Paupe*
Loin	*adv.*	머오	머오	*Meuho*
	Est-ce loin d'ici	예서 머오	여기서 머오	*Hieissau meuho*
	Au loin	멀니	멀리	*Maulli*
Lointain	*adj.*	먼	먼	*Meune*
Loisir	*n.m.*	ᄒᆞᆫ가ᄒᆞᆷ	한가(閑暇)함	*H'ane ka h'ame*
Londres	*n.p.*	영국 셔울	영국(英國) 서울	*Hieng kouk sauhoul*
Long	*adj.*	기오 ... 긴	기오 ... 긴	*Kiho .. Kine*
Longanimité	*n.f.*	차문	참음	*Tchamoune*
Longévité	*n.f.*	쟝슈	장수(長壽)	*Tjiang sou*
Longévité	*n.f.*	오래 삼	오래 삶	*Horai same*
Longitude	*n.f.*	편도[25]	편도(偏度)	*Pfiaune to*
Longtemps	*adv.*	오래	오래	*Horai*
	Il y a longtemps que je ne vous ai vu	내가 노형 뵈온 제가 오래 돗소	내가 노형(老兄) 뵌 지가 오래 됐소	*Naika noh'ieng peuhone tjeika horai tuésso*
Longueur	*n.f.*	기리 ... 기럭지	길이 ... 기럭지	*Kiri .. Kirauktji*

25 경도(經度).

	quelle est la longueur de cela	이것 기럭지각 얼마요	이것 기럭지가 얼마요	*Hikaute kirauk tjika haulmahio*
Longue-vue	*n.f.*	철리경[26]	천리경(千里鏡)	*Tchiaulli kieng*
Loquace	*adj.*	슈다ᄒᆞ오	수다하오	*Souta h'aho*
Loquacité	*n.f.*	슈다ᄒᆞᆷ	수다함	*Souta h'ame*
Loquet	*n.m.*	문 은혈[27]	문(門) 은혈(隱穴)	*Mouneune h'iaule*
Lorgner	*v.t.*	철니경 보오	천리경(千里鏡) 보오	*Tchiaulli kieng boho*
Loriot	*n.m.*	꾀소리	꾀꼬리	*Kkeukkori*
Lorsque	*conj.*	쪅에 ... 떠에	적에 ... 때에	*Ttjiaukei .. Ttaihei*
Losange	*n.m.*	사방	사방(四方)	*Sapang*
Lot	*n.m.*	계 탐	계(契) 탐	*Kiei t'tame*
Loterie	*n.f.*	계	계(契)	*Kiei*
Louable	*adj.*	찬미ᄒᆞ오	찬미(讚美)하오	*Tchanemi h'aho*
Louange	*n.f.*	칭찬	칭찬(稱讚)	*Tchinegne tchane*
Louanger	*v.t.*	징찬ᄒᆞ오	칭찬(稱讚)하오	*Tchinegue*[28] *tchane h'aho*
Louche	*n.m.*	사팔눈이	사팔눈이	*Sapfallouni*
Louer	*v.t.*	세주오	세(貰)주오	*Seitjouho*
Louer	*v.t.*	찬미ᄒᆞ오	찬미(讚美)하오	*Tchanemi h'aho*
Loueur	*n.m.*	세주는 사람	세(貰)주는 사람	*Seitjouneune sarame*
Loup	*n.m.*	일이 ... 시랑이	이리 ... 시랑(豺狼)이	*Hiri .. Sirang hi*
Loupe	*n.f.*	현미경	현미경(顯微鏡)	*H'iaune mikieng*
Lourd	*adj.*	무겁소	무겁소	*Moukaupsa*

26 망원경.
27 자물쇠.
28 원문에는 'Tchinegue'.

	ce n'est pas lourd	무겁지 안소	무겁지 않소	*Moukaupe tji hanesso*
Lourdement	*adv.*	무겁게	무겁게	*Moukaupe kei*
Loutre	*n.f.*	히구 ... 슈달비	해구(海狗) ... 수달피(水獺皮)	*H'aikou .. Soutalpi*
Louve	*n.f.*	암시랑이	암시랑(豺狼)이	*Hame sirang hi*
Louveteau	*n.m.*	시랑이 식이	시랑(豺狼)이 새끼	*Sirang hi saiki*
Loyal	*adj.*	실쌍이오	실상(實狀)이오	*Silssang hiho*
Loyal	*adj.*	진실ᄒᆞ오	진실(眞實)하오	*Tjinessil h'aho*
Loyauté	*n.f.*	진심	진심(眞心)하오	*Tjinessime*
Loyer	*n.m.*	세젼	세전(稅錢)	*Sieitjiaune*
Loyer	*n.m.*	셋돈[29]	셋(貰)돈	*Sieitone*
Lucide	*adj.*	광명ᄒᆞ오	광명(光明)하오	*Koang mieng h'aho*
Lucidité	*n.f.*	광명	광명(光明)	*Koang mieng*
Lucratif	*adj.*	이 만니 남소	이(利) 많이 남소	*Himani namesso*
Lucratif	*adj.*	소츌[30] 마니 나오	소출(所出) 많이 나오	*Sotchioul mani naho*
Lueur	*n.f.*	화광[31]	화광(火光)	*H'oa koang*
Lugubre	*adj.*	ᄋᆡ통ᄒᆞ오	애통(哀痛)하오	*Hai t'tong h'aho*
Lugubrement	*adv.*	비창이[32]	비창(悲愴)이	*Pitchang hi*
Lui	*p.p.*	졔 ... 져	제 ... 저	*Tjei .. Tjiau*
	Lui-même	제 ᄆᆞ음ᄃᆡ로	제 마음대로	*Tjei maheume tairo*
Luire	*v.int.*	빗나게 ᄒᆞ오	빛나게 하오	*Pitenakei h'aho*
Lumière	*n.f.*	광치 ... 빗	광채(光彩) ... 빛	*Koang tchai .. Pite*

29 세전(貰錢), 세금.
30 원문에는 '소즐'.
31 타는 불의 빛.
32 비참하게, 몹시 슬프게.

	Lumière du soleil	볏 ... 히	볕 ... 해	*Piaute .. H'ai*
	Lumière de la lune	월식[33]	월색(光彩)	*Houaule saik*
Lumineux	*adj.*	빗친	비친	*Pite tchine*
Lundi	*n.m.*[34]	월요일	월요일(月曜日)	*Houaurio hil*
Lune	*n.f.*	달	달	*Tal*
	Lune pleine	달이 찻소	달이 찼소	*Tari tchasso*
Lunette	*n.f.*	안경	안경(眼鏡)	*Hane kieng*
Lutte	*n.f.*	싸홈 ... 쌈	싸움 ... 쌈	*Ssahoume .. Ssame*
Lutter	*v.int.*	싸호오	싸우오	*Ssah'oho*
Luxe	*n.m.*	화례 ... 치장	화려(華麗) ... 치장(治粧)	*H'oariei .. Tchi tjang*
Luxueusement	*adv.*	화례ᄒᆞ게	화려(華麗)하게	*H'oariei h'akei*
Luxueux	*adj.*	화례ᄒᆞ오	화려(華麗)하오	*H'oariei h'aho*
Luxure	*n.f.*	탐식	탐색(貪色)	*T'tame saik*
Luxurieux	*adj.*	탐식ᄒᆞ오	탐색(貪色)하오	*T'tame saik h'aho*
Lyre	*n.f.*	거문고	거문고	*Kaumoune ko*

33 달 빛.
34 원문에는 '*n.n.*'.

M.m

Ma	*adj.p.*	내[1]	내	*Nai*
Macaroni	*n.m.*	밀국슈[2]	밀국수	*Milkouksou*
Macérer	*v.t.*	무르게 ᄒᆞ오	무르게 하오	*Moureukei h'aho*
Mâcher	*v.t.*	씹소	씹소	*Ssipso*
Machine	*n.f.*	긔계	기계(機械)	*Keuikiei*
Mâchoire	*n.f.*	임념[3]	잇몸	*Hime niaume*
Mâchoire	*n.f.*	아래톡	아래턱	*Harai t'tok*
Maçon	*n.m.*	미쟝이	미장이	*Mitjiang hi*
Maculation	*n.f.*	ᄯᅴ	때	*Ttai*
Maculer	*v.t.*	ᄯᅢ 뭇치오	때 묻히오	*Ttaimoutchi ho*
Madame	*n.f.*	부인	부인(夫人)	*Pouhine*
Mademoiselle	*n.f.*	시악씨	색시	*Sihaksi*
Magasin	*n.m.*	가개 … 젼	가게 … 전(廛)	*Kakai .. Tjiaune*

1 나의.

2 프랑스어의 의미는 '마카로니'. [장드르] Macaroni 양국슈.

3 표제어 'Gencive' 참고. [한불] 니모음 齦 Support des dents; mâchoire.

Magistrat	*n.m.*	슈령 ... 원	수령(守令) ... 원(員)	*Sourieng .. Houaune*
Magistrature	*n.f.*	심판ᄒᆞ는 곳	심판(審判)하는 곳	*Simepfane h'aneune kote*
Magnanime	*adj*	관후ᄒᆞ오[4]	관후(寬厚)하오	*Koane h'ou h'aho*
Magnanimité	*n.f.*	큰 ᄆᆞ음	큰 마음	*K'keune mahame*
Magnificence	*n.f.*	훌륭홈	훌륭함	*H'oullioung h'ame*
Magnificence	*n.f.*	관장홈[5]	관장(官長)함	*Koane tjang h'ame*
Magnifique	*adj.*	훌륭ᄒᆞ오	훌륭하오	*H'oullioung h'aho*
Magnifique	*adj.*	지극히 됴흔	지극(至極)히 좋은	*Tjikeukh'i tio h'eune*
Magnifiquement	*adv.*	훌륭ᄒᆞ게	훌륭하게	*H'oullioung h'akei*
Mai	*n.m.*	오월	오월(五月)	*Hohouaul*
Maigre	*adj.*	파리ᄒᆞ오[6]	파리하오	*Pfari h'aho*
Maigrir	*v.int.*	파리히지오	파리해지오	*Pfari h'ai tjiho*
Maillet	*n.m.*	메궝이[7]	메공이	*Meikoueng hi*
Maillet	*n.m.*	쪅메	떡메	*Ttaukmei*
Main	*n.f.*	손	손	*Sone*
	Main poignée de	한 줌	한 줌	*H'ane tjoume*
	Main droite	올은손	오른손	*Horeune sone*
	Main gauche	왼손	왼손	*Heune sone*
Maintenant	*adv.*	시방 ... 지금	시방(時方) ... 지금(只今)	*Chibang .. Tjikeume*
	Allez au marché maintenant	시방 쟝에 가시오	시방(時方) 장(場)에 가시오	*Chibang tjiang hei kassio*

4 너그러운, 후덕한. 표제어 'Gracieux' 참고.

5 관장(官長)이 될 만함.

6 핼쑥한.

7 절굿공이.

Maintenir	*v.t.*	힝위 가지오	행위(行爲) 가지오	*H'aing houi katjiho*
Maintien	*n.m.*	힝동거지	행동거지(行動擧止)	*H'aing tong kautji*
Mais	*conj.*	나 ... 마는	나 ... 마는	*Na .. Maneune*
Mais	*conj.*	그러나	그러나	*Keurauna*
	J'aime le gâteau mais je n'aime pas le vin	내가 썩은 조아ᄒᆞ오마는 술은 조아ᄒᆞ지 안소	내가 떡은 좋아하오마는 술은 좋아하지 않소	*Ttaukeune tjoa h'aho maneune soureune tjoa h'atji hanesso*
Maïs	*n.m.*	옥슈슈	옥수수	*Hoksou sou*
Maison	*n.f.*	집 ... ᄃᆡᆨ	집 ... 댁(宅)	*Tjipe .. Taik*
	Maison de bonze	초막	초막(草幕)	*Tchomak*
	Maison de campagne	싀골집	시골집	*Seuikol tjipe*
Maître	*n.m.*	쥬인	주인(主人)	*Tjiou hine*
	Maître d'école	션싱	선생(先生)	*Saune saing*
	Majesté (Sa) *n.f.*	폐하	폐하(陛下)	*Pfiei h'a*
	Dites à Sa Majesté	폐하게 알외시오	폐하(陛下)께 아뢰시오	*Pfiei h'akei hareussio*
Majestueux	*adj.*	위엄시럽소	위엄(威嚴)스럽소	*Houi haume siraupso*
Majeur	*adj.*	스무 살 후	스무 살 후(後)	*Seumou sarh'ou*
Majeur (doigt)	*adj.*	장가락[8]	장(長)가락	*Tjang karak*
Majorité	*n.f.*	슈만은 편	수많은 편(便)	*Soumaneune pfiaune*
Majuscule	*n.f.*	큰 글ᄌᆞ[9]	큰 글자	*K'keune keultja*
Mal	*n.m.*	병 ... 압품	병(病) ... 아픔	*Pieng .. Happfoume*
Mal	*n.m.*	ᄒᆡ롬	해로움	*H'airome*
Mal	*adv.*	찰못	잘못	*Tchalmote*

8 중지.

9 대문자.

Malade	*adj.*	병들엇소	병(病)들었소	*Pieng teurausso*
Malade	*adj.*	압으오 ... 알소	아프오 ... 앓소	*Hapheuho .. Halso*
	Etes-vous malade?	알으시오	앓으시오	*Hareussio*
	Je suis malade	내가 알소	내가 앓소	*Naika halso*
Maladie	*n.f.*	병	병(病)	*Pieng*
Maladie Contagieuse	*n.f.*	옴는 병	옮는 병(病)	*Homeneune pieng*
Maladresse	*n.f.*	불민홈[10]	불민(不敏)함	*Poulmine h'ame*
Maladroit	*adj.*	민쳡ᄒᆞ지 안소	민첩(敏捷)하지 않소	*Mine tchiaupe h'atji hanesso*
Malaise	*n.m.*	몸 괴로옴	몸 괴로움	*Mome keurohome*
Mâle	*n.m.*	슈컷	수컷	*Soukaute*
Malédiction	*n.f.*	악담	악담(惡談)	*Hak tame*
Maléfice	*n.m.*	진언[11]	진언(眞諺)	*Tjinaune*
Malentendu	*n.m.*	횡들음[12]	횡(橫)들음	*H'eung teureume*
Malfaisant	*adj.*	ᄒᆡ롭소	해(害)롭소	*H'airopso*
Malfaiteur	*n.m.*	무뢰지ᄇᆡ[13]	무뢰지배(無賴之輩)	*Moureu tjipai*
Malgré	*prép.*	그러나	그러나	*Keurauna*
Malgré	*prép.*	그러ᄒᆡ도	그러해도	*Keurau h'aito*
Malheur	*n.m.*	무복	무복(無福)	*Moupok*
Malheureux	*adj.*	무복ᄒᆞ오	무복(無福)하오	*Moupok h'aho*
Malheureux	*adj.*	불상ᄒᆞ오	불쌍하오	*Poulsang h'aho*
Malhonnête	*adj.*	바르지 안소	바르지 않소	*Pareutji hanesso*

10 둔함, 서투름.
11 주문, 마법. 표제어 'Formule' 참고.
12 헛들음, 잘못 들음.
13 무뢰한의 무리.

Malice	*n.f.*	약음 ... 영예홈[14]	약음 ... 영예(英銳)함	*Hiakeume .. Hieng hiei h'ame*
Malin	*adj.*	약소 ... 영예ᄒᆞ오	약소 ... 영예(英銳)하오	*Hiakso .. Hieng hiei h'aho*
Malingre	*adj.*	병 만ᄒᆞ오	병(病) 많으오	*Pieng mane h'aho*
Malintentionné	*adj.*	간ᄉᆞᄒᆞ오	간사(奸詐)하오	*Kane sa h'aho*
Malle	*n.f.*	가쥭 궤	가죽 궤(櫃)	*Katjiouk kouei*
Malle	*n.f.*	피갑[15]	피갑(皮匣)	*Ptikape*
Malpropre	*adj.*	정결치 안소	정결(淨潔)치 않소	*Tjieng kiaul tchi hanesso*
Malsain	*adj.*	위싱에 ᄒᆡ롭소	위생(衛生)에 해(害)롭소	*Houissaiug hei h'airopso*
Malsain	*adj.*	사람 살 슈 업소	사람 살 수 없소	*Sarame salsou haupso*
Maltraiter	*v.t.*	ᄃᆡ졉 잘못ᄒᆞ오	대접(待接) 잘못하오	*Taitjiaupe tjal mote h'aho*
Malveillant	*adj.*	험담ᄒᆞ오	험담(險談)하오	*H'eume tame h'aho*
Malversation	*n.f.*	작페[16]	작폐(作弊)	*Tjak pfiei*
Maman	*n.f.*	어머니	어머니	*Haumauni*
Mamelle	*n.f.*	졋가삼	젖가슴	*Tjiaute kassame*
Manche	*n.f.*	소ᄆᆡ	소매	*Somai*
Manche (d'outil)	*n.m.*	ᄌᆞ루	자루	*Tjarou*
Manchette	*n.f.*	톳시	토시	*T'tossi*
Manchot	*n.m.*	외팔징이	외팔쟁이	*Heupfal tjaing hi*
Mandarin	*n.m.*	관인	관인(官人)	*Koanine*
Mandarin Province	*n.m.*	원 ... 수령	원(員) ... 수령(守令)	*Houiaune .. Sourieng*

14 영민하고 날카로움.

15 가죽으로 만든 큰 가방. 페롱 Malle 궤, 농. 한불 피롱 皮籠 Malle en cuir.

16 폐단을 일으킴. 프랑스어의 의미는 '횡령', '착복'.

Mandat	*n.m.*	환표[17]	환표(換標)	*H'oane pfio*
Manger	*v.t.*	먹소	먹소	*Maukso*
	Manger très-poli	잡슈시오	잡수시오	*Tjapsoussio*
	Avez-vous mangé?	밥 잡수셧소	밥 잡숴소	*Pape tjapsou sausso*
Mangeur	*n.m.*	먹는 사람	먹는 사람	*Moukneune sarame*
Manière	*n.f.*	이리[18] ... 법	이리 ... 법(法)	*Hiri .. Paupe*
	Faites de cette manière	이리ᄒᆞ시오	이리하시오	*Hiri h'assio*
	Faites comme cela	이러케 ᄒᆞ시오	이렇게 하시오	*Hirauk'kei h'assio*
Manifestation	*n.f.*	드러ᄂᆡ 뵈	드러내 뵈	*Teuraunai peume*
Manifeste	*adj.*	드러ᄂᆡ 뵈오	드러내 뵈오	*Teuraunai peuho*
Manifestement	*adv.*	드러ᄂᆡ 뵈면셔	드러내 뵈면서	*Teuraunai peu miaune sau*
Manifester	*v.t.*	드러ᄂᆡ 뵈오	드러내 뵈오	*Teuraunai peuho*
Manipuler	*v.t.*	희롱ᄒᆞ오	희롱(戲弄)하오	*H'euirong h'aho*
Manipuler	*v.t.*	주무르오	주무르오	*Tjoumoureuho*
Mannequin	*n.m.*	초인	초인(草人)	*Tcho hine*
Manoeuvre	*n.m.*	공쟝 ... 모군군[19]	공장(工匠) ... 모군(募軍)꾼	*Kotjiang .. Mokoune koune*
Manoeuvre	*n.f.*	산계[20]	산계(算計)	*Sane kiei*
Manquer	*v.t.*	부죡되오	부족(不足)되오	*Putjiok teuho*
Mansuétude	*n.f.*	량션ᄒᆞᆷ	양선(良善)함	*Hiang saune h'ame*
Mante	*n.f.*	장옷	장옷	*Tjang hote*

17 금전 거래를 할 때, 제삼자에게 돈을 주라고 써 보내던 편지. 프랑스어의 의미는 '위미', '위탁', '대리'. 한불 101: 환표 換標 Billet de change, lettre de change.

18 상태, 모양.

19 공사판 따위에서 삯을 받고 일하는 사람. 표제어 'Coolie', 'Journalier' 참고.

20 계산(計算). 프랑스어의 의미는 '다루기', '조작'.

Manteau	*n.m.*	두루먹이	두루마기	*Touroumaki*
Manteau dc pluie	*n.m.*	유삼[21]	유삼(油衫)	*Hioussame*
Manuel	*n.m.*	손 칙[22]	손 책(冊)	*Sone tchaik*
Manufacture	*n.f.*	만드는 집	만드는 집	*Maneteuneune tjipe*
Manuscrit	*n.m.*	손으로 쓴 칙	손으로 쓴 책(冊)	*Soneuro sseune tchaik*
Mappemonde	*n.f.*	젼구지도[23]	전구지도(全球地圖)	*Tjiaune kou tjito*
Marais	*n.m.*	연못	연(蓮)못	*Hiaune mote*
Marbre	*n.m.*	곱돌 ... 옥돌	곱돌 ... 옥(玉)돌	*Koptol .. Hoktol*
Marbre	*n.m.*	화석	화석(火石)	*H'oassauk*
Marchand	*n.m.*	장사	장수	*Tjang sa*
Marchand de bois	*n.m.*	나무장사	나무장수	*Namou tjang sa*
Marchander	*v.t.*	갑 에누리ᄒᆞ오	값 에누리하오	*Kapeinouri h'aho*
Marchandise	*n.f.*	물건	물건(物件)	*Moule kaune*
Marche	*n.f.*	ᄒᆡᆼ보	행보(行步)	*H'aing po*
Marché	*n.m.*	져자 ... 쟝	저자 ... 장(場)	*Tjiautja .. Tjiang*
	Il y en a au marché	져자에 그런 것시 잇소	저자에 그런 것이 있소	*Tjiautja hei keu raune kaussi hisso*
Marcher	*v.int.*	다니오 ... 것소	다니오 ... 걷소	*Taniho .. Keusso*
	Pourquoi marchez-vous derrière moi	웨 내 뒤로 다니시오	왜 내 뒤로 다니시오	*Houei naituro tanissio*
Mardi	*n.m.*	화요일	화요일(火曜日)	*H'oa hio hil*
Marécage	*n.m.*	연못	연(蓮)못	*Hiaune mote*

21 비, 눈을 막기 위해 기름에 결은 옷.

22 매뉴얼.

23 지구 전도(全圖), 지구의(儀).

Maréchal	*n.m.*	말편자 장사	말편자 장수	*Malpfiaune tja tjang sa*
Marée	*n.f.*	됴슈	조수(潮水)	*Tiossou*
Marée Basse	*n.f.*	퇴죠[24]	퇴조(退潮)	*T'teune tjio*
Marée Haute	*n.f.*	샹죠[25]	상조(上潮)	*Sang tjio*
Marge	*n.f.*	가쟝자리	가장자리	*Katjiang tjari*
Mari	*n.m.*	쟝부	장부(丈夫)	*Tjiang pou*
Mariage	*n.m.*	혼인	혼인(婚姻)	*H'onine*
Marier	*v.t.*	쟝가드오	장가드오	*Tjiang ka teuho*
Marier	*v.t.*	혼인ᄒᆞ오	혼인(婚姻)하오	*H'onine h'aho*
Marin	*n.m.*	슈군	수군(水軍)	*Soukoune*
Marmite	*n.f.*	솟 ... 가마솟	솥 ... 가마솥	*Sote .. Kamassote*
Marmotter	*v.t.*	군소리ᄒᆞ오	군소리하오	*Kaoune sori h'aho*
Marque	*n.f.*	표	표(標)	*Pfio*
Marquer	*v.t.*	표ᄒᆞ오	표(標)하오	*Pfio h'aho*
Marron	*n.m.*	큰 밤	큰 밤	*K'keune pame*
Mars	*n.m.*	삼월[26]	삼월(三月)	*Samouaul*
Marte	*n.f.*	돈[27] ... 돈피	돈(獤) ... 돈피(獤皮)	*Tone .. tonepfi*
Marteau	*n.m.*	맛치	망치	*Matchi*
Marteler	*v.t.*	맛치질 ᄒᆞ오	망치질 하오	*Matchi tjil h'aho*
Martyr	*n.m.*	치명쟈[28]	치명자(致命者)	*Tchimieng tjia*
Masculin	*n.m.*	수컷	수컷	*Souk'kaute*
Masque	*n.m.*	탈	탈	*T'tal*

24 썰물, 간조.
25 밀물, 만조.
26 원문에는 '삼원'.
27 담비 종류 동물.
28 순교자. 한문 서학서에서 라틴어 'Martyr'의 번역어.

Masquer	*v.t.*	탈 쓰오	탈 쓰오	*T'tal sseuho*
Massacre	*n.m.*	살육 ... 사람 홈몰 식킴	살육(殺戮) ... 사람 함몰(咸沒)시킴	*Sariouk .. Sarame h'amol sik'kime*
Massacrer	*v.t.*	사람 홈몰식키오	사람 함몰(咸沒)시키오	*Sarame h'amol sik'kiho*
Masse	*n.f.*	쎄	떼	*Ttei*
Massif	*adj.*	빈오	배(倍)오	*Paiho*
Mât	*n.m.*	긔딕 ... 돗딕	깃(旗)대 ... 돛대	*Keuitai .. Tottai*
Matelas	*n.m.*	요[29]	요	*Hio*
Matelot	*n.m.*	빈사궁	뱃사공(沙工)	*Paissakoung*
Matériaux	*n.m.pl.*	지료 ... 거리	재료(材料) ... 거리	*Tjairio .. Kauri*
Matériel	*adj.*	형샹 잇소	형상(形象) 있소	*H'ieng sang hisso*
Maternel	*adj.*	모친예 ... 외편이 요[30]	모친(母親)에 ... 외편(外便)이요	*Motchinei .. Heu pfiaune hihio*
Mathématique	*n.f.*	산학	산학(算學)	*Sane h'ak*
Matière	*n.f.*	지료	재료(材料)	*Tjairio*
Matin	*n.m.*	아참	아침	*Hatchame*
Matinée	*n.f.*	아참	아침	*Hatchame*
Matrice	*n.f.*	틱	태(胎)	*T'tai*
Matrone	*n.f.*	마누라	마누라	*Manoura*
Mâture	*n.f.*	돗딕	돛대	*Tottai*
Maturité	*n.f.*	닉음	익음	*Hikeume*
Maudire	*v.t.*	꾸짓소	꾸짖소	*Kkoutjisso*
Mausolée	*n.m.*	묘막[31]	묘막(墓幕)	*Miomak*
Maussade	*adj.*	승낫소	성났소	*Seung nasso*

29 침구.

30 어머니 쪽의, 외친의.

31 무덤 가까이에 묘지기가 사는 집. 한불 248: 묘막 墓幕 Maison près des tombeaux.

Mauvais	*adj.*	됴치 안소	좋지 않소	*Tiotchi hanesso*
Mauve	*n.f.*	아옥[32]	아욱	*Hahok*
Maxime	*n.f.*	속담	속담(俗談)	*Soktame*
Me	*p.p.*	내게 ... 나를	내게 ... 나를	*Naikei .. Nareul*
Mécanicien	*n.m.*	긔계 쓰는 사람	기계(機械) 쓰는 사람	*Keuikieisseuneune sarame*
Mécanique (à la)	*n.m.*	긔계로 만든 것	기계(機械)로 만든 것	*Keuikieiro mane teune kaute*
Méchant	*adj.*	악ᄒᆞ오	악(惡)하오	*Hakh'aho*
Méchant	*adj.*	사납소	사납소	*Sanapso*
Méchanceté	*n.f.*	악ᄒᆞᆷ	악(惡)함	*Hakh'ame*
Mèche	*n.f.*	심지	심지	*Simetji*
Méconnaissable	*adj.*	알어낼 슈 업소	알아낼 수 없소	*Haraunail sou haupso*
Mécontent	*adj.*	깃버ᄒᆞ지 안소	기뻐하지 않소	*Kitepau h'atji hauesso*
Mécontenter	*v.t.*	깃버ᄒᆞ지 안소	기뻐하지 않소	*Kitepau h'atji hauesso*
Médaille	*n.f.*	픠 ... 훈픠[33]	패(牌) ... 훈패(勳牌)	*Pfai .. H'ounepfai*
Médecin	*n.m.*	의원	의원(醫員)	*Heui houaune*
Médecine	*n.f.*	약	약(藥)	*Hiak*
Médiateur	*n.m.*	거간ᄒᆞ는 사람	거간(居間)하는 사람	*Kaukane h'aneune sarame*
Médiation	*n.f.*	거간	거간(居間)	*Kaukane*
Médicament	*n.m.*	약	약(藥)	*Hiak*
Médicinal	*adj.*	약되오	약(藥)되오	*Hiak teuho*

32 식물.
33 훈장.

Médiocre	*adj.*	변변치 안소	변변치 않소	*Piaune piaune tchi hanesso*
Médiocrement	*adv.*	변변치 안케	변변치 않게	*Piaune piaune tchi hane k'kei*
Médiocrité	*n.f.*	변변치 안음	변변치 않음	*Piaune piaune tchi haneume*
Médire	*v.int.*	훼방ᄒᆞ오	훼방(毁謗)하오	*H'ouei pang h'aho*
Médisance	*n.f.*	훼방	훼방(毁謗)	*H'ouei pang*
Médisant	*n.m.*	훼방ᄒᆞ는 사람	훼방(毁謗)하는 사람	*H'ouei pang h'aneune sarame*
Méditation	*n.f.*	묵샹	묵상(默想)	*Mouksang*
Méditer	*v.t.*	묵샹ᄒᆞ오	묵상(默想)하오	*Mouksang h'aho*
Méfier (Se)	*v.p.*	의심ᄒᆞ오	의심(疑心)하오	*Heuissime h'aho*
Mégarde (par)	*l.adv.*	ᄉᆡᆼ각지 안코	생각지 않고	*Saing kak tji hane k'ko*
Meilleur	*adj.*	ᄆᆡ우 됴소	매우 좋소	*Maiho tiosso*
Meilleur	*adj.*	낫소	낫소	*Nasso*
	le meilleur	십샹 됴소	십상(十常) 좋소	*Sipsang tiosso*
Mélancolie	*n.f.*	심녀	심려(心慮)	*Simeniau*
Mélancolique	*adj.*	심녀ᄒᆞ오	심려(心慮)하오	*Simeniau h'aho*
Mélancoliquement	*adv.*	심녀ᄒᆞ면서	심려(心慮)하면서	*Simeniau h'a miaune sau*
Mélange	*n.m.*	셕금	섞음	*Saukkeume*
Mélange	*n.m.*	혼합	혼합(混合)	*H'one h'ape*
Mélanger	*v.t.*	셕소	섞소	*Saukso*
Mêler	*v.t.*	셕소	섞소	*Saukso*
Melon	*n.m.*	참의	참외	*Tchame heui*
Membre	*n.m.*	사지	사지(四肢)	*Sâtji*
	Membre d'une société	회원	회원(會員)	*H'eu houaune*

Même	*adj.*	ᄀᆞᆺ소	같소	*Kasso*
Mémoire	*n.f.*	졍신	정신(精神)	*Tjieng sine*
Mémorable	*adj.*	긔억홀 만ᄒᆞ오	기억(記憶)할 만하오	*Keuihauk ha'l mane h'aho*
Menace	*n.f.*	미리 이름	미리 이름	*Miri hireume*
Menacer	*v.t.*	미리 이르오	미리 이르오	*Miri hireuho*
Ménage	*n.m.*	가구	가구(家具)	*Kakou*
Ménager	*v.t.*	졀용ᄒᆞ오[34]	절용(節用)하오	*Tjiauriong h'aho*
Mendiant	*n.m.*	비렁방이	비렁뱅이	*Pireng pang hi*
Mendiant	*n.m.*	거지	거지	*Kautji*
Mendier	*v.t.*	비러먹소	빌어먹소	*Pirau maukso*
Mener	*v.t.*	인도ᄒᆞ오	인도(引導)하오	*Hineto h'aho*
Mener	*v.t.*	다려오오	데려오오	*Tariau hoho*
Mensonge	*n.m.*	거진말	거짓말	*Kautjine mal*
	c'est un mensonge	이것시 거진말이오	이것이 거짓말이오	*Hikessi kautjine mariho*
Menteur	*n.m.*	거진말쟝이	거짓말쟁이	*Ketjine mal tjang hi*
Mention	*n.f.*	일너줌	일러줌	*Hillau tjoume*
Mentionner	*v.t.*	일너주오	일러주오	*Hillau tjouho*
Mentir	*v.int.*	거진말ᄒᆞ오	거짓말하오	*Keutjine marh'aho*
Menton	*n.m.*	턱	턱	*T'tauk*
Menu	*n.m.*	음식 차례 적은 것	음식(飮食) 차례(次例) 적은 것	*Heume sik tcha riei tjaukeune kaute*
Menuisier	*n.m.*	쇼목쟝이[35]	소목(小木)장이	*Somok tjang hi*
Mépris	*n.m.*	쳔ᄃᆡ	천대(賤待)	*Tchiaune tai*

34 아껴 쓰다.

35 나무로 가구 등을 짜는 사람.

Méprisable	*adj.*	업신역일 만하오	업신여길 만하오	*Haupsine hiaukil mane h'aho*
Mépriser	*v.t.*	업신역이오	업신여기오	*Haupsine hiauk hiho*
Mer	*n.f.*	바다	바다	*Pata*
Mercerie	*n.f.*	바눌실젼[36]	바늘실전(廛)	*Paneul sil tjaune*
Merci	*n.m.*	고맙소	고맙소	*Komapso*
	Merci Beaucoup	민우 고맙소	매우 고맙소	*Maihou komapso*
Mercredi	*n.m.*	슈요일	수요일(水曜日)	*Souhio il*
Mercure	*n.m.*	슈은	수은(水銀)	*Souheune*
Mère	*n.f.*	어머니	어머니	*Haumauni*
Mère	*n.f.*	모친	모친(母親)	*Motchine*
Mérite	*n.m.*	공	공(功)	*Kong*
Mériter	*v.t.*	유공ᄒᆞ오	유공(有功)하오	*Hioukong h'aho*
Merveille	*n.f.*	긔이함	기이(奇異)함	*Keui hi h'ame*
Merveilleux	*adj.*	긔이ᄒᆞ오	기이(奇異)하오	*Keui hi h'aho*
Mes	*adj.p.*	내 … 들	내 … 들	*Nai .. Teul*
	Mes souliers	내 신들	내 신들	*Nai sine teul*
Message	*n.m.*	긔별	기별(奇別)	*Keuipiaul*
Messager	*n.m.*	긔별군	기별군(奇別軍)	*Keuipiaule koune*
Messager	*n.m.*	보힝군	보행군(步行軍)	*Poh'aing koune*
Mesure	*n.f.*	쳑냥	척량(尺量)	*Tchiaukniang*
Mesurer	*v.t.*	쳑냥ᄒᆞ오	척량(尺量)하오	*Tchiaukniang h'aho*
Métairie	*n.f.*	양축장[37]	양축장(養畜場)	*Hiang tchiouk tjang*
Métal	*n.m.*	쇠	쇠	*Seu*

36 수예[봉재]재료 판매가게.

37 가축을 기르는 곳.

Métayer	*n.m.*	마름	마름	*Mareume*
Méthode	*n.f.*	법식	법식(法式)	*Paupe sike*
Méticuleux	*adj.*	됴츌ᄒᆞ오	도출(導出)하오	*Tiotchiorh'aho*
Métier	*n.m.*	생와[38]	생화(生貨)	*Saing hoa*
Mètre	*n.m.*	자[39]	자	*Tja*
Mets	*n.m.*	음식 ... 반찬	음식(飮食) ... 반찬(飯饌)	*Heume sik .. Pane tchane*
Mettre	*v.t.*	놋소 ... 쓰오	놓소 ... 쓰오	*Nosso .. Sseuho*
Mettre	*v.t.*	두오	두오	*Touho*
	Mettez ici	여긔 노으시오	여기 놓으시오	*Hiaukeui neussio*
Meuble	*n.m.*	셰간	세간(世間)	*Siei kane*
Meubler	*v.t.*	셰간 놋소	세간(世間) 놓소	*Siei kane nosso*
Meule	*n.f.*	매돌	맷돌	*Maitol*
Meunier	*n.m.*	가로 만드는 사람	가루 만드는 사람	*Karo mane teuneune sarame*
Meurtre	*n.m.*	살인	살인(殺人)	*Sarine*
Miauler	*v.int.*	야옹 거리오	야옹 거리오	*Hiahoung kauriho*
Mica	*n.m.*	쳥금셕[40]	청금석(靑金石)	*Tchieng keume sauk*
Microscope	*n.m.*	현미경	현미경(顯微鏡)	*H'iaune mikieng*
Midi	*n.m.*	오시 ... 나졔	오시(午時) ... 낮에	*Hossi .. Natjei*
Miel	*n.m.*	쑬	꿀	*Kkoul*
Mien (le)	*p.pos.*	내 것	내 것	*Naikaute*
	c'est le mien	이것시 내 것시오	이것이 내 것이오	*Hikaussi nai kaussio*
Mieux	*adv.*	낫소	낫소	*Nasso*
	c'est mieux	이것시 낫소	이것이 낫소	*Hikaussi nasso*

38 먹고 살아가는 데 도움이 되는 벌이나 직업, 생업.

39 도구.

40 프랑스어의 의미는 '운모'.

	Mieux que moi	나보다 낫소	나보다 낫소	*Napota nasso*
Migration	*n.f.*	잇스	이사(移徙)	*Hissa*
Milan	*n.m.*	믹[41]	매	*Mai*
Milieu	*n.m.*	가온딕	가운데	*Kahone tai*
	Mettez-le au milieu	그것슬 가온딕에 노으시오	그것을 가운데에 놓으시오	*Keukausseul kahonetaihei neussio*
Militaire	*n.m.*	무관	무관(武官)	*Moukoane*
	Militaire école	무관학교	무관학교(武官學校)	*Moukoane h'akio*
Mille	*adj.n.*	쳔	천(千)	*Tchiaune*
Millet	*n.m.*	좁쏠 ... 옥슈슈	좁쌀 ... 옥수수	*Tjiopssal .. Hok sou sou*
Mince	*adj.*	얄소	얇소	*Hïale so*
	c'est trop mince	너무 얄소	너무 얇소	*Naumou hïalso*
Mine	*n.f.*	졈	점(店)	*Tjiaume*
	Mine de charbon *n.f.*	셕탄졈	석탄점(石炭店)	*Saukt'tane tjiaume*
Minéral	*n.m.*	쇠[42]	쇠	*Seu*
Minéralogie	*n.f.*	쇠 의논ᄒᆞ는 칙[43]	쇠 의논(議論)하는 책(冊)	*Seuheuineune h'anane tchaik*
Mineur	*n.m.*	졀문 사람	젊은 사람	*Tjiaulmoune sarame*
Mineur	*n.m.*	졈에 잇는 사람[44]	점(漸)에 있는 사람	*Tjiaumei hitneune sarame*
	Mineur (doigt) *n.m.*	무명지[45]	무명지(無名指)	*Moumieng tji*
Minime	*adj.*	조곰도 아니오	조금도 아니오	*Tjiokome to haniho*

41 조류.
42 장드르 Minéral 금셕, 광물.
43 광물학.
44 젊은 사람. 한불 546: 졈다 少年 Jeune, être jeune. Syn. 졂다 Tjyelm-ta. 장드르 Mineur 미뎡년쟈, 미셩년.
45 약손가락.

Ministère	*n.m.*	아문[46]	아문(衙門)	*Hamoune*
Ministre	*n.m.*	딕신	대신(大臣)	*Taissine*
	Ministre Affaires Etrangères	외부딕신	외부대신(外部大臣)	*Heupou taissine*
	Ministre Agriculture	농상딕신	농상대신(農商大臣)	*Nossang taissine*
	Ministre Finances	탁지딕신[47]	탁지대신(度支大臣)	*T'taktji taissine*
	Ministre Guerre	군부딕신	군부대신(軍部大臣)	*Kounepou taissine*
	Ministre Instruction Publique	학부딕신	학부대신(學部大臣)	*H'akpou taissine*
	Ministre Intérieur	닉부딕신	내부대신(內部大臣)	*Naipou taissine*
	Ministre Justice	법부딕신	법부대신(法部大臣)	*Paupou taissine*
	Ministre Maison Impériale	궁닉부딕신	궁내부대신(宮內府大臣)	*Koung naipou taissine*
Minium	*n.m.*	진다웅빗	진(眞)다홍(紅)빛	*Tjine ta houng pite*
Minuit	*n.m.*	자시 ... 자졍	자시(子時) ... 자정(子正)	*Tjassi .. Tjatjieng*
Minuit	*n.m.*	밤즁	밤중(中)	*Pame tjioung*
Minute	*n.f.*	분	분(分)	*Poune*
Mire	*n.f.*	딕림[48]	대림	*Tairime*
Miroir	*n.m.*	거울 ... 명경	거울 ... 명경(明鏡)	*Kauhoul .. Mieng kieng*
Mise	*n.f.*	본젼	본전(本錢)	*Pone tjiaune*

46 관원들이 정무를 보는 곳.

47 원문에는 '탁지딕진'.

48 가늠쇠. 표제어 'Ajuster', 'Viser' 참고. 한불 461: 다림 向方 Mire d'un fusil; 한불 126: 가늠쇠 Mire (d'un fusil).

Misérable	*adj.*	불상ᄒᆞ오	불쌍하오	*Poulsang h'aho*
Misérablement	*adv.*	가련ᄒᆞ계	가련(可憐)하게	*Kariaune h'akei*
Misère	*n.f.*	가련홈	가련(可憐)함	*Kariaune h'ame*
Miséricorde	*n.f.*	인ᄌᆞ홈	인자(仁慈)함	*Hine tja h'ame*
Miséricordieux	*adj.*	인ᄌᆞᄒᆞ오	인자(仁慈)하오	*Hine tja h'aho*
Mission	*n.f.*	젼교회[49]	전교회(傳敎會)	*Tjaune kio h'eu*
Missionnaire	*n.m.*	젼교사[50]	전교사(傳敎師)	*Tjiaune kiossa*
Mite	*n.f.*	좀[51]	좀	*Tjome*
Mitoyen	*adj.*	격쟝이오[52]	격장(隔牆)이오	*Kiauktjiang hiho*
Mixte	*adj.*	혼잡ᄒᆞ오	혼잡(混雜)하오	*H'one tjape h'aho*
Mixture	*n.f.*	혼잡	혼잡(混雜)	*H'one tjape*
Mobile	*adj.*	흔들니오	흔들리오	*H'eune teulliho*
Modèle	*n.m.*	본식	본색(本色)	*Pone saik*
Modération	*n.f.*	죵용[53]	종용(從容)	*Tjiong hiong*
Modérément	*adv.*	죵용ᄒᆞ게	종용(從容)하게	*Tjiong hiong h'akei*
Modérer	*v.t.*	죵용이 ᄒᆞ오	종용(從容)히 하오	*Tjiong hiong hi h'aho*
Moderne	*adj.*	지금이오	지금(只今)이오	*Tijkeume hiho*
Modeste	*adj.*	겸사ᄒᆞ오[54]	겸사(謙辭)하오	*Kiaume sa h'aho*
Modestement	*adv.*	겸사로	겸사(謙辭)로	*Kiaume saro*
Modestie	*n.f.*	겸사	겸사(謙辭)	*Kiaume sa*
Modification	*n.f.*	ᄀᆡ졍	개정(改定)	*Kaitjieng*
Modifier	*v.t.*	ᄀᆡ졍ᄒᆞ오	개정(改定)하오	*Kaitjieng h'aho*

49 선교회.
50 선교사.
51 좀벌레.
52 담 하나를 사이에 둔, 인접한.
53 조용.
54 겸손한.

Modique	*adj.*	싸오[55]	싸오	*Ssaho*
Modulation	*n.f.*	곡죠	곡조(曲調)	*Koktjio*
Moduler	*v.t.*	곡죠ᄂᆡ오	곡조(曲調)내오	*Koktjio naiho*
Moele	*n.f.*	골슈	골수(骨髓)	*Kolsou*
Moeurs	*n.f.pl.*	풍속	풍속(風俗)	*Pfoung sok*
Moi	*p.p.*	나 ... 내	나 ... 내	*Na .. Nai*
	Moi-même	내 ᄆᆞ음대로	내 마음대로	*Nai maheum tairo*
Moindre	*adj.*	ᄆᆡ오 작소	매우 작소	*Maiho tjakso*
Moine	*n.m.*	즁	중	*Tjioung*
Moineau	*n.m.*	참ᄉᆡ	참새	*Tchame sai*
Moins	*adv.*	덜	덜	*Teule*
Mois	*n.m.*	달 ... 월	달 ... 월(月)	*Tal .. Houaule*
Moisir	*v.int.*	곰핑이 실엇소	곰팡이 슬었소	*Kome pfaing hi sirausso*
Moisissure	*n.f.*	곰핑이	곰팡이	*Kome pfaing hi*
Moisson	*n.f.*	츄슈	추수(秋收)	*Tchoussou*
Moissonner	*v.t.*	츄슈ᄒᆞ오	추수(秋收)하오	*Tchoussou h'aho*
Moitié	*n.f.*	반	반(半)	*Páne*
Mollesse	*n.f.*	졍신업슴	정신(精神)없음	*Tjieng sine haupseume*
Mollet	*n.m.*	쟁단지	장딴지	*Tjaing tane tji*
Moment	*n.m.*	ᄊᆡ	때	*Ttai*
Mon	*adj.p.*	나 ... 내	나 ... 내	*Na .. Nai*
Monarchie	*n.f.*	님군 잇는 나라	임금 있는 나라	*Hime koune hite neune nara*
Monastère	*n.m.*	졀[56]	절	*Tjiaule*

55 저렴한, 싼.

56 수도원.

Monceau	*n.m.*	큰 무덕이	큰 무더기	*K'keune mouteiki*
Monde	*n.m.*	셰계	세계(世界)	*Siei kiei*
Monnaie	*n.f.*	돈	돈	*Toune*
	Monnaie en argent	은젼	은전(銀錢)	*Heune tjiaune*
	Monnaie en papier	지젼	지전(紙錢)	*Tji tjiaune*
Monsieur	*n.m.*	서방[57]	서방(書房)	*Saupang*
	Monsieur *n.m.*	서방인	서방인(書房人)	*Saupangnime*
	Monsieur très-poli *n.m.*	딕인[58]	대인(大人)	*Tai hine*
Monstre	*n.m.*	괴물 ... 흉물	괴물(怪物) ... 흉물(凶物)	*Keumoul .. H'ioung moul*
Montagne	*n.f.*	산	산(山)	*Sane*
Mont-de-piété	*n.m.*	뎐당국[59]	전당국(典當局)	*Tiaune tang kouk*
Monter	*v.int.*	올나가오	올라가오	*Hollakaho*
	Montez sur l'échelle	사닥ᄃᆞ리 우에 올나가시오	사닥다리 위에 올라가시오	*Satak tari houei hollakassio*
Montre	*n.f.*	시계 ... 시표	시계(時計) ... 시표(時表)	*Sikiei .. Sipfio*
	quelle heure est-il?	무슨 시오	무슨 시(時)오	*Mousseune siho*
	Il est trois heures	세 시오	세 시(時)오	*Sei siho*
Montrer	*v.t.*	가르치오	가르치오	*Kareutchiho*
Montrer	*v.t.*	내뵈오	내보이오	*Naipeuho*

57 남편.
58 큰 인물. 한불 448: 대인 大人 Grand homme, homme remarquable, grand personnage.
59 전당포.

Monument	*n.m.*	비 ... 비셕	비(碑) ... 비석(碑石)	*Pi .. Pissauk*
Moquerie	*n.f.*	위롱홈	희롱(戲弄)함	*Houirong h'ame*
Moquer (se)	*v.p.*	비웃소	비웃소	*Pihousso*
Moquer (se)	*v.p.*	흉보오	흉보오	*H'ioung poho*
Moqueur	*n.m.*	희롱ᄒᆞ는 사람	희롱(戲弄)하는 사람	*H'euirong h'aneune sarame*
Morceau	*n.m.*	덩어리	덩어리	*Teng hauri*
	Donnez-moi un morceau de gâteau	썩 덩어리 ᄒᆞ나 주시오	떡 덩어리 하나 주시오	*Ttauk teng hauri h'ana tjoussio*
Mordre	*v.t.*	무오	무오	*Mouho*
Mors	*n.m.*	직갈	재갈	*Tjaikal*
Mort	*adj.*	죽소 ... 도라가오	죽소 ... 돌아가오	*Tjoukso .. Torakaho*
Mort	*n.f.*	죽음	죽음	*Tjoukoume*
	Il est mort	제가 죽엇소	제가 죽었소	*Tjieika tjoukausso*
Mortel	*adj.*	죽을 것	죽을 것	*Tjioukeul kaute*
Mortellement	*adv.*	죽에	죽게	*Tjoukei*
Mortier	*n.m.*	졀구[60]	절구	*Tjiaulkou*
Morve	*n.f.*	코물	콧물	*K'ko moul*
Morue	*n.f.*	민어	민어(民魚)	*Minau*
	Morue sèche	암치[61]	암치	*Hametchi*
Mot	*n.m.*	말[62] ... 마데[63]	말 ... 마디	*Mal .. Matei*
	On dit souvent ce mot-là	이 말을 사람이 자쥬 쓰오	이 말을 사람이 자주 쓰오	*Himareul sarami tjatjiou sseuho*
Motif	*n.m.*	연유	연유(緣由)	*Hiaune hiou*

60 기구.

61 어류.

62 낱말.

63 이음새. 원문에는 '말데'. 한불 226: 마듸 節 Articulation; jointure; noeud; article; portion; partie.

Mou	*adj.*	연ᄒᆞ오	연(軟)하오	*Hiaune h'ano*
Mouchard	*n.m.*	염탐군	염탐(廉探)군	*Hiaume t'tame koune*
Mouche	*n.f.*	파리	파리	*Pfari*
	attrape-mouche *n.f.*	파리 어앙[64]	파리 어항(魚缸)	*Pfari hauhang*
Moucher	*v.t.*	코 푸오	코 푸오	*K'ko pfouho*
Moucheron	*n.m.*	ᄒᆞ로살이	하루살이	*H'aro sari*
Mouchettes	*n.f.pl.*	불집게	불집게	*Poul tjipekei*
Mouchoir	*n.m.*	코슈건	콧수건(手巾)	*K'ko soukaune*
Moudre	*v.t.*	가오[65] ... ᄆᆡ돌질ᄒᆞ오	가오 ... 맷돌질하오	*Kaho .. Maitol tjil h'aho*
Mouiller	*v.t.*	비 맛소 ... 졋소	비 맞소 ... 젖소	*Pimasso .. Tjiausso*
	Je suis mouillé	내가 비 마졋소	내가 비 맞았소	*Naika pima tjiausso*
	La serviette est mouillée	수건이 져졋소	수건(手巾)이 젖었소	*Soukauni tjiau tjiausso*
Moule	*n.m.*	본	본(本)	*Pone*
Moulin	*n.m.*	ᄆᆡ돌 ... 방아	맷돌 ... 방아	*Maitol .. Pang ha*
Mourir	*v.int.*	죽소	죽소	*Tjoukso*
Mousse	*n.f.*	이끼 ... 바외옷	이끼 ... 바위옷	*Hikki .. Paheuhote*
Moustache	*n.f.*	웃슈염	윗수염(鬚髥)	*Hou souhiaume*
Moustiquaire	*n.f.*	모긔쟝	모기장(帳)	*Mokeui tjiang*
Moustique	*n.m.*	모긔	모기	*Mokeui*
Moutarde	*n.f.*	겨자	겨자	*Kiautja*
Moutardier	*n.m.*	겨자 그릇	겨자 그릇	*Kiautja keureute*
Mouton	*n.m.*	양	양(羊)	*Hiang*

64 프랑스어의 의미는 '끈끈이대나물', '파리통'.
65 갈다.

Mouton Viande	*n.m.*	양고기	양(羊)고기	*Hiang koki*
Mouvement	*n.m.*	흔듬	흔듦	*H'eune teume*
Mouvoir	*v.t.*	움즉이오	움직이오	*Houme tjikiho*
Moyen	*n.m.*	슈[66]	수(手)	*Sou*
Moyen de manger	*n.m.*	목을 슈	먹을 수	*Maukeul sou*
Moyeu	*n.m.*	박휘통[67]	바퀴통(筒)	*Pakh'oui t'tong*
Mue	*n.f.*	즘싱 털 벗는 씨	짐승 털 벗는 때	*Tjeume saing t'taul paute neune ttai*
Muer	*v.int.*	털 벗소	털 벗소	*T'taul pausso*
Muet	*n.m.*	벙어리	벙어리	*Peng hauri*
Mule	*n.f.*	암노식	암노새	*Hame nossai*
Mulet	*n.m.*	노식	노새	*Nossai*
Multiplication	*n.f.*	승[68] ... 승법	승(乘) ... 승법(乘法)	*Seung .. Seung paupe*
Multiplier	*v.t.*	승ᄒᆞ오	승(乘)하오	*Seung h'aho*
Multiplier	*v.t.*	곱치오	곱치오	*Kope tchiho*
Munir	*v.t.*	더 주오	더 주오	*Tau tjouho*
Mur	*n.m.*	벽 ... 담	벽(壁) ... 담	*Piauk .. Tame*
Mur	*n.m.*	장원	장원(莊園)	*Tjang houaune*
Mûr	*adj.*	익소	익소	*Hikso*
	cette poire n'est pas encore mûre	이 배가 아직 익지 안엇소	이 배가 아직 익지 않았소	*Hipaika hatjik hiktji hanausso*
Muraille	*n.f.*	셩	성(城)	*Seng*
Mûre	*n.f.*	어듸	오디	*Hautai*

66 수단, 방법.
67 윤심(輪心).
68 제곱.

Mûrier	*n.m.*	뽕나무	뽕나무	*Ppong namou*
Mûrir	*v.t.*	익소	익소	*Hikso*
Murmure	*n.m.*	엉얼거림	엉얼거림	*Heng haul kaurime*
Murmurer	*v.int.*	엉얼거리오	응얼거리다	*Heng haul kauriho*
Muscle	*n.m.*	임줄	힘줄	*Hime tjoul*
Museau	*n.m.*	아가리	아가리	*Hakari*
Musicien	*n.m.*	공인쟈[69]	공인자(工人者)	*Kong hine tjia*
Musicien	*n.m.*	풍뉴ᄒᆞ는 사람	풍류(風流)하는 사람	*Pfoungniou h'aneune sarame*
Musique	*n.f.*	풍뉴	풍류(風流)	*Pfoungniou*
Mutation	*n.f.*	변ᄒᆞᆷ	변(變)함	*Piaune h'ame*
Mutilation	*n.f.*	병신 ᄆᆞᆫ듦	병신(病身) 만듦	*Pieng sine mane teulme*
Mutiler	*v.t.*	병신 ᄆᆞᆫ드오	병신(病身) 만드오	*Pieng sine mane teuho*
Mutiner (se)	*v.p.*	순명 아니ᄒᆞ오	순명(順命) 아니하오	*Sounemieng hani h'aho*
Mutisme	*n.m.*	말 아니ᄒᆞᆷ	말 아니함	*Mal hani h'ame*
Mutuellement	*adv.*	셔로	서로	*Sauro*
Myope	*n.m.*	원시 못ᄒᆞ는 사람[70]	원시(遠視) 못하는 사람	*Houaune simote h'aneune sarame*
Myriade	*n.f.*	만	만(萬)	*Mane*
Mystification	*n.f.*	속임	속임	*Sokime*
Mystifier	*v.t.*	속이오	속이오	*Sokiho*

69 악기를 연주하는 일을 하는 사람.
70 근시인 사람.

N.n

Nacelle	*n.f.*	죵션[1]	종선(從船)	*Tjiong saune*
Nacre	*n.f.*	자개[2]	자개	*Tjakai*
Nageoire	*n.f.*	지누렘이	지느러미	*Tjinoureimi*
Nager	*v.int.*	헴치오	헤엄치오	*H'eime tchiho*
Nager	*v.int.*	목욕ᄒᆞ오	목욕(沐浴)하오	*Mokio h'aho*
Naguère	*adv.*	젼에	전(前)에	*Tjiaunei*
Naïf	*adj.*	셔투루오	서투르오	*Seut'tourouho*
Nain	*n.m.*	작은 사람[3]	작은 사람	*Tjakeune sarame*
Naissance	*n.f.*	싱일	생일(生日)	*Saing hile*
Naître	*v.int.*	나오	나오	*Naho*
Nappe	*n.f.*	상보[4]	상보(床褓)	*Sang po*
Narguer	*v.t.*	비웃소	비웃소	*Pihousso*
Narine	*n.f.*	코군영	콧구멍	*K'ko kounieng*

1 큰 배에 딸린 작은 배. 한불 577: 죵션 從船 Petite barque, canot, chaloupe.

2 조개 껍데기를 썰어 낸 조각.

3 난쟁이, 소인증 환자.

4 상을 덮는 보자기.

Narration	*n.f.*	슈작[5]	수작(酬酌)	*Soutjak*
Narrer	*v.t.*	슈작ᄒᆞ오	수작(酬酌)하오	*Soutjak h'aho*
Naseau	*n.m.*	코구멍	콧구멍	*K'ko koumeng*
Natif	*adj.*	ᄂᆞᆫ 곳	난 곳	*Nane kote*
Nation	*n.f.*	국 ... 나라	국(國) ... 나라	*Kouk .. Nara*
National	*adj.*	본국 것시오	본국(本國) 것이오	*Ponekouk kaussio*
Natte	*n.f.*	돗자리	돗자리	*Tote tjari*
Natte Couleur	*n.f.*	화문셕	화문석(花紋席)	*H'oamoune sauk*
Naturalisation	*n.f.*	입젹[6]	입적(入籍)	*Hipe tjiauk*
Naturaliser	*v.t.*	입젹ᄒᆞ오	입적(入籍)하오	*Hipe tjiauk h'aho*
Nature	*n.f.*	ᄌᆞ연ᄒᆞᆫ 이치	자연(自然)한 이치(理致)	*Tjahiaune h'anitchi*
Naturel	*adj.*	ᄌᆞ연ᄒᆞᆫ 이치오	자연(自然)한 이치(理致)오	*Tjahiaune h'ani tchiho*
Naturellement	*adv.*	졀노 ... ᄌᆞ연ᄒᆞᆫ 이치로	절로 ... 자연(自然)한 이치(理致)로	*Tjiaullo .. Tjahiauue h'ani tchiro*
Naufrage	*n.m.*	파션	파선(破船)	*Pfassaune*
Navet	*n.m.*	무	무	*Mou*
Navet Champ de	*n.m.*	무우밧	무밭	*Mouhoupate*
Navigation	*n.f.*	ᄇᆡ 부림[7]	배 부림	*Paipourime*
Naviguer	*v.int.*	ᄇᆡ 부리오	배 부리오	*Paipouriho*
Naviguer	*v.int.*	ᄒᆡᆼ션ᄒᆞ오	행선(行船)하오	*H'aing saune h'aho*
Navire	*n.m.*	ᄇᆡ[8]	배	*Pai*
Ne	*nég.*	아니	아니	*Hani*
Néanmoins	*conj.*	그러나	그러나	*Keurauna*

5 말을 서로 주고받다, 이야기하다. 표제어 'Causer', 'Conversation', 'Entretenir (s')' 참고.
6 어떤 곳에 적(籍)을 올림.
7 항해.
8 船.

Néant	*n.m.*	쳔지ᄀᆡ벽	천지개벽(天地開闢)	*Tchiaune tji kai piauk*
Nébuleux	*adj.*	안ᄀᆡ 씨오	안개 끼오	*Hanekai kkiho*
Nécessaire	*adj.*	쓸ᄃᆡ 잇소	쓸데 있소	*Sseultai hisso*
Nécessaire	*adj.*	요긴ᄒᆞ오	요긴(要緊)하오	*Hiokine h'aho*
Nécessairement	*adv.*	반다시 ... 가히	반드시 ... 가(可)히	*Panetassi .. Kah'i*
Nécessité	*n.f.*	요긴ᄒᆞᆷ	요긴(要緊)함	*Hiokine h'ame*
Négligence	*n.f.*	착실치 안이ᄒᆞᆷ	착실(着實)치 아니함	*Tchaksil tchi hani h'ame*
Négligent	*adj.*	착실치 안소	착실(着實)치 않소	*Tchaksil tchi hanesso*
Négliger	*v.t.*	마려두오	말여두오	*Mariau touho*
Négliger	*v.t.*	착실치 안소	착실(着實)치 않소	*Tchaksil tchi hanesso*
Négociant	*n.m.*	큰 장사	큰 장수	*K'keune tjang sa*
Nègre	*n.m.*	흑인	흑인(黑人)	*H'euk hine*
Neige	*n.f.*	눈[9]	눈	*Noune*
Neiger	*v.imp.*	눈 오오	눈 오오	*Noune hoho*
Nerf	*n.m.*	힘줄	힘줄	*H'ime tjoul*
Net	*adj.*	명ᄇᆡᆨᄒᆞ오	명백(明白)하오	*Mieng paik h'aho*
Nettoyer	*v.t.*	닥소	닦소	*Takso*
	Nettoyez cela	이것 닥으시오	이것 닦으시오	*Hikaute takeussio*
Neuf	*adj.*	ᄉᆡ것시오	새것이오	*Saikaussio*
Neveu	*n.m.*	족하 ... ᄉᆡᆼ질	조카 ... 생질(甥姪)	*Tjiokh'a .. Saing tjil*
Nez	*n.m.*	코	코	*K'ko*
Ni	*conj.*	아니	아니	*Hani*
	Ni l'un ni l'autre	둘이 다 아니오	둘이 다 아니오	*Tourita haniho*

9 雪.

Niais	*adj.*	우몽ᄒᆞᆫ	우몽(愚蒙)한	*Houmong h'ane*
Niche	*n.f.*	개집	개집	*Kaitjipe*
Nid	*n.m.*	ᄉᆡ집[10]	새집	*Sai tjipe*
Nièce	*n.f.*	족하ᄯᆞᆯ	조카딸	*Tjiok h'atal*
Nièce	*n.f.*	질녀	질녀(姪女)	*Tjilliau*
Nier	*v.t.*	그럿치 안소	그렇지 않소	*Keurautchi hanesso*
Nigaud	*adj.*	미련ᄒᆞᆫ	미련한	*Miriaune h'ane*
	N'importe lequel	아모것시나	아무것이나	*Hamokaussina*
Nitre	*n.m.*	염쵸[11]	염초(焰硝)	*Hiaume tchio*
Niveau	*n.m.*	다림	다림	*Tarime*
Niveler	*v.t.*	평평이 ᄒᆞ오	평평(平平)히 하오	*Pfieng pfieng hi h'aho*
Noble	*n.m.*	량반	양반(兩班)	*Hiang pane*
Noblesse	*n.f.*	모든 량반	모든 양반(兩班)	*Moteune hiang pane*
Noeud	*n.m.*	ᄆᆡ듭	매듭	*Maiteupe*
Noeud Coulant	*n.m.*	올ᄀᆡ미	올가미	*Holkaimi*
Noir	*adj.*	검소 ... 흑이오	검소 ... 흑(黑)이오	*Keumso .. Heukiho*
Noirâtre	*adj.*	검으스럼ᄒᆞ오	거무스름하오	*Keumseuraume h'aho*
Noircir	*v.t.*	검게 ᄒᆞ오	검게 하오	*Keumekei h'aho*
Noisetier	*n.m.*	개얌나무	개암나무	*Kaihiame namou*
Noisette	*n.f.*	개얌	개암	*Kaihiame*
Noix	*n.f.*	호도	호두	*H'oto*
Noix (coquille de)	*n.f.*	호도 곱질	호두 껍질	*H'oto koptjil*
Nom	*n.m.*	일홈	이름	*Hirh'ome*

10 둥지.

11 니트로, 질산칼륨. 표제어 'Salpêtre' 참고. 한불 28: 염초 焰焇 Salpêtre, nitre.

Nom De baptême	*n.m.*	셩명[12]	성명(聖名)	*Seng mieng*
	Quel est votre nom?	일홈이 모어시오	이름이 무엇이오	*Hirh'omi mou haussio*
Nombre	*n.m.*	수 ... 그림자[13]	수(數) ... 그림자	*Sou .. Keurimetja*
Nombreux	*adj.*	수만소	수(數)많소	*Soumanesso*
Nombril	*n.m.*	비솝	배꼽	*Pai kkope*
Nomination	*n.f.*	벼슬홈	벼슬함	*Piausseur h'ame*
Nommer	*v.t.*	벼슬ᄒᆞ오	벼슬하오	*Piausseur h'aho*
Non	*adv.n.*	아니오	아니오	*Haniho*
	Non-seulement cela	이쓴 아니오	이뿐 아니오	*Hippoune haniho*
Nord	*n.m.*	북 ... 북편	북(北) ... 북편(北便)	*Pouk .. Pouk pfiaume*
Nos	*adj.p.*	우리 ... 들	우리 ... 들	*Houri .. teul*
Notable	*adj.*	긔록할 만ᄒᆞ오	기록(記錄)할 만하오	*Keuirok h'almane h'aho*
Note	*n.f.*	죠회	조회(照會)	*Tjio h'eu*
Noter	*v.t.*	죠회ᄒᆞ오	조회(照會)하오	*Tjio h'eu h'aho*
Notice	*n.f.*	알님 ... 긔별	알림 ... 기별(奇別)	*Hallime .. Keuipiaul*
Notification	*n.f.*	알게 홈	알게 함	*Halkei h'ame*
Notifier	*v.t.*	알니오	알리오	*Halliho*
Notifier	*v.t.*	통긔ᄒᆞ오[14]	통기(通寄)하오	*T'tong keui h'aho*
Notion	*n.f.*	앎	앎	*Halme*
Notre	*adj.p.*	우리	우리	*Houri*
Nouer	*v.t.*	미오	매오	*Mai ho*

12 세례명.

13 그림(畵)을 그릴 때 쓰는 도구인 자막대기.

14 기별을 보내어 알림.

Nougat	*n.m.*	엿	엿	*Hiaute*
Nourrice	*n.f.*	유모	유모(乳母)	*Hioumo*
Nourrir	*v.t.*	기르오	기르오	*Kireuho*
Nourrir	*v.t.*	먹이오	먹이오	*Mek hiho*
Nourrissant	*adj.*	더 며이오	더 먹이오	*Taumeik hiho*
Nourrisson	*n.m.*	유아	유아(幼兒)	*Hiou ha*
Nourriture	*n.f.*	음식	음식(飮食)	*Heume sik*
Nous	*p.p.*	우리	우리	*Houri*
	Nous-mêmes	우리 ᄆᆞ음ᄃᆡ로	우리 마음대로	*Houri maheume tairo*
Nouveau	*n.m.*	ᄉᆡ	새	*Sai*
	de nouveau	다시 ... 새로	다시 ... 새로	*Tassi .. Sairo*
Nouveauté	*n.f.*	ᄉᆡ 것	새 것	*Sai kaute*
Nouvelle	*n.f.*	쇼문	소문(所聞)	*Sômoune*
Novembre	*n.m.*	십일월[15]	십일월(十一月)	*Sipirouaule*
Novice	*n.m.*	젼운 학도	젊은 학도(學徒)	*Tjiaunoune h'akto*
Noyau	*n.m.*	알맹이	알맹이	*Halmaing hi*
Noyer	*n.m.*	호도나무	호두나무	*H'oto namou*
Noyer (se)	*v.p.*	빠져 죽소	빠져 죽소	*Ppatjiau tjoukso*
Nu	*adj.*	젹신이오	적신(赤身)이오	*Tjiauksine hiho*
Nuage	*n.m.*	구름	구름	*Koureume*
Nuance	*n.f.*	ᄎᆡᄉᆡᆨ	채색(彩色)	*Tchaissaik*
Nuancer[16]	*v.t.*	ᄎᆡᄉᆡᆨᄒᆞ오[17]	채색(彩色)하오	*Tchaissaik h'aho*
Nubile	*adj.*	과년ᄒᆞ오	과년(過年)하오	*Koaniaune h'aho*

15 원문에는 '십일원'.
16 원문에는 'Nncerua'.
17 원문에는 'ᄌᆡᄉᆡᆨᄒᆞ오'.

Nubilité	*n.f.*	과년홈	과년(過年)함	*Koaniaune h'ame*
Nudité	*n.f.*	적신	적신(赤身)	*Tjiauksine*
Nuée	*n.f.*	쩨	떼	*Ttei*
Nuire	*v.int.*	히롭게 ᄒᆞ오	해(害)롭게 하오	*H'airopkei h'aho*
Nuisible	*adj.*	히롭소	해(害)롭소	*H'airopso*
Nuit	*n.f.*	밤[18]	밤	*Pame*
Nul	*adj.*	그러치 안소	그렇지 않소	*Keurautchi hane sso*
	Nulle part	아모데서도 못	아무데서도 못	*Hamoteissau tomote*
Nullement	*adv.*	그러치 안게	그렇지 않게	*Keurautchi hanekei*
Numération	*n.f.*	슈법	수법(數法)	*Soupaupe*
Numéro	*n.m.*	슈자 ... 슈	숫자(數字) ... 수 (數)	*Soutja .. Sou*
Numéroter	*v.t.*	슈 믹히오	수(數) 매기오	*Soumaik h'iho*
Nuptial	*adj.*	혼비ᄒᆞ오	혼배(婚配)하오	*H'onepai h'aho*
Nuque	*n.f.*	목덜미	목덜미	*Mok taulmi*
Nutritif	*adj.*	기를 만ᄒᆞ오	기를 만하오	*Kireul mane h'aho*

18 夜.

O.o

Obéir	*v.int.*	슌명ᄒᆞ오	순명(順命)하오	*Soune mieng h'aho*
Obéissance	*n.f.*	슌명ᄒᆞᆷ	순명(順命)함	*Soune mieng h'ame*
Obéissant	*adj.*	슌명ᄒᆞ오	순명(順命)하오	*Soune mieng h'aho*
Obèse	*adj.*	ᄉᆞᆯ찌오	살찌오	*Sal ttjioho*
Obésité	*n.f.*	ᄉᆞᆯ찜	살찜	*Sal ttjime*
Objecter	*v.t.*	ᄎᆡᆨ망ᄒᆞ오	책망(責望)하오	*Tchaik mang h'aho*
Objection	*n.m.*	ᄎᆡᆨ망ᄒᆞᆷ	책망(責望)함	*Tchaik mang h'ame*
Objet	*n.m.*	물건	물건(物件)	*Moule kaune*
Obligation	*n.f.*	담당 ... 본분	담당(擔當) ... 본분(本分)	*Tame tang .. Pone poune*
Obligatoire	*adj.*	면부득이오[1]	면부득(免不得)이오	*Miaune pouteuk h'iho*
Obliger	*v.t.*	억지로 식히오	억지로 시키오	*Hauktjiro sikh'iho*
Oblique	*adj.*	구부러졋소	구부러졌소	*Koupourau tjiausso*
Obliquement	*adv.*	에둘너	에둘러	*Heitoullau*
Obliquer	*v.int.*	빗두러지오	비뚤어지오	*Pitourau tjiho*

1 면하려고 해도 면하지 못하다. 표제어 'Imminent' 참고. 한불 234: 면부득일다 免不得 Etre inévitable.

Oblitérer	*v.t.*	업시버리오	없애버리오	*Haupsai pauriho*
Obscène	*adj.*	음난ᄒᆞ오	음란(淫亂)하오	*Heumenane h'aho*
Obscénité	*n.f.*	음난ᄒᆞᆷ	음란(淫亂)함	*Heumenane h'ame*
Obscur	*adj.*	어둡소 ... 캄	어둡소 ... 캄	*Hautoupso .. K'kame*
Obscurcir	*v.t.*	어둡소	어둡소	*Hautoupso*
Obscurément	*adv.*	어둡게	어둡게	*Hautoupe kei*
Obscurité	*n.f.*	어둠	어둠	*Hautoume*
Obséder	*v.t.*	셩가시게 ᄒᆞ오	성가시게 하오	*Seng kassikei h'aho*
Observateur	*n.m.*	살피는 사람	살피는 사람	*Salpfineune sarame*
Observation	*n.f.*	살핌	살핌	*Salpfime*
Observer	*v.t.*	살피오	살피오	*Salpfiho*
Observer	*v.t.*	직히오	지키오	*Tjikh'iho*
Obsession	*n.f.*	셩가심	성가심	*Seng kassime*
Obstacle	*n.m.*	막음	막음	*Makeume*
Obstination	*n.f.*	고집	고집(固執)	*Kotjipe*
Obstiné	*adj.*	고집 세오	고집(固執) 세오	*Kotjipe sieiho*
Obstinément	*adv.*	고집 셰우면서	고집(固執)스럽게	*Kotjipsiei hou miaune sau*
Obstiner (s')	*v.p.*	고집 셰오	고집(固執) 세오	*Kotjipsiei ho*
Obstruer	*v.t.*	막소 ... 가리오	막소 ... 가리오	*Makso .. Kariho*
Obtenir	*v.t.*	쳥ᄒᆞᆫ ᄃᆡ로 됏소	청(請)한 대로 됐소	*Tchieng h'ane tairo tuésso*
Obtention	*n.m.*	쳥ᄒᆞᆫ ᄃᆡ로 됨	청(請)한 대로 됨	*Tchieng h'ane tairo teume*
Occasion	*n.f.*	긔회	기회(機會)	*Keui h'eu*
Occasionnellement	*adv.*	긔회 타셔	기회(機會) 타서	*Keui h'eu t'tassau*
Occasionner	*v.t.*	긔회 웃소	기회(機會) 얻소	*Keui h'eu heusso*
Occident	*n.m.*	서편	서편(西便)	*Saupfiaune*

Occidental	*adj.*	서편이오	서편(西便)이오	*Saupfiaune hiho*
Occiput	*n.m.*	뒤동수	뒤통수	*Touitong sou*
Occupation	*n.f.*	분주ᄒᆞᆷ	분주(奔走)함	*Pounetjou h'ame*
Occuper	*v.t.*	분주ᄒᆞ오	분주(奔走)하오	*Pounetjou h'aho*
	Etes-vous occupé?	분주ᄒᆞ시오	분주(奔走)하시오	*Pounetjou h'assio*
Océan	*n.m.*	큰 바다	큰 바다	*K'keune pata*
Octave	*n.f.*	여ᄃᆞᆲᄌᆡ	여덟째	*Hiautalp tjai*
Octobre	*n.m.*	십월	시월(十月)	*Si houaule*
Octogénaire	*adj.*	팔십 먹은	팔십(八十) 먹은	*Pfalsipe maukeune*
Octroi	*n.m.*	셰	세(稅)	*Siei*
Oculaire	*adj.*	목도힛소	목도(目睹)했소	*Mokto h'aisso*
Odeur	*n.f.*	내암새	냄새	*Naihame sai*
Odieux	*adj.*	밉소	밉소	*Mipso*
Odieusement	*adv.*	밉게	밉게	*Mipkei*
Odorat	*n.m.*	내암새 맛흠	냄새 맡음	*Naihame sai mate h'eume*
Odoriférant	*adj..*	ᄂᆡᆷᄉᆡ나오	냄새나오	*Naimessai naho*
Oeil	*n.m.*	눈[2]	눈	*Noune*
Oeuf	*n.m.*	ᄃᆞᆰ걀 ... 겨란	달걀 ... 계란(鷄卵)	*Talkiale .. Kiaurane*
	Oeuf de poisson	어란	어란(魚卵)	*Haurane*
Oeuvre	*n.f.*	본분	본분(本分)	*Pone poune*
Offensant	*adj.*	욕ᄒᆞ오	욕(辱)하오	*Hiok h'aho*
Offense	*n.f.*	욕	욕(辱)	*Hiok*
Offenser	*v.t.*	욕ᄒᆞ오	욕(辱)하오	*Hiok h'aho*

2 目.

Officiel	*adj.*	공 ... 버소[3]	공(公) ... 버소	*Kong .. Pausso*
Officiellement	*adv.*	공법으로	공법(公法)으로	*Kong paupeuro*
Officier	*n.m.*	사관	사관(史官)	*Sakoane*
Offrande	*n.f.*	졔물	제물(祭物)	*Tjiei moule*
Offre	*n.f.*	밧침	바침	*Pate tchime*
Offrir	*v.t.*	밧치오 ... 드리오	바치오 ... 드리오	*Pate tchi ho .. Teuriho*
Offusquer	*v.t.*	눈부시오	눈부시오	*Noune poussio*
Ohé! (vulg.)	*int.*	여보	여보	*Hiauvo*
	Ohé! (vulg.) (poli)	여봅시오	여보시오	*Hiaupopsio*
Oie	*n.f.*	거우	거위	*Kau hou*
Oie Sauvage	*n.f.*	기럭이	기러기	*Kirauki*
Oignon	*n.m.*	파[4]	파	*Pfa*
Oiseau	*n.m.*	싀[5]	새	*Sai*
Oisif	*adj.*	ᄒᆞᆫ가ᄒᆞ오	한가(閑暇)하오	*H'aneka haho*
Oisillon	*n.m.*	싀 싀이	새 새끼	*Sai saiki*
Oisivement	*adv.*	ᄒᆞᆫ가히	한가(閑暇)히	*H'ane ka h'i*
Oisiveté	*n.f.*	ᄒᆞᆫ가ᄒᆞᆷ	한가(閑暇)함	*H'aneka h'ame*
Oléagineux	*adj.*	기름지오	기름지오	*Kireume tjiho*
Olive	*n.f.*	감남[6]	감람(橄欖)	*Kamename*
Olivier	*n.m.*	감남나무	감람(橄欖)나무	*Kamename namou*
Ombrage	*n.m.*	그늘진 데	그늘진 데	*Keuneul tjine tei*
Ombrager	*v.t.*	그늘지오	그늘지오	*Keuneul tjiho*

3 프랑스어의 의미는 '공적인', '공공의'. *'버소'의 의미를 알 수 없음.

4 채소.

5 조류.

6 올리브. 개신교 문헌에서 라틴어 'Oliva'에 대한 번역어이며, 한문 서학서의 번역어는 주로 '오리와'.

Ombre	*n.f.*	그림ᄌᆞ ... 그늘	그림자 ... 그늘	*Keurime tja .. Keuneul*
Omelette	*n.f.*	겨란 붓친 것[7]	계란(鷄卵) 부친 것	*Kıaurane poute tchine kaute*
Omettre	*v.t.*	궐ᄒᆞ오	궐(闕)하오	*Kouaur h'aho*
Omission	*n.f.*	궐ᄒᆞᆷ	궐(闕)함	*Kouaur h'ame*
Omnipotence	*n.f.*	젼능	전능(全能)	*Tjiaune neung*
Omoplate	*n.f.*	억ᄭᆡ부둘기[8]	어깻부들기	*Haukkai pouteulki*
On	*p.ind.*	사람	사람	*Sarame*
Oncle	*n.m.*	삼촌	삼촌(三寸)	*Same tchoune*
Onde	*n.f.*	졀[9]	결	*Tjiaul*
Onéreux	*adj.*	즁ᄒᆞ오	중(重)하오	*Tjioung h'aho*
Ongle	*n.m.*	손톱	손톱	*Sone t'toupe*
Ongle	*n.m.*	발톱	발톱	*Pal t'toupe*
Opération	*n.f.*	일ᄒᆞᆷ	일함	*Hirh'ame*
Opérer	*v.t.*	일ᄒᆞ오	일하오	*Hir h'aho*
Ophtalmie	*n.f.*	안질	안질(眼疾)	*Hane tjil*
Opiner	*v.int.*	ᄉᆡᆼ각ᄒᆞ오	생각하오	*Saing kak h'aho*
Opiniâtre	*adj.*	고집ᄒᆞ오	고집(固執)하오	*Kotjipe h'aho*
Opinion	*n.f.*	의ᄉᆞ ... 소견	의사(意思) ... 소견(所見)	*Heuissa .. Sokiaune*
Opium	*n.m.*	아편연	아편연(阿片煙)	*Hapfiaune hiaune*
Opportun	*adj.*	뎍당ᄒᆞ오	적당(適當)하오	*Tiauk tang h'aho*
Opportunément	*adv.*	ᄣᆡ 맛취셔	때 맞춰서	*Ttaimate tchouaussau*
Opportunité	*n.f.*	뎍당ᄒᆞᆷ	적당(適當)함	*Tiauk tang h'ame*

7 오믈렛.

8 견갑골(肩甲骨). 한불 154: 견갑 堅甲 Omoplate. 페롱 Omoplate죽지, 엇ᄀᆡ죽지.

9 파동, 물결.

Opposition	*n.f.*	샹뎍홈	상적(相敵)함	*Sang tiauk h'ame*
Oppresser	*v.t.*	누르오	누르오	*Nourenho*
Oppresseur	*n.m.*	누르는 사람	누르는 사람	*Noureuneune sarame*
Oppression	*n.f.*	눌늠	누름	*Noulleume*
Opprimer	*v.t.*	히 뵈오[10]	해(害) 뵈오	*H'aipeuho*
Opprimer	*v.t.*	누르오	누르오	*Noureuho*
Opprobre	*n.m.*	수침[11]	수침	*Soutchime*
Opter	*v.int.*	갈희오	가리오	*Karh'euiho*
Opter	*v.int.*	피ᄒᆞ 가오	피(避)해 가오	*Pfih'ai kaho*
Opticien	*n.m.*	안경징이	안경(眼鏡)쟁이	*Hanekieng tjaing hi*
Option	*n.f.*	갈힘	가림	*Karh'euime*
Optimiste	*n.m.*	말 조케 ᄒᆞ는 사람	말 좋게 하는 사람	*Moltjok'kei h'a neune sarame*
Opulence	*n.f.*	부귀	부귀(富貴)	*Poukoui*
Opulent	*adj*	부ᄒᆞ오	부(富)하오	*Pou h'aho*
Or	*n.m.*	금	금(金)	*Keume*
Or	*conj.*	그러나	그러나	*Keurauna*
Oracle	*n.m.*	미리 말홈	미리 말함	*Miri marh'ame*
Orage	*n.m.*	일긔부죠[12]	일기부조(日氣不調)	*Hilkeui poutjio*
Orageux	*adj.*	일긔가 고루지 못 ᄒᆞ오	일기(日氣)가 고르지 못하오	*Hlkeuika koroutji mote h'aho*
Oraison	*n.f.*	축문	축문(祝文)	*Tchiouk moune*
Oral	*adj.*	말노 ᄒᆞ오	말로 하오	*Mallo h'aho*
Orange	*n.f.*	귤 ... 감자[13]	귤(橘) ... 감자	*Kioul .. Kametja*

10 해를 끼치다. 표제어 'Léser' 참고. 한불 75: 해ᄒᆞ다 害 Nuisible, préjudiciable, faire tort, nuire.

11 수치. 프랑스어의 의미는 '치욕', '불명예'.

12 기후가 고르지 못함. 프랑스어의 의미는 '뇌우', '폭풍우'.

13 왜(倭)감자. '귤'의 방언.

Oranger	*n.m.*	귤나무	귤(橘)나무	*Kioul namou*
Orateur	*n.m.*	연셜군	연설(演說)꾼	*Hiaune saulkoune*
Orateur	*n.m.*	입 지쥬 잇는 사람	입 재주 있는 사람	*Hipe tjaitjiou hite neune sarame*
Ordinaire	*adj.*	예사요	예사(例事)요	*Hiei sahiho*
Ordinairement	*adv.*	예사로	예사(例事)로	*Hiei saro*
Ordonner	*v.t.*	분부ᄒᆞ오	분부(分付)하오	*Poune pouh'aho*
Ordre	*n.m.*	분부 ... 명녕	분부(分付) ... 명령(命令)	*Poune pou .. Mieng nieng*
Ordure	*n.f.*	ᄯᅩᆼ	똥	*Ttong*
Oreille	*n.f.*	귀	귀	*Koui*
Oreiller	*n.m.*	벼ᄀᆡ	베개	*Piaukai*
Orfèvre	*n.m.*	금은징이[14]	금은(金銀)장이	*Keumeune tjaing hi*
Organisation	*n.f.*	분별	분별(分別)	*Poune piaule*
Organiser	*v.t.*	분별ᄒᆞ오	분별(分別)하오	*Poune piaule h'aho*
Orge	*n.f.*	버리	보리	*Pauri*
Orgelet	*n.m.*	비졉[15]	비접	*Pitjiaupe*
Orgueil	*n.m.*	교틱	교태(嬌態)	*Kiot'tai*
Orgueilleux	*adj.*	거만ᄒᆞ오	거만(倨慢)하오	*Kaumane h'aho*
Orient	*n.m.*	동편	동편(東便)	*Tong pfiaune*
Oriental	*adj.*	동편이오	동편(東便)이오	*Tong pfiaune hiho*
Orifice	*n.m.*	아가리	아가리	*Hakari*
Oriflamme	*n.f.*	긔	기(旗)	*Keui*
Originaire	*adj.*	소산이오	소산(所産)이오	*Sossane hiho*
Origine	*n.f.*	소산 ... 소싱	소산(所産) ... 소생(所生)	*Sossane .. Sossaing*

14 금은세공사.

15 다래끼. 한불 329: 비졉 Orgelet.

Ornement	*n.m.*	ᄭᅮ며 논 것	꾸며 놓은 것	*Kkoumiaunone kaute*
Orner	*v.t.*	ᄭᅮ며 놋소	꾸며 놓소	*Kkoumiaunosso*
Orphelin	*n.m.*	부모 업는 아희	부모 없는 아이	*Poumo haupe neune ha h'eui*
Orpheline	*n.f.*	부모 업는 계집아희	부모 없는 계집아이	*Poumo haupe neune kieittjipe ha h'eui*
Orphelinat	*n.m.*	부모 업는 아희 기르는 집	부모 없는 아이 기르는 집	*Poumo haupe neune ha h'eui kireuneune tjipe*
Orteil	*n.m.*	발가락	발가락	*Pal karak*
Orthographe	*n.f.*	잘 슴[16]	잘 씀	*Tjal sseume*
Ortie	*n.f.*	흔긍키[17]	엉겅퀴	*H'eune keung k'ki*
Os	*n.m.*	ᄲᅧ	뼈	*Ppiau .. ppei*
Oseille	*n.f.*	싀엉[18]	수영	*Seui heng*
Oser	*v.t.*	감이ᄒᆞ오	감이(戡夷)하오	*Kami h'aho*
Osier	*n.m.*	빙대[19]	빙대(氷臺)	*Pine tai*
Ossements	*n.m.pl.*	ᄲᅧ	뼈	*Ppiau .. ppei*
Ostentation	*n.f.*	ᄌᆞ랑	자랑	*Tjarang*
Oter	*v.t.*	벗기오	벗기오	*Paute kiho*
Oter	*v.t.*	드러내오	드러내오	*Teurau naiho*
	Otez cela	이것 드러내시오	이것 드러내시오	*Hikaute teurau naissio*
Ou	*conj.*	이니 ... 혹	이니 ... 혹(或)	*Hina .. H'ok*
	Donnez-moi de l'eau ou du vin	물이나 술이나 주시오	물이나 술이나 주시오	*Mourina sourina tjoussio*
Où	*adv.*	어듸	어디	*Hauteui*

---

16 정서법, 철자법.

17 표제어 'Chardon' 참고. 장드르 Ortie 억새, 왁새.

18 마디풀과의 여러해살이풀. 한불 409: 싀엉 Oseille.

19 국화과의 여러해살이풀.

	D'où	어듸셔	어디서	*Hauteui sau*
	Où est il?	어듸 잇소	어디 있소	*Hauteui hisso*
	Où étiez-vous?	어듸 잇셧소	어디 있었소	*Hauteui hissaussa*
	Où allez-vous?	어듸 가시오	어디 가시오	*Hauteui kassio*
	Par où faut-il passer?[20]	어듸로 지나는 것시 맛당ᄒᆞ오	어디로 지나는 것이 마땅하오	*Hautairo tjina neune kaussi matang h'aho*
Ouate	*n.f.*	솜	솜	*Some*
Ouater	*v.t.*	솜 두오	솜 두오	*Some touho*
Oubli	*n.m.*	이져버림	잊어버림	*Hitjiau paurime*
Oublier	*v.t.*	이져버리오	잊어버리오	*Hitjiau pauriho*
	J'ai oublié	이져버렷소	잊어버렸소	*Hitjiau pau riausso*
Ouest	*n.m.*	셔 ... 셔편	서(西) ... 서편(西便)	*Sau .. Saupfiaune*
Oui	*adv.*	예[21]	예	*Hiéi*
Ouïe	*n.f.*	귀 발금[22]	귀 밝음	*Koui palkeume*
Ouragan	*n.m.*	듸풍	태풍(颱風)	*Tai pfoung*
Ours	*n.m.*	곰 ... 슈놈	곰 ... 수놈	*Kome .. Sounome*
Outil	*n.m.*	쟁기 ... 옌장	쟁기 ... 연장	*Tjaing ki .. Hieine tjang*
Outrage	*n.m.*	욕	욕(辱)	*Hiok*
Outrageant	*adj.*	욕되ᄂᆞᆫ	욕(辱)되는	*Hiok teunane*
Outrager	*v.t.*	욕ᄒᆞ오	욕(辱)하오	*Hiok h'aho*
Outre	*prép.*	여외에	이외에	*Hiau heu hiei*
Ouvert	*adj.*	열녓소	열렸소	*Hiaulliausso*
Ouverture	*n.f.*	열님	열림	*Hiaullime*

20 원문에는 'Par où faut-il paser?'.

21 그렇습니다.

22 프랑스어의 의미는 '청각'.

Ouvrage	*n.m.*	일 ... 공부	일 ... 공부(工夫)	*Hil .. Kong pou*
Ouvrier	*n.m.*	일군 ... 삭군	일꾼 ... 삯꾼	*Hilkoune .. Sakoune*
Ouvrier	*n.m.*	모군[23]	모군(募軍)	*Mokoune*
Ouvrir	*v.t.*	여오	여오	*Hiau ho*
	Ouvrez	열으시오	여시오	*Hiaureussio*

23 삯을 받고 일하는 노동자. 표제어 'Coolie' 참고. 한불 243: 모군 募軍 Ouvrier qui reçoit son salaire en argent et se nourrit lui-même.

P.p

Pacificateur	*n.m.*	안민ᄒᆞᆫ 사람[1]	안민(安民)한 사람	*Hanemine h'ane sarame*
Pacification	*n.f.*	안민ᄒᆞᆷ	안민(安民)한	*Hanemine h'ame*
Pacifier	*v.t.*	안민ᄒᆞ오	안민(安民)하오	*Hanemine h'aho*
Pacifique	*adj.*	평화캐 ᄒᆞ오	평화(平和)케 하오	*Pfieng h'oa k'kei h'aho*
Pacifiquement	*adv.*	평화하케	평화(平和)하게	*Pfieng h'oa h'ak'kei*
Pacte	*n.m.*	ᄆᆡᆼ약	맹약(盟約)	*Maing hiak*
Pactiser	*v.int.*	ᄆᆡᆼ약ᄒᆞ오	맹약(盟約)하오	*Maing hiak h'aho*
Page	*n.m.*	통인[2] ... 쳥직이	통인(通引) ... 청(廳)지기	*T'tong hine .. Tchieng tjiki*
Page	*n.f.*	편 ... 쪽	편(便) ... 쪽	*Pfiaune .. Ttjok*
Pagode	*n.f.*	탑	탑(塔)	*T'tape*
Paillasson	*n.m.*	방셕 ... 푸들[3] ... 왕굴	방석(方席) ... 부들 ... 왕골	*Pang sauk .. Pfouteul .. Hoankoule*
Paille	*n.f.*	집	짚	*Tjipe*

1 백성을 안심하고 편히 살게 하는 사람.

2 수령의 잔심부름을 하던 구실아치. 한불 518: 통인 通引 Enfant de prétorien qui est aupres du mandarin pour le servir.

3 부들과의 여러해살이.

	Toit de paille	초가집	초가(草家)집	*Tchoka tjipe*
Pain	*n.m.*	면투[4] … 떡	면투 … 떡	*Miaunetou .. Ttauk*
Paire	*n.f.*	쌍	쌍(雙)	*Ssang*
Paisible	*adj.*	쟘쟘ᄒᆞ오	잠잠(潛潛)하오	*Tjiame tjiame h'aho*
Paisible	*adj.*	평안ᄒᆞ오	평안(平安)하오	*Pfieng hane h'aho*
Paisiblement	*adv.*	쟘쟘ᄒᆞ게	잠잠(潛潛)하게	*Tjiame tjiame h'akei*
Paître	*v.t.*	풀 쓰더먹소	풀 뜯어먹소	*Pfoul tteutau maukso*
Paix	*n.f.*	평안홈 … 화친	평안(平安)함 … 화친(和親)	*Pfieng hane h'ame .. H'oatchine*
	Dormez en paix	안령이 주무시오	안녕(安寧)히 주무시오	*Halliengni tjou moussio*
Palais	*n.m.*	ᄃᆡ궐	대궐(大闕)	*Tai kouaule*
Palais Bouche	*n.m.*	쳔쟝[5]	천장(天障)	*Tchiaune tjiang*
Pâle	*adj.*	할식ᄒᆞ오	핼쑥하오	*H'alsik h'aho*
Pâlir	*v.int.*	할식ᄒᆞ오	핼쑥하오	*H'alsik h'aho*
Palissade	*n.f.*	난간	난간(欄干)	*Nane kane*
Palissade	*n.f.*	울타리	울타리	*Houl t'tari*
Palpable	*adj.*	붓잡을 만ᄒᆞ오	붙잡을 만하오	*Poute tjapeul mane h'aho*
Palpitation	*n.f.*	펄펄 쑤임	펄펄 뛰	*Pfaul pfaul ttume*
Palpiter	*v.int.*	펄펄 뒤오	펄펄 뛰오	*Pfaul pfaul ttuho*
Panaris	*n.m.*	손가락 둉긔	손가락 종기(腫氣)	*Sone karak tiong keui*
Panier	*n.m.*	바구니	바구니	*Pakouni*
Panier	*n.m.*	칠웅[6]	치룽	*Tchiroung*

4 밀로 만든 빵. 한불 234: 면투 麵頭 Pain, gâteau de froment.

5 입천장.

6 싸리로 만든 그릇.

Panique	*n.f.*	황겁[7]	황겁(惶怯)	*H'oang kaupe*
Panse	*n.f.*	오쟝보[8]	오장(五臟)보	*Hotjiang po*
Pantalon	*n.m.*	바지	바지	*Patji*
Pantalon	*n.m.*	핫바지[9]	핫바지	*H'ate patji*
Pantalon Femme	*n.m.*	고장이[10]	고쟁이	*Kotjang hi*
Panthère	*n.f.*	표범	표(豹)범	*Pfio peume*
Paon	*n.m.*	공작이[11]	공작(孔雀)	*Kong tjaki*
Papa	*n.m.*	아버지	아버지	*Hapautji*
Pape	*n.m.*	교화황[12]	교화황(教化皇)	*Kio h'oa h'oang*
Papeterie	*n.f.*	죵의 만드는 집	종이 만드는 집	*Tjong heui mane teuneune tjipe*
Papetier	*n.m.*	죵의 파는 사름	종이 파는 사람	*Tjong heui pfa neune sarame*
Papier	*n.m.*	죵의	종이	*Tjong heui*
Papier Huilé	*n.m.*	겨른죵의	거름종이	*Kiaureune tjong heui*
Papier parquet	*n.m.*	장판지	장판지	*Tjang pfane tji*
Papillon	*n.m.*	나뷔	나비	*Napeui*
Paquet	*n.m.*	봉지	봉지(封紙)	*Pong tji*
Par	*prép.*	으로 ... 히 ... 로	으로 ... 해 ... 로	*Heuro .. H'ai .. Ro*
	Par exemple	비컨대	비(比)컨대	*Pik'kaune tai*
Parabole	*n.f.*	비유	비유(比喩)	*Pihiou*
Paradis	*n.m.*	텬당[13]	천당(天堂)	*T'tiaune tang*

7 겁이 나서 얼떨떨함.
8 다섯 가지 내장을 포함하는 복부.
9 솜을 두어 만든 바지.
10 여자 속옷의 하나.
11 꿩과의 새.
12 한문 서학서에서 라틴어 'Papa'의 번역어.
13 한문 서학서에서 라틴어 'Paradisus'의 번역어.

Parage	*n.m.*	겻헤	곁에	*Kiaute h'ei*
Paragraphe	*n.m.*	귀졀	구절(句節)	*Koui tjiaule*
Paraître	*v.int.*	난터나오	나타나오	*Nane t'tau na ho*
Paralyser	*v.t.*	반신불슈 되오	반신불수(半身不隨) 되오	*Pane sine poul sou teuho*
Paralysie	*n.f.*	반신불슈병	반신불수병(半身不隨病)	*Pane sine poulsou pieng*
Paralytique	*n.m.*	반신불슈요	반신불수(半身不隨)요	*Pane sine poulsou hio*
Parapet	*n.m.*	다리 난간	다리 난간(欄干)	*Tarinane kane*
Parapluie	*n.m.*	우산	우산(雨傘)	*Houssane*
Parasite	*n.m.*	으더먹으로 단인는 사람	얻어먹으러 다니는 사람	*Heutau maukeuro tanineune sarame*
Parasol	*n.m.*	일산[14]	일산(日傘)	*Hilsane*
Paravent	*n.m.*	평풍	병풍(屛風)	*Pfieng pfoung*
Parce que	*l.conj.*	연고로	연고(然故)로	*Hiaune koro*
Parce que	*l.conj.*	까닭으로	까닭으로	*Kkatalkeuro*
Parcimonie	*n.f.*	존졀홈[15]	존절(撙節)함	*Tjone tjiaurh'ame*
Parcourir	*v.t.*	도러다니오	돌아다니오	*Torau taniho*
Parcours	*n.m.*	도러다님	돌아다님	*Torau tanime*
Pardessus	*n.m.*	두르막이	두루마기	*Touroumaki*
Pardon	*n.m.*	용서	용서(容恕)	*Hiong sau*
Pardonner	*v.t.*	용서호오	용서(容恕)하오	*Hiong sau h'aho*
Pareil	*adj.*	갓흔 ... 맛찬가지오	같은 ... 마찬가지오	*Kath'eune .. Mate tchaue katjio*
Pareillement	*adv.*	맛찬가지로	마찬가지로	*Mate tchane katjiro*

14 큰 양산.

15 절약하다, 절제하다. 표제어 'Tempérance' 참고. [한불] 571: 존졀ᄒᆞ다 遵節 Tempérant, frugal, sobre; prendre juste le suffisant, prendre avec réserve; économe.

Parents	*n.m.pl.*	부모 ... 일가	부모(父母) ... 일가(一家)	*Poumo .. Hilka*
Parents	*n.m.pl.*	친쳑	친척(親戚)	*Tchine tchiauk*
Paresse	*n.f.*	게어름	게으름	*Keireume*
Paresseux	*adj.*	게어르오	게으르오	*Keireuho*
Paresseux	*adj.*	게으른 사람	게으른 사람	*Keieurune sarame*
Parfait	*adj.*	훌륭ᄒᆞ오	훌륭하오	*H'oullioung h'aho*
Parfaitement	*adv.*	훌륭ᄒᆞ게	훌륭하게	*H'oullioung h'akei*
Parfois	*adv.*	혹시	혹시(或是)	*H'oksi*
Parfum	*n.m.*	향긔	향기(香氣)	*H'iang keui*
Parfumer	*v.t.*	향긔ᄂᆞ오	향기(香氣)나오	*H'iang keui naho*
Parier	*v.t.*	내기ᄒᆞ오	내기하오	*Naiki h'aho*
Paris	*n.p.*	바리경[16]	파리경(京)	*Pari kieng*
Paris	*n.p.*	법국[17] 셔울	법국(法國) 서울	*Paupe kouk sau houle*
Parler	*v.int.*	말ᄒᆞ오	말하오	*Marh'aho*
	Je ne peux pas parler[18]	내가 말ᄒᆞᆯ 슈 업소	내가 말할 수 없소	*Naika marh'al sou haupso*
Parloir	*n.m.*	사랑방	사랑방(舍廊房)	*Sarang pang*
Parmi	*prép.*	즁에	중(中)에	*Tjioung hei*
Parole	*n.f.*	말[19]	말	*Mâle*
Parquet	*n.m.*	마루 ... 방바닥	마루 ... 방(房)바닥	*Marou .. Pang patak*
Parqueter	*v.t.*	마루 노오	마루 놓으오	*Marou noho*
Parricide	*n.m.*	부모 죽임	부모(父母) 죽임	*Poumo tjoukime*
Parsement	*v.t.*	느러놋소	늘어놓소	*Neurau nosso*

16 프랑스 수도 파리.
17 프랑스.
18 원문에는 'Je ne peux pas paeleir'.
19 언사.

Partage	*n.m.*	논어줌	나눠줌	*Nonau tjioume*
Partager	*v.t.*	논어쥬오	나눠주오	*Nonau tjiouho*
Parti	*n.m.*	당 ... 의견	당(黨) ... 의견(意見)	*Tang .. Heui kiaune*
Partial	*adj.*	사졍이오[20]	사정(私情)이오	*Satjieng hiho*
Partialité	*n.f.*	사졍슴[21]	사정(私情)씀	*Satjieng sseume*
Participation	*n.f.*	참녜[22]	참예(叅預)	*Tchame niei*
Participer	*v.int.*	참녜ᄒᆞ오	참예(叅預)하오	*Tchame niei h'aho*
Particulier	*adj.*	사사요	사사(私私)요	*Sassa hio*
Particulièrement	*adv.*	사사로 별노이	사사(私私)로 별(別)로	*Sassaro* *Piaullo hi*
Partie	*n.f.*	편	편(便)	*Pfiaune*
Partiellement	*adv.*	반분히	반분(半分)해	*Pane poune h'ai*
Partir	*v.t.*	써나오	떠나오	*Ttau naho*
Partisan	*n.m.*	당	당(黨)	*Tang*
Partout	*adv.*	ᄉᆞ방에	사방(四方)에	*Sapang hei*
	cherchez partout	ᄉᆞ방에 차저보시오	사방(四方)에 찾아보시오	*Sapang hei tcha tjau possio*
Parvenir	*v.int.*	일으오	이르오	*Hireuho*
Pas	*n.m.*	거름	걸음	*Kaureume*
Pas	*adv.*	아니오	아니오	*Hani ho*
	Il n'est pas venu	아니 왓소	아니 왔소	*Hani hoasso*
Passable	*adj.*	거진 좃소	거의 좋소	*Kautjine tjiosso*
Passage	*n.m.*	쇼로	소로(小路)	*Soro*

20 편파적인, 불공정한. 한불 392: ᄉᆞ졍 私情 Partialité.

21 편파성, 불공평함.

22 표제어 'Assister' 참고. 한불 참예ᄒᆞ다 叅預 Participer.

Passager	*n.m.*	션ᄀᆡᆨ ... ᄇᆡ 가온ᄃᆡ 사람	선객(船客) ... 배 가운데 사람	*Saune kaik .. Paika hone tai sarame*
Passe-partout	*n.m.*	열쇠	열쇠	*Hiaulseu*
Passeport	*n.m.*	공문	공문(公文)	*Kong moune*
Passer	*v.int.*	지나오	지나오	*Tjina ho*
Passerelle	*n.f.*	나무ᄇᆡ다리[23]	나무배다리	*Namou paitari*
Passible	*adj.*	벌할 만ᄒᆞ오	벌(罰)할 만하오	*Paurh'al mane h'aho*
Passion	*n.f.*	ᄉᆞ욕 ... 졍욕	사욕(邪慾) ... 정욕(情欲)	*Sahiok .. Tjiong hiok*
Passionné[24]	*adj.*	ᄉᆞ욕 잇소	사욕(邪慾) 있소	*Sahiok hisso*
Passivement	*adv.*	예ᄉᆞ로	예사(例事)로	*Hiei saro*
Passoire	*n.f.*	물 ᄲᆡ는 긔계	물 빼는 기계(機械)	*Moule ppaineune keui kiei*
Pasteur	*n.m.*	목동	목동(牧童)	*Make tong*
Patauger	*v.int.*	흙에 ᄲᅡ지오	흙에 빠지오	*H'eulkei ppatjiho*
Pâte	*n.f.*	ᄯᅥᆨ 반쥭	떡 반죽	*Ttauk pane tjiouk*
Patente	*n.f.*	장ᄉᆞ셰	장사세(稅)	*Tjang sa siei*
Paternel	*adj.*	아비 편이오[25]	아비 편(便)이오	*Hapi pfiaune hiho*
Paternité	*n.f.*	아비 편	아비 편(便)	*Hapi pfiaune*
Patiemment	*adv.*	참으면서	참으면서	*Tchameu miaune sau*
Patience	*n.f.*	인외 ... 참음	인내(忍耐) ... 참음	*Hineu .. Tcham eume*
Patient	*adj.*	참소	참소	*Tchamesso*
Patienter	*v.int.*	참소	참소	*Tchamesso*
Patin	*n.m.*	솔매	썰매	*Solmai*
Patiner	*v.int.*	어름 지치오[26]	얼음 지치오	*Haureume tji tchi ho*

23 교각을 세우지 않고 널판을 걸쳐 놓은 나무다리.
24 원문에는 'Passioné'.
25 아버지 쪽의, 친가의.
26 얼음 위를 미끄러져 달리다.

Patineur	*n.m.*	어름 지치는 사람	얼음 지치는 사람	*Haureume tji tchineune sarame*
Patriarche	*n.m.*	션죠 ... 오릭 산 사람	선조(先祖) ... 오래 산 사람	*Saune tjo .. Horai sane sarame*
Patrie	*n.f.*	본국	본국(本國)	*Pone kouk*
Patrimoine	*n.m.*	가산	가산(家産)	*Kassane*
Patriote	*n.m.*	부국 홀 싱각 잇는 사람	부국(富國) 할 생각 있는 사람	*Poukouk h'alsaing kak hiteneune sarame*
Patriotisme	*n.m.*	부국 홀 싱각	부국(富國) 할 생각	*Poukouk h'alsaing kak*
Patron	*n.m.*	주인	주인(主人)	*Tju hine*
Patrouille	*n.f.*	순찰	순찰(巡察)	*Soune tchal*
Patte	*n.f.*	다리	다리	*Tari*
Pâturage	*n.m.*	밧	밭	*Pate*
Paume (de la main)	*n.f.*	장심[27] ... 손바닥	장심(掌心) ... 손바닥	*Tjang sime .. Sone patak*
Paupière	*n.f.*	눈두덩	눈두덩	*Noune touteng*
Paupière	*n.f.*	눈거불	눈꺼풀	*Noune kaupoul*
Pause	*n.f.*	잠시 졍지	잠시(暫時) 정지(停止)	*Tjamessi tjieng tji*
Pauvre	*n.m.*	궁인[28]	궁인(窮人)	*Koung hine*
Pauvre	*adj.*	궁ᄒᆞ오	궁(窮)하오	*Koung h'aho*
Pauvrement	*adv.*	궁ᄒᆞ게	궁(窮)하게	*Koung h'akei*
Pauvreté	*n.f.*	궁홈	궁(窮)함	*Koung h'ame*
Pavé	*n.m.*	돌 감	돌 깖	*Tol kkalme*
Paver	*v.t.*	돌 짜오	돌 까오	*Tol kkaho*
Pavillon	*n.m.*	긔	기(旗)	*Keui*

27 손바닥이나 발바닥의 한가운데.

28 빈궁한 사람.

Pavillon	*n.m.*	뎡자	정자(亭子)	*Tjeng tja*
Pavois	*n.m.*	긔 ᄭᅩᆺ짐	기(旗) 꽂음	*Keui kkotjime*
Pavoiser	*v.t.*	긔 ᄭᅩᆺ소	기(旗) 꽂소	*Keui kkosso*
Payable	*adj.*	줄 만ᄒᆞ오	줄 만하오	*Tjoulmane h'aho*
Paye	*n.f.*	공젼[29]	공전(工錢)	*Kong tjiaune*
Payer	*v.t.*	갑 주오	값 주오	*Kape tjouho*
Payer	*v.t.*	빗 갑소	빚 갚소	*Pite kapso*
Pays	*n.m.*	지방	지방(地方)	*Tjipang*
Paysage	*n.m.*	경쳐	경치(景致)	*Kieng tchiau*
Paysan	*n.m.*	싀골 사람	시골 사람	*Seuikol sarame*
Peau	*n.f.*	가쥭	가죽	*Katjiouk*
Peau	*n.f.*	겁질	껍질	*Kkaupe tjile*
Peaussier	*n.m.*	가쥭 다르는 쟁이[30]	가죽 다루는 쟁이	*Katjiouk tareuneune tjaing hi*
Pêche (fruit)	*n.f.*	복숑아	복숭아	*Poksa*
Pêche	*n.f.*	고기 잡음	고기 잡음	*Koki tjapeume*
	Pêche à la ligne	낙시질	낚시질	*Nakoi tjil*
Péché	*n.m.*	죄	죄(罪)	*Tjeu*
Pêcher	*n.m.*	복숑아나무	복숭아나무	*Poksa namou*
Pêcher	*v.t.*	고기 잡소	고기 잡소	*Koki tjapesso*
Pêcheur	*n.m.*	어부 ... 낙시질ᄒᆞ는 사람	어부 ... 낚시질하는 사람	*Haupou .. Naksi tjil haneune sarame*
Pécule	*n.m.*	젹은 징물	적은 재물(財物)	*Tjiaukeune tjaimoule*
Pécuniaire	*adj.*	돈 쓸 만ᄒᆞ오	돈 쓸 만하오	*Tone sseul mane h'aho*
Pédestrement	*adv.*	ᄒᆡᆼ보로	행보(行步)로	*H'aing poro*

29 임금, 급료. 한불 191: 공젼 工錢 Salaire, paiement, prix du travail.

30 무두쟁이.

Péking	*n.p.*	북경	북경(北京)	*Pouk kieng*
Peigne	*n.m.*	빗	빗	*Pite*
Peigner	*v.t.*	머리 빗소	머리 빗소	*Mauri pisso*
Peindre	*v.t.*	그림 그리오	그림 그리오	*Keurime keuriho*
Peine	*n.f.*	괴로옴 ... 형벌	괴로움 ... 형벌(刑罰)	*Keurohome .. H'ieng paul*
Peine (à)	*l.adv.*	겨우	겨우	*Kiau hou*
Peintre	*n.m.*	환쟁이[31]	환쟁이	*H'oane tjiang hi*
Peintre	*n.m.*	칠징이	칠(漆)장이	*Tjil tjaing hi*
Peinture	*n.f.*	그림 ... 염식	그림 ... 염색(染色)	*Keurime .. Hiaume saik*
Pelage	*n.m.*	털 빗	털 빗	*T'taul pite*
Pêle-mêle	*n.m.*	난잡	난잡(亂雜)	*Nane tjape*
Peler	*v.t.*	겁질 벽기오	껍질 벗기오	*Kkauptjil piauk kiho*
Pelle	*n.f.*	가래	가래	*Karai*
Pelle à charbon	*n.f.*	부삽[32]	부삽	*Poussape*
Pellicule	*n.f.*	머리띄[33]	머리때	*Mauri ttai*[34]
Pelure	*n.f.*	겁질	껍질	*Kkauptjil*
Pencher	*v.t.*	기우리오	기울이오	*Kihou riho*
Pendaison	*n.f.*	목믜담	목매닮	*Mok maitame*
Pendant	*prép.*	동안	동안	*Tong hane*
	Pendant d'oreille	귀고리	귀고리	*Koui kori*
	pendant une heure	한 시 동안	한 시(時) 동안	*H'anessi tong hane*

31 화가.
32 숯불이나 불을 담아 옮기는 작은 삽.
33 비듬.
34 원문에는 '*Kauri ttai*'.

Pendre	*v.t.*	목ᄆᆡ다오	목매다오	*Mokmai taho*
	Pendre se	목ᄆᆡ오	목매오	*Mokmai ho*
	On le pendra	사람이 져를 목ᄆᆡ 달겟소	사람이 저를 목매 달겠소	*Sarami tjiaureul mokmai talkeisso*
Pendule	*n.f.*	ᄌᆞ명죵	자명종(自鳴鐘)	*Tjamieng tjiong*
Pénétration	*n.f.*	통달ᄒᆞᆷ	통달(通達)함	*T'tong tarh'ame*
Pénétrer	*v.t.*	드러가오	들어가오	*Teurau kaho*
Pénible	*adj.*	괴롭소	괴롭소	*Keuropso*
Péniblement	*adv.*	괴롭게	괴롭게	*Keurope kei*
Péninsule	*n.f.*	거진 섬[35]	거의 섬	*Kautjime seume*
Pénitence	*n.f.*	벌	벌(罰)	*Paul*
Pensée	*n.f.*	ᄉᆡᆼ각	생각	*Saing kak*
Penser	*v.int.*	ᄉᆡᆼ각ᄒᆞ오	생각하오	*Saing kak h'aho*
Pensif	*adj.*	수심ᄒᆞ오[36]	수심(愁心)하오	*Soussime h'aho*
Pension	*n.f.*	음식갑 ᄂᆡᆷ	음식(飮食)값 냄	*Heume sik kape naime*
Pente	*n.f.*	기우러짐	기울어짐	*Kihourau tjime*
Pénultième	*n.f.*	거의 말ᄌᆡ	거의 말(末)째	*Kauheui maltjai*
Pénurie	*n.f.*	궁핍ᄒᆞᆷ	궁핍(窮乏)함	*Koung pfipe h'ame*
Pépie	*n.f.*	죠갈[37]	조갈(燥渴)	*Tjio kal*
Pépin	*n.m.*	실과씨	실과(實果)씨	*Silkoa ssi*
Percepteur	*n.m.*	세 밧는 사람	세(稅) 받는 사람	*Seipateneune sa:ame*
Perception	*n.f.*	세 밧듬	세(稅) 받음	*Seipateume*
Percer	*v.t.*	둘소 ... 두루오	뚫소 ... 뚫으오	*Ttoulso .. Tourouho*
Percevoir	*v.t.*	세 밧소	세(稅) 받소	*Seipasso*

35 큰 반도. 표제어 'Presqu'île'(작은 반도) 참고.

36 매우 근심하는.

37 목이 몹시 마름.

Percevoir	*v.t.*	슈셰ᄒᆞ오	수세(收稅)하오	*Soussiei h'aho*
Percher (se)	*v.p.*	안소 ... 깃드리오	앉소 ... 깃들이오	*Hanesso .. Kite teuriho*
Perdre	*v.t.*	일허바리오	잃어버리오	*Hirh'au pariho*
	qu'avez-vous perdu?	무어슬 일허바렷소	무엇을 잃어버렸소	*Mouhausseul hirh'au pariausso*
Perdrix	*n.f.*	긔병[38] ... 쥭계[39]	기병 ... 죽계(竹鷄)	*Keuipieng .. Tjiouk kiei*
Perdu	*adj.*	일허ᄇᆞ린	잃어버린	*Hirh'au parine*
Père	*n.m.*	아버니	아버지	*Hapauni*
Père	*n.m.*	아버지	아버지	*Hapauntji*
	Mon père	가친[40]	가친(家親)	*Katchine*
Pérégrination	*n.f.*	ᄯᅥ남	떠남	*Ttauname*
Perfectible	*adj.*	다 되겟소	다 되겠소	*Tateu keisso*
Perfection	*n.f.*	슌호ᄒᆞᆷ[41]	순호(純乎)함	*Soune h'o h'ame*
Perfectionnement	*n.m.*	훌륭ᄒᆞᆷ	훌륭함	*H'oullioung h'ame*
Perfectionner	*v.t.*	훌륭ᄒᆞ오	훌륭하오	*H'oullioung h'aho*
Perfide	*adj.*	간셔ᄒᆞᆫ	간사(奸邪)한	*Kanessau h'ane*
Perfide	*adj.*	신 져바리오[42]	신(信) 저버리오	*Sinetjiau pariho*
Perfidement	*adv.*	신 져바리면셔	신(信) 저버리면서	*Sinetjiau pari miaune sau*
Perfidie	*n.f.*	신 져바림	신(信) 저버림	*Sinetjiau parime*
Perforer	*v.t.*	ᄉᆞ뭇 둘소	사뭇 뚫소	*Samoute ttoulso*
Péricliter	*v.int.*	약히지오	약(弱)해지오	*Hiak h'ai tjiho*
Péril	*n.m.*	위틱ᄒᆞᆷ	위태(危殆)함	*Houi t'tai h'ame*

38 꺼병이, 꿩병아리. 꿩의 어린 새끼. [페롱] Perdrix (긔병) ᄌᆞ고ᄉᆡ. [한불] 161: 긔병 Perdrix.

39 자고(鷓鴣)새. [장드르] Perdrix 쟈고, 쟈고새.

40 남에게 자기 아버지를 높여 이르는 말.

41 온점함.

42 신의를 저버린.

Périlleux	*adj.*	위틱ᄒᆞ오	위태(危殆)하오	*Houi t'tai h'aho*
Périmer	*v.int.*	맛치오	마치오	*Mate tchi ho*
Période	*n.f.*	동안	동안	*Tong hane*
Périr	*v.int.*	썩소	썩소	*Ssaukso*
Perle	*n.f.*	쥰쥬	진주(眞珠)	*Tjioune tiou*
Perméable	*adj.*	드오	드오	*Teuho*
Permettre	*v.t.*	허락ᄒᆞ오	허락(許諾)하오	*H'aurak h'aho*
Permis	*n.m.*	허락ᄒᆞᆷ	허락(許諾)함	*H'aurak h'ame*
Permission	*n.f.*	허락 ... 표	허락(許諾) ... 표(票)	*H'aurak .. Pfio*
Permutant	*n.m.*	상환ᄒᆞ는 사람	상환(相換)하는 사람	*Sang h'oane h'aneune sarame*
Permutation	*n.f.*	상환	상환(相換)	*Sang h'oane*
Permuter	*v.int.*	상환ᄒᆞ오	상환(相換)하오	*Sang h'oane h'aho*
Pernicieux	*adj.*	해롭소	해(害)롭소	*H'airopso*
Perpendiculaire	*adj.*	꼿꼿ᄒᆞ오	꼿꼿하오	*Kkote kkote h'aho*
Perpétration	*n.f.*	지음	지음	*Tjiheume*
Perpétrer	*v.t.*	짓소 ... 다ᄒᆞ오	짓소 ... 다하오	*Tjisso .. Ta h'aho*
Perpétuel	*adj.*	영영이오	영영(永永)이오	*Hieng hieng hiho*
Perpétuellement	*adv.*	영영이	영영(永永)히	*Hieng hieng hi*
Perpétuité	*n.f.*	영원	영원(永遠)	*Hieng houaune*
Perplexe	*adj.*	엇지ᄒᆞᆯ 줄 모르오	어찌할 줄 모르오	*Hautji h'altjoul moreuho*
Perplexité	*n.f.*	엇지ᄒᆞᆯ 줄 모름	어찌할 줄 모름	*Hautji h'altjoul moreume*
Perquisition	*n.f.*	ᄎᆞ짐	찾음	*Tcha tjime*
Perroquet	*n.m.*	잉무ᄉᆡ	앵무(鸚鵡)새	*Haing moussai*

Perruque	*n.f.*	거진 머리[43]	거짓 머리	*Kautjine mauri*
Persécuter	*v.t.*	날니 만나오	난리(亂離) 만나오	*Nalli manaho*
Persécution	*n.f.*	날니	난리(亂離)	*Nalli*
Persévérance	*n.f.*	훙상 연히홈[44]	항상(恒常) 연(連)해함	*Hang sang hiaune h'ai h'ame*
Persévérer	*v.int.*	훙구ㅎ오	항구(恒久)하오	*H'ang kou h'aho*
Persévérer	*v.int.*	훙상 연히ㅎ오[45]	항상(恒常) 연(連)해하오	*H'ang sang hiaune h'ai h'aho*
Persistance	*n.f.*	훙상 잡음	항상(恒常) 잡음	*H'ang sang tjapeume*
Persister	*v.int.*	훙상 잡소	항상(恒常) 잡소	*H'ang sang tjapso*
Personnage	*n.m.*	분 ... 사람	분 ... 사람	*Poune .. Sarame*
	Grand personnage	한 분	한 분	*H'ane poune*
Personne	*n.f.*	위사람	위(位)사람	*Houi sarame*
Personne	*p.ind.*	아모도 업소	아무도 없소	*Haumoto haupso*
Perspicace	*adj.*	명찰ㅎ오[46]	명찰(明察)하오	*Mieng tchar h'aho*
Perspicacité	*n.f.*	명찰홈	명찰(明察)함	*Mieng tchar h'ame*
Persuader	*v.t.*	권ㅎ오	권(勸)하오	*Kouaune h'aho*
Persuader	*v.t.*	쐬오	꾀오	*Kkeuho*
Persuasion	*n.f.*	권홈	권(勸)함	*Kouaune h'ame*
Persuasion	*n.f.*	쐬임	꾐	*Kkeu hime*
Perte	*n.f.*	일어버림	잃어버림	*Hirau paurime*
Perte	*n.f.*	실물	실물(失物)	*Silmoul*
Perturbateur	*n.m.*	수션 써는 사람	수선 떠는 사람	*Soussaune tteuneune sarame*

43 가발.
44 항상 잇닿아 있음.
45 연하여 있다, 잇닿아 있다.
46 사물을 똑똑히 살피다.

Perturbation	*n.f.*	수션 써음	수선 떪	*Soussaune tteume*
Pervers	*adj.*	흉악ᄒᆞ오	흉악(凶惡)하오	*Hioung hak h'aho*
Perversité	*n.f.*	흉악홈	흉악(凶惡)함	*H'ioung hakh'ame*
Pervertir	*v.t.*	흉악ᄒᆞ게 ᄒᆞ오	흉악(凶惡)하게 하오	*Hiong hak h'akei h'aho*
Pesanteur	*n.f.*	무게	무게	*Mouquei*
Peser	*v.t.*	무겁소 ... 다오	무겁소 ... 다오	*Moukaupso .. Taho*
Peser	*v.t.*	달어보오	달아보오	*Taraupoho*
Peste	*n.f.*	흑사병	흑사병(黑死病)	*H'euk sa pieng*
Peste	*n.f.*	염병	염병(染病)	*Hiaume pieng*
Pestiféré	*n.m.*	염병 알는 사람	염병(染病) 앓는 사람	*Hiaume pieng halleune sarame*
Pet	*n.m.*	방귀	방귀	*Pang koui*
Pétard	*n.m.*	싹총[47]	딱총(銃)	*Ttak tchong*
Peter	*v.int.*	방귀 쒸오	방귀 뀌오	*Pang koui kkuiho*
Pétersbourg (St)	*n.p.*	셩비득[48]	성비득(聖彼得)	*Seng piteuk*
Petit	*adj.*	작소 ... 작은	작소 ... 작은	*Tjakso .. Tjakeune*
	Achetez deux petits canards	작은 오리 두 마리 사시오	작은 오리 두 마리 사시오	*Tjakeune hori toumari sassio*
	Petit à petit l.adv.	차차 ... 쳠쳠	차차(次次) ... 점점(漸漸)	*Tcha tcha .. Tchiaume tchiaume*
Petite-fille	*n.f.*	손녀	손녀(孫女)	*Soniau*
Petit-fils	*n.m.*	손자	손자(孫子)	*Sonen tja*
Pétition	*n.f.*	샹소	상소(上訴)	*Sang so*
Pétitionnaire	*n.m.*	샹소ᄒᆞ는 사람	상소(上訴)하는 사람	*Sang so h'aneune sarame*
Pétrole	*n.m.*	셕유	석유(石油)	*Saukiou*

47 장난감 화약총.

48 (러시아의) 상트페테르부르크.

Peu	*adv.*	조곰 ... 좀	조금 ... 좀	*Tjokome .. Tjome*
	Prenez un peu de bois	나무 조곰 잡으시오	나무 조금 잡으시오	*Namou tjokome tjapeussio*
	Peu importe	관계찬소[49]	관계(關係)찮소	*Koanekiei tchanesso*
	Peu à peu	차차	차차(次次)	*Tcha tcha*
Peuple	*n.m.*	빅셩	백성(百姓)	*Paik seng*
Peupler	*v.t.*	빅셩들 살게 ᄒᆞ오	백성(百姓)들 살게 하오	*Paik seng teul salkei h'aho*
Peuplier	*n.m.*	당버들	당(唐)버들	*Tang pauteul*
Peur	*n.f.*	무셥소 ... 겁	무섭소 ... 겁(怯)	*Moussaupso .. Kaupe*
Peureux	*adj.*	겁닉오	겁(怯)내오	*Kaupe naiho*
Peut-être	*l.adv.*	아마	아마	*Hama*
	J'irai peut-être demain	내가 아마 내일 가겟소	내가 아마 내일(來日) 가겠소	*Naika hama naihil kakeisso*
Phare	*n.m.*	등탑	등탑(燈塔)	*Teung t'tape*
Pharmacie	*n.f.*	약국	약국(藥局)	*Hiak kouk*
Pharmacien	*n.m.*	약장사	약(藥)장수	*Hiak tjang sa*
Phénomène	*n.m.*	긔이ᄒᆞᆫ 일	기이(奇異)한 일	*Keuihi h'ane hil*
Philanthrope	*n.m.*	인자ᄒᆞᆫ 사람	인자(仁慈)한 사람	*Hine tja h'ane sarame*
Philosophe	*n.m.*	학쟈	학자(學者)	*H'ak tjia*
Philosophie	*n.f.*	학힝[50]	학행(學行)	*H'ak h'aing*
Phosphore	*n.m.*	셩냥 약	성냥 약(藥)	*Songniang hiak*
Photographe	*n.m.*	화샹 박는 사람[51]	화상(畫像) 박는 사람	*H'oassang pak neune sarame*
Photographie	*n.f.*	화샹 ... 사진	화상(畫像) ... 사진(寫眞)	*H'oassang .. Satjine*

49 괜찮소.

50 학문과 덕행. 한불 75: 학힝ᄒᆞ다 學行 Doctrine de Confucius.

51 사진사.

Photographier	*v.t.*	화샹 박소	화상(畫像) 박소	*H'oassang pakso*
Phrase	*n.f.*	귀졀	구절(句節)	*Koui tjiaule*
Piastre	*n.f.*	원 ... 푼	원 ... 푼	*Houaune .. Pfoune*
Pic	*n.m.*	봉도리	봉우리	*Pong tori*
Picotement	*n.m.*	가려움	가려움	*Kariau houme*
Pie	*n.f.*	싸치	까치	*Kka tchi*
Pièce	*n.f.*	필 ... 마리 ... 개	필(匹) ... 마리 ... 개(個)	*Pfil .. Mari .. Kai*
Pied	*n.m.*	발	발	*Pal*
	Plante du pied	발바닥	발바닥	*Pal patak*
Plège	*n.m.*	덧 ... 암슈[52]	덫 ... 암수(暗數)	*Taute .. Hamessou*
Pierre	*n.f.*	돌 ... 셕 ... 돌멩이	돌 ... 석(石) ... 돌멩이	*Tol .. Sauk .. Tol meing hi*
	Pierre à aiguiser	숫돌	숫돌	*Soute tol*
Pierreries	*n.f.pl.*	보셕	보석(寶石)	*Possauk*
Piété	*n.f.*	효셩	효성(孝誠)	*H'io seng*
Piétiner	*v.int.*	밟소	밟소	*Palpso*
Pieu	*n.m.*	말장[53]	말장(杖)	*Mal tjang*
Pigeon	*n.m.*	집비들기	집비둘기	*Tjipe piteulki*
Pigeonnier	*n.m.*	비들기장	비둘기장(欌)	*Piteulki tjang*
Piler	*v.t.*	찟소 ... 바수오	찧소 ... 바수오	*Ttjisso .. Passou ho*
Pilier	*n.m.*	기동	기둥	*Kitong*
Pillard	*n.m.*	강도	강도(強盜)	*Kang to*
Piller	*v.t.*	노략ᄒᆞ오	노략(擄掠)하오	*Noriak h'aho*
Piller	*v.t.*	강도질ᄒᆞ오	강도(強盜)질하오	*Kang to tjilh'aho*

52 남을 속이는 술수.

53 말뚝. 표제어 'Piquet' 참고.

Pilon	*n.m.*	메공이[54]	메공이	*Mei kong hi*
Pilote	*n.m.*	빅 인도ᄒᆞ는 사람	배 인도(引導)하는 사람	*Pai hineto h'a neune sarame*
Piloter	*v.t.*	빅 인도ᄒᆞ오	배 인도(引導)하오	*Pai hineto h'aho*
Piment	*n.m.*	고초	고추	*Kotcho*
Pin	*n.m.*	솔나무	소나무	*So namou*
Pin	*n.m.*	잣나무	잣나무	*Tjate namou*
Pince	*n.f.*	지게[55]	집게	*Tjikei*
Pinceau	*n.m.*	붓	붓	*Poute*
	Etui du pinceau	붓두겁[56]	붓두껍	*Poute tou kaupe*
Pincer	*v.t.*	쇠집소	꼬집소	*Kkeu tjipso*
Pincettes	*n.f.pl.*	지게	집게	*Tjikei*
Pioche	*n.f.*	괭이	괭이	*Koaingni*
Piocker	*v.t.*	괭이질ᄒᆞ오	괭이질하오	*Koaingni tjil h'aho*
Pipe	*n.f.*	담빅대	담뱃대	*Tame paitai*
Piquant	*adj.*	찔느오	찌르오	*Ttjillieu ho*
Pique	*n.f.*	쇠칭이	꼬챙이	*Kko tchaingni*
Piquer	*v.t.*	찔느오	찌르오	*Ttjilleuho*
Piquer	*v.t.*	쑤시오	쑤시오	*Ssoussio*
Piquet	*n.m.*	말장[57] ... 말뚝	말장(杖) ... 말뚝	*Maltjang .. Malttouk*
Piqûre	*n.f.*	문 자리[58]	문 자리	*Moune tjari*
Pirate	*n.m.*	슈뎍[59]	수적(水賊)	*Soutiauk*

54 절굿공이.
55 원문에는 '직게'. 표제어 'Pincettes' 참고.
56 붓뚜껑.
57 말뚝. 표제어 'Pieu' 참고.
58 물린 자리.
59 해적.

Pire	*adj.*	ᄆᆡ우 됴치 못ᄒᆞ오	매우 좋지 못하오	*Maihou tiotchi mote h'aho*
Pis	*n.m.*	쇠 졋통	소 젓통	*Seu tjaute t'tong*
Pissenlit	*n.m.*	면둘네	민들레	*Miaune tullei*
Pisser	*v.int.*	쇼피보오	소피(所避)보오	*Sopfi poho*
Pisser	*v.int.*	오즘누오	오줌누오	*Hotjioume nouho*
Pistolet	*n.m.*	죠춍[60]	조총(鳥銃)	*Tjio tchiong*
Pitié	*n.f.*	불샹ᄒᆞᆷ	불쌍함	*Poulsang h'ame*
Piton	*n.m.*	고달	고달	*Kotal*
Pitoyable	*adj.*	아연ᄒᆞ오	아연(啞然)하오	*Hahiaune h'aho*
Pivoine	*n.f.*	암밧곳	함박꽃	*Hame patekote*
Pivoine	*n.f.*	목단화	목단화(牧丹花)	*Moktane h'oa*
Place	*n.f.*	마당 ... 자리	마당 ... 자리	*Matang .. Tjari*
Placer	*v.t.*	자리잡소	자리잡소	*Tjari tjapso*
Placer	*v.t.*	두오	두오	*Touho*
Placide	*adj.*	감ᄒᆞ니 잇소	가만히 있소	*Kame h'ani hisso*
Plafond	*n.m.*	반자[61]	반자	*Pane tja*
Plage	*n.f.*	ᄒᆡ변	해변(海邊)	*H'ai piaune*
Plaider	*v.int.*	고발ᄒᆞ오	고발(告發)하오	*Kopar'hao*
Plaider	*v.int.*	숑ᄉᆞᄒᆞ오	송사(訟事)하오	*Song sa h'aho*
Plaie	*n.f.*	샹쳐	상처(傷處)	*Sang tchiau*
Plaignant	*n.m.*	원고	원고(原告)	*Houaune ko*
Plaindre	*v.t.*	호쇼ᄒᆞ오	호소(呼訴)하오	*H'osso h'aho*
Plaine	*n.f.*	평야	평야(平野)	*Pfieng hia*
Plainte	*n.f.*	호쇼ᄒᆞᆷ	호소(呼訴)함	*H'osso h'ame*

60 새를 잡기 위해 만든 공기총.
61 천장.

Plaintif	*adj.*	호쇼ᄒᆞ오	호소(呼訴)하오	*H'osso h'aho*
Plaire	*v.int.*	깃버ᄒᆞ오	기뻐하오	*Kitepau h'aho*
Plaisamment	*adj.*	농담으로	농담(弄談)으로	*Nong tameuro*
Plaisant	*adj.*	농담이오	농담(弄談)이오	*Nong tamiho*
Plaisant	*adj.*	즐거온	즐거운	*Tjeulkau hone*
Plaisanter	*v.int.*	농담ᄒᆞ오	농담(弄談)하오	*Nong tamh'aho*
Plaisanter	*v.int.*	위롱ᄒᆞ오	우롱(愚弄)하오	*Houirong h'aho*
Plaisanterie	*n.f.*	농담	농담(弄談)	*Nong tame*
Plaisir	*n.m.*	즐거옴	즐거움	*Tjeulkau home*
Plan	*n.m.*	지도	지도(地圖)	*Tjito*
Plan	*adj.*	판판ᄒᆞ오	판판하오	*Pfane pfane h'aho*
Planche	*n.f.*	널빤지	널빤지	*Naul ppane tji*
Planchéier	*v.t.*	마루 놋소	마루 놓소	*Marou nosso*
Plancher	*n.m.*	마루	마루	*Marou*
Planchette	*n.f*	널빤지 쪽	널빤지 쪽	*Naul ppane tji ttjiok*
Planer	*v.int.*	공즁으로 도오	공중(空中)으로 도오	*Kong tjioung heuro toho*
Planète	*n.f.*	힝셩	행성(行星)	*H'aing seng*
Plantation	*n.f.*	화초 심음	화초(花草) 심음	*H'oatcho simeume*
Plante	*n.f.*	화초	화초(花草)	*H'oatcho*
Planter	*v.t.*	화초 심으오	화초(花草) 심으오	*H'oatcho simeuho*
Plat	*n.m.*	큰 졉시	큰 접시	*K'keune tjiaupsi*
Plat	*adj.*	납작ᄒᆞ오	납작하오	*Nape tjak h'aho*
Plateau	*n.m.*	목판	목판(木板)	*Mok pfane*
Plateau de balance	*n.m.*	져울바탕[62]	저울바탕	*Tjiauhoul pat'tang*

62 저울판.

Plate-bande	*n.f.*	뜰 안 화초	뜰 안 화초(花草)	*Tteurane h'oatchio*
Platitude	*n.f.*	쳠[63]	첨(諂)	*Tcheume*
Plâtre	*n.m.*	회가로	횟(灰)가루	*H'eu karo*
Platrier	*n.m.*	회장ᄉᆞ	회(灰)장수	*H'eu tjang sa*
Plein	*adj.*	찻소 ... 갓득찻소	찼소 ... 가득찼소	*Tchasso .. Kate teuk tchasso*
	Ce sac n'est pas plein	이 셤[64]이 갓득차지 안이힛소	이 섬이 가득차지 아니했소	*Hissaumi kateteuk tchatji hani h'aisso*
Pleinement	*adv.*	ᄀᆞ득히 ... 잔쓱	가득히 ... 잔뜩	*Kateuk h'i .. tjane tteuk*
Plénipotentiaire	*n.m.*	젼권	전권(全權)	*Tjiaune kouaune*
Pleur	*n.m.*	통곡	통곡(痛哭)	*Ttong kok*
Pleurer	*v.int.*	우오 ... 통곡ᄒᆞ오	우오 ... 통곡(痛哭)하오	*Houho .. T'tong kok h'aho*
	Ne pleurez pas	울지 마시오	울지 마시오	*Houl tjimassio*
Pleuvoir	*v.imp.*	비 오	비 오오	*Piho*
	Il pleuvra[65]	비 오겟소	비 오겠소	*Piho keisso*
Pli	*n.m.*	졉핀 것	접힌 것	*Tjiaupe pfine kaute*
Pliant	*adj.*	졉펴엇소	접혔소	*Tjiaupe pfiausso*
Plier	*v.t.*	졉소	접소	*Tjiaupso*
	Pliez cela	이것 졉으시오	이것 접으시오	*Hikaute tjiaupeu ssio*
Plisser	*v.t.*	주룸잡소	주름잡소	*Tjouroume tjapso*
Plomb	*n.m.*	납	납	*Nape*
Plomber	*v.t.*	납 올이오[66]	납 올리오	*Nape holliho*
Plonger	*v.t.*	물에 싸지오	물에 빠지오	*Mourei ppatjiho*

63 아첨.

64 곡식 따위를 담기 위하여 짚으로 엮어 만든 그릇. 20브와소. 표제어 'Sac (en paille)' 참고. 한불 398: 셤 石 Grande mesure de 20 boisseaux; sac en paille où l'on met 20 boisseaux de blé.

65 원문에는 'Il pleuvera'.

66 납 칠하다.

Ployer	*v.t.*	졉소	접소	*Tjiaupso*
Pluie	*n.f.*	비	비	*Pi*
Plumage	*n.m.*	식 옷[67]	새 옷	*Sai hote*
Plume	*n.f.*	붓촉	붓촉(鏃)	*Poute tchok*
	Plume d'oiseau	날개	날개	*Nalkai*
Plumeau	*n.m.*	장모 비[68]	장모(長毛) 비	*Tjang mopi*
Plumer	*v.t.*	털 쎱소	털 뽑소	*T'taule ppopso*
	Plumez le poulet	닭털 쎱으시오	닭털 뽑으시오	*Talk t'taule ppo peussio*
Plupart (la)	*v.t.*	거진 다	거의 다	*Kautjine ta*
Pluralité	*n.f.*	만음	많음	*Maneume*
Pluriel	*adj.*	만소	많소	*Manesso*
Plus	*adv.*	더	더	*Tau*
	Un peu plus	좀 더	좀 더	*Tjome tau*
	Plus loin	더 멀니	더 멀리	*Tau meulli*
	Plus près	더 갓가이	더 가까이	*Tau kate kahi*
	Plus tard	더 늦게	더 늦게	*Tau neute kei*
	Plus tôt	더 일느게	더 이르게	*Tau hilleu kei*
Plusieurs	*adj.*	여러	여러	*Hiaurau*
	Plusieurs fois	여러 번	여러 번(番)	*Hiaurau paune*
Pluvieux	*adj.*	비 마니 오오	비 많이 오오	*Pimani hoho*
Poche	*n.f.*	주머니	주머니	*Tjoumauni*
Poêle	*n.m.*	화덕	화(火)덕	*H'oa tok*
	Poêle à frire	남비	냄비	*Name pi*
Poésie	*n.f.*	시	시(詩)	*Si*

67 깃털.
68 깃털 비, 먼지떨이.

Poète	*n.m.*	시 짓는 사람	시(詩) 짓는 사람	*Sitjiteneune sarame*
Poids	*n.m.*	무게 ... 겨울츄	무게 ... 저울추(錘)	*Moukei .. Kiau houl tchiuo*
Poignard	*n.m.*	칼	칼	*K'kal*
Poignée	*n.f.*	줌[69]	줌	*Tjoume*
Poignet	*n.m.*	홀목[70]	손목	*H'ole mok*
Poil	*n.m.*	털	털	*T'taul*
Poilu	*adj.*	털 만흔	털 많은	*T'taul mane h'eune*
Poing	*n.m.*	쥬먹	주먹	*Tjiou mauk*
Point	*n.m.*	졈	점(點)	*Tjiaume*
Point	*adv.*	아니오	아니오	*Haniho*
Pointe	*n.f.*	솟	끝	*Kkeute*
Pointe (clou)	*n.f.*	못	못	*Mote*
Pointiller	*v.int.*	졈찍소	점(點)찍소	*Tjiaume ttjikso*
Pointu	*adj.*	섄쥭ᄒᆞ오	뾰족하오	*Ppiotjiouk h'aho*
Poire	*n.f.*	배[71]	배	*Pai*
Poirier	*n.m.*	배나무	배나무	*Pai namou*
Pois (vert)	*n.m.*	녹두	녹두(綠豆)	*Nok tou*
Pois (rouge)	*n.m.*	팟	팥	*Pfate*
Poison	*n.m.*	사약	사약(死藥)	*Sa hiak*
Poisson[72]	*n.m.*	생선 ... 물고기	생선(生鮮) ... 물고기	*Saing saune .. Moul koki*
Poitrinaire	*adj.*	부족병[73]	부족병(不足病)	*Poutjiok pieng*
Poitrine	*n.f.*	가심	가슴	*Kassime*

69 주먹.

70 '손목'의 방언.

71 梨.

72 원문에는 'Possion'.

73 가난한 사람들이 영양분의 부족으로 걸리는 병. 프랑스어의 의미는 '폐병'.

Poivre	*n.m.*	호초	후추	*H'otcho*
Poivrier	*n.m.*	호초나무	후추나무	*H'otcho namou*
Poix	*n.f.*	숑진	송진(松津)	*Song tjine*
Polaire (étoile)	*n.f.*	북두셩	북두성(北斗星)	*Pouk tousseng*
Pôle	*n.m.*	남극 ... 북극	남극(南極) ... 북극(北極)	*Name keuk .. Pouk keuk*
Poli	*adj.*	예모잇소[74]	예모(禮貌)있소	*Hieimo hisso*
Poli	*adj.*	윤치나오[75]	윤채(潤彩)나오	*Hioune tchai naho*
Police	*n.f.*	경무쳥	경무청(警務廳)	*Kieng moutchieng*
Poliment	*adv.*	예모잇게	예모(禮貌)있게	*Hieimo hitekei*
Polisson	*n.m.*	몹슬 사람	몹쓸 사람	*Mopseul sarame*
Politesse	*n.f.*	예모	예모(禮貌)	*Hieimo*
Politique	*n.f.*	정치 ... 나라	정치(政治) ... 나라	*Tjiengtchi .. Nara*
Poltron	*n.m.*	겁쟝이	겁(怯)쟁이	*Kaupe tjieng hi*
Polygamie	*n.f.*	여러 안히	여러 아내	*Hiaurau hanh'ai*
Pommade	*n.f.*	밀기름[76]	밀기름	*Milkireume*
Pomme	*n.f.*	능금	능금	*Neung keume*
Pomme de terre	*n.f.*	감자	감자	*Kame tja*
Pomme de pin	*n.f.*	솔방울	솔방울	*Sol pang houl*
Pommier	*n.m.*	능금나무	능금나무	*Neung keume namou*
Pompe	*n.f.*	무자위[77]	무자위	*Moutja houi*
Ponctualité	*n.f.*	꼭[78]	꼭	*Kkok*

74 예절에 맞는 몸가짐. 표제어 'Civilité', 'Urbanité' 참고.

75 윤이 나다.

76 밀랍과 참기름을 섞어서 만든 머릿기름. 프랑스어의 의미는 '포마드', '머릿기름'.

77 펌프.

78 시간엄수.

Ponctuer	*v.t.*	권졈ᄒᆞ오[79]	권점(圈點)하오	*Kouaune tjiaume h'aho*
Pondérable	*adj.*	달아볼 만ᄒᆞ오	달아볼 만하오	*Tara polmane h'aho*
Pondération	*n.f.*	달아봄	달아봄	*Tara pome*
Pondérer	*v.t.*	달아보오	달아보오	*Tara poho*
Pondre	*v.t.*	알 낫소	알 낳소	*Hale nasso*
Pont	*n.m.*	ᄃᆞ리	다리	*Tari*
Population	*n.f.*	인구	인구(人口)	*Hine kou*
Populeux	*adj.*	인가가 춍춍ᄒᆞ오[80]	인가(人家)가 총총(叢叢)하오	*Hinekaka tchiong tchiong h'aho*
Porc	*n.m.*	되야지 ... 졔육	돼지 ... 제육(肉)	*Teuhiatji .. Tjiei houk*
Porcelaine	*n.f.*	사긔	사기(沙器)	*Sakeui*
Porc-épic	*n.m.*	고슘돗치	고슴도치	*Kossoume totchi*
Port	*n.m.*	항구 ... 포	항구(港口) ... 포(浦)	*H'ang kou .. Pfo*
Portail	*n.m.*	즁문	중문(中門)	*Tjioung moune*
Porte	*n.f.*	문	문(門)	*Moune*
	Porte de devant	ᄃᆡ문	대문(大門)	*Tai moune*
	Porte de derrière	되문	뒷문(門)	*Teu moune*
	battant de porte	문 ᄒᆞᆫ작	문(門) 한짝	*Moune h'ane tjak*
	Allez ouvrir la porte	문 열너 가시오	문(門) 열러 가시오	*Moune hiaullau kassio*
	Porte du Nord	북문	북문(北門)	*Pouk moune*
	Porte Sud	남문	남문(南門)	*Name moune*
	Porte De l' Est	동ᄃᆡ문	동대문(東大門)	*Tong tai moune*

79 벼슬아치를 뽑을 때 후보자의 이름 아래에 점을 찍다.

80 무성하다.

	Porte De l' Ouest	식문[81]	새문	*Sai moune*
	Petite Porte	쇠수문	샛문(門)	*Seussou moune*
Porte-cigares	*n.m.*	권연 물부리[82]	궐련(卷煙) 물부리	*Kouauniaune moul pouri*
Porte-crayon	*n.m.*	차는 연필[83]	차는 연필	*Tchaneune hiaune pfil*
Portefaix	*n.m.*	짐군	짐꾼	*Tjime koune*
Portefeuille	*n.m.*	명함갑[84]	명함갑(名銜匣)	*Mieng h'ame kape*
Portefeuille	*n.m.*	필갑	필갑(筆匣)	*Pfil kape*
Portemanteau	*n.m.*	옷거리	옷걸이	*Hote kauri*
Porte-plume	*n.m.*	쳘필딕	철필(鐵筆)대	*Tchiaul pfiltai*
Porter	*v.t.*	지오 ... 가지오	지오 ... 가지오	*Tjiho .. Katjiho*
Porteur	*n.m.*	지게군 ... 삭군[85]	지게꾼 ... 삯꾼	*Tjikeikoune .. Sakoune*
	Porteur d' eau	물장사	물장수	*Moul tjang sa*
	Appelez un porteur	삭군[86] 흔나 불느시오	삯꾼 하나 부르시오	*Sakoune h'ana poulleussio*
Portier	*n.m.*	문직이	문(門)지기	*Moune tjiki*
Portion	*n.f.*	목	몫	*Mok*
Portrait	*n.m.*	화상[87]	화상(畫像)	*H'oassang*
Poser	*v.t.*	놋소 ... 두오	놓소 ... 두오	*Nosso .. Touho*
Position	*n.f.*	자리	자리	*Tjari*
Posséder	*v.t.*	가지오	가지오	*Katjiho*

81 조선 시대에 건립한 한양 도성의 숭례문, 흥인문 보다 늦게 지어진 서쪽. 표제어 'Réunir' 참고.
82 담배를 끼워서 빠는 물건.
83 프랑스어의 의미는 '연필꽂이'.
84 원문에는 '명합갑 '.
85 원문에는 '사군'.
86 원문에는 '사군'.
87 초상화.

Possesseur	*n.m.*	가진 사람	가진 사람	*Katjine sarame*
Possession	*n.f.*	가짐	가짐	*Katjime*
Possibilité	*n.f.*	능홈	능(能)함	*Neung h'ame*
Possible	*adj.*	능ᄒᆞ오	능(能)하오	*Neung h'aho*
Poste	*n.f.*	우편국	우편국(郵便局)	*Houpfiaune kouk*
	Poste de soldat n.m.	파수[88]	파수(把守)	*Pfassou*
	Où est la poste coréenne?	도션 우편국이 어듸요	조선(朝鮮) 우편국(郵便局)이 어디요	*Tiossaune houpfiaune kouki hauteui hio*
Postérieur	*adj.*	다음이오	다음이오	*Ta heumi ho*
Postérité	*n.f.*	후세 ... 후손	후세(後世) ... 후손(後孫)	*H'oussei .. h'eussone*
Pot	*n.m.*	그릇	그릇	*Keureute*
Pot a eau	*n.m.*	물그릇	물그릇	*Moul keureute*
Potable	*adj.*	먹을 만ᄒᆞᆫ	먹을 만한	*Maukeul mane h'ane*
Potage	*n.m.*	국	국	*Kouk*
Potager	*n.m.*	건답[89]	건답(乾畓)	*Kaune tape*
Poteau	*n.m.*	기동	기둥	*Kitong*
Potence	*n.f.*	긔ᄯᅢ 백기[90]	깃대 배기(焙器)	*Keuitta paikki*
Poterie	*n.f.*	질그릇	질그릇	*Tjil keureute*
Potiche	*n.f.*	ᄭᅩᆺ병	꽃병(瓶)	*Kkote pieng*
Potier	*n.m.*	호쥬[91] ... 그릇 만드는 사람	호주 ... 그릇 만드는 사람	*H'otjiou .. Keureute mane teuneune sarame*
Potion	*n.f.*	쳡	첩(貼)	*Tchiaupe*

88 경계하여 지킴.

89 마른 논. 프랑스어의 의미는 '채소밭'.

90 깃대 모양의 물건을 불에 말리도록 만든 기구. 프랑스어의 의미는 '교수대', 'T자형 지주'이다.

91 도기 제조소의 장. 한불 115: 호쥬 戶主 Chef d'une fabrique de vases.

Pou	*n.m.*	니[92]	이	*Hi*
Pouce	*n.m.*	엄지손가락	엄지손가락	*Haume tji sone karak*
Poudre	*n.f.*	화약	화약(火藥)	*H'oa hiak*
Poudre de riz	*n.f.*	분 ... 쌀가로	분(粉) ... 쌀가루	*Poune .. Ssalkaro*
Poudrière	*n.f.*	화약고	화약고(火藥庫)	*H'oa hiak ko*
Poulailler	*n.m.*	닭의 장	닭의 장(欌)	*Talkeui tjang*
Poulain	*n.m.*	망아지	망아지	*Mang hatji*
Poule	*n.f.*	암닭	암탉	*Hame talk*
Poulet	*n.m.*	닭	닭	*Talk*
Poulie	*n.f.*	바퀴	바퀴	*Pa k'koui*
Pouls	*n.m.*	믹	맥(脈)	*Maik*
Poumon	*n.m.*	허파	허파	*H'aupfa*
Poupe	*n.f.*	빅 뒤	배 뒤	*Paitu*
Poupée	*n.f.*	각시	각시	*Kaksi*
Pour	*prép.*	위ᄒᆞ야	위하여	*Houi h'ahia*
Pour	*prép.*	위ᄒᆡ셔	위해서	*Houi h'aissau*
	Pour moi	나를 위ᄒᆞ야	나를 위하여	*Nareul houi h'ahia*
Pourboire	*n.m.*	술갑 ... 샹급	술값 ... 상급(賞給)	*Soulkape .. Sang keupe*
Pourceau	*n.m.*	되야지	돼지	*Teuhiatji*
Pourquoi	*conj.*	웨 ... 엇지ᄒᆞ야	왜 ... 어찌하여	*Houei .. Hautji h'ahia*
	Pourquoi cela	웨 그러ᄒᆞ오	왜 그러하오	*Houei keurau h'aho*
Pourri	*adj.*	썩엇소	썩었소	*Ssaukausso*
Pourrir	*v.int.*	썩소	썩소	*Ssaukso*
Pourriture	*n.f.*	썩음	썩음	*Ssaukeume*

92 기생충.

Poursuite	*n.f.*	쪼차감	쫓아감	*Ttjotcha kame*
Poursuivre	*v.t.*	쪼차가오	쫓아가오	*Ttjotcha kaho*
Pourtant	*adv.*	그런데	그런데	*Keuraune tei*
Pourtant	*adv.*	그러나	그러나	*Keurauna*
Pourvoir	*v.t.*	주오 ... 진ᄇᆡ하오[93]	주오 ... 진배(進排)하오	*Tjouho .. Tjinepai h'aho*
Pourvu que	*l.c.*	오직 ... 다만	오직 ... 다만	*Hotjik .. Tamane*
Pousse-pousse	*n.m.*	일녁거	인력거(人力車)	*Hilliaukau*
Pousser	*v.t.*	자라오	자라오	*Tjaraho*
Pousser	*v.t.*	밋드리오	밀뜨리다	*Mite teuriho*
Poussière	*n.f.*	먼지	먼지	*Maune tji*
Poussin	*n.m.*	병아리	병아리	*Pieng hari*
Poutre	*n.f.*	들보	들보	*Teulpo*
Pouvoir	*v.t.*	능ᄒᆞ오	능(能)하오	*Neung h'aho*
	Je ne peux pas	내가 능치 못ᄒᆞ오	내가 능(能)치 못하오	*Naika neungtchi mote h'aho*
Pratique	*n.f.*	달년 ... 연습	단련(鍛鍊) ... 연습(練習)	*Talliaune .. Hiaune seupe*
Pratiquer	*v.t.*	달년ᄒᆞ오	단련(鍛鍊)하오	*Talliaune h'aho*
Précaution	*n.f.*	미리 조심홈	미리 조심(操心)함	*Miri tjioussime h'ame*
Précédent	*adj.*	먼져요	먼저요	*Maune tjiauhio*
Précéder	*v.t.*	먼져 가오	먼저 가오	*Maune tjiaukaho*
Précéder	*v.t.*	압헤 갓소	앞에 갔소	*Haph'ei kasso*
Précieux	*adj.*	보ᄇᆡ롭소	보배롭소	*Popairopso*
Précipice	*n.m.*	못 ... 구뎅이	못 ... 구덩이	*Mote .. Kouteinghi*
Précipitamment	*adv.*	급ᄒᆞ게	급(急)하게	*Keupe h'akei*

93 물품을 나라에 바치다. 표제어 'Fournir' 참고.

Précipitation	*n.f.*	급ᄒᆞ게 홈	급(急)하게 함	*Keupe h'akei h'ame*
Précipiter	*v.t.*	급ᄒᆞ게 ᄒᆞ오	급(急)하게 하오	*Keupe h'akei h'aho*
Précipiter	*v.t.*	ᄯᅥ러트리오	떨어트리오	*Ttaurau t'teuriho*
Précis	*adj.*	뎌져이 올소	도저(到底)히 옳소	*Tieutjiau hi holso*
Précoce	*adj.*	영니ᄒᆞ오	영리(怜悧)하오	*Hiengni h'aho*
Prédécesseur	*n.m.*	젼관	전관(前官)	*Tjiaune koane*
Prédécesseur	*n.m.*	압헤 잇든 사람	앞에 있던 사람	*Hape h'ei hite teune sarame*
Prédestination	*n.f.*	미리 뎡홈	미리 정(定)함	*Miritieng h'ame*
Prédestiner	*v.t.*	미리 뎡ᄒᆞ오	미리 정(定)하오	*Miritieng h'aho*
Prédiction	*n.f.*	미리 말홈	미리 말함	*Miri marh'ame*
Prédire	*v.t.*	미리 말ᄒᆞ오	미리 말하오	*Miri marh'aho*
Préface	*n.f.*	셔문	서문(序文)	*Seumoune*
Préfecture	*n.f.*	한셩부[94]	한성부(漢城府)	*H'ane seng pou*
Préférable	*adj.*	더 죠소	더 좋소	*Tau tjiosso*
Préférence	*n.f.*	더 죠아홈	더 좋아함	*Tau tjioha h'ame*
Préférer	*v.t.*	더 죠아ᄒᆞ오	더 좋아하오	*Tau tjioha h'aho*
Préfet	*n.m.*	관쟝이	관장(官長)	*Koane tjang hi*
Préjudice	*n.m.*	ᄒᆡ 입음	해(害) 입음	*H'ai hipeume*
Préjudiciable	*adj.*	ᄒᆡ 되오	해(害) 되오	*H'ai teuho*
Prélever	*v.t.*	집어 주오	집어 주오	*Tjipau tjouho*
Premier	*adj.*	쳣재	첫째	*Tchiaute tjai*
Premièrement	*adv.*	쳣재로	첫째로	*Tchiaute tjairo*
Prendre	*v.t.*	집소 ... 가지오	집소 ... 가지오	*Tjipso .. Katjiho*
	Prenez cela	이것 집으시오	이것 집으시오	*Hikaute tjipeussio*

94 조선의 수도인 한양의 행정구역 명칭.

Prénom	*n.m.*	관명[95]	관명(冠名)	*Koane mieng*
Préoccupation	*n.f.*	마련ᄒᆞᆷ	마련함	*Mariaune h'ame*
Préoccuper	*v.p.*	마련ᄒᆞ오	마련하오	*Mariaune h'aho*
Préparatif	*n.m.*	예비ᄒᆞᆷ	예비(豫備)함	*Hieipi h'ame*
Préparation	*n.f.*	예비ᄒᆞᆷ	예비(豫備)함	*Hieipi h'ame*
Préparer	*v.t.*	예비ᄒᆞ오	예비(豫備)하오	*Hieipi h'aho*
	Préparez mes habits	내 옷들 예비ᄒᆞ시오	내 옷들 예비(豫備)하시오	*Nai hoteul hieipi h'assio*
Près	*prép.*	갓갑소 ... 갓가이 ... 겻ᄒᆡ ... 엽ᄒᆡ	가깝소 ... 가까이 ... 곁에 ... 옆에	*Kate kapso .. Kate ka hi .. Kiaute h'ai .. Hiaupe h'ai*
	A peu près *l.adv.*	대게	대개(大概)	*Taikei*
Présage	*n.m.*	증조	징조(徵兆)	*Tjeung tjo*
Presbyte	*n.m.*	원시ᄒᆞ는 사람[96]	원시(遠視)하는 사람	*Houaune si h'aneune sarame*
Prescription	*n.f.*	분부ᄒᆞᆷ	분부(分付)함	*Poune pou h'ame*
Prescrire	*v.t.*	약방문[97] ᄂᆡ오	약방문(藥方文) 내오	*Hiak pang moune naiho*
Présence	*n.f.*	잇슴	있음	*Hisseume*
Présent	*adj.*	잇소	있소	*Hisso*
Présentation	*n.f.*	인사	인사(人事)	*Hinessa*
Présentement	*adv.*	지금	지금(只今)	*Tjikeume*
Présenter	*v.t.*	인사 식이오	인사(人事) 시키오	*Hinessa sikiho*
Présenter	*v.t.*	밧치오[98]	바치오	*Pate tchiho*
Présenter	*v.t.*	드리오	드리오	*Teuriho*

95 어른이 되는 관례(冠禮)를 치르고 새로 지은 이름. 프랑스어의 의미는 '세례명'.

96 원시, 노안(老眼)이 있는 사람.

97 처방전.

98 원문에는 '밧치어'.

Préservation	*n.f.*	보젼홈	보전(保存)함	*Potjiaune h'ame*
Préserver	*v.t.*	보젼호오	보전(保存)하오	*Potjiaune h'aho*
Président	*n.m.*	졍경[99]	정경(正卿)	*Tjieng kieng*
	Président République	딕통녕	대통령(大統領)	*Tai t'tong nieng*
Présider	*v.t.*	거나리오	거느리오	*Kaunari ho*
Presque	*adv.*	거진	거의	*Kautjine*
	C'est presque fini	거진 다 되엿소	거의 다 되었소	*Kautjine tatu hiausso*
Presqu'île	*n.f.*	거진 셤[100]	거의 섬	*Kautjine seume*
Presser	*v.t.*	밧부오	바쁘오	*Pate pouho*
Prêt	*n.m.*	수인 돈	꾸인 돈	*Kkouine tone*
Prêt	*adj.*	예비힛소	예비(豫備)했소	*Hieipi h'aisso*
Prétendre	*v.t.*	쳬호오	체하오	*Tchiei h'aho*
Prétentieux	*adj.*	거만호오	거만(倨慢)하오	*Kaumane h'aho*
Prétention	*n.f.*	거만홈	거만(倨慢)함	*Kaumane h'ame*
Prêter	*v.t.*	빌니오 ... 수이오	빌리오 ... 꾸이오	*Pilliho .. Kkouiho*
Prêteur	*n.m.*	빌니는 사람	빌려주는 사람	*Pillineune sarame*
Prétexte	*n.m.*	핑계	핑계	*Pfine kiei*
Prêtre	*n.m.*	신부	신부(神父)	*Sine pou*
Preuve	*n.f.*	증거	증거(證據)	*Tjeung kau*
Prévenir	*v.t.*	고히 알니오	고해(告解) 알리오	*Koh'ai halliho*
Prévoir	*v.t.*	미리 보오	미리 보오	*Miri poho*
Prévoyant	*adj.*	미리 보는 사람이오	미리 보는 사람이오	*Miri poneune sarame hiho*

99 조선 시대에, 정이품 이상의 벼슬을 아경(亞卿)에 상대하여 이르던 말.
100 작은 반도. 표제어 'péninsule'(큰 반도) 참고.

Prier	*v.t.*	비오 … 츅슈ᄒᆞ오[101]	비오 … 축수(祝手)하오	*Piho .. Tchiouk sou h'aho*
Prière	*n.f.*	츅문	축문(祝文)	*Tchiouk moune*
Prime	*n.f.*	샹젼	상전(上典)	*Sang tjiaune*
Primer	*v.t.*	출즁ᄒᆞ오	출중(出衆)하오	*Tchioul tjioung h'aho*
Prince	*n.m.*	황족[102]	황족(皇族)	*H'oang tjiok*
Prince héritier	*n.m.*	태ᄌᆞ	태자(太子)	*T'tai tja*
Princesse	*n.f.*	빈궁	빈궁(嬪宮)	*Pine koung*
Principal	*adj.*	읏듬되오	으뜸되오	*Heuteume teuho*
Principalement	*adv.*	읏듬으로	으뜸으로	*Heuteumeuro*
Principe	*n.m.*	근본	근본(根本)	*Keune pone*
Printemps	*n.m.*	봄	봄	*Pome*
Prison	*n.f.*	옥	옥(獄)	*Hok*
Prisonnier	*n.m.*	가친 사람	갇힌 사람	*Katchine sarame*
Privation	*n.f.*	부죡ᄒᆞᆷ	부족(不足)함	*Poutjiok h'ame*
Privé	*adj.*	ᄉᆞᄉᆞ로온	사사(私私)로운	*Sassaro hone*
Priver	*v.t.*	부죡되오	부족(不足)되오	*Poutjiok teu ho*
Privilège	*n.m.*	특은	특은(特恩)	*T'teukeune*
Prix	*n.m.*	갑	값	*Kape*
	quel est le prix	갑시 얼마요	값이 얼마요	*Kapsi haulma hio*
Probabilité	*n.f.*	거의 졍년ᄒᆞᆷ	거의 정연(井然)함	*Kauheui tjieng niaune h'ame*
Probable	*adj.*	거의 졍년ᄒᆞ오	거의 정연(井然)하오	*Kauheui tjieng niaune h'aho*
Probablement	*adv.*	거의 졍년이	거의 정연(井然)히	*Kauheui tjieng niaune hi*

101 두 손바닥을 마주 대고 빌다. 표제어 'Souhait' 참고.

102 황제의 친족.

Probe	*adj.*	착ᄒᆞ오	착하오	*Tchak h'aho*
Probe	*adj.*	진실ᄒᆞ오	진실(眞實)하오	*Tjine sir h'aho*
Probité	*n.f.*	착ᄒᆞᆷ ... 양심 바름	착함 ... 양심(良心) 바름	*Tchak h'ame .. Hiang sime pareume*
Problème	*n.m.*	문졔	문제(問題)	*Moune tjiei*
Procès	*n.m.*	송ᄉᆞ	송사(訟事)	*Song sa*
Procession	*n.f.*	거동	거동(擧動)	*Keutong*
Prochain	*n.m.*	다른 사람	다른 사람	*Tareune sarame*
Prochain	*adj.*	다음	다음	*Ta heume*
Prochainement	*adv.*	쉬	쉬이	*Su*
Proclamation	*n.f.*	포고	포고(布告)	*Pfoko*
Proclamer	*v.t.*	탐지ᄒᆞ오	탐지(探知)하오	*T'tame tji h'aho*
Procréer	*v.t.*	낫소	낳다	*Nasso*
Procuration	*n.f.*	보살핌	보살핌	*Possal pfime*
Procurer	*v.t.*	보살피오	보살피오	*Possal pfiho*
Prodigalité	*n.f.*	광비[103]	광비(廣費)	*Koang pi*
Pordigue	*adj.*	낭ᄑᆡ롭소	낭패롭소	*Nang pfairopso*
Production	*n.f.*	소츌	소출(所出)	*Sotchioule*
Produire	*v.t.*	소산으로 나오	소산(所産)으로 나오	*Sossaneuro naho*
Produire	*v.t.*	소츌 나오	소출(所出) 나오	*Sotchioule naho*
Professeur	*n.m.*	션ᄉᆡᆼ ... 교사	선생(先生) ... 교사(敎師)	*Saune saing .. Kiossa*
Profession	*n.f.*	ᄉᆡᆼ업	생업(生業)	*Saing haupe*
Profil	*n.m.*	반형[104]	반형(半形)	*Pane h'ieng*

103 과잉, 낭비. 한불 181: 광비 廣費 Prodigalité.

104 옆얼굴.

Profit	*n.m.*	이젼[105]	이전(利錢)	*Hi tjiaune*
Profitable	*adj.*	이 남소	이(利) 남소	*Hinamesso*
Profiter	*v.int.*	틈타오	틈타오	*T'teume t'taho*
Profond	*adj.*	깁소	깊소	*Kipso*
Profondément	*adv.*	깁게	깊게	*Kipe kei*
Profondeur	*n.f.*	깁히	깊이	*Kipe h'i*
Profusion	*n.f.*	풍셩ᄒᆞᆷ	풍성(豐盛)함	*Pfoung seng h'ame*
Programme	*n.m.*	과목	과목(科目)	*Koa mok*
Progrès	*n.m.*	나아감	나아감	*Nana kame*
Progressivement	*adv.*	졈졈	점점(漸漸)	*Tjieume tjiaume*
Prohiber	*v.t.*	금ᄒᆞ오	금(禁)하오	*Keume h'aho*
Prohibition	*n.f.*	금ᄒᆞᆷ	금(禁)함	*Keume h'ame*
Projection	*n.f.*	던짐	던짐	*Taune tjime*
Projeter[106]	*v.t.*	던지오	던지오	*Taune tjiho*
Prolongement	*n.m.*	멀니ᄒᆞᆷ	멀리함	*Meulli h'ame*
Prolonger	*v.t.*	멀니ᄒᆞ오	멀리하오	*Meulli h'aho*
Promenade	*n.f.*	소풍	소풍(逍風)	*Sopfoung*
Promener (se)	*v.p.*	소풍ᄒᆞ오	소풍(逍風)하오	*Sopfoung h'aho*
Promener (se)	*v.p.*	구경ᄒᆞ오	구경하오	*Koukieng h'aho*
Promeneur	*n.m.*	소풍ᄒᆞ는 사람	소풍(逍風)하는 사람	*Sopfoung h'aneune sarame*
Promesse	*n.f.*	허ᄒᆡ쥼	허(虛)해줌	*H'au h'ai tjioume*
Promettre	*v.t.*	허ᄒᆡ 쥬오	허(虛)해 주오	*H'au h'ai tjiouho*
Promettre	*v.t.*	허락ᄒᆞ오	허락(許諾)하오	*H'aurak h'aho*
Prompt	*adj.*	상쾌ᄒᆞ오	상쾌(爽快)하오	*Sang k'koai h'aho*

105 이익.

106 원문에는 'Projecter'.

Promptement	*adv.*	얼는	얼른	*Haulleune*
Promulgation	*n.f.*	반포홈	반포(頒布)함	*Pane pfo h'ame*
Promulger	*v.t.*	반포ᄒᆞ오	반포(頒布)하오	*Pane pfo h'aho*
Prononciation	*n.f.*	구음	구음(口音)	*Kouheume*
Prononcer	*v.t.*	구음ᄒᆞ오	구음(口音)하오	*Kouheume h'aho*
Pronostic	*n.m.*	증조	징조(徵兆)	*Tjeung tjo*
Propagation	*n.f.*	젼홈	전(傳)함	*Tjiaune h'ame*
Propager	*v.t.*	젼ᄒᆞ오	전(傳)하오	*Tjiaune h'aho*
Prophète	*n.m.*	션지쟈	선지자(先知者)	*Saune tjitjia*
Propice	*adj.*	순ᄒᆞ오	순(順)하오	*Soune h'aho*
Proportion	*n.f.*	공평홈	공평(公平)함	*Kong pfieng h'ame*
Proportionnellement	*adv.*	칭칭이	층층이	*Tchine ttchini*
Proportionnellement	*adv.*	공평이	공평(公平)히	*Kong pfieng hi*
Proportionner[107]	*v.t.*	공평이 난호오	공평(公平)히 나누오	*Kong pfieng hi nane h'oho*
Propos	*n.m.*	말[108]	말	*Male*
Propos (à)	*l.adv.*	연히셔[109]	연(連)해서	*Hiaune h'aissau*
Proposer	*v.t.*	쥬의 잇게 ᄒᆞ오	주의(主意) 있게 하오	*Tjiouheui hite kei h'aho*
Proposition	*n.f.*	쥬의 잇게 홈	주의(主意) 있게 함	*Tjiouheui hite kei h'ame*
Propre	*adj.*	정ᄒᆞ오	정(淨)하오	*Tjeng h'aho*
Proprement	*adv.*	정ᄒᆞ게	정(淨)하게	*Tjeng h'akei*
Propreté	*n.f.*	정홈	정(淨)함	*Tjeng h'ame*
Propriétaire	*n.m.*	임쟈[110]	임자	*Hime tjia*

107 원문에는 'Proportioner'.
108 言.
109 연이어서.
110 소유자.

Proscription	*n.f.*	금ᄒᆞᆷ	금(禁)함	*Keume h'ame*
Proscrire	*v.t.*	금ᄒᆞ오	금(禁)하오	*Keume h'aho*
Proscrire	*v.t.*	지경 츌송ᄒᆞ오[111]	지경(地境) 출송(黜送)하오	*Tjikieng tchioule song h'aho*
Prospectus	*n.m.*	고ᄇᆡᆨ	고백(告白)	*Kopaik*
Prospérer	*v.int.*	왕셩ᄒᆞ오	왕성(旺盛)하오	*Hoanseng h'aho*
Prospérité	*n.f.*	왕셩ᄒᆞᆷ	왕성(旺盛)함	*Hoanseng h'ame*
Prosterner(se)	*v.p.*	졀ᄒᆞ오	절하오	*Tjiaurh'aho*
Prosterner(se)	*v.p.*	구피오	굽히오	*Koupfi ho*
Prostituée	*n.f.*	갈보[112] ... 기상	갈보 ... 기생(妓生)	*Kalpo .. Kissang*
Prostituer	*v.t.*	오입ᄒᆞ오	오입(誤入)하오	*Ho hipe h'aho*
Prostitution	*n.f.*	오입	오입(誤入)	*Ho hipe*
Protecteur	*n.m.*	보호ᄒᆞᄂᆞᆫ 사람	보호(保護)하는 사람	*Poh'o h'aneune sarame*
Protection	*n.f.*	보호	보호(保護)	*Poh'o*
Protéger	*v.t.*	보호ᄒᆞ오	보호(保護)하오	*Poh'o h'aho*
Protestant	*n.m.*	야소교인[113]	야소교인(耶蘇教人)	*Hiasso Kiohine*[114]
Protestation	*n.f.*	회판[115]	회판	*H'eu pfane*
Protestation	*n.f.*	밝이 증거ᄒᆞᆷ	밝히 증거(證據)함	*Palki tjeung kau h'ame*
Protester	*v.t.*	회판ᄒᆞ오	회판하오	*H'eupfane h'aho*
Proue	*n.f.*	ᄇᆡ 앞[116]	배 앞	*Pai hape*
Prouver	*v.t.*	ᄒᆡ셕ᄒᆡ 쥬오	해석(解析)해 주오	*H'aissauk hai tjiouho*

111 지경에서 내쫓다, 추방하다.

112 몸 파는 여자. 표제어 'Courtisane' 참고.

113 원문에는 '야소 ... 교인'. 예수를 믿는 사람. 프랑스어의 의미는 '프로테스탄트', '신교도'.

114 원문에는 '*Hiasso .. Kiohine*'.

115 표제어 'Protester' 참고.

116 뱃머리.

Provenance	*n.f.*	옴[117]	옴	*Home*
Provenance	*v.int.*	오오	오오	*Hoho*
Proverbe	*n.m.*	쇽담 ... 샹말[118]	속담(俗談) ... 상(常)말	*Soktame .. Sang mal*
Proverbialement	*adv.*	쇽담으로	속담(俗談)으로	*Soktameuro*
Providence	*n.f.*	텬의[119]	천의(天意)	*T'tiaune heui*
Providentiel	*adj.*	텬의요	천의(天意)요	*T'tiaune heui hio*
Province	*n.f.*	싀골	시골	*Seuikol*
Provision	*n.f.*	쟈만흠	장만함	*Tjiak mane h'ame*
Provision	*n.f.*	쥰비흠	준비(準備)함	*Tjioune pi h'ame*
Provisoire	*adj.*	잠시오	잠시(暫時)오	*Tjâme siho*
Provisoirement	*adv.*	잠시	잠시(暫時)	*Tjame si*
Provocation	*n.f.*	지근거림	지근거림	*Tjikeune kaurime*
Provoquer	*v.t.*	지근거리오	지근거리오	*Tjikeune kauriho*
Prudemment	*adv.*	슬긔시럽게	슬기롭게	*Seulkeui siraupekei*
Prudence	*n.f.*	슬긔 ... 삼감	슬기 ... 삼감	*Seulkeui .. Samekame*
Prudent	*adj.*	삼가오	삼가오	*Same kaho*
Prudent	*adj.*	지혜로오	지혜(智慧)로운	*Tjih'iei roho*
Prune	*n.f.*	외얏 ... 자두	오얏 ... 자두	*Heuhiate .. Tjatou*
Prunelle	*n.f.*	검은자[120]	검은자	*Kaumeune tja*
Prunelle	*n.f.*	동ᄌᆞ[121]	동자(瞳子)	*Tongtja*
Prunier	*n.m.*	외얏나무	오얏나무	*Heuhiate namou*
Prunier	*n.m.*	자두나무	자두나무	*Tjatou namou*

117 기원, 산지.

118 상스러운, 속된 말.

119 섭리.

120 눈동자. 한불 143: 검은ᄌᆞ의 目瞳 Prunelle, pupille de l'oeil, iris: 눈동ᄌᆞ 瞳子 Pupille de l'oeil; prunelle.

121 눈동자.

Puant	*adj.*	내음싀 나오	냄새 나오	*Naime sai naho*
Puberté	*n.f.*	쟝셩홈	장성(長成)함	*Tjiang seng h'ame*
Public	*adj.*	드러닉오	드러내오	*Teurau naiho*
Public	*adj.*	공번되오	공(公)번되오	*Kong paune teuho*
Public	*n.m.*	공번됨[122]	공(公)번됨	*Kong paune teume*
Pulblier	*v.t.*	공번되게ᄒᆞ오	공(公)번되게 하오	*Kong paune teu kei h'aho*
Publiquement	*adv.*	공번되게	공(公)번되게	*Kong paune teukei*
Puce	*n.f.*	벼록	벼룩	*Piaurok*
Pudeur	*n.f.*	렴치	염치(廉恥)	*Hiaume tchi*
Puer	*v.int.*	내음싀나오	냄새나오	*Naime sai naho*
Puéril	*adj.*	어리오	어리오	*Hauriho*
Puérilité	*n.f.*	어린	어린	*Haurine*
Pugilat	*n.m.*	사옴	싸움	*Saheume*
Puis	*adv.*	더	더	*Tau*
Puiser	*v.t.*	물깃소 ... ᄯᅳ오	물긷소 ... 뜨오	*Moul kisso .. Tteuho*
Puisette	*n.f.*	두레박	두레박	*Tourei pak*
Puisque	*conj.*	임의	이므로	*Himeui*
Puissance	*n.f.*	권세	권세(權勢)	*Kouaune sei*
Puissant	*adj.*	능 잇ᄂᆞᆫ	능(能) 있는	*Neung hiteneune*
Puissant	*adj.*	셰 잇ᄂᆞᆫ	세(勢) 있는	*Siei kiteneune*
Puits	*n.m.*	우물	우물	*Houmoul*
Pulsation	*n.f.*	ᄆᆡᆨ슈[123]	맥수(脈數)	*Maiksou*
Pulvérisation	*n.f.*	가로 됨	가루 됨	*Karo teume*
Pulvériser	*v.t.*	가로 되오	가루 되오	*Karo teuho*

122 원문에는 '공번됩'.

123 맥박.

Punaise	*n.f.*	빈ᄃᆡ	빈대	*Pine tai*
Punir	*v.t.*	벌ᄒᆞ오	벌(罰)하오	*Paur h'aho*
Punition	*n.f.*	벌	벌(罰)	*Paul*
Pupitre	*n.m.*	ᄎᆡᆨ상	책상(冊床)	*Tchaik sang*
Pur	*adj.*	ᄆᆞᆰ소 ... 조찰ᄒᆞ오[124]	맑소 ... 조찰하오	*Malkso .. Tjo tchar h'aho*
Purée	*n.f.*	쥭	죽(粥)	*Tjiouk*
Purgatif	*n.m.*	ᄂᆡ리는 약[125]	내리는 약(藥)	*Nairineune hiak*
Purgation	*n.f.*	복약[126]	복약(服藥)	*Pok hiak*
Purger	*v.t.*	약 먹소	약(藥) 먹소	*Hiak moukso*
Purification	*n.f.*	조찰케 ᄒᆞᆷ	조찰케 함	*Tjo tchal k'kei h'ame*
Purifier	*v.t.*	조찰케 ᄒᆞ오	조찰케 하오	*Tjotchalk kei h'aho*
Pus	*n.m.*	고름	고름	*Koreume*
Pusillanime	*adj.*	담 져소[127]	담(膽) 적소	*Tame tjiaukso*
Pusillanimité	*n.f.*	담 져음	담(膽) 적음	*Tame tjtapkeume*
Pustule	*n.f.*	부르틈	부르틈	*Poureu t'teume*
Putréfaction	*n.f.*	썩임	썩음	*Ssauk himi*
Putride	*adj.*	썩어가오	썩어가오	*Ssaukau kaho*
Pyramide	*n.f.*	ᄭᅳᆺ 뾰죡ᄒᆞᆫ 돌기동[128]	끝 뾰족한 돌기둥	*Kkeute ppiotjiouk h'ane tol kitong*

124 깨끗한, 순결한. 표제어 'Chaste'참고. 한불 574: 조찰ᄒᆞ다 潔淨 Pur.
125 하제(下劑), 변비약.
126 약을 먹음.
127 겁많은, 소심한.
128 피라미드.

Q.q

Quadrupède[1]	*n.m.*	네발 가진 즘생	네발 가진 짐승	*Neipal katjine tjieume saing*
Quadruple	*adj.*	ᄉᆞ 빅요	사 배(倍)요	*Sapai hio*
Quai	*n.m.*	부두 ... 션창	부두(埠頭) ... 선창(船艙)	*Poutou .. Saune tchang*
Qualité	*n.f.*	품	품(品)	*Pfoume*
Quand	*adv.*	언제 ... 어나 쌔 ... 쌔에	언제 ... 어느 때 ... 때에	*Haune tjei .. Hauna ttei .. Ttai hei*
	Quand viendrez-vous?	언제 오겟소	언제 오겠소	*Haune tjei ho keisso*
	Quant à	는	는	*Neune*
Quantité	*n.f.*	얼마 ... 무리	얼마 ... 무리	*Haulma .. Mouri*
Quart	*n.m.*	ᄉᆞ분에 일	사분(四分)의 일(一)	*Sapoune heihil*
Quartier	*n.m.*	골목	골목	*Kolmok*
Quasi	*adv.*	거의	거의	*Kauheui*
Que	*conj.*	보다	보다	*Pota*

1 원문에는 'Quatrupède'.

Que	*p.rel.*	무엇	무엇	*Mouhaute*
Quel	*adj.*	무엇 ... 엇던	무엇 ... 어떤	*Mouhaute .. Houtaune*
Quelconque	*adj.i.*	엇던	어떤	*Hautaune*
Quelque	*adj.i.*	몃	몇	*Miaute*
Quelquefois	*adv.*	혹시	혹시(或是)	*H'oksi*
Quelqu'un	*p.i.*	엇던 사람	어떤 사람	*Hautaune sarame*
Quelqu'un	*p.i.*	누구 ... 아모	누구 ... 아무	*Noukou .. Hamo*
	Quelqu'un est-il venu	누가 왓섯소	누가 왔었소	*Nouka hoassausso*
	Quelques-uns	몃 기	몇 개	*Miaute kai*
Querelle	*n.f.*	시비	시비(是非)	*Sipi*
Quereller	*v.t.*	시비ᄒᆞ오	시비(是非)하오	*Sipi h'aho*
Querelleur	*n.m.*	시비ᄒᆞ는 사람	시비(是非)하는 사람	*Sipi h'aneune sarame*
Question	*n.f.*	문답	문답(問答)	*Moune tape*
Question	*n.f.*	묻ᄂᆞᆫ 말	묻는 말	*Mounane mal*
Questionner	*v.t.*	문답ᄒᆞ오	문답(問答)하오	*Moune tape h'aho*
Quête	*n.f.*	슈젼[2]	수전(受錢)	*Soutjaune*
Quêter	*v.t.*	돈 거두오	돈 거두오	*Tone kautouho*
Queue	*n.f.*	ᄭᅩ리	꼬리	*Kkori*
Qui	*p.r.*	누구 ... 누가	누구 ... 누가	*Noukou .. Nouka*
Qui est là	*p.r.*	누구시오	누구시오	*Noukoussio*
	Qui êtes-vous	뉘시오	뉘시오	*Nussio*
	Qui est-venu?	누가 왓소	누가 왔소	*Nouka hoasso*
	Qui a apporté cela?	이것 누가 가져왓소	이것 누가 가져왔소	*Hikaute nouka katjiau hoasso*

2 기부금 모금.

Quiconque	*p.i.*	아모나	아무나	*Hamona*
Quille	*n.f.*	자난감	장난감	*Tjang nane kame*
Quincaillerie	*n.f.*	쇠젼[3]	쇠전(廛)	*Seu tjiaune*
Quinine	*n.f.*	금계랍[4]	금계랍(金鷄蠟)	*Keume kiei rape*
Quinzaine	*n.f.*	보룸[5]	보름	*Porame*
Quittance	*n.f.*	표지	표지(標紙)	*Pfiotji*
Quitter	*v.t.*	벗소 ... 버서누오	벗소 ... 벗어나오	*Pausso .. Paussau naho*
Quoi	*p.r.*	무엇	무엇	*Mouhaute*
Quoique	*conj.*	비록	비록	*Pirok*
Quotidien	*adj.*	미일	매일(每日)	*Mai hil*

3 철물점.
4 키니네. 말라리아 치료의 특효약.
5 2주, 약 15일.

R.r

Rabâcher	*v.t.*	잔소리ᄒᆞ오	잔소리하오	*Tjane sori h'aho*
Rabais	*n.m.*	갑 감홈	값 감(減)함	*Kape kame h'ame*
Rabais	*n.m.*	갑 덜홈	값 덜함	*Kape taure h'ame*
Rabaisser	*v.t.*	ᄂᆡ리오	내리오	*Nairiho*
Rabattre	*v.t.*	갑 덜 주오	값 덜 주오	*Kapteul tjouho*
Rabot	*n.m.*	ᄃᆡᄑᆡ	대패	*Taipfai*
Raboter	*v.t.*	ᄃᆡᄑᆡ질ᄒᆞ오	대패질하오	*Taipfai tjil h'aho*
Raboteux	*adj.*	고루지 못ᄒᆞ오	고루지 못하오	*Koroutji mote h'aho*
Raccommoder	*v.t.*	곳치오	고치오	*Kote tchiho*
	Pourrez-vous racommoder cela?	이것슬 능히 곳치겟소	이것을 능히(能) 고치겠소	*Hikausseul neung h'i kote tchi keisso*
Raccourcir	*v.t.*	ᄶᆞ르게 ᄒᆞ오[1]	짜르게 하오	*Ttjareu kei h'aho*
Race	*n.f.*	유 … 동뉴	유(類) … 동류(同類)	*Hiou .. Tongniou*
Racheter	*v.t.*	전당 찻소[2]	전당(典當) 찾소	*Tjiaune tang tchasso*

1 짧게 하다.

2 전당 잡힌 물건을 도로 사다.

Racine	*n.f.*	쑬억이[3]	뿌리	*Ppourauki*
Racler	*v.t.*	긁소 ... 미오	긁소 ... 미오	*Keulkso .. Miho*
Raconter	*v.t.*	니야기ᄒᆞ오	이야기하오	*Hihiaki h'aho*
Rade	*n.f.*	포구	포구(浦口)	*Pfokou*
Radis	*n.m.*	양무[4]	양(洋)무	*Hiang mou*
Radoter	*v.int.*	잔소리ᄒᆞ오	잔소리하오	*Tjane sori h'aho*
Radoucir (se)	*v.p.*	죠케 ᄒᆞ오	좋게 하오	*Tjiok'kei h'aho*
Rafale	*n.f.*	바람 한 쩨[5]	바람 한 떼	*Parame h'ane ttei*
Rafraîchir	*v.t.*	시원ᄒᆞ오	시원하오	*Sihouaune h'aho*
Rafraîchissant	*adj.*	셔늘ᄒᆞ오	서늘하오	*Sauneul h'aho*
Rafraîchissement	*n.m.*	셔늘ᄒᆞᆷ	서늘함	*Sauneul h'ame*
Rage	*n.f.*	밋칭병[6]	미친병	*Mitchine pieng*
	Le chien est enrage'	개가 밋쳐소	개가 미쳤소	*Kaika mitchiausso*
Ragoût	*n.m.*	젼골[7]	전골	*Tjiaune kol*
Raide	*adj.*	단단ᄒᆞ오	단단하오	*Tane tane h'aho*
Raide	*adj.*	뻣뻣ᄒᆞ오	뻣뻣하오	*Ppaute ppaute h'aho*
Rail	*n.m.*	쇠 ... 쳘쟝	쇠 ... 철장(鐵杖)	*Seu .. Tchiaul tjiang*
Raillerie	*n.f.*	비소ᄒᆞᆷ[8]	비소(誹笑)함	*Pisso h'ame*
Railleur	*adj.*	희롱ᄒᆞ오[9]	희롱(戲弄)하오	*H'euirong*[10] *h'aho*
Raisin	*n.m.*	포도	포도(葡萄)	*Pfoto*

3 한불 343: 쑬엉이 根 Racine.
4 라디, 작은 무우의 일종.
5 돌풍.
6 공수병, 광견병.
7 국물 요리. 프랑스어의 의미는 '스튜의 일종'.
8 비웃음.
9 원문에는 '의롱ᄒᆞ오'.
10 원문에는 '*Heuirong*'.

Raison	*n.f.*	올소 ... 올은 것	옳소 ... 옳은 것	*Holso .. Horeune kaute*
	Vous avez raison	노형이 올소	노형(老兄)이 옳소	*Noh'ieng hi holso*
	A plus forte raison	ᄒᆞ물며	하물며	*H'ameul miau*
Raisonnement	*n.m.*	승강[11]	승강(昇降)	*Seung kang*
Raisonner	*v.int.*	승강ᄒᆞ오	승강(昇降)하오	*Seung kang h'aho*
Rajuster	*v.t.*	쟐ᄒᆞ오	잘하오	*Tjiar h'aho*
Ralentir	*v.t.*	쳔쳔이 ᄒᆞ오	천천히 하오	*Tchiaune tchiauni h'aho*
Rallier	*v.t.*	화합ᄒᆞ게 ᄒᆞ오	화합(和合)하게 하오	*H'oa h'ape h'akei h'aho*
Rallumer	*v.t.*	다시 불 켜오	다시 불 켜오	*Tassi poul k'kiauho*
Ramasser	*v.t.*	거두오 ... 집소	거두오 ... 집소	*Kautouho .. Tjipso*
Rame	*n.f.*	노	노(櫓)	*No*
Rameau	*n.m.*	작은 가지	작은 가지	*Tjakeune katji*
Ramener	*v.t.*	붓잡어 오오	붙잡아 오오	*Pout tjapau hoho*
Ramer	*v.t.*	노 져소	노(櫓) 젓소	*No tjieusso*
Ramollir	*v.t.*	부드럽게 ᄒᆞ오	부드럽게 하오	*Pouteuraupkeih'aho*
Rampant	*adj.*	긔여가오	기어가오	*Keuihiau kaho*
Rampe	*n.m.*	난간	난간(欄干)	*Nane kane*
Ramper	*v.int.*	긔여단니오	기어다니오	*Keuihiau taniho*
Rançon	*n.f.*	몸갑	몸값	*Mome kape*
Rancune	*n.f.*	ᄒᆡ할 마음	해(害)할 마음	*H'ai h'almaheume*
Rang	*n.m.*	품	품(品)	*Pfoume*
Ranger	*v.t.*	졔자리에 놋소	제자리에 놓소	*Tjiei tjari hei nosso*

11 서로 주장하며 옥신각신함. 표제어 'Discuter' 참고.

Rapace	*adj.*	ᄆᆡ우 인ᄒᆞ오[12]	매우 인(吝)하오	*Maihou hine h'aho*
Rapacité	*n.f.*	ᄆᆡ우 인ᄒᆞᆷ	매우 인(吝)함	*Maihou hine h'ame*
Râpe	*n.f.*	환	환(丸)	*H'oane*
Râper	*v.t.*	썹질 긁어 벗기오	껍질 긁어 벗기오	*Kkauptjil keulkau paute kiho*
Rapetisser	*v.t.*	작어지오	작아지오	*Tjakau tjiho*
Rapide	*adj.*	급ᄒᆞ오	급(急)하오	*Keupe h'aho*
Rapidement	*adv.*	급히	급(急)히	*Keupe h'i*
Rapidité	*n.f.*	급ᄒᆞᆷ	급(急)함	*Keupe h'ame*
Rapine	*n.f.*	겁탈	겁탈(劫奪)	*Kaupe t'tal*
Rappel	*n.m.*	도로 부름	도로 부름	*Toro poureume*
Rappeler	*v.t.*	도로 부르오	도로 부르오	*Toro poureuho*
Rapport	*n.m.*	보고	보고(報告)	*Poko*
Rapporter	*v.t.*	도로 가져오오	도로 가져오오	*Toro katjiau hoho*
Rapprocher	*v.t.*	갓가이 오오	가까이 오오	*Kate kahi hoho*
Rare	*adj.*	드무오	드무오	*Teumouho*
Rarement	*adv.*	드물게	드물게	*Teumoul kei*
Rareté	*n.f.*	드뭄	드묾	*Teumoume*
Ras	*adj.*	잘느오 ... 바싹	자르오 ... 바싹	*Tjalleuho .. Passak*
Raser	*v.t.*	슈염 싹소	수염 깎다	*Souhiaume kkakso*
Rasoir	*n.m.*	슈염 싹는 칼	수염 깎는 칼	*Souhiaume kkak neune kkal*
Rassembler	*v.t.*	모뒤오	모으오	*Motuho*
Rasseoir (se)	*v.p.*	다시 안지오	다시 앉히오	*Tassi hane tjiho*
Rassurer	*v.t.*	위로ᄒᆞ오	위로(慰勞)하오	*Houiro h'aho*
Rat	*n.m.*	쥐	쥐	*Tju*

12 매우 인색한. 표제어 'Avare', 'Egoïste' 참고.

Rate	*n.f.*	비위	비위(脾胃)	*Pihoui*
Râteau	*n.m.*	갈퀴	갈퀴	*Kalk'koui*
Ratière	*n.f.*	쥐덧	쥐덫	*Tju taute*
Ration	*n.f.*	목	몫	*Mok*
Rationnel	*adj.*	밝소	밝소	*Palkso*
Ratisser	*v.t.*	갈퀴질ᄒᆞ오	갈퀴질하오	*Kalk'koui tjir haho*
Rattacher	*v.t.*	다시 ᄆᆡ오	다시 매오	*Tassi maiho*
Rattraper	*v.t.*	다시 잡소	다시 잡소	*Tassi tjapso*
Ravage	*n.m.*	ᄒᆡ홈	해(害)함	*H'ai h'ame*
Ravager	*v.t.*	ᄒᆡᄒᆞ오	해(害)하오	*H'ai h'aho*
Ravager	*v.t.*	노략ᄒᆞ오	노략(擄掠)하오	*Noriak h'aho*
Rave	*n.f.*	무[13]	무	*Mou*
Ravin	*n.m.*	산 ᄯᅩ랑	산(山) 도랑	*Sane ttorang*
Ravir	*v.t.*	ᄲᅢᆺ소	뺏소	*Paisso*
Ravissant	*adj.*	ᄆᆡ우 볼만ᄒᆞ오	매우 볼만하오	*Maihou polmane h'aho*
Rayer	*v.t.*	쥴것소	줄긋소	*Tjioul keusso*
Rayon	*n.m.*	간[14] ... 탁자	간(間) ... 탁자(卓子)	*Kane .. T'taktjia*
Réaction	*n.f.*	완고	완고(頑固)	*Hoane ko*
Réactionnaire	*n.m.*	완고ᄒᆞ는 사람	완고(頑固)한 사람	*Hoane ko haneune sarame*
	Parti réactionnaire	완고당[15]	완고당(頑固黨)	*Hoane ko tang*
Réaliser	*v.t.*	ᄒᆞ오	하오	*H'aho*
Rebâtir	*v.t.*	다시 짓소	다시 짓소	*Tassi tjisso*

13 순무.
14 거리, 사이.
15 완고(頑固)한 무리.

Rebelle	*n.m.*	의병 ... 난민[16]	의병(義兵) ... 난민(亂民)	*Heui pieng .. Nane mine*
Rébellion	*n.f.*	거ᄉᆞ림	거스름	*Kaussarime*
Rebord	*n.m.*	쳠아	처마	*Tchiauma*
Rebord	*n.m.*	가쟝자리	가장자리	*Katjiang tjari*
Rebours	*n.m.*	상반 ... 어긔임	상반(相反) ... 어김	*Sang pane .. Haukeuime*
Rebut	*n.m.*	찍게기	찌꺼기	*Tjikkei ki*
Rebuter	*v.t.*	찍게기 ᄂᆡᆼ기오	찌꺼기 남기오	*Tjikkei ki naing kiho*
Récapitulation	*n.f.*	심쳐봄[17]	심(心)쳐봄	*Sime tchiau pome*
Récapituler	*v.t.*	심쳐보오	심(心)쳐보오	*Sime tchiau poho*
Recéler	*v.t.*	도젹질ᄒᆞᆫ 물건 사오	도둑질한 물건 사오	*Totjiauk tjil h'ane moulkaune saho*
Recéleur	*n.m.*	도젹 졉주인[18]	도둑 접주인(接主人)	*Totjiauk tjiaupe tjou hine*
Récemment	*adv.*	요ᄉᆡ ... 근ᄅᆡ	요새 ... 근래(近來)	*Hiossai .. Keullai*
Recensement	*n.m.*	호젹	호적(戶籍)	*H'otjiauk*
Recenser	*v.t.*	호젹ᄒᆞ오	호적(戶籍)하오	*H'otjiauk h'aho*
Récent	*adj.*	오ᄅᆡ지 안소	오래지 않소	*Horaitji hanesso*
Réception	*n.f.*	손 ᄃᆡ졉	손 대접	*Sone tai tjiaupe*
Recette	*n.f.*	돈 밧듬	돈 받음	*Tone pateume*
Recette	*n.f.*	슈은[19]	수은(收銀)	*Sou heune*
Recevoir	*v.t.*	밧소	받소	*Passo*
	Quand avez-vous reçu ma lettre?	언제 내 편지를 밧으셧소	언제 내 편지(便紙)를 받으셨소	*Haune tjei nai pfiaune tjireul pateussausso*

16 사회를 혼란하게 하는 백성.

17 마음으로 헤아려 보다.

18 장물아비.

19 수입, 수익.

Rechanger	*v.t.*	도로 밧고오	도로 바꾸오	*Toro pate koho*
Réchaud	*n.m.*	질화로[20]	질화로(火爐)	*Tjil h'oaro*
Réchauffer	*v.t.*	덥게 ᄒᆞ오	덥게 하오	*Taupekei h'aho*
Recherche	*n.f.*	상고	상고(詳考)	*Sang ko*
Rechercher	*v.t.*	상고ᄒᆞ오	상고(詳考)하오	*Sang ko h'aho*
Rechercher	*v.t.*	다시 챠소	다시 찾소	*Tassi tchiasso*
Rechute	*n.f.*	병 다시 남	병 다시 남	*Pieng tassi name*
Récidive	*n.f.*	도로 ᄯᅥ러짐	도로 떨어짐	*Toro ttaurau tjime*
Récidiviste	*n.m.*	도로 ᄯᅥ러진 사람	도로 떨어진 사람	*Toro ttaurau tjine sarame*
Réciproquement	*adv.*	셔로	서로	*Sauro*
Récitation	*n.f.*	외옴	외움	*Heu home*
Réciter	*v.t.*	외오	외오	*Heu ho*
Réclamation	*n.f.*	쳥홈	청(請)함	*Tchieng h'ame*
Réclamer	*v.t.*	쳥ᄒᆞ오	청(請)하오	*Tchieng h'aho*
Réclamer	*v.t.*	도로 ᄎᆞᆺ소[21]	도로 찾소	*Toro h'itchasso*[22]
Récolte	*n.f.*	츄슈	추수(秋收)	*Tchioussou*
Récolter	*v.t.*	츄슈ᄒᆞ오	추수(秋收)하오	*Tchioussou h'aho*
Recommandation	*n.f.*	쳔거	천거(薦擧)	*Tchiaune kau*
Recommander	*v.t.*	쳔거ᄒᆞ오	천거(薦擧)하오	*Tchiaune kau h'aho*
Recommander	*v.t.*	부닥ᄒᆞ오	부탁(付託)하오	*Poutak h'aho*
Recommencer	*v.t.*	도로 시작ᄒᆞ오	도로 시작(始作)하오	*Torossi tjak h'aho*
Récompense	*n.f.*	샹	상(賞)	*Sang*
Récompenser	*v.t.*	샹주오	상(賞) 주오	*Sang tjouho*

20 진흙으로 구워 만든 화로.

21 원문에는 '잣소'.

22 원문에는 '*tjasso*'.

Réconciliation	*n.f.*	화목 식임	화목(和睦) 시킴	*H'oamok sikime*
Réconcilier	*v.t.*	화목 식이오	화목(和睦) 시키오	*H'oamok sikiho*
Reconduire	*v.t.*	다시 인도ᄒᆞ오	다시 인도(引導)하오	*Tassi hineto h'aho*
Reconnaissance	*n.f.*	은혜를 감사함	은혜(恩惠)를 감사(感謝)함	*Heune h'ieireul kamessa h'ame*
Reconnaître	*v.t.*	다시 ᄒᆞ오	다시 하오	*Tassi h'aho*
Recourber	*v.t.*	다시 휘오	다시 휘오	*Tassi h'ouiho*
Recourber	*v.t.*	굽어드리오	구부리다	*Koupau teuriho*
Recours	*n.m.*	정쟝[23]	정장(呈狀)	*Tjieng tjiang*
Recours	*n.m.*	원졍[24]	원정(冤情)	*Houaune tjieng*
Recouvrir	*v.t.*	다시 덥소	다시 덮소	*Tassi taupso*
Recréation	*n.f.*	소챵홈[25]	소창(消暢)함	*Sotchiang h'ame*
Recréer	*v.t.*	작는ᄒᆞ오	장난하오	*Tjaknane h'aho*
Recrue	*n.f.*	ᄉᆡ 병졍[26]	새 병정(兵丁)	*Sai pieng tjieng*
Rectification	*n.f.*	바르게 곳침	바르게 고침	*Pareukei kote tchime*
Rectifier	*v.t.*	바르게 곳치오	바르게 고치오	*Pareukei kote tchiho*
Rectitude	*n.f.*	바름	바름	*Pareume*
Reçu	*n.m.*	바든 표	받은 표(票)	*Pateune pfio*
Recueil	*n.m.*	글 모됨	글 모음	*Keulmotume*
Recueillir	*v.t.*	모뒤오	모으오	*Motuho*
Recueillir	*v.t.*	거두오	거두오	*Kautouho*
Reculer	*v.t.*	물너가오	물러가오	*Moullau kaho*
Récupérer	*v.t.*	도로 엇소	도로 얻소	*Toro hausso*

23 소장(訴狀)을 관청에 냄.

24 청원, 상소. 한불 63: 원졍 冤情 (Être peiné, pensée.) Réclamation aupres d'un mandarin pour une affaire.

25 답답한 마음을 풀어 시원하게 함.

26 신입 병정.

Récusation	*n.f.*	ᄉᆞ양ᄒᆞᆷ	사양(辭讓)함	*Sahiang h'ame*
Récuser	*v.t.*	ᄉᆞ양ᄒᆞ오	사양(辭讓)하오	*Sahiang h'aho*
Redemander	*v.t.*	도로 구ᄒᆞ오	도로 구(求)하오	*Torokon h'aho*
Rédiger	*v.t.*	글시 쓰오	글씨 쓰오	*Keulsi sseuho*
Redire	*v.t.*	다시 일으오	다시 이르오	*Tassi hireuho*
Redoubler	*v.t.*	더ᄒᆞ오	더하오	*Tau h'aho*
Redoutable	*adj.*	무서온	무서운	*Moussau hone*
Redouter	*v.t.*	무서워ᄒᆞ오	무서워하오	*Moussau houau h'aho*
Redouter	*v.t.*	염녀ᄒᆞ오	염려(念慮)하오	*Hiaume niau h'aho*
Redresser	*v.t.*	곳게 ᄒᆞ오	곧게 하오	*Kotekei h'aho*
Réduction	*n.f.*	감ᄒᆡ 쥼	감(減)해 줌	*Kame h'ai tjioume*
Réduire	*v.t.*	감ᄒᆡ 쥬오	감(減)해 주오	*Kame h'ai tjiouho*
Réel	*adj.*	진젹ᄒᆞ오[27]	진적(眞的)하오	*Tjine tjiauk h'aho*
Réellement	*adv.*	참	참	*Tchame*
Refaire	*v.t.*	ᄃᆞ시 ᄒᆞ오	다시 하오	*Tassi h'aho*
Réfectoire	*n.m.*	식방[28]	식방(食房)	*Sik pang*
Référer	*v.int.*	품ᄒᆞ오[29]	품(稟)하오	*Pfoume h'aho*
Référer	*v.int.*	보ᄒᆞ오[30]	보(報)하오	*Po h'aho*
Réfléchir[31]	*v.int.*	헤어리오	헤아리오	*H'ei hauriho*
Reflux	*n.m.*	퇴죠	퇴조(退潮)	*T'teu tjio*
Réforme	*n.f.*	다시 곳침	다시 고침	*Tassi kote tchime*
Réformer	*v.t.*	다시 곳치오	다시 고치오	*Tassi kote tchiho*

27 참되고 확실한.
28 식당(食堂).
29 윗사람에게 의견을 묻다.
30 알리다.
31 원문에는 'Relléchir'.

Refroidir	*v.t.*	차게 ᄒᆞ오	차게 하오	*Tchakei h'aho*
Refuge	*n.m.*	피란 곳	피란(避亂) 곳	*Pfirane kote*
Réfugier (se)	*v.t.*	피란ᄒᆞ오	피란(避亂)하오	*Pfirane h'aho*
Refus	*n.m.*	사양ᄒᆞᆷ	사양(辭讓)함	*Sahiang h'ame*
Refuser	*v.t.*	사양ᄒᆞ오	사양(辭讓)하오	*Sahiang h'aho*
Réfutation	*n.f.*	변박ᄒᆞᆷ	변박(辯駁)함	*Piaune pak h'ame*
Réfuter	*v.t.*	변박ᄒᆞ오	변박(辯駁)하오	*Piaune pak ha'ho*
Regagner	*v.t.*	다시 ᄋᆞᆺ소	다시 얻소	*Tassi heusso*
Regard	*n.m.*	살펴봄	살펴봄	*Salpfiau pome*
Regarder	*v.t.*	살펴보오	살펴보오	*Salpfiau poho*
Regarder	*v.t.*	구경ᄒᆞ오	구경하오	*Koukieng h'aho*
Régénération	*n.f.*	다시 나음	다시 남	*Tassi naheume*
Régénérer	*v.t.*	다시 나오	다시 나오	*Tassi naho*
Régent	*n.m.*	ᄃᆡ리 국졍	대리(代理) 국정(國政)	*Tairi kouk tjieng*
Régicide	*n.m.*	임군 죽인 놈	임금 죽인 놈	*Himekoune tjiouk hine nome*
Régime	*n.m.*	다사림	다스림	*Tassarime*
Région	*n.f.*	디방	지방(地方)	*Tjipang*
Régir	*v.t.*	다ᄉᆞ리오	다스리오	*Tassariho*
Registre	*n.m.*	치부ᄎᆡᆨ[32]	치부책(置簿冊)	*Tchipou tchaik*
Règle	*n.f.*	자[33]	자	*Tja*
Règlement	*n.m.*	규칙	규칙(規則)	*Kiou tchik*
Régler	*v.t.*	장졍 셰오[34]	장정(章程) 세오	*Tjang tjieng sieiho*

32 돈이나 물건이 드나드는 것을 적은 책. 표제어 'Carnet', 'Tarif' 참고. 한불 603: 치부ᄒᆞ다 置符 Registre; facture, mémoire de marchand. 라틴어-옛한글 Rationarium 치부칙, 문셔칙.

33 잣대.

34 여러 조목으로 나뉘어진 규정을 정하다.

Réglisse	*n.f.*	감쵸[35]	감초(甘草)	*Kame tchio*
Règne	*n.m.*	나라	나라	*Nara*
Régner	*v.int.*	님근 노릇ᄒᆞ오	임금 노릇하오	*Himekeune norote h'aho*
Regret	*n.m.*	셥셥홈	섭섭함	*Saupe saupe h'ame*
Regretter	*v.t.*	셥셥ᄒᆞ오	섭섭하오	*Saupe saupe h'aho*
Regretter	*v.t.*	원통ᄒᆞ오	원통(冤痛)하오	*Houaune t'tong h'aho*
Régulier	*adj.*	법답소[36]	법(法)답소	*Paupe tapso*
Régulièrement	*adv.*	법답개	법(法)답게	*Paupe tapekei*
Rehausser	*v.t.*	놉히오	높이오	*Nope h'iho*
Rein	*n.m.*	허리 ... 콩밧	허리 ... 콩팥	*H'auri .. K'kong pate*
Reine	*n.f.*	왕후	왕후(王后)	*H'oang h'ou*
Réitérer	*v.t.*	다시 ᄒᆞ오	다시 하오	*Tassi h'aho*
Rejeter	*v.t.*	비앗소	뱉소	*Pihasso*
Rejoindre	*v.t.*	마쥬치오	마주치오	*Matjiou tchiho*
Réjouir	*v.t.*	즐겨 노오	즐겨 노오	*Tjeulkiau noho*
Réjouissance	*n.f.*	농낙 ... 즐겨 놂	농락 ... 즐겨 놂	*Nong nak .. Tjeul kiau nolme*
Relâcher	*v.t.*	놋소 ... 풀오	놓소 ... 푸오	*Nosso .. Pfouro*
Relais	*n.m.*	역 ... 역촌	역(驛) ... 역촌(驛村)	*Hiauk .. Hiauk tchone*
Relater	*v.t.*	일판[37] 말ᄒᆞ오	일판 말하오	*Hilpfane mar h'aho*
Relatif	*adj.*	샹관되오	상관(相關)되오	*Sang koane teuho*
Relation	*n.f.*	교제	교제(交際)	*Kiotjiei*
Relativemet	*adv.*	비ᄒᆞ야	비(比)하여	*Pih'ahia*

35 콩과의 여러해살이풀.

36 법에 맞는. 표제어 'Légal' 참고.

37 일이 벌어진 판.

Relaxer	*v.t.*	늣주오	늦추오	*Neute tjouho*
Relégation	*n.f.*	물니짐	물리침	*Moulli tjime*
Reléguer	*v.t.*	물니지오	물리치오	*Moulli tjiho*
Relever	*v.t.*	집어 올니오	집어 올리오	*Tjipau holliho*
Relier	*v.t.*	다시 ᄆᆡ오	다시 매오	*Tassi maiho*
Religieuse	*n.f.*	승녀	승녀(僧女)	*Seungniau*
Religieux	*n.m.*	중	중	*Tjoung*
Religion	*n.f.*	회 … 교	회(會) … 교(教)	*H'eu .. Kio*
Relire	*v.t.*	다시 읽소	다시 읽소	*Tassi hilkso*
Remarier (se)	*v.p.*	다시 쟝가드오	다시 장가드오	*Tassi tjiang ka teuho*
Remarquable	*adj.*	찰난ᄒᆞ오	찬란(燦爛)하오	*Tchallane h'aho*
Remballer	*v.t.*	닷시 넛소	다시 넣소	*Tassi neusso*
Rembourser	*v.t.*	돈 갑소	돈 갚소	*Tone kapso*
Remède	*n.m.*	약	약(藥)	*Hiak*
Remercier	*v.t.*	감샤ᄒᆞ오	감사(感謝)하오	*Kamessa h'aho*
Remettre	*v.t.*	다시 놋소	다시 놓소	*Tassi nosso*
Réminiscence	*n.f.*	긔억ᄒᆞᆷ	기억(記憶)함	*Keui hauk h'ame*
Remonter	*v.int.*	돌니오	돌리오	*Tolliho*
Remontrance	*n.f.*	ᄎᆡᆨ망	책망(責望)	*Tchaik mang*
Remords	*n.m.*	후회	후회(後悔)	*H'ou h'eu*
Rempart	*n.m.*	읍내셩	읍내성(邑內城)	*Heupnai seng*
Remplacer	*v.t.*	밧귀 놋소	바꿔 놓소	*Pate kouau nosso*
Remplir	*v.t.*	ᄎᆡ우오	채우오	*Tchai houho*
Remporter	*v.t.*	도로 가져가오	도로 가져가오	*Toro katjiau kaho*
Remuer	*v.t.*	졋소 … 뒤즙소	젓소 … 뒤집소	*Tjiausso .. Tutjeupso*
Remuer	*v.t.*	움작이오	움직이오	*Houme tjakiho*

Rémunération[38]	*n.f.*	샹줌	상(賞)줌	*Sang tjoume*
Rémunérer[39]	*v.t.*	샹주오	상(賞)주오	*Sang tjouho*
Renaître	*v.int.*	다시 낫소	다시 낫소	*Tassi nasso*
Renard	*n.m.*	여호	여우	*Hiau h'ou*
Rencontre	*n.f.*	상봉 ... 맛남	상봉(相逢) ... 만남	*Sang pong .. Mate name*
Rencontrer	*v.t.*	맛ᄂᆞ오	만나오	*Mate naho*
	Avez-vous rencontré M. Kim?	김셔방을 맛나보섯소	김서방(書房)을 만나보셨소	*Kime saupang matna possausso*
Rendez-vous	*n.m.*	언냑 ... 약회	언약(言約) ... 약회(約會)	*Hauniak .. Hiak h'eu*
Rendez-vous	*n.m.*	소로 맛남	서로 만남	*Soro matname*
Rendre	*v.t.*	갑소 ... 돌녀보ᄂᆡ오	갚소 ... 돌려보내오	*Kapso .. Tolliau ponaiho*
Rêne	*n.f.*	굴네	굴레	*Kulleio*
Renfermer	*v.t.*	안에 넛소	안에 넣소	*Hanei neusso*
Renfermer	*v.t.*	가두오	가두오	*Katouho*
Renforcer	*v.t.*	심 더ᄒᆞ오[40]	심(心) 더하오	*Sime tau h'aho*
Renfort	*n.m.*	구안병[41]	구원병(救援兵)	*Kouhane pieng*
Renier	*v.t.*	ᄇᆡ반ᄒᆞ오	배반(背反)하오	*Paipane h'aho*
Renommée	*n.f.*	죠흔 일홈	좋은 이름	*Tjio h'eune hirh'ome*
Renoncer	*v.int.*	ᄭᅳᆫ허 ᄇᆞ리오	끊어 버리오	*Kkeune h'au pariho*
Renonciation	*n.f.*	ᄭᅳᆫ허 ᄇᆞ림	끊어 버림	*Kkeune h'au parime*
Renouer	*v.t.*	다시 ᄆᆡ오	다시 매오	*Tassi maiho*
Renouveler	*v.t.*	ᄉᆡ로 ᄒᆞ오	새로 하오	*Sairo h'aho*

38 원문에는 'Rénumération'.

39 원문에는 'Rénumérer'.

40 힘 더하다.

41 원군.

Renseignement	*n.m.*	자셰훈 말	자세(仔細)한 말	*Tjassau h'ane mal*
Rente	*n.f.*	돈 변니[42]	돈 변리(邊利)	*Tone piaulli.*
Rentrer	*v.int.*	도로 드러오오	도로 들어오오	*Toro teurau hoho*
Renverser	*v.t.*	너머트리오	넘어뜨리오	*Naumau t'teuriho*
Renvoyer	*v.t.*	ᄂᆡ보ᄂᆡ오	내보내오	*Naipo naiho*
Réorganisation	*n.f.*	다시 조직흠	다시 조직(組織)함	*Tassi tjotjik h'ame*
Réorganiser	*v.t.*	다시 조직ᄒᆞ오	다시 조직(組織)하오	*Tassi tjotjik h'aho*
Repaire	*n.m.*	어림	어림	*Haurime*
Répandre	*v.t.*	물 솟소	물 쏟소	*Moule ssosso*
Réparation	*n.f.*	곳침 ... 수리	고침 ... 수리(修理)	*Kottchime .. Souri*
Réparer	*v.t.*	곳치오	고치오	*Kottchi ho*
Repas	*n.m.*	음식 ... 찬채[43]	음식(飮食) ... 찬채(饌菜)	*Heume sik .. Tchan tchai*
Repasser	*v.int.*	다시 지나오	다시 지나오	*Tassi tjinaho*
Repasser	*v.int.*	ᄃᆡ리미질ᄒᆞ오	다리미질하오	*Tairimi tjirh'aho*
Repeindre	*v.t.*	다시 ᄭᅮ미오	다시 꾸미오	*Tassi kkoumiho*
Repentir	*n.m.*	뉘웃침	뉘우침	*Nuhoute tchime*
Repentir (se)	*v.p.*	뉘웃치오	뉘우치오	*Nuhoute tchiho*
Répéter	*v.t.*	다시 말ᄒᆞ오	다시 말하오	*Tassi marh'aho*
Répétition	*n.f.*	거듭흠	거듭함	*Kauteupe h'ame*
Replacer	*v.t.*	도로 두오	도로 두오	*Toro touho*
Repli	*n.m.*	퇴	퇴(退)	*T'teume*
Replier	*v.t.*	다시 졉소	다시 접소	*Tassi tjiaupso*
Réplique	*n.f.*	ᄃᆡ답	대답(對答)	*Tai tape*

42 금리.

43 반찬(飯饌).

Répliquer	*v.t.*	ᄃᆡ답ᄒᆞ오	대답(對答)하오	*Tai tape h'aho*
Répondant	*n.m.*	보졍인	보증인(保證人)	*Potjieng hine*
Répondre	*v.t.*	ᄃᆡ답ᄒᆞ오	대답(對答)하오	*Taitape h'aho*
Réponse	*n.f.*	ᄃᆡ답 … 답장	대답(對答) … 답장(答狀)	*Taitape .. Tape tjang*
	Répondez-moi	ᄃᆡ답ᄒᆞ시오	대답(對答)하시오	*Taitape h'assio*
	Il y a une réponse	답장 잇소	답장(答狀) 있소	*Tape tjang hisso*
Repos	*n.m.*	쉬움	쉼	*Suhoume*
Reposer	*v.t.*	도로 두오	도로 두오	*Toro touho*
Reposer (se)	*v.p.*	쉬오	쉬오	*Suho*
Repousser	*v.t.*	다시 잘아오	다시 자라오	*Tassi tjaraho*
Repousser	*v.t.*	다시 미트리오	다시 밀뜨리오	*Tassi mit'teuriho*
Répréhensible	*adj.*	ᄎᆡᆨ망할 만ᄒᆞ오	책망(責望)할 만하오	*Tjaikmang h'al mane h'aho*
Répréhension	*n.f.*	ᄎᆡᆨ망	책망(責望)	*Tjaikmang*
Reprendre	*v.t.*	도로 ᄲᅢ앗소	도로 빼앗소	*Toro ppai hasso*
Représentant	*n.m.*	ᄉᆞ신	사신(使臣)	*Sassine*
Représentation	*n.f.*	형용ᄒᆞᆷ	형용(形容)함	*H'ieng hiong h'ame*
Représenter	*v.t.*	형용ᄒᆞ오	형용(形容)하오	*H'ieng hiong h'aho*
Réprimande	*n.f.*	걱쟝[44]	걱정	*Kauk tjiang*
Réprimer	*v.t.*	억졔ᄒᆞ오	억제(抑制)하오	*Hauktjiei h'aho*
Réprimer	*v.t.*	누루오	누르오	*Nourouho*
Reprise	*n.f.*	다시 설시ᄒᆞᆷ[45]	다시 설시(設始)함	*Tassi saulsi h'ame*
Réprobation	*n.f.*	나므룸	나무람	*Nameurame*

44 아랫사람의 잘못을 꾸짖음.

45 시작하다, 착수하다. 표제어 'Associer', 'Etablir', 'Rétablir' 참고. 한불 407: 셜시ᄒᆞ다 設始 Commencer; se merttre à; arranger; disposer; établir.

Reproche	*n.m.*	원망	원망(怨望)	*Houaune mang*
Reprocher	*v.t.*	원망ᄒᆞ오	원망(怨望)하오	*Houaune mang h'aho*
Reproduire	*v.t.*	다시 ᄂᆞ오	다시 나오	*Tassi naho*
Réprouver	*v.t.*	버리오	버리오	*Pauriho*
Reptile	*n.m.*	ᄇᆡ암	뱀	*Pai hame*
République	*n.f.*	민쥬국	민주국(民主國)	*Mine tjiou kouk*
Répudier	*v.t.*	ᄂᆡ좇소	내쫓소	*Nai ttjiosso*
Répugnance	*n.f.*	불ᄒᆞᆸᄒᆞᆷ	불합(不合)함	*Pourh'ape h'ame*
Répugner	*v.int.*	불합ᄒᆞ오	불합(不合)하오	*Pourh'ape h'aho*
Répulsion	*n.f.*	물니침	물리침	*Moulli tchime*
Réputation	*n.f.*	명셩	명성(名聲)	*Mieng seng*
Requérir	*v.t.*	ᄌᆞ셰히 ᄎᆞᆺ소	자세(仔細)히 찾소	*Tjassiei h'itchasso*
Requête	*n.f.*	품쳥쟝[46]	품청장(稟請狀)	*Pfoume tchieng tjiang*
Réquisition	*n.f.*	ᄎᆞ즘	찾음	*Tcha tjeume*
Réserve	*n.f.*	유치ᄒᆞᆷ	유치(留置)함	*Hioutchi h'ame*
Réserve	*n.f.*	염치	염치(廉恥)	*Hiaume tchi*
Réserver	*v.t.*	유치ᄒᆞ오	유치(留置)하오	*Hioutchi h'aho*
Réservoir	*n.m.*	연못	연(蓮)못	*Hiaune mote*
Résident	*n.m.*	거ᄒᆞ는 사람	거(居)하는 사람	*Kau h'aneune sarame*
Résider	*v.int.*	거ᄒᆞ오	거(居)하오	*Kau h'aho*
Résidu	*n.m.*	찍케기	찌꺼기	*Ttjik'keiki*
Résilier	*v.t.*	약죠 물느오	약조(約條) 무르오	*Hiaktjio moulleuho*
Résine	*n.f.*	송진	송진(松津)	*Song tjine*
Résistance	*n.f.*	젹당ᄒᆞᆷ	적당(適當)함	*Tjiauktang h'ame*

46 탄원서, 청원서.

Résistance	*n.f.*	거ᄉᆞ림	거스름	*Kaussarime*
Résister	*v.int.*	젹당ᄒᆞ오	적당(適當)하오	*Tjiauktang h'aho*
Résister	*v.int.*	거ᄉᆞ리오	거스르오	*Kaussariho*
Résolu	*adj.*	ᄆᆞ음 뎡힛소	마음 정(定)했소	*Maheume tieng h'aisso*
Résolution	*n.f.*	ᄆᆞ음 뎡홈	마음 정(定)함	*Maheume tieng h'ame*
Résoudre	*v.t.*	푸오	푸오	*Pfouho*
Respect	*n.m.*	공경	공경(恭敬)	*Kong kieng*
Respectable	*adj.*	공경할만ᄒᆞ오	공경(恭敬)할 만하오	*Kong kieng h'al mane h'aho*
Respecter	*v.t.*	공경ᄒᆞ오	공경(恭敬)하오	*Kong kieng h'aho*
Respectueusement	*adv.*	공순이[47]	공순(恭順)히	*Kong souni*
Respiration	*n.f.*	숨	숨	*Soume*
Respirer	*v.int.*	숨쉬오	숨쉬오	*Soume suho*
Responsabilité	*n.f.*	담당	담당(擔當)	*Tame tang*
Responsable	*adj.*	담당이오	담당(擔當)이오	*Tame tang hiho*
Ressemblant	*adj.*	갓소	같소	*Kasso*
Ressembler	*v.int.*	갓소	같소	*Kasso*
Resserrer	*v.t.*	단단이 ᄆᆡ오	단단히 매오	*Tane tani maiho*
Ressort	*n.m.*	줄 ... ᄐᆡ엽	줄 ... 태엽(胎葉)	*Tjioule .. T'tai hiaupe*
Ressouvenir (se)	*v.p.*	긔록ᄒᆞ오	기록(記錄)하오	*Keuirok h'aho*
Ressusciter	*v.t.*	부활ᄒᆞ오	부활(復活)하오	*Pouh'oar h'aho*
Ressusciter	*v.t.*	다시 살아나오	다시 살아나오	*Tassi sara naho*
Restaurant	*n.m.*	밥집	밥집	*Pape tjipe*
Restaurateur	*n.m.*	숙슈[48]	숙수(熟手)	*Souksou*

47 공손히, 온순히. 표제어 'Gracieusement' 참고.

48 요리사, 요리하는 사람. 표제어 'Cuisinier', 'Cuisinière' 참고. 한불 440: 숙슈 熟手 Habitude, habileté acquise.

Rester	*v.int.*	머무르오[49]	머무르오	*Maumoureuho*
Rester	*v.int.*	남소	남소	*Namesso*
	Combien vous reste-t-il?	노향게 얼마 나머소	노형(老兄)께 얼마 남소	*Noh'ieng kei haulma namausso*
	Il ne reste rien	도모지 남지 안소	도모지 남지 않소	*Tomotji name tji hanesso*
	Ceci est le reste	이것시 남은 것시오	이것이 남은 것이오	*Hikaussi nameune kaussio*
Restituer	*v.t.*	보환ᄒᆞ오	보환(報還)하오	*Poh'oane h'aho*
Restitution	*n.f.*	보환	보환(報還)	*Poh'oane*
Restriction	*n.f.*	금ᄒᆞᆷ	금(禁)함	*Keume h'ame*
Résultat	*n.m.*	결말	결말(結末)	*Kiaulmal*
Résulter	*v.int.*	결말나오	결말(結末)나오	*Kiaulmal naho*
Résurrection	*n.f.*	다시 살아남	다시 살아남	*Tassi saraname*
Rétablir	*v.t.*	다시 설시ᄒᆞ오[50]	다시 설시(設始)하오	*Tassi Saulsi*[51] *h'aho*
Retard	*n.m.*	늣게	늦게	*Neute kei*
Retarder	*v.t.*	느져지오	늦어지오	*Neutjiau tjiho*
Retenir	*v.t.*	붓드오	붙드오	*Poute teuho*
Retenir	*v.t.*	잡어단기오	잡아당기오	*Tjapau taing kiko*
Réticence	*n.f.*	그임[52]	기임	*Keu hime*
Retirer	*v.t.*	ᄭᅳ집어ᄂᆡ오	끄집어내오	*Kkeutjipan naiho*
Retomber	*v.int.*	다시 ᄯᅥ러지오	다시 떨어지오	*Tassi ttaurau tjiho*
Retourner	*v.int.*	도라오오	돌아오오	*Tora hoho*
	Retournez vite	밧비 도라오시오	바삐 돌아오시오	*Pate pi tora hossio*

49 원문에는 '머무므오'.

50 원문에는 '다시 살시ᄒᆞ오'. 다시 설립하다, 착수하다. 표제어 'Associer', 'Etablir', 'Reprise', 'Rétablir' 참고. 한불 407: 셜시ᄒᆞ다 設始 Commencer; se mertre à; arranger; disposer; établir.

51 원문에는 '*salsi*'.

52 망설임, 할 말을 일부러 하지 않음.

Rétractation	*n.f.*	곳침	고침	*Kote tchime*
Rétracter	*v.t.*	곳치오	고치오	*Kote tchiho*
Retraite	*n.f.*	유치금	유치금(留置金)	*Hioutchi keume*
Retraiter	*v.t.*	먹고 살 돈 주오	먹고 살 돈 주오	*Mauk ko saltone tjouho*
Retranchement	*n.m.*	흙셩[53]	흙성(城)	*H'eulk seng*
Retrancher	*v.t.*	덜 주오	덜 주오	*Teul tjouho*
Rétrécir	*v.t.*	주리오	줄이오	*Tjouriho*
Rétribuer	*v.t.*	샹주오	상(賞)주오	*Sang tjouho*
Rétribution	*n.f.*	샹줌	상(賞)줌	*Saug tjoume*
Retrouver	*v.t.*	닷시 엇소	다시 얻소	*Tassi hausso*
Réunion	*n.f.*	회	회(會)	*H'eu*
Réunir	*v.t.*	아오르오	아우르오	*Ha horeuho*
Réunir	*v.t.*	모이오	모이오	*Meuho*
	Nous nous réunirons à la porte de l' Ouest	우리가 식문[54] 밧그로 모이겟소	우리가 새문(門) 밖으로 모이겠소	*Hourika saimoune pate keuro mohi keisso*
Réussir	*v.int.*	잘되오	잘되오	*Tjal teuho*
Réussite	*n.f.*	잘됨	잘됨	*Tjal teume*
Revanche	*n.f.*	원수 갑흠	원수(怨讐) 갚음	*Houaune soukape h'eume*
Rêve	*n.m.*	쑴	꿈	*Kkoume*
Réveil	*n.m.*	잠싼	잠깐	*Tjame kkaime*
Réveiller[55]	*v.t.*	잠씩오	잠깨오	*Tjame kkaiho*
Révélation	*n.f.*	젼파	전파(傳播)	*Tjiaune pfa*

53 프랑스어의 의미는 '방어 진지', '참호'.

54 조선 시대에 건립한 한양 도성의 숭례문, 흥인문 보다 늦게 지어진 서쪽. 표제어 'Porte' 참고.

55 원문에는 'Réviller'.

Révélation	*n.f.*	누셜	누설(漏泄)	*Noussaul*
Révéler	*v.t.*	젼파ᄒᆞ오	전파(傳播)하오	*Tjiaune pfa h'aho*
Révéler	*v.t.*	나타내오	나타내오	*Na t'ta naiho*
Revenir	*v.int.*	도라오오	돌아오오	*Tora hoho*
	Revenez demain	ᄅᆡ일 도라오시오	내일(來日) 돌아오시오	*Naihil tora hossio*
	Revenez dans une heure	ᄒᆞᆫ 시 안에 도라오시오	한 시(時) 안에 돌아오시오	*Hane si hanei tora hossio*
	L'interprète n'est pas ici maintenant revenez demain à 2 heures	지금 여긔 통사가 업시니 내일 두시에 다시 오시오	지금(只今) 여기 통사(通士)가 없으니 내일(來日) 두 시(時)에 다시 오시오	*Tjikeuine hiaukeui t'tong saka haupe sini naihil toussi hei tassi hossio*
Rêver	*v.int.*	쑴쑤오	꿈꾸오	*Kkoume kkouho*
Revêtir	*v.t.*	옷 닙소	옷 입소	*Hote nipso*
Rêveur	*n.m.*	쑴쑤는 사람	꿈꾸는 사람	*Kkoume kkouneune sarame*
Rêvocation	*n.f.*	되불너옴	되불러옴	*Teupoullau home*
Revoir	*v.t.*	다시 보오	다시 보오	*Tassi poho*
Révolte	*n.f.*	민난	민란(民亂)	*Millane*
Révolter	*v.t.*	날니나오	난리(亂離)나오	*Nalli naho*
Révolution	*n.f.*	큰 변	큰 변(變)	*K'keune piaune*
Revolver	*n.m.*	육쳘포[56]	육혈포(六穴砲)	*Hiouk tchiaulpfo*
Révoquer	*v.t.*	면관썩이오[57]	면관(免官)시키오	*Miaune koane ssik hiho*
Revue	*n.f.*	살핌 ... 검ᄉᆞ	살핌 ... 검사(檢査)	*Salpfime .. Kaumessa*
Rhumatisme	*n.m.*	담 ... 골졀병	담(痰) ... 골절병(骨節病)	*Tame .. Koltjiaul pieng*

56 탄알 구멍이 여섯 개 있는 권총, 리볼버 권총.

57 해임하다, 파면하다.

Rhume	*n.m.*	감긔 ... 회쇼[58]	감기(感氣) ... 해수(咳嗽)	*Kame keui .. H'eusso*
Riche	*adj.*	부쟈	부자(富者)	*Poutjia*
Richement	*adv.*	부ᄒᆞ게	부(富)하게	*Pou h'akei*
Richesse	*n.f.*	졔물	재물(財物)	*Tjiei moule*
Ricin	*n.m.*	피마자	피마자(蓖麻子)	*Pfimatja*
Ride	*n.f.*	주룸	주름	*Tjouroume*
Rideau	*n.m.*	방쟝[59] ... 휘장	방장(房帳) ... 휘장(揮帳)	*Pang tjiang .. H'oui tjang*
Rider	*v.t.*	주룸 ᄌᆡ피오	주름 잡히오	*Tjouroume tjai pfiho*
Ridicule	*adj.*	우숩소	우습소	*Houssoupso*
Ridiculement	*adv.*	우숩게	우습게	*Houssoupe kei*
Ridiculiser	*v.t.*	비웃소	비웃소	*Pi housso*
Rien	*p.ind.*	도모지	도무지	*Tomotji*
Rien	*p.ind.*	아무것도	아무것도	*Hamokaute to*
	Je n'ai rien	아무것도 업소	아무것도 없소	*Hamokaute to haupso*
Rigole	*n.f.*	ᄀᆡ쳔	개천(川)	*Kaitchiaune*
Rigole	*n.f.*	도랑	도랑	*Torang*
Rigoureusement	*adv.*	엄미	엄(嚴)히	*Haumi*
Rigoureux	*adj.*	엄ᄒᆞ오	엄(嚴)하오	*Haume h'aho*
Rigueur	*n.f.*	엄숙ᄒᆞᆷ	엄숙(嚴肅)함	*Haume souk h'ame*
Rime	*n.f.*	운쟈 ... 시운	운자(韻字) ... 시운(詩韻)	*Houne tjia .. Si houne*
Rire	*v.int.*	웃소	웃소	*ousso*
	Rire aux éclats	그게 웃소	크게 웃소	*Keukei housso*

58 기침.

59 방문에 치는 휘장.

	Pourquoi riez-vous?	웨 웃스시오	왜 웃으시오	*Houei housseussio*
Risible	*adj.*	웃슬 만ᄒᆞ오	웃을 만하오	*Housseul mane h'aho*
Rite	*n.m.*	례절	예절(禮節)	*Hiei tjiaule*
Rivage	*n.m.*	물언덕	물언덕	*Mouraune tauk*
Rivage	*n.m.*	물것	물끝	*Moul kaute*
Rival	*adj.*	싀싀오오[60]	시새우오	*Seuissai hoho*
Rival	*adj.*	심ᄂᆡ오	샘내오	*Saime naiho*
Rivaliser	*adj.*	심ᄂᆡ오	샘내오	*Saime naiho*
Rivalité	*n.f.*	심ᄂᆡᆷ	샘냄	*Saime naime*
Rive	*n.f.*	강가	강(江)가	*Kang ka*
Rivière	*n.f.*	강물 ... ᄂᆡ	강(江)물 ... 내	*Kang moul .. Nai*
Rixe	*n.f.*	닷톰	다툼	*Tate t'toume*
Riz	*n.m.*	쌀	쌀	*Ssal*
	Riz Cuit *n.m.*	밥	밥	*Pape*
	Riz 1ere qualité *n.m.*	상미[61]	상미(上米)	*Sang mi*
Riziere	*n.f.*	논	논	*None*
Robe	*n.f.*	치마	치마	*Tchima*
Robinet	*n.m.*	고등[62]	고등	*Koteung*
Robuste	*adj.*	건쟝ᄒᆞ오	건장(健壯)하오	*Keune tjiang h'aho*
Roc	*n.m.*	반셕	반석(磐石)	*Pane sauk*
Roche	*n.f.*	바외	바위	*Paheu*
Rocher	*n.m.*	바외	바위	*Paheu*

60 시샘하는.

61 [한불] 381: 샹미 上米 Riz de première qualité.

62 꼭지, 밸브, 방아쇠. [한불] 196: 고동 Languette d'un piége, pène de serrure, gâchette d'un fusil.

Rôder	*v.int.*	도러다니오	돌아다니오	*Torautaniho*
Rogner	*v.t.*	자르오	자르오	*Tjareuho*
Rognon	*n.m.*	콩팟	콩팥	*K'kong pfate*
Rognure	*n.f.*	자른 것	자른 것	*Tjareune kaute*
Roi	*n.m.*	국왕	국왕(國王)	*Kouk hoang*
Roi	*n.m.*	님군	임금	*Hime koune*
Roman	*n.m.*	소셜	소설(小說)	*Sossaul*
Rompre	*v.t.*	썩으오	꺾으오	*Kkaukeuho*
Rompre	*v.t.*	끈소	끊소	*Kkeunesso*
Ronce	*n.f.*	가새나무	가시나무	*Kassai namou*
Rond	*n.m.*	동구릐미	동그라미	*Tong kouraimi*
Rond	*adj.*	동그오	둥그오	*Tong keuho*
Ronfler	*v.int.*	코 구오	코 곯으오	*K'ko kouho*
Ronger	*v.t.*	긁어먹소	갉아먹소	*Keulkau maukso*
Roquet	*n.m.*	강아지	강아지	*Kang hatji*
Rose	*n.m.*	히당화	해당화(海棠花)	*H'ai tang h'oa*
Rose	*n.m.*	월계꼿	월계(月季)꽃	*Houaul kiei kkote*
Roseau	*n.m.*	쌔나무[63]	새나무	*Ttai namou*
Roseau	*n.m.*	반죽[64] ... 갈[65]	반죽(斑竹) ... 갈	*Pane tjiouk .. Kal*
Rosée	*n.f.*	이슬	이슬	*Hisseul*
Rosée Blanche	*n.f.*	셔리	서리	*Sauri*
Rosier	*n.m.*	매화 ... 월계 나무	매화(梅花) ... 월계(月季) 나무	*Maih'oa .. Houaule kiei namou*
Rosse	*n.f.*	노닥다리[66]	노(老)닥다리	*Notak tari*

63 갈대.
64 볏과에 속한 대의 하나.
65 볏과의 여러해살이풀.
66 늙은 짐승.

Rossignol	*n.m.*	쐬쏘리	꾀꼬리	*Kkeu kkori*
Rot	*n.m.*	트림	트림	*T'teurime*
Rotation	*n.f.*	돌미 ... 구을미[67]	돎 ... 구름	*Tolmi .. Kou heulmi*
Roter	*v.int.*	트림ᄒᆞ오	트림하오	*T'teurime h'aho*
	Rotez plus fort	트림을 더 크게 ᄒᆞ시오	트림을 더 크게 하시오	*T'teurime tau k'keu kei h'assio*
Rôti	*n.m.*	궁은	구운	*Koung heune*
Rotin	*n.m.*	등	등(籐)	*Teung*
Rôtir	*v.t.*	굽소	굽소	*Koupso*
Roue	*n.f.*	박휘	바퀴	*Pak h'oui*
Rouge	*adj.*	붉소	붉소	*Poulkso*
	Rouge Couleur	붉은 빗	붉은 빛	*Poulkeune pite*
Rougeâtre	*adj.*	붉으스럼ᄒᆞ오	불그스름하다	*Poulkkei seuraume h'aho*
Rougir	*v.t.*	붉게 ᄒᆞ오	밝게 하오	*Poulkkei h'aho*
Rouille	*n.f.*	동녹[68]	동록(銅綠)	*Tong nok*
Rouiller	*v.t.*	동녹시오	동록(銅綠)스오	*Tong nok siho*
	Enlevez la rouille	동녹을 글거내시오	동록(銅綠)을 긁어내시오	*Tong nokeul keul kau naissio*
Rouleau	*n.m.*	굴니는 돌	굴리는 돌	*Koullineune tol*
Rouler	*v.t.*	굴니오 ... 마오	굴리오 ... 마오	*Koulliho .. Maho*
	Roulez une cigarette	담뷔 마시오	담배 마시오	*Tamepai massio*
Route	*n.f.*	큰길	큰길	*K'keune kil*
Routine	*n.f.*	항상 ᄒᆞ는 것	항상(恒常) 하는 것	*H'ang sang h'aneune kaute*

67 회전.

68 구리의 표면에 녹이 슬어 생기는 푸른빛의 녹.

Rouvrir	*v.t.*	다시 여오	다시 여오	*Tassi hieuho*
Royaume	*n.m.*	님근나라[69]	임금나라	*Himekeune nara*
Royauté	*n.f.*	왕위	왕위(王位)	*Hoang houi*
Ruade	*n.f.*	발노 참	발로 참	*Pallo tchame*
Ruban	*n.m.*	줄 … 끈타불[70]	줄 … 끈타불	*Tjoul .. Kkeune t'ta poul*
Ruche	*n.f.*	벌통	벌통(桶)	*Paul t'tong*
Rude	*adj.*	사납소	사납소	*Sanapso*
Rudement	*adv.*	사납게	사납게	*Sanapekei*
Rudoyer[71]	*v.t.*	사납게 ᄒᆞ오	사납게 하오	*Sanapekei h'aho*
Rue	*n.f.*	길	길	*Kil*
	Quel est le nom de cette rue?	이 길 일홈이 무어시오	이 길 이름이 무엇이오	*Hikil hirh'omi mou haussio*
Ruer	*v.int.*	발노 차오	발로 차오	*Pallo tchaho*
Rugueux	*adj.*	주름진	주름진	*Tjoureume tjine*
Ruine	*n.f.*	망홈	망(亡)함	*Mang h'ame*
Ruiner	*v.t.*	망ᄒᆞ오	망(亡)하오	*Mang h'aho*
Ruisseau	*n.m.*	ᄀᆡ쳔	개천(川)	*Kaitchiaune*
Ruisseler	*v.int.*	물 ᄯᅥ러지오	물 떨어지오	*Moul ttaurau tjiho*
Rumeur	*n.f.*	풍셜[72]	풍설(風說)	*Pfoung saul*
Rupture	*n.f.*	끈허짐	끊어짐	*Kkeune h'au tjime*
Ruse	*n.f.*	간교 … 꾀	간교(奸巧) … 꾀	*Kanekio .. Kkeu*
Rusé	*adj.*	간교ᄒᆞ오	간교(奸巧)하오	*Kanekio h'aho*
Rusé	*adj.*	꾀잇소	꾀있소	*Kkeu hisso*

69 왕국.
70 '끈'의 방언.
71 원문에는 'Rudoper'.
72 루머.

Russe	*n.m.*	아라ᄉᆞ[73] 사람	아라사(俄羅斯) 사람	*Harassa sarame*
Russie	*n.p.*	아라ᄉᆞ국	아라사국(俄羅斯國)	*Harassa kouk*
	Légation de Russie	아라사 공사관	아라사(俄羅斯) 공사관(公使館)	*Harassa kong sakoane*

73 '러시아'를 이르던 말.

S.s

Sa	*adj.p.*	졔	제	*Tjiei*
Sable	*n.m.*	모릭흑	모래흙	*Morai h'euk*
Sabler	*v.t.*	모릭 펴오	모래 펴오	*Morai pfiauho*
Sabot	*n.m.*	나막신	나막신	*Namak sine*
Sabre	*n.m.*	칼 ... 환도	칼 ... 환도(環刀)	*K'kal .. H'oane to*
Sabrer	*v.t.*	칼노 비오	칼로 베오	*K'kallo piho*
Sac (coton)	*n.m.*[1]	자루	자루	*Tjarou*
Sac (en paille)	*n.m.*	셤[2]	섬	*Saume*
Saccager	*v.t.*	모두 허오	모두 허오	*Motou h'euho*
Sacrifice	*n.m.*	졔亽	제사(祭祀)	*Tjieissa*
Sacrifier	*v.t.*	졔亽지닉오	제사(祭祀)지내오	*Tjieissa tjinaiho*
Sacrilège	*n.m.*	셩물 욕홈[3]	성물(聖物) 욕(辱)함	*Seung moul hiok h'ame*
Sagacité	*n.f.*	춍명	총명(聰明)	*Tchiong myeng*

1 원문에는 없음.

2 곡식 따위를 담기 위하여 짚으로 엮어 만든 그릇. 20브와소. 표제어 'Plein' 참고. 한불 398: 셤 石 Grande mesure de 20 boisseaux; sac en paille où l'on met 20 boisseaux de blé.

3 신성 모독.

Sage	*adj.*	지혜시럽소	지혜(智慧)롭소	*Tji h'iei siraupso*
Sage-femme	*n.f.*	아희 밧는 녜편네	아이 받는 여편(女便)네	*Hah'eui pate neune hiei pfiaunei*
Sagement	*adv.*	실긔시럽게	슬기롭게	*Silkeui siraupekei*
Sagesse	*n.f.*	지혜 ... 실긔	지혜(智慧) ... 슬기	*Tji h'iei .. Silkeui*
Saignement	*n.m.*	피 흐름	피 흐름	*Pfi h'eureume*
Saigner	*v.int.*	피 흐르오	피 흐르오	*Pfi h'eureuho*
Sain	*adj.*	무병ᄒᆞ오	무병(無病)하오	*Moupieng h'aho*
Sain	*adj.*	셩ᄒᆞᆫ	성한	*Seng h'ane*
Saindoux	*n.m.*	되야지 기름	돼지 기름	*Teuhiatji kireume*
Saint	*n.m.*	셩인	성인(聖人)	*Seng hine*
Saint	*n.m.*	거륵ᄒᆞᆫ	거룩한	*Kaureuk h'ane*
Sainte	*n.f.*	셩녀	성녀(聖女)	*Seng niau*
Saisie	*n.f.*	잡음	잡음	*Tjapeume*
Saisir	*v.t.*	잡소	잡소	*Tjapso*
Saison	*n.f.*	절시 ... 졀	절시(節時) ... 절(節)	*Tjiaulsi .. Tjiaul*
	Saison des pluies	쟝마	장마	*Tjiang ma*
	4 saisons	ᄉᆞ졀	사절(四節)	*Sâ tjiaul*
Salade	*n.f.*	상치	상추	*Sang tchi*
Salaire	*n.m.*	삭 ... 월급	삯 ... 월급(月給)	*Sak .. Houaul keupe*
Salaison	*n.f.*	졔림	절임	*Tjiei rime*
Sale	*adj.*	더럽소	더럽소	*Tauraupso*
	C' est sale	이것 더럽소	이것 더럽소	*Hikaute tauraupso*
Salé	*adj.*	졔렷소	절였소	*Tjiei riausso*
Saler	*v.t.*	졔리오	절이오	*Tjiei riho*

Saleté	*n.f.*	드러옴	더러움	*Teurau home*
Salière	*n.f.*	소곰그릇	소금그릇	*Sokome keureute*
Saligaud	*n.m.*	드러운 사람	더러운 사람	*Teurau houne sarame*
Salir	*v.t.*	드레오	더레오	*Teuriei ho*
Salive	*n.f.*	춤 ... ᄯᆡ	침 ... 때	*Tchoume .. Ttai*
Salle	*n.f.*	방	방(房)	*Pang*
Salle d' étude	*n.f.*	글방	글방(房)	*Keul pang*
Salle à manger	*n.f.*	식방 ... 식쳥	식방(食房) ... 식청(食廳)	*Sikpang .. Sik tchieng*
Salon	*n.m.*	사랑	사랑	*Sarang*
Salope	*n.f.*	드러온 계집	더러운 계집	*Teurau hone kiei tjipe*
Saloperie	*n.f.*	드러운 말	더러운 말	*Teurau houne mal*
Salpêtre	*n.m.*	염초[4]	염초(焰硝)	*Hiaume tcho*
Saluer	*v.t.*	인ᄉᆞᄒᆞ오	인사(人事)하오	*Hinessa h'aho*
Salut	*n.m.*	인ᄉᆞ	인사(人事)	*Hinessa*
Salutaire	*adj.*	위ᄉᆡᆼ에 유익ᄒᆞᆫ	위생(衛生)에 유익(有益)한	*Houissaing hei hiou hik h'ane*
Salutation	*n.f.*	인ᄉᆞ	인사(人事)	*Hinessa*
Samedi	*n.m.*	토요일	토요일(土曜日)	*T'to hio hil*
Sanction	*n.f.*	재가	재가(裁可)	*Tjaika*
Sanctionner	*v.t.*	재가 ᄂᆡ리오	재가(裁可) 내리오	*Tjaika nairiho*
Sandale	*n.f.*	메두리[5]	미투리	*Meitouri*
Sang	*n.m.*	피	피	*Pfi*
Sanglant	*adj.*	피 흐르오	피 흐르오	*Pfi h'eureuho*

4 니트로, 질산칼륨. 표제어 'Nitre' 참고. 한불 28: 염초 焰焇 Salpêtre, nitre.

5 삼으로 삼은 신. 표제어 'Soulier' 참고.

Sanglier	*n.m.*	산되야지	산(山)돼지	*Sane teuhiatji*
Sanglot	*n.m.*	곡셩[6] ... 달곡질	곡성(哭聲) ... 딸꾹질	*Kokseng .. Talkok tjil*
Sangloter	*v.int.*	통곡ᄒᆞ오	통곡(痛哭)하오	*T'tong kok h'aho*
Sangsue	*n.f.*	검얼이[7]	거머리	*Keumauri*
Sans	*prép.*	업시	없이	*Haupsi*
Sans-doute	*l.adv.*	그럿치 ... 의심 업시	그렇지 ... 의심(疑心) 없이	*Keurautchi .. Heui sime haupsi*
Santé	*n.f.*	긔운 ... 셩ᄒᆞᆷ	기운 ... 성함	*Keui houne .. Seng h'ame*
	A votre santé	오ᄅᆡ 사시오	오래 사시오	*Horai sassio*
Saouler	*v.t.*	취ᄒᆞ오	취(醉)하오	*Tchu h'aho*
Sapèque	*n.f.*	푼[8]	푼	*Pfoune*
Saphir	*n.m.*	비취옥	비취옥(翡翠玉)	*Pitchu hok*
Sapin	*n.m.*	소나무	소나무	*Sonamou*
Sarcelle	*n.f.*	되강오리[9]	되강오리	*Teukang hori*
Sarcler	*v.t.*	매오[10]	매오	*Maiho*
Sarcophage	*n.m.*	판	판(板)	*Koane*
Sarment	*n.m.*	포도등불[11]	포도(葡萄)덩굴	*Pfoto teung poul*
Sarrazin	*n.m.*	모밀	메밀	*Momil*
Satellite	*n.m.*	ᄉᆞ령[12]	사령(使令)	*Sarieng*
Satiété	*n.f.*	슬컷 ... ᄇᆡ부릅	실컷 ... 배부름	*Seulk'kaute .. Pai poureume*
Satisfaction	*n.f.*	풍죡ᄒᆞᆷ	풍족(豐足)함	*Pfoung tjiok h'ame*

6 곡하는 소리, 오열.

7 한불 143: 검얼이 蛭 Sangsue.

8 냥의 1/100. 한불 364: 푼 分 Sapèque, centième partie du 냥 Nyang (monnaie coréenne).

9 논병아릿과의 철새.

10 잡초를 뽑다.

11 한불 363: 포도덤불 葡萄蔓 Vigne; pied de vigne.

12 관아에서 심부름하던 사람.

Satisfaire	*v.t.*	풍족ᄒᆞ게 ᄒᆞ오	풍족(豐足)하게 하오	*Pfoung tjiok h'akei h'aho*
Satisfaisant	*adj.*	풍죡ᄒᆞ오	풍족(豐足)하오	*Pfoung tjiok h'aho*
Sauce	*n.f.*	즙 ... 탕	즙(汁) ... 탕(湯)	*Tjeupe .. T'tang*
Saucière	*n.f.*	즙그릇	즙(汁)그릇	*Tjeupe keureute*
Saucisse	*n.f.*	순ᄃᆡ	순대	*Soune tai*
Sauf	*prép.*	업시 ... 말고	없이 ... 말고	*Haupsi .. Malko*
Sauf-conduit	*n.m.*	집죠[13]	집조(執照)	*Tjipe tjio*
Saule	*n.m.*	버드나무	버드나무	*Pauteu namou*
Saumon	*n.m.*	민어	민어(民魚)	*Minau*
Saut	*n.m.*	ᄯᅱ임	뜀	*Ttume*
Sauter	*v.int.*	ᄯᅱ오	뛰오	*Ttu ho*
Sauterelle	*n.f.*	메독이	메뚜기	*Meitoki*
Sauvage	*n.m.*	야만 ... 산에	야만(野蠻) ... 사내	*Hiamane .. Sanei*
Sauver	*v.t.*	구ᄒᆞ오	구(求)하오	*Kou h'aho*
Sauver (se)	*v.t.*	ᄃᆞ러나ᄂᆞ오	드러나오	*Tarau naho*
Sauvetage	*n.m.*	구히죰	구(求)해줌	*Kou h'ai tjioume*
Savant	*n.m.*	유식ᄒᆞᆫ 사람	유식(有識)한 사람	*Hioussik h'ane sarame*
Savate	*n.f.*	허 신	헌 신	*H'eussine*
Savetier	*n.m.*	신쟝이[14]	신장이	*Sine tjiang hi*
Savoir	*v.t.*	아오	아오	*Haho*
	Je ne sais pas	내가 모르오	내가 모르오	*Naika moreuho*
	Je ne sais pas (popul.)	몰나	몰라	*Moulla*

13 외국인에게 내어 주던 통행증.

14 구두 수선공.

	Je ne le saurai pas	내가 모로겟소	내가 모르겠소	*Naika morokeisso*
Savoir-vivre	*n.m.*	교훈	교훈(敎訓)	*Kio h'oune*
Savon	*n.m.*	빈우	비누	*Pinou*
Savonner	*v.t.*	빈우질ᄒᆞ오	비누질하오	*Pinou tjir h'aho*
Scandale	*n.m.*	잡 짓[15]	잡(雜) 짓	*Tjape tjite*
Scandale	*n.m.*	붓그러운 짓	부끄러운 짓	*Poute keurau houne tjite*
Scandaliser	*v.t.*	잡 짓 ᄒᆞ오	잡(雜) 짓 하오	*Tjape tjite h'aho*
Sceau	*n.m.*	인 ... 도쟝	인(印) ... 도장(圖章)	*Hine .. Totjiang*
Sceau impérial	*n.m.*	어인	어인(御印)	*Hau hine*
Scélérat	*n.m.*	죄인	죄인(罪人)	*Tjeu hine*
Scélérat	*adj.*	괴약ᄒᆞ오	괴악(怪惡)하오	*Keu hiak h'aho*
Sceller	*v.t.*	인찍소	인(印)찍소	*Hine ttjtkso*
Scène	*n.f.*	희롱쟝[16]	희롱장(戱弄場)	*H'euirong tjiang*
Sceptre	*n.m.*	옥ᄉᆡ	옥새(玉璽)	*Hoksai*
Scie	*n.f.*	톱	톱	*T'tope*
Science	*n.f.*	지식 ... 학문	지식(知識) ... 학문(學問)	*Tjissik .. H'ak moune*
Scientifique	*adj.*	유식ᄒᆞᆫ	유식(有識)한	*Hioussik h'ane*
Scier	*v.t.*	톱질ᄒᆞ오	톱질하오	*T'tope tjil h'aho*
Scintiller	*v.int.*	번적번적ᄒᆞ오[17]	번적번적하오	*Paune tjauk paune tjauk h'aho*
Sciure	*n.f.*	톱밥	톱밥	*T'tope pape*
Scrupule	*n.m.*	써림	꺼림	*Kkaurime*

15 스캔들, 추문.

16 희곡 무대, 연극 무대.

17 '번쩍번쩍하다'보다 여린 의미.

Scrupuleusement	*adv.*	써림면소	꺼리면서	*Kkaurime miauneso*
Scrutin	*n.m.*	투표 ... 공천	투표(投票) ... 공천(公薦)	*T'toupfio .. Kong tchiaune*
Sculpter	*v.t.*	싀이오	새기오	*Saik hiho*
Sculpteur	*n.m.*	싀슈장이	석수(石手)장이	*Saiksou tjang hi*
Sculpteur	*n.m.*	싀이는 사람	새기는 사람	*Saik hineune sarame*
Sculpture	*n.f.*	싀임	새김	*Saikime*
Séance	*n.f.*	기회	개회(開會)	*Kai h'eu*
Seau	*n.m.*	물통	물통(桶)	*Moul t'tong*
Sébile[18]	*n.f.*	박아지	바가지	*Pakatji*
Sec	*adj.*	말넛소	말랐소	*Mallausso*
	C'est trop sec	이것 믜우 말넛소	이것 매우 말랐소	*Hikaute maihou mallausso*
Sécher	*v.int.*	말으오	마르오	*Mareuho*
Sécher	*v.int.*	말니오	말리오	*Malliho*
Sécheresse	*n.f.*	가뭄	가뭄	*Kamoume*
Seconder	*v.t.*	도와주오	도와주오	*Toha tjouho*
Secouer	*v.t.*	뿌리오	뿌리오	*Ppouriho*
Secouer	*v.t.*	흔드오	흔드오	*H'eune teuho*
Secourir	*v.t.*	구히쥬오	구(求)해주오	*Kouh'ai tjiouho*
Secours	*n.m.*	구히쥼	구(求)해줌	*Kouh'ai tjioume*
Secousse	*n.f.*	흔들림	흔들림	*H'eune teulme*
Secousse	*n.f.*	떨님	떨림	*Tteullime*
Secret	*n.m.*	비밀훈 일	비밀(祕密)한 일	*Pimirh'ane hil*
Secret	*n.m.*	비밀후오	비밀(祕密)하오	*Pimirh'aho*

18 원문에는 'Sébille'.

Secrétaire	*n.m.*	참서관[19]	참서관(參書官)	*Tchame saukoane*
Secrétariat	*n.m.*	참서청	참서청(參書廳)	*Tchame sautchieng*
Secrètement	*adv.*	비밀이	비밀(祕密)히	*Pimiri*
Secrètement	*adv.*	은근이	은근(慇懃)히	*Heune keuni*
Section	*n.f.*	베힘	베임	*Piei h'ime*
Séculaire	*adj.*	빅년이나 됫소	백년(百年)이나 됐소	*Paikniaune hina tuésso*
Sécurité	*n.f.*	평탄홈	평탄(平坦)함	*Pfieng t'ane h'ame*
Sédition	*n.f.*	난리 ... 역젹	난리(亂離) ... 역적(逆賊)	*Nalli .. Hiauk tjiauk*
Séditieux	*adj.*	요란ᄒᆞ오	요란(搖亂)하오	*Hiorane h'aho*
Séducteur	*n.m.*	쐬이는 사람	꾀는 사람	*Kkeu hineune sarame*
Séducteur	*n.m.*	유인ᄒᆞ는 사람	유인(誘引)하는 사람	*Hiou hine h'aneune sarame*
Séduction	*n.f.*	유인	유인(誘引)	*Hiou hine*
Séduire	*v.t.*	유인ᄒᆞ오	유인(誘引)하오	*Hiou hine h'aho*
Seigneur	*n.m.*	쥬인	주인(主人)	*Tjiou hine*
Sein	*n.m.*	졋통 ... 가심	젖통 ... 가슴	*Tjiaute t'tong .. Kassime*
Séjour	*n.m.*	잠감 머무름	잠깐 머무름	*Tjame kame mau moureume*
Séourner	*v.int.*	잠감 머무르오	잠깐 머무르오	*Tjame kame mau moureuho*
Sel	*n.m.*	소곰	소금	*Sokome*
Selle	*n.f.*	안쟝 ... 길마[20]	안장(鞍裝) ... 길마	*Hane tjiang .. Kilma*
Seller	*v.t.*	안쟝 짓소	안장(鞍裝) 짓소	*Hane tjiang tjisso*
Selon	*prép.*	ᄃᆡ로	대로	*Tairo*

19 대한 제국 때에, 여러 관청에 둔 주임 벼슬.

20 짐 싣는 안장. 표제어 'Bât' 참고. 한불 174: 길마 鞍 Bât.

Semaille	*n.f.*	심을 ᄯᅢ	심을 때	*Simeul ttai*
Semaine	*n.f.*	쥬일 동안	주일(週日) 동안	*Tjiouhile tong hane*
Semblable	*adj.*	ᄀᆞᆺ소 ... 맛찬가지오	같소 ... 마찬가지오	*Kasso .. Matchane katjiho*
Semblant	*n.m.*	쳬 ... 쳐런	체 ... 처럼	*Tchiei .. Tchiauraune*
Sembler	*v.int.*	됴흔 것 갓소	좋은 것 같소	*Tio h'eune kaute kasso*
Semelle	*n.f.*	신바닥	신바닥	*Sine patak*
Semence	*n.f.*	씨 ... 씨앗	씨 ... 씨앗	*Ssi .. Ssihate*
Semer	*v.t.*	씨 ᄲᅮ리오	씨 뿌리오	*Ssi ppouriho*
Semestre	*n.m.*	여셧 달	여섯 달	*Hiaussaute tale*
Sens	*n.m.*	오관	오관(五官)	*Ho koane*
Sensation	*n.f.*	ᄭᆡᄃᆞ롬	깨달음	*Kkaitarame*
Sensibilité	*n.f.*	지각	지각(知覺)	*Tjikak*
Sensible	*adj.*	ᄭᆡᄃᆞ르오	깨달으오	*Kkaitareuho*
Sensualité	*n.f.*	호ᄉᆡᆨᄒᆞᆷ	호색(好色)함	*H'ossaik h'ame*
Sensuel	*adj.*	호ᄉᆡᆨᄒᆞ오	호색(好色)하오	*H'ossaik h'aho*
Sentence	*n.f.*	판단[21]	판단(判斷)	*Pfanetane*[22]
Sentier	*n.m.*	작은 길	작은 길	*Tjakeune kil*
Sentiment	*n.m.*	ᄯᅳᆺ	뜻	*Tteute*
Sentinelle	*n.f.*	문 직히는 병졍	문(門) 지키는 병정(兵丁)	*Moune tjikh'i neune pieng tjieng*
Sentir	*v.t.*	내암새 맛소	냄새 맡소	*Nai hamessai masso*
Séoul	*n.p.*	셔울	서울	*Sauhoul*
Séparation	*n.f.*	갈님	갈림	*Killime*
Séparément	*adv.*	ᄯᅡ로 ... 달니	따로 ... 달리	*Ttaro .. Talli*

21 원문에는 '파단'. 표제어 'Solution' 참고.

22 원문에는 '*Pfatane*'.

Séparer	*v.t.*	갈니오 ... 난오오	갈리오 ... 나누오	*Kalliho .. Nane hoho*
Septembre	*n.m.*	구월	구월(九月)	*Kou houaule*
Septuagénaire	*n.m.*	닐흔 된	일흔 된	*Hirh'eune teune*
Sépulcre	*n.m.*	무덤	무덤	*Moutaume*
Sépulture	*n.f.*	쟝ᄉᆞ	장사(葬事)	*Tjiang sa*
Séquestration	*n.f.*	가둠	가둠	*Katoume*
Séquestrer	*v.t.*	가두오	가두오	*Katouho*
Sérail	*n.m.*	ᄂᆡ실	내실(內室)	*Naissil*
Séraphin	*n.m.*	구품텬신[23]	구품천신(九品天神)	*Koupfoume t'tiaune sine*
Sergent	*n.m.*	참교[24]	참교(參校)	*Tchame kio*
Série	*n.f.*	ᄎᆞ례 ... 차셔	차례(次例) ... 차서(次序)	*Tchariei .. Tcha ssau*
Sérieusement	*adv.*	졈잔케	점잖게	*Tjiaume tjane k'kei*
Sérieux	*adj.*	졈잔소	점잖소	*Tjiaume tjanesso*
Seringue	*n.f.*	물싹총[25]	물딱총(銃)	*Moulttak tchiong*
Serment	*n.m.*	ᄆᆡᆼ셰	맹세(盟誓)	*Maing siei*
Sermon	*n.m.*	권ᄒᆞ는 말	권(勸)하는 말	*Kouaune h'aneune mal*
Serpent	*n.m.*	ᄇᆡ암	뱀	*Pai hame*
Serre	*n.f.*	화초방[26]	화초방(花草房)	*H'oatcho pang*
Serrer	*v.t.*	죄오[27]	죄오	*Tjeu ho*
Serre-tête	*n.m.*	망건[28]	망건(網巾)	*Mang kaune*

23 구품천신(九品天神) 중 한 천사. [라중대] Seraphim 其一品天神. [라틴어-옛한글] Seraphim 일픔텬신. [장드르] Séraphin 치, 치텬신.

24 대한 제국 때에 둔, 하사관 계급의 하나. 표제어 'Colonel', 'Commandant', 'Sous-Lieutenant' 참고.

25 물을 쏘는 대나무로 만든 장난감 총. [장드르] Seringue 물총, 물싹총, 주샤긔

26 온실.

27 조이다.

28 상투를 튼 사람이 머리카락을 흘러내리지 않도록 머리에 두르는 그물 모양의 두건.

Serrure	*n.f.*	자물쇠	자물쇠	*Tjamoul seu*
Serrurier	*n.m.*	자물쇠징이	자물쇠장이	*Tjamoul seu tjaing hi*
Servante	*n.f.*	계집 ᄒᆞ인	계집 하인(下人)	*Kiei tjipe h'ahine*
Serviette	*n.f.*	슈건	수건(手巾)	*Soukaune*
Servir	*v.t.*	쓰오 ... 셤기오	쓰오 ... 섬기오	*Sseuho .. Saume kiho*
	A quoi cela sert-il?	이것시 무어셰 쓰는 것시오	이것이 무엇에 쓰는 것이오	*Hikaussi mouhau siei sseuneune kaussio*
Servir (se)	*v.p.*	씨우오	쓰이오	*Ssi houho*
Serviteur	*n.m.*	ᄒᆞ인	하인(下人)	*H'ahime*
Ses	*adj.p.pl.*	졔 ... 들	제 ... 들	*Tjiei .. teul*
Sésame	*n.m.*	참ᄭᆡ	참깨	*Tchame kkai*
Seuil	*n.m.*	문ᄶᅵ방	문지방(門地枋)	*Moune ttji pang*
Seul	*adj.*	혼자 ... 외다로	혼자 ... 외따로	*H'one tja .. Heutaro*
	Vous irez seul	노형이 혼자 가겟소	노형(老兄)이 혼자 가겠소	*Noh'ieng hi h'one tja kakeisso*
Seulement	*adv.*	다만 ... 만 ... 그ᄲᅮᆫ	다만 ... 만 ... 그뿐	*Tamane .. Mane .. Keuppoune*
	Achetez seulement des oeufs	닭알만 사시오	달걀만 사시오	*Talkal mane sassio*
Sève	*n.f.*	물올음[29]	물오름	*Moule horeume*
Sévère	*adj.*	엄ᄒᆞ오	엄(嚴)하오	*Haume h'aho*
Sévèrement	*adv.*	엄ᄒᆞ게 ... 엄히	엄(嚴)하게 ... 엄(嚴)히	*Haume h'akei .. Haume h'i*
Sévérité	*n.f.*	엄숙ᄒᆞᆷ	엄숙(嚴肅)함	*Hanme souk h'ame*
Sévir	*v.int.*	즁칙ᄒᆞ오	중책(重責)하오	*Tjioung tchaik h'aho*
Sevrer	*v.t.*	젓ᄯᅦ오	젖떼오	*Tjiaute tteiho*

29 상태가 좋아짐.

Sexagénaire	*n.m.*	예순된	예순된	*Hieissoune teune*
Sexe	*n.m.*	남녀 분별	남녀(男女) 분별(分別)	*Nameniau poune piaul*
Si	*conj.*	만일 ... 면	만일(萬一) ... 면	*Manil .. Miaune*
	S'il vient, vous Lui donnerez cela	만일 졔가 오면 노형이 이것슬 졔게 주겟소	만일 제가 오면 노형(老兄)이 이것을 제게 주겠소	*Mahil tjieika ho miaune noh'ieng hi hikausseul tjieikei tjoukeisso*
Siècle	*n.m.*	빅년	백년(百年)	*Paik niaune*
Siège	*n.m.*	걸상	걸상(床)	*Kaulsang*
Sien (le)	*p.pos.*	제 것	제 것	*Tjieikaute*
	Ce n'est pas le sien	이것시 졔 것 아니오	이것이 제 것 아니오	*Hikaussi tjieikaute haniho*
Sieste	*n.f.*	낫잠	낮잠	*Nate tjame*
Siffler	*v.int.*	쉬바람 부오	휘파람 부오	*Suparame pouho*
Sifflet	*n.m.*	부는 것 ... 군우[30]	부는 것 ... 군호(軍號)	*Pouneune kaute Kounou*
Signal	*n.m.*	암호 ... 긔표	암호(暗號) ... 기표(記標)	*Hameh'o .. Keuipfio*
Signalement	*n.m.*	용모파긔[31]	용모파기(容貌疤記)	*Hiong mopfakeui*
Signaler	*v.t.*	용모파긔ᄒᆞ오	용모파기(容貌疤記)하오	*Hiong mopfakeui h'aho*
Signature	*n.f.*	일홈 둠[32]	이름 둠	*Hirh'ome toume*
Signature	*n.f.*	슈결[33]	수결(手決)	*Soukiaul*
Signe	*n.m.*	눈짓	눈짓	*Noune tjite*
Signer	*v.t.*	도쟝 찍소	도장(圖章) 찍소	*Tottjiang ttjikso*

30 군대의 신호, 호각. 한불 206: 군우 軍號 Mot d'ordre, de ralliement.

31 어떤 인물의 생김새나 신체상의 특징을 적은 기록, 인상착의.

32 서명.

33 자필로 한 서명.

Signer	*v.t.*	슈결 두오	수결(手決) 두오	*Soukiaul touho*
Signification	*n.f.*	뜻 풀어는 것	뜻 풀어놓은 것	*Tteute pfourau neune kaute*
Signifier	*v.t.*	뜻 푸오	뜻 푸오	*Tteute pfouho*
Signifier	*v.t.*	알게 ᄒᆞ오	알게 하오	*Halkei h'aho*
Silence	*n.m.*	고요ᄒᆞᆷ	고요함	*Kohio h'ame*
Silencieusement	*adv.*	고요ᄒᆞ게	고요하게	*Kohio h'akei*
Silencieux	*adj.*	고요ᄒᆞ오	고요하오	*Kohio h'aho*
Silex	*n.m.*	차돌	차돌	*Tcha tol*
Sillon	*n.m.*	밧두둑	밭두둑	*Pate toutouk*
Simple	*adj.*	ᄒᆞᆺ 것 ... 쉽소	홑 것 ... 쉽소	*H'ote kaute .. Supso*
Simplement	*adv.*	어렵지 안케	어렵지 않게	*Hauriaupe tji hane k'kei*
Simplifier	*v.t.*	경편ᄒᆞ게 ᄒᆞ오	경편(輕便)하게 하오	*Kieng pfiaune h'akei h'aho*
Simulacre	*n.m.*	거짓ᄒᆞᆷ[34]	거짓함	*Kautjite h'ame*
Simulacre	*n.m.*	쇽임	속임	*Seukime*
Simuler	*v.t.*	쇽이오	속이오	*Seukiho*
Simultanément	*adv.*	ᄒᆞᆫ가지	한가지	*H'ane katji*
Sincère	*adj.*	진실ᄒᆞ오	진실(眞實)하오	*Tjine sir h'aho*
Sincèrement	*adv.*	졍셩것	정성(精誠)껏	*Tjieng seng kaute*
Sincérité	*n.f.*	진실ᄒᆞᆷ	진실(眞實)함	*Tjine sir h'ame*
Sincérité	*n.f.*	졍셩	정성(精誠)	*Tjieng seng*
Singe	*n.m.*	잣나비[35]	잔나비	*Tjate napi*
Singe	*n.m.*	원숭이	원숭이	*Houaune soungni*
Singulièrement	*adv.*	긔이ᄒᆞ게	기이(奇異)하게	*Keuihi h'akei*

34 시늉.

35 한불 530: 잣나비 猍 Singe.

Sinistre	*adj.*	흉혼 일[36]	흉(凶)한 일	*H'ioung h'ane hil*
Sinon	*conj.*	그럿치 안으면	그렇지 않으면	*Keurautchi haneu miaune*
Sinueux	*adj.*	구분 것시오	굽은 것이오	*Koupoune kaussio*
Sinuosité	*n.f.*	구분 것	굽은 것	*Koupoune kaute*
Sirop	*n.m.*	사탕 물	사탕(沙糖) 물	*Sat'tang moul*
Situation	*n.f.*	둠 ... 직업[37]	둠 ... 직업(職業)	*Toume .. Tjika upe*
Situer	*v.t.*	두오	두오	*Touho*
Sobre	*adj.*	식탐 엄소	식탐(食貪) 없소	*Sik t'tame haupso*
Sobriété	*n.f.*	식탐 엄슴	식탐(食貪) 없음	*Sik t'tame haup seume*
Sociable	*adj.*	사귈 만ᄒᆞ오	사귈 만하오	*Sakouil mane h'aho*
Société	*n.f.*	회 ... 상회	회(會) ... 상회(商會)	*H'eu .. Sang h'eu*
Soeur	*n.f.*	누의 ... ᄆᆡ씨[38]	누이 ... 매씨(妹氏)	*Nouheui .. Maissi*
	Soeur ainée	누님	누님	*Nounime*
Soi	*p.p.*	ᄌᆞ긔	자기(自己)	*Tjakeui*
	Soi-disant *adj.*	올치 안소	옳지 않소	*Holtchi hanesso*
	Soi-même *adj.*	ᄌᆞ긔 ᄆᆞ음ᄃᆡ로	자기(自己) 마음대로	*Tjakeui maheume tairo*
Soie	*n.f.*	비단 ... 병지[39]	비단(緋緞) ... 명지	*Pitane .. Pieng tji*
Soif	*n.f.*	목마름	목마름	*Mok mareume*
	J'ai soif	내가 목마르오	내가 목마르오	*Naika mok ma reuho*
Soigner	*v.t.*	조례식이오[40]	조례(照例)시키오	*Tjoriei sik hiho*

36 원문에는 '융흔 일'.

37 원문에는 '집업'.

38 손위 누이를 이르는 말.

39 '명주'(明紬)의 방언 '명지'. 한불 236: 명쥬 明紬 Soie.

40 전례(前例)에 비추어 상고시키다. 페롱 Soigner 돌보다, 도라보다.

Soigner (se)	*v.t.*	조례ᄒᆞ오	조례(照例)하오	*Tjoriei h'aho*
Soigneusement	*adv.*	근실이	근실(勤實)히	*Keune siri*
Soigneux	*adj.*	근실ᄒᆞ오	근실(勤實)하오	*Keune sirh'aho*
Soin	*n.m.*	조례 ... 치료	조례(照例) ... 치료(治療)	*Tjoriei .. Tchirio*
Soir	*n.m.*	져녁	저녁	*Tjiauniauk*
	Au soir	져녁때에	저녁때에	*Tjiauniauk ttai hei*
Sol	*n.m.*	ᄯᅡᆼ ... 흙	땅 ... 흙	*Ttang .. H'eulk*
Soldat	*n.m.*	병뎡 ... 군ᄉᆞ	병정(兵丁) ... 군사(軍士)	*Pieng tieng .. Kounessa*
Solder	*v.t.*	삭 주오	삯 주오	*Sak tjouho*
Sole	*n.f.*	넙치	넙치	*Naupe tchi*
Soleil	*n.m.*	날 ... ᄒᆡ	날 ... 해	*Nal .. H'ai*
	Le soleil s'est levé	ᄒᆡ가 도닷소	해가 돋았소	*H'aika to tasso*
Solennité	*n.f.*	대례[41]	대례(大禮)	*Tairiei*
Solide	*adj.*	견고ᄒᆞ오	견고(堅固)하오	*Kiaune ko h'aho*
Solide	*adj.*	든든ᄒᆞ오	단단하오	*Tane tane h'aho*
Solidement	*adv.*	든든이	단단히	*Tane tani*
Solidement	*adv.*	견고ᄒᆞ게	견고(堅固)하게	*Kiaune ko h'akei*
Solidité	*n.f.*	견고ᄒᆞᆷ	견고(堅固)함	*Kiaune ko h'ame*
Solitaire	*adj.*	젹젹ᄒᆞ오	적적(寂寂)하오	*Tjiauk tjiauk h'aho*
Solitude	*n.f.*	젹젹ᄒᆞᆷ	적적(寂寂)함	*Tjiauk tjiauk h'ame*
Solive	*n.f.*	들보	들보	*Teulpo*
Sollicitation	*n.f.*	근쳥ᄒᆞᆷ	간청(懇請)함	*Kane tchieng h'ame*
Solliciter	*v.t.*	근쳥ᄒᆞ오	간청(懇請)하오	*Kane tchieng h'aho*

41 성대한 축제, 중대한 의식.

Sollicitude	*n.f.*	싱각ᄒᆞ는 ᄆᆞ음	생각하는 마음	*Saing kak h'a neune maheume*
Soluble	*adj.*	풀어지오	풀어지오	*Pfourau tjiho*
Solution	*n.f.*	판단	판단(判斷)	*Pfanetane*[42]
Sombre	*adj.*	흐리오	흐리오	*H'euriho*
Sombrer	*v.int.*	파션ᄒᆞ오	파선(破船)하오	*Pfassaune h'aho*
Somme	*n.f.*	총계 … 돈	총계(總計) … 돈	*Tchong kiei .. Toune*
Sommeil	*n.m.*	죠롬	졸음	*Tjio rome*
	J'ai sommeil	내가 죨니오	내가 졸리오	*Naika tjiolliho*
Sommeiller	*v.int.*	죠을니오	졸리오	*Tjio heulliho*
Sommet	*n.m.*	ᄭᅩᆨ닥이	꼭대기	*Kkok taki*
Sommet Montagne	*n.m.*	산봉도리[43]	산(山)봉우리	*Sane pong tori*
Son	*adj.p.*	제[44]	제	*Tjei*
Son (bruit)	*n.m.*	소릐	소리	*Sori*
Son (de blé)	*n.m.*	무거리[45]	무거리	*Moukauri*
Sonder	*v.t.*	깁고 얏튼 것 ᄌᆡ오	깊고 얕은 것 재오	*Kipe kohiate t'teune kaute tjaiho*
Songe	*n.m.*	ᄭᅮᆷ	꿈	*Kkoume*
Songer	*v.t.*	ᄭᅮᆷ구오	꿈꾸오	*Kkoume kouho*
Songer	*v.int.*	싱각ᄒᆞ오	생각하오	*Saing kak h'aho*
Sonner	*v.t.*	죵 치오	종(鐘) 치오	*Tjiong tchiho*
Sonnette	*n.f.*	방울	방울	*Pang houle*
Sonneur	*n.m.*	죵치는 사람	종(鐘)치는 사람	*Tjiong tchineune sarame*

42 원문에는 '*Pfatane*'. 표제어 'Sentence' 참고.

43 원문에는 '선봉도리'.

44 저의.

45 밀기울. 곡식 따위를 빻아 체에 걸러 가루를 만들고 남은 찌꺼기. 한불 250: 무거리 滓末 Farine qui reste dans le sas (tamis), lorsqu'on a passé la plus fine. Grumeau sec. Syn. 묵지 *Mouk-tji*.

Sonore	*adj.*	소ᄅᆡ 나오	소리 나오	*Sori naho*
Sorcier	*n.m.*	장님[46] ... 무당	장님 ... 무당	*Tjang nime .. Moutang*
Sordide	*adj*	더러온	더러운	*Taurau hone*
Sorte	*n.f.*	가지 ... 유	가지 ... 유(類)	*Katji .. Hiou*
	Deux sortes	두 가지	두 가지	*Tou katji*
Sortie	*n.f.*	나오는 곳	나오는 곳	*Na honeune kote*
Sortilège	*n.m.*	잡슐[47]	잡술(雜術)	*Tjape soul*
Sortir	*v.int.*	나가오 ... 내오	나가오 ... 내오	*Nakaho .. Naiho*
	Sortez	나가시오	나가시오	*Nakassio*
	Je sortirai maintenant	내가 지금 나가갯소	내가 지금 나가겠소	*Naika tjikeume nakakeisso*
Sot	*n.m.*	못싱긴 놈	못생긴 놈	*Mote saing kinome*
Sot	*n.m.*	어리셕소	어리석소	*Hauri saukso*
Sottise	*n.f.*	어리셕음	어리석음	*Hauri saukeume*
Sou	*n.m.*	동젼	동전(銅錢)	*Tong tjiaune*
Soubresaut	*n.m.*	놀님	놀람	*Nollaime*
Souci	*n.m.*	근심	근심	*Keune sime*
Soucieux	*adj.*	근심ᄒᆞ오	근심하오	*Keune sime h'aho*
Soucoupe	*n.f.*	잔쎄[48]	잔대(盞臺)	*Tjane ttei*
Soudainement	*adv.*	홀연이	홀연(忽然)히	*H'orirauni*
Souder	*v.t.*	붓소	붙소	*Pousso*
Souffle	*n.m.*	붊	붊	*Poulme*
Souffler	*v.int.*	부오	부오	*Pouho*
Soufflet	*n.m.*	풀무	풀무	*Pfoulmou*

46 운수를 점치는 맹인. 한불 533: 쟝님 Aveugle qui dit la bonne aventure.

47 프랑스어의 의미는 '마술', '요술'.

48 받침접시.

Souffleter	*v.t.*	ᄲᅢᆷ치오	빰치오	*Ppiame tchiho*
Souffrance	*n.f.*	ᄋᆞᆯ는 데[49]	앓는 데	*Halleune tei*
Souffrant	*adj.*	고ᄉᆡᆼᄒᆞ오	고생(苦生)하오	*Kossaing h'aho*
Souffrir	*v.int.*	고ᄉᆡᆼᄒᆞ오	고생(苦生)하오	*Kossaing h'aho*
Souffrir	*v.int.*	압흐오	아프오	*Hape h'eu ho*
Soufre	*n.m.*	황[50]	황(黃)	*H'oang*
Souhait	*n.m.*	축수[51]	축수(祝手)	*Tchiouksou*
Souhaiter	*v.t.*	축수ᄒᆞ오	축수(祝手)하오	*Tchiouksou h'aho*
Souhaiter	*v.t.*	원ᄒᆞ오	원(願)하오	*Houaune h'aho*
Soulagement	*n.m.*	시원ᄒᆞᆷ	시원함	*Sihouaune h'ame*
Soulager	*v.t.*	시원ᄒᆞ오	시원하오	*Sihouaune h'aho*
Soulèvement	*n.m.*	듧	듧	*Teulme*
Soulever	*v.t.*	드오	드오	*Teuho*
	Soulevez cela	이것 드시오	이것 드시오	*Hikaute teussio*
Soulier	*n.m.*	신	신	*Sine*
	Soulier de cuir	가죽신	가죽신	*Katjouk sine*
	Soulier de paille	집신	짚신	*Tjipe sine*
	Soulier Corde de papier	미투리[52]	미투리	*Mi t'touri*
	Mettez vos souliers	신 신으시오	신 신으시오	*Sine sineussio*
Souligner	*v.t.*	줄것소	줄긋소	*Tjioule kausso*
Souligner	*v.t.*	표ᄒᆞ오	표(表)하오	*Pfio h'aho*

49 프랑스어의 의미는 '고통', '괴로움'.

50 유황.

51 두 손바닥을 마주 대고 빔. 표제어 'Prier' 참고.

52 삼으로 삼은 신. 표제어 'Sandale' 참고.

Soumis	*adj.*	쳥명ᄒᆞ오[53]	청명(聽命)하오	*Tceieng mieng h'aho*
Soumission	*n.f.*	쳥명	청명(聽命)	*Tchieng mieng*
Soupçon	*n.m.*	의심	의심(疑心)	*Heuissime*
Soupçonner	*v.t.*	의심ᄒᆞ오	의심(疑心)하오	*Heuissime h'aho*
Soupçonneux	*adj.*	의심 만소	의심(疑心) 많소	*Heuissime manesso*
Soupe	*n.f.*	국	국	*Kouk*
Souper	*n.m.*	져녁밥 먹소	저녁밥 먹소	*Tjiauniauk pape maukso*
Soupir	*n.m.*	탄식 ... 한심	탄식(歎息) ... 한심(寒心)	*T'tane sik .. H'ane Sime*
Soupirer	*v.int.*	한심ᄒᆞ오	한심(寒心)하오	*H'ane sime h'aho*
Soupirer	*v.int.*	탄식ᄒᆞ오	탄식(歎息)하오	*T'tane sik h'aho*
Souple	*adj.*	부드럽소	부드럽소	*Pouteuraupso*
Souplesse	*n.f.*	부드러움	부드러움	*Pouteurau houme*
Source	*n.f.*	새음	샘	*Saime*
Sourcil	*n.m.*	미모 ... 눈셥	미모(眉毛) ... 눈썹	*Mimo .. Naune saupe*
Sourd	*n.m.*	귀머거리	귀머거리	*Kouimaukauri*
	Etes-vous sourd?	귀먹엇소	귀먹었소	*Kouimaukausso*
Sourd-muet	*n.m.*	귀먹은 벙어리	귀먹은 벙어리	*Kouimaukeune peng hauri*
Souricière	*n.f.*	쥐덧	쥐덫	*Tju taute*
Sourire	*v.int.*	싱글싱글 웃소	생글생글 웃소	*Sinegeule Sinegeule housso*
Souris	*n.f.*	새양쥐	생쥐	*Saing tju*
Sous	*prép.*	아래에	아래에	*Harai hei*
	Le chien est sous la table	개가 상 아래에 잇소	개가 상 아래에 있소	*Kaika sang harai hei hisso*

53 명령을 주의 깊게 듣다.

Souscription	*n.f.*	추념	추렴	*Tchou niaume*
Souscrire	*v.t.*	추념 ᄂᆡ오	추렴 내오	*Tchou niaume naiho*
Sous-Directeur	*n.m.*	부감독	부감독(副監督)	*Poukame tok*
Sous-Lieutenant	*n.m.*	참위[54]	참위(參尉)	*Tchâmoui*
Soussigné	*n.m.*	우인[55]	우인	*Hou hine*
Soussigné	*n.m.*	일홈 썻소	이름 썼소	*Hirh'ome ssausso*
Soustraction	*n.f.*	감법	감법(減法)	*Kame paupe*
Soustraire	*v.t.*	감ᄒᆞ오 ... ᄲᆡ오	감(減)하오 ... 빼오	*Kame h'aho .. Ppaiho*
Soutenir	*v.t.*	벗틔오	버티오	*Paute t'teui ho*
Souterrain	*n.m.*	ᄯᅡᆼ속길	땅속길	*Ttang sok kil*
Soutien	*n.m.*	벗틤	버팀	*Paute t'teuime*
Souvenir	*n.m.*	긔익ᄒᆞᆷ	기억(記憶)함	*Keui hauk h'ame*
Souvenir. (se)	*v.imp.*	긔억ᄒᆞ오	기억(記憶)하오	*Keui hauk h'aho*
Souvenir	*v.imp.*	아라보오	알아보오	*Harapoha*
Souvent	*adv.*	자쥬 ... 각금	자주 ... 가끔	*Tjatjiou .. Kak keume*
	Il va souvent dans le palais	제가 ᄃᆡ궐 안에 자쥬 드러가오	제가 대궐(大闕) 안에 자주 들어가오	*Tjeika taikouaul hanei tjatjiou teurau kaho*
Souventrière	*n.f.*	ᄇᆡᄃᆡᄭᅳᆫ[56]	뱃대끈	*Paitai kkeune*
Souverain	*n.m.*	님금	임금	*Hime keume*
Soyeux	*adj.*	비단이오	비단(緋緞)이오	*Pitane hiho*
Spacieux	*adj.*	ᄃᆡ단이 크오	대단히 크오	*Taitani kkeuho*
Spécial	*adj.*	특별ᄒᆞ오	특별(特別)하오	*T'teuk piaur h'aho*
Spécialement	*adv.*	별노이	별(別)로	*Piaullo hi*
Spécialement	*adv.*	특별이	특별(特別)히	*T'teuk piauri*

54 대한 제국 때에 둔 위관 계급의 하나. 부위의 아래, 특무정교의 위이다. 표제어 'Colonel', 'Commandant', 'Sergent' 참고.

55 프랑스어의 의미는 '아래에 서명한 사람', '서명자'. *'우인'의 의미를 알 수 없음.

56 마소의 안장이나 길마를 얹을 때에 배에 걸쳐서 졸라매는 줄.

Spécialité	*n.f.*	특별ᄒᆞᆷ	특별(特別)함	*T'teuk piaur h'ame*
Spécifier	*v.t.*	ᄭᅩᆨ 쟉졍ᄒᆞ오	꼭 작정(作定)하오	*Kkok tjiak tjieng h'aho*
Spécimen	*n.m.*	견양[57]	견양(見樣)	*Kiaune hiang*
Spectacle	*n.m.*	노는 곳	노는 곳	*Noneune kote*
Spectateur	*n.m.*	구경군	구경꾼	*Koukieng koune*
Spectre	*n.m.*	헛것	헛것	*H'aute kaute*
Spéculation	*n.f.*	ᄉᆡᆼ니[58]	생리(生利)	*Saing ni*
Spéculer	*v.int.*	ᄉᆡᆼ니ᄒᆞ오	생리(生利)하오	*Saing ni h'aho*
Sphère	*n.f.*	둥군 것	둥근 것	*Toung koune kaute*
Spirale	*n.f.*	용트림[59]	용(龍)틀임	*Hiong t'teu rime*
Spirituel	*adj.*	정신 죠소	정신(精神) 좋소	*Tjieng sine tjiosso*
Spirituel	*adj.*	무형ᄒᆞ오	무형(無形)하오	*Mouh'ieng h'aho*
Splendeur	*n.f.*	광ᄎᆡ	광채(光彩)	*Koang tchai*
Splendide	*adj.*	광ᄎᆡ ᄂᆞ오	광채(光彩) 나오	*Koang tchai naho*
Spoliation	*n.f.*	ᄲᆡ앗김	빼앗김	*Ppai hate kime*
Spolier	*v.t.*	ᄲᆡ앗소	빼앗소	*Ppai hasso*
Spontané	*adj.*	ᄌᆞ원ᄒᆞ오	자원(自願)하오	*Tja houaune h'aho*
Spontanément	*adv.*	ᄌᆞ원으로	자원(自願)으로	*Tja houaune heuro*
Squelette	*n.m.*	ᄲᅧᆨ닥귀	뼈다귀	*Ppiauk takoui*
Stable	*adj.*	오ᄅᆡ 잇소	오래 있소	*Horai hisso*
Stabilité	*n.f.*	오ᄅᆡᆷ[60]	오래임	*Horaime*
Stage	*n.m.*	견습	견습(見習)	*Kieune seupe*
Station	*n.f.*	머무름	머무름	*Maumoureume*

57 표본, 견본.

58 이익을 냄.

59 이리저리 비틀거나 꼬면서 움직임, 나선, 소용돌이 모양.

60 원문에는 '오립'.

Stationnaire	*adj.*	졔자리에 ᄒᆞᆼ상 잇소	제자리에 항상(恒常) 있소	*Tjiei tjari hei h'ang sang hisso*
Stationner	*v.int.*	머무르오	머무르오	*Maumoureuho*
Statuaire	*n.m.*	셕수쟁이	석수(石手)장이	*Sauksou tjaing hi*
Statue	*n.f.*	셕샹 ... 돌사람	석상(石像) ... 돌사람	*Sauksang .. Tol sarame*
Statuer	*v.t.*	뎡ᄒᆞ오	정(定)하오	*Tieng h'aho*
Statuette	*n.f.*	오공이[61]	오공(悟空)이	*Hokong hi*
Stature	*n.f.*	킈[62]	키	*Kkeui*
Steppe	*n.m.*	풀 잇는 당	풀 있는 땅	*Pfourite neune tang*
Stérile	*adj.*	슈ᄐᆡ 못ᄒᆞ오	수태(受胎) 못하오	*Sout'tai mote h'aho*
Stérilité	*n.f.*	슈ᄐᆡ 못ᄒᆞᆷ	수태(受胎) 못함	*Sout'tai mote h'ame*
Stigmate	*n.m.*	흔젹	흔적(痕跡)	*H'eune tjiauk*
Stimulation	*n.f.*	ᄌᆡ촉ᄒᆞᆷ	재촉함	*Tjai tchiok h'ame*
Stimuler	*v.t.*	ᄌᆡ촉ᄒᆞ오	재촉하오	*Tjai tchiok h'aho*
Stimuler	*v.t.*	권면ᄒᆞ오	권면(勸勉)하오	*Kouaune miaune h'aho*
Stipulation	*n.f.*	언약ᄒᆞᆷ	언약(言約)함	*Haune hiak h'ame*
Stipuler	*v.t.*	언약ᄒᆞ오	언약(言約)하오	*Haune hiak h'aho*
Store	*n.m.*	발	발	*Pale*
Strangulation	*n.f.*	목 잘늠	목 자름	*Mok tjalleume*
Stratagème	*n.m.*	흉계	흉계(凶計)	*H'ioung kiei*
Strictement	*adv.*	긴히	긴(緊)히	*Kine h'i*
Structure	*n.f.*	졔도	제도(製圖)	*Tjieito*
Studieux	*adj.*	부지런ᄒᆞ오	부지런하오	*Poutjiraune h'aho*
Stupéfaction	*n.f.*	놀남	놀람	*Nollame*

61 지붕 위에 얹는 잡상(雜像). 손오공 같다는 뜻. 프랑스어의 의미는 '소형입상(立像)'.

62 신장.

Stupéfait	*adj.*	놀나오	놀라오	*Nolla ho*
Stupeur	*n.f.*	놀님	놀람	*Nollaime*
Stupide	*adj.*	미련ᄒᆞ오	미련하오	*Miriaune h'aho*
Stupidement	*adv.*	미련ᄒᆞ게	미련하게	*Miriaune h'akei*
Stupidité	*n.f.*	미련ᄒᆞᆷ	미련함	*Miriaune h'ame*
Stylet	*n.m.*	작은 칼	작은 칼	*Tjakeune k'kal*
Suave	*adj.*	ᄃᆞ오[63]	다오	*Taho*
Subalterne	*n.m.*	하관[64]	하관(下官)	*H'akoane*[65]
Subdiviser	*v.t.*	다시 난호오	다시 나누오	*Tassinane h'oho*
Subdivision	*n.f.*	다시 난홈	다시 나눔	*Tassinane h'ame*
Subir	*v.t.*	밧소 ... 지ᄂᆡ오	받소 ... 지내오	*Passo .. Tjinaiho*
Subit	*adj.*	홀연ᄒᆞ오	홀연(忽然)하오	*H'oriaune h'aho*
Subitement	*adv.*	홀연이	홀연(忽然)히	*H'oriauni*
Subjuguer	*v.t.*	졔어ᄒᆞ오	제어(制御)하오	*Tjieihau h'aho*
Subjuguer	*v.t.*	항복 밧소	항복(降伏) 받소	*H'ang pok passo*
Sublime	*adj*	초월ᄒᆞ오	초월(超越)하오	*Tcho houaur h'aho*
Submerger	*v.t.*	물에 잠그오	물에 잠기오	*Mourei tjame keuho*
Submersion	*n.f.*	물에 잠금	물에 잠김	*Mourei tjame keume*
Subordination	*n.f.*	순종	순종(順從)	*Soune tjiong*
Subordonné	*n.m.*	손아래	손아래	*Sonarai*
Subside	*n.m.*	젼량[66]	전량(錢糧)	*Tjiaune niang*
Subsistance	*n.f.*	량싱ᄒᆞᄂᆞᆫ 것[67]	양생(養生)하는 것	*Hiang saing h'aneune kaute*

---

63 달콤한.

64 하급직원, 하급자. 원문에는 '오관'.

65 원문에는 '*Hokoane*'.

66 돈과 곡식. 프랑스어의 의미는 '후원금', '보조금'.

67 생필품, 식량.

Subsister	*v.int.*	잇소	있소	*Hisso*
Substance	*n.f.*	바탕 ... 근본	바탕 ... 근본(根本)	*Pat'tang .. Keune poune*
Substantif	*n.m.*	물명[68]	물명(物名)	*Moul mieng*
Substituer	*v.t.*	ᄃᆡ신ᄒᆞ오	대신(代身)하오	*Taissine h'aho*
Substitution	*n.f.*	ᄃᆡ신홈	대신(代身)함	*Taissine h'ame*
Subterfuge	*n.m.*	쇽일 계칙	속일 계책(計策)	*Seukil kiei tchaik*
Subtil	*adj.*	가느오	가느오	*Kaneuho*
Subtilité	*n.f.*	가늠	가늚	*Kaneume*
Subvenir	*v.int.*	도아주오	도와주오	*Toha tjouho*
Subvention	*n.f.*	도아줌	도와줌	*Toha tjoume*
Suc	*n.m.*	즙	즙(汁)	*Tjeupe*
Succéder	*v.int.*	후ᄉᆞᄒᆞ오[69]	후사(後嗣)하오	*H'oussa h'aho*
Succéder	*v.int.*	뒤잇소[70]	뒤잇소	*Tu hisso*
Succès	*n.m.*	셩ᄉᆞ	성사(成事)	*Seng sa*
Successeur	*n.m.*	후ᄉᆞ쟈	후사자(後嗣者)	*H'oussa tjia*
Successeur	*n.m.*	뒤닛는 쟈	뒤잇는 자(者)	*Tu hite neune tjia*
Successif	*adj.*	연ᄒᆞ오	연(連)하오	*Hiaune h'aho*
Succession	*n.f.*	연홈	연(連)함	*Hiaune h'ame*
Successivement	*adv.*	연힛셔	연(連)해서	*Hiaune haissau*
Succomber	*v.int.*	지오 ... 넘어지오	지오 ... 넘어지오	*Tjiho .. Naumau tjiho*
Succulent	*adj.*	맛 죠소	맛 좋소	*Mate tjiosso*
Succursale	*n.f.*	분국 ... 난흔 것	분국(分局) ... 나눈 것	*Poune kouk .. Nane h'one kaute*
Sucer	*v.t.*	싸오	빠오	*Ppa ho*

68 실사, 명사.

69 대를 잇다. 표제어 'Héréditaire' 참고.

70 대를 잇다.

Sucre	*n.m.*	사탕	사탕(沙糖)	*Sat'tang*
Sucré	*adj.*	다오	다오	*Taho*
Sucrer	*v.t.*	사탕 넛소	사탕(沙糖) 넣소	*Sat'tang nausso*
Sucrer	*v.t.*	달게 ᄒᆞ오	달게 하오	*Talkei h'aho*
Sucrerie	*n.f.*	약식	약식(藥食)	*Hiak sik*
Sucrier	*n.m.*	사탕 그릇	사탕(沙糖) 그릇	*Sat'tang keureute*
Sud	*n.m.*	남 ... 남편	남(南) ... 남편(南便)	*Name .. Name pfiaune*
	Sud Montagne	남산	남산(南山)	*Name sane*
Suer	*v.int.*	ᄯᆞᆷ나오	땀나오	*Ttame naho*
Sueur	*n.f.*	ᄯᆞᆷ	땀	*Ttame*
Suffire	*v.int.*	죡히 쓰오	족(足)히 쓰오	*Tjiok h'i sseuho*
Suffire	*v.int.*	녹녹ᄒᆞ오	넉넉하오	*Nok nok h'aho*
Suffisamment	*adv.*	죡히	족(足)히	*Tjiok h'i*
Suffisant[71]	*adj.*	죡ᄒᆞ오	족(足)하오	*Tjiok h'aho*
Suffocation	*n.f.*	숨막음	숨막음	*Soume makeume*
Suffoquer	*v.t.*	숨막소	숨막소	*Soume makso*
Suffrage	*n.m.*	천거	천거(薦擧)	*Tchiaune kau*
Suggérer	*v.t.*	지휘ᄒᆞ오	지휘(指揮)하오	*Tji h'oui h'aho*
Suggestion	*n.f.*	지휘ᄒᆞᆷ	지휘(指揮)함	*Tji h'oui h'ame*
Suicider (se)	*v.p.*	자결ᄒᆞ오	자결(自決)하오	*Tja kiaur h'aho*
Suie	*n.f.*	검잉[72] ... 그롬 ... 검졍	검댕 ... 그을음 ... 검정	*Kaumaing .. Keu rome .. Kaume tjieng*
Suif	*n.m.*	양유[73]	양유(洋油)	*Hiang hiou*
Suite	*n.f.*	연속ᄒᆞᆷ	연속(連續)함	*Hiaune sok h'ame*

71 원문에는 'Sffisant'.

72 그을음, 검정. 한불 143: 검의양 煤 Suie.

73 서양 기름. 페롱 Suif 소의 기름, 소기름. 장드르 기름, 쇼기름.

Suivant	*adj.*	연흔	연(連)한	*Hiaune h'ane*
Suivant	*prép.*	의ᄒᆞ야	의하여	*Heui h'ahia*
Suivant	*prép.*	연ᄒᆡ셔	연(連)해서	*Hiaune h'aissau*
Suivre	*v.t.*	연ᄒᆞ오 ... 좃소	연(連)하오 ... 쫓소	*Hiaune h'aho .. Tjosso*
Suivre	*v.t.*	싸르오	따르오	*Ttareuho*
Sujet	*n.m.*	ᄇᆡᆨ셩 ... 제목	백성(百姓) ... 제목(題目)	*Paikseng .. Tjeimok*
Sujet	*n.m.*	쳣ᄌᆡ 것	첫째 것	*Tchiaute tjaikaute*
Superbe	*adj.*	아리싸옵소	아리땁소	*Hari ttapso*
Supercherie	*n.f.*	간ᄉᆞ홈	간사(奸邪)함	*Kanessa h'ame*
Superficie	*n.f.*	거죽 ... 외면	거죽 ... 외면(外面)	*Kautjiouk .. Heu miaune*
Superflu	*adj.*	무익ᄒᆞ오	무익(無益)하오	*Mouhik ha'ho*
Supérieur	*n.m.*	웃 ... 웃사람	윗 ... 윗사람	*Houte .. Houssarame*
Supériorité	*n.f.*	위 것	위의 것	*Houi kaute*
Superstitieux	*adj.*	이단이오	이단(異端)이오	*Hitane hiho*
Superstition	*n.f.*	이단질	이단(異端)질	*Hitane tjil*
Suppléer	*v.t.*	더ᄒᆞ오	더하오	*Tau h'aho*
Suppléer	*v.t.*	대신ᄒᆞ오	대신(代身)하오	*Taissine h'aho*
Supplément	*n.m.*	츙수홈[74]	충수(充數)함	*Tchioung sou h'ame*
Supplémentaire	*adj.*	츙수요	충수(充數)요	*Tchioung sou hio*
Supplication	*n.f.*	상쇼	상소(上訴)	*Sang so*
Supplice	*n.m.*	형벌	형벌(刑罰)	*H'ieng paule*
Supplicié	*n.m.*	형벌 밧는 사람	형벌(刑罰) 받는 사람	*H'ieng paul pate neune sarame*
Supplier	*v.t.*	상쇼ᄒᆞ오	상소(上訴)하오	*Sang so h'aho*

74 일정한 수효를 채움.

Supplique	*n.f.*	품쳡[75]	품첩(稟牒)	*Pfoume tchiaupe*
Supplique	*n.f.*	청구서	청구서(請求書)	*Tchieng koussau*
Support	*n.m.*	벗티는 것	버티는 것	*Paute t'tineune kaute*
Supportable	*adj.*	당할 만ᄒᆞ오	당(當)할 만하오	*Tang h'al mane h'aho*
Supporter	*v.t.*	참소 ... 벗티오	참소 ... 버티오	*Tchamesso .. Paute t'tiho*
Supposer	*v.t.*	비유ᄒᆞ오	비유(比喩)하오	*Pihiou h'aho*
Supposition	*n.f.*	비유	비유(比喩)	*Pihiou*
Suppression	*n.f.*	폐지ᄒᆞᆷ	폐지(廢止)함	*Pfiei tji h'ame*
Supprimer	*v.t.*	폐지ᄒᆞ오	폐지(廢止)하오	*Pfiei tji h'aho*
Suppurer	*v.int.*	고름나오	고름나오	*Koreume naho*
Suprême	*adj.*	지극히 놉소	지극(至極)히 높소	*Tjikeuk h'i nopso*
Sur	*prép.*	위에	위에	*Houei*
	Mettez sur le feu	불 위에 노으시오	불 위에 놓으시오	*Pourouei neussio*
Sûr	*adj.*	일졍이오[76]	일정(一定)이오	*Hiltjieng hiho*
Surcharge	*n.f.*	더 줌 ... 더 ᄒᆞᆷ	더 줌 ... 더함	*Tautjoume .. Tau h'ame*
Surcharger	*v.t.*	더ᄒᆞ오 ... 더주오	더하오 ... 더 주오	*Tau h'aho .. Tau tjouho*
Surdité	*n.f.*	귀 ᄆᆡᆨ힘	귀 막힘	*Koui maik h'ime*
Sûrement	*adv.*	아쥬 ... 필경	아주 ... 필경(畢竟)	*Hatjiou .. Pfil kieng*
Surenchérir	*v.t.*	갑 올니오	값 올리오	*Kape holliho*
Sûreté	*n.f.*	안녕ᄒᆞᆷ	안녕(安寧)함	*Haniaune h'ame*
Surexcitation	*n.f.*	급히 ᄒᆞᆷ	급(急)히 함	*Keupe h'i h'ame*
Surexciter	*v.t.*	급히 ᄒᆞ오	급(急)히 하오	*Keupe h'i h'aho*

75 임금이나 상관에게 여쭈어 알리는 탄원서, 청원서.

76 확실한. 표제어 'Assurément', 'Certainement', 'Certes' 참고.

Surface	*n.f.*	면	면(面)	*Mieune*
Surfaire	*v.t.*	갑 만이 달나오	값 많이 달라오	*Kape mani tallaho*
Surgir	*v.int.*	벼란간 나오오	별안간(瞥眼間) 나오오	*Piaurane kane nahoho*
Surintendant	*n.m.*	감니ᄉᆞ[77]	감리사(監理使)	*Kameni sa*
Surlendemain	*n.m.*	글피[78]	글피	*Keulpfi*
Surmonter	*v.t.*	얼나가오	올라가오	*Haulla kaho*
Surnager	*v.t.*	물에 덧소	물에 떴소	*Mourei ttausso*
Surnaturel	*adj.*	ᄆᆡ우 괴이ᄒᆞ오	매우 괴이(怪異)하오	*Maihou keuhi h'aho*
Surnom	*n.m.*	지은 일홈	지은 이름	*Tjiheune hirh'ome*
Surnommer	*v.t.*	일홈 지소	이름 짓소	*Hirh'ome tjisso*
Surpasser	*v.t.*	초등ᄒᆞ오 ... 남소	초등(超等)하오 ... 남소	*Tchotenng h'aho .. Namesso*
Surplus	*n.m.*	남은 것	남은 것	*Nameune kaute*
Surprendre	*v.t.*	들키오 ... 놀ᄂᆡ오	들키오 ... 놀래오	*Teulk'kiho .. Nollaiho*
Surprise	*n.f.*	들킴	들킴	*Teulk'kime*
Sursaut (en)	*l.adv.*	놀나ᄭᆡ서	놀래켜서	*Nolla kkaissau*
Sursis	*n.m.*	뎡한	정한(定限)	*Tchien h'ane*
Surtaxe	*n.f.*	셰 더 ᄂᆡᆷ	세(稅) 더 냄	*Siei taunaime*
Surtout	*n.m.*	부ᄃᆡ ... 뎨일	부디 ... 제일(第一)	*Poutai .. Tiei hil*
Surveillant	*n.m.*	간역군[79]	간역(看役)꾼	*Kaniauk koune*
Surveiller	*v.t.*	보ᄉᆞᆯ피오	보살피오	*Possal pfiho*
Surveiller	*v.t.*	간역ᄒᆞ오	간역(看役)하오	*Kaniauk h'aho*

77 대한 제국 때에, 통상(通商) 사무를 맡아보던 감리서의 으뜸 벼슬.

78 그 다음 다음 날.

79 건축 공사의 감독.

Survenir	*v.int.*	우연이 만나오	우연(偶然)히 만나오	*Hou hiauni mane naho*
Survivre	*v.int.*	후에도 사오[80]	후(後)에도 사오	*H'ouhei tossaho*
Sus (en)	*l.prép.*	익외로[81]	액외(額外)로	*Haikeuro*
Susceptible	*adj.*	성닉오	성내오	*Seng naiho*
Suspect	*n.m.*	의혹홈	의혹(疑惑)함	*Heui h'ok h'ame*
Suspecter	*v.t.*	의혹ᄒᆞ오	의혹(疑惑)하오	*Heui h'ok h'aho*
Suspendre	*v.t.*	거오 ... 다오	거오 ... 다오	*Keuho .. Taho*
Suspendu	*adj.*	걸녓소	걸렸소	*Keulliausso*
Suspension	*n.f.*	달아 둠	달아 둠	*Tara toume*
Suspicion	*n.f.*	의심	의심(疑心)	*Heuissime*
Svelte	*adj.*	간으오[82]	가느오	*Kaneuho*
Syllabe	*n.f.*	합음[83]	합음(合音)	*H'ape heume*
Symbole	*n.m.*	보룸[84] ... 표	보람 ... 표(標)	*Porame .. Pfio*
Symétrie	*n.f.*	합당홈	합당(合當)함	*H'ape tang h'ame*
Sympathie	*n.f.*	연분	연분(緣分)	*Hiaune poune*
Symptôme	*n.m.*	징셰	증세(症勢)	*Tjinegue siei*
Synonyme	*n.m.*	ᄀᆞᆺ흔 말	같은 말	*Kate h'ane mal*
Syphilis	*n.f.*	당장[85]	당창(唐瘡)	*Tang tjang*
Système	*n.m.*	쟝정[86]	장정(章程)	*Tjiang tjieng*

80 살아남다.
81 게다가, 별도로.
82 가는, 날씬한.
83 음절.
84 표적. 표제어 'Etiquette' 참고.
85 매독(梅毒). 한불 459: 당창 唐瘡 Syphilis.
86 여러 조목으로 나누어진 규정, 세칙,

T.t

Ta	*adj.p.*	네	네	*Nei*
Tabac	*n.m.*	담ᄇᆡ	담배	*Tame pai*
Tabatière	*n.f.*	담ᄇᆡ쌈지	담배쌈지	*Tamepai ssame tji*
Table	*n.f.*	상	상(床)	*Sang*
	Table (petite)	소반	소반(小盤)	*Sopane*
	Mettez sur la table	상에 노으시오	상(床)에 놓으시오	*Sang hei neussio*
Table (Index)	*n.f.*	목녹	목록(目錄)	*Moknok*
Tableau	*n.m.*	칠판	칠판(漆板)	*Tchil pfane*
Tablier	*n.m.*	힝주치마	행주치마	*H'aing tjou tchima*
Tabouret	*n.m.*	걸상	걸상(床)	*Kaulsang*
Tache	*n.f.*	드럼	더러움	*Teuraume*
Tâche	*n.f.*	일과	일과(日課)	*Hile koa*
Tacher	*v.t.*	드럼 뭇소	더러움 묻소	*Teuraume mousso*
Tacheter	*v.t.*	졈 ᄇᆡᆨ엿소	점(點) 박혔소	*Tjiaume paikiausso*
Taciturne	*adj.*	조와하지 안소	좋아하지 않소	*Tjohoa h'atji hanesso*

Tact	*n.m.*	지각	지각(知覺)	*Tjikaik*
Tactique	*n.f.*	병법	병법(兵法)	*Pieng paupe*
Tael	*n.m.*	은 ᄒᆞᆫ 냥[1]	은(銀) 한 냥(兩)	*Heune h'ane niang*
Taille	*n.f.*	키[2]	키	*K'ki*
Tailler	*v.t.*	비오	베오	*Piho*
Tailleur	*n.m.*	바누질징이	바느질장이	*Panoutjil tjaing hi*
Tailleuse	*n.f.*	친모[3]	침모(針母)	*Tchinemo*
Taillis	*n.m.*	떨기 ... 덤풀	떨기 ... 덤불	*Ttaulki .. Taume pfoul*
Taire (se)	*v.p.*	말 아니ᄒᆞ오	말 아니하오	*Marani h'aho*
	Taisez-vous	말 마시오	말 마시오	*Mal massio*
	Taisez-vous	듯기 실소	듣기 싫소	*Teute ki silso*
Talent	*n.m.*	큰 지죠	큰 재주	*K'keune tjai tjiou*
Talon	*n.m.*	발꿈치	발꿈치	*Palkoume tchi*
Tambour	*n.m.*	북	북	*Pouk*
Tamis	*n.m.*	톄	체	*Tchiei*
Tamiser	*v.t.*	톄질ᄒᆞ오	체질하오	*Tchiei tjil h'aho*
Tamisier	*n.m.*	톄 쟝슈	체 장수	*Tchiei tjiang sou*
Tam-tam	*n.m.*	목닥 ... 졔금[4]	목탁(木鐸) ... 제금(提琴)	*Mok tak .. Tjiei keume*
Tandis que	*l.conj.*	쪄에 ... 동안에	적에 ... 동안에	*Tjiaukei .. Tong hanei*
Tangage	*n.m.*	둥싯둥싯ᄒᆞᆷ[5]	둥싯둥싯함	*Toung site toung site h'ame*
Tanière	*n.f.*	구멍	구멍	*Koumeng*

1 테일, 평량(平兩). 은 36그램에 해당하는 옛 중국의 화폐단위.

2 신장.

3 남의 집에 매여 바느질을 하고 품삯을 받는 여자. 프랑스어의 의미는 '여자 재봉사'. 한불 601: 침모 針母 couturière.

4 중국 현악기의 하나. 프랑스어의 의미는 '북', '징'. 한불 176: 꽹과리 鉦 Petit tam-tam. Cymbale des bonzes; 한불 556: 증 錚 Tambour, grand tam-tam; 한불 537: 징 錚 Cymbales, tam-tam.

5 굼뜨고 거추장스럽게 잇따라 움직이다.

Tanner	*v.t.*	가죽 다르오	가죽 다루오	*Katjiouk tareuho*
Tant	*adv.*	마니	많이	*Mani*
Tante	*n.f.*	고모	고모(姑母)	*Komo*
Tantôt	*adv.*	낫 후에	낮 후(後)에	*Nate h'ou hei*
Taon	*n.m.*	등아[6]	등에	*Teung ha*
Tapage	*n.m.*	헌화	훤화(喧譁)	*H'aune h'oa*
Tapageur	*n.m.*	확쟈[7]	왁자	*H'oak tjia*
Tape	*n.f.*	침	침	*Tchime*
Taper	*v.t.*	치오	치오	*Tchi ho*
Tapis	*n.m.*	보료[8] ... 요 ... 방셕	보료 ... 요 ... 방석(方席)	*Porio .. Hio .. Pang sauk*
Tapisser	*v.t.*	도ᄇᆡᄒᆞ오	도배(塗褙)하오	*Topai h'aho*
	Tapissez partout	모두 도ᄇᆡᄒᆞ시오	모두 도배(塗褙)하시오	*Motoutopai h'assio*
Tapisserie	*n.f.*	도ᄇᆡ	도배(塗褙)	*Topai*
Taquiner	*v.t.*	그롭게 ᄒᆞ오	괴롭게 하오	*Keurope kei h'aho*
Tard	*adv.*	늣게 ... 늣소	늦게 ... 늦소	*Neute kei .. Neusso*
	Vous venez trop tard	ᄆᆡ우 늣게 오시오	매우 늦게 오시오	*Maihou neute kei hossio*
Tarder	*v.int.*	지ᄎᆡᄒᆞ오	지체(遲滯)하오	*Tjitchai h'aho*
Tarder	*v.int.*	더ᄃᆡ오	더디오	*Tautai ho*
Targette	*n.f.*	문빗쟝	문(門)빗장	*Moune pite tjiang*
Tarif	*n.m.*	치부ᄎᆡᆨ[9]	치부책(置簿冊)	*Tchipou tchaik*
Tarir	*v.t.*	다 업서지오	다 없어지오	*Ta haupsau tjiho*

6 등엣과의 곤충. [한불] 478: 등에 虻 Taon, taon des boeufs.

7 떠들석한 모양. [한불] 48: 왁쟈 諠譁 Tapageur.

8 솜을 넣어 만든 두툼한 요.

9 돈이나 물건이 드나드는 것을 적은 책. 표제어 'Carnet', 'Registre' 참고. [한불] 603: 치부ᄒᆞ다 置符 Registre; facture, mémoire de marchand. [라틴어-옛한글] Rationarium 치부ᄎᆡᆨ, 문셔ᄎᆡᆨ.

Tarir	*v.t.*	말느오	마르오	*Malleuho*
Tas	*n.m.*	무데기	무더기	*Mouteiki*
Tasse	*n.f.*	차죵[10]	찻종(鍾)	*Tcha tjiong*
Tasser	*v.t.*	싸 놋소	쌓아 놓소	*Ssanosso*
Tâter	*v.t.*	진믹ᄒᆞ오	진맥(診脈)하오	*Tjine maik h'aho*
Tâtonner	*v.int.*	더듬소	더듬소	*Tauteume so*
Tâtons (à)	*l.adv.*	더듬어	더듬어	*Tauteumau*
Taupe	*n.f.*	두더지	두더지	*Toutau tju*
Taureau	*n.m.*	쇼[11]	소	*So*
Taux	*n.m.*	변이	변리(邊利)	*Piaulli*
Taxe	*n.f.*	슈셰	수세(收稅)	*Soussiei*
Taxer	*v.t.*	셰 뎡ᄒᆞ오	세(稅) 정하오	*Sieitieng h'aho*
Teindre	*v.t.*	물드리오	물들이오	*Moulteuriho*
Teindre	*v.t.*	염식ᄒᆞ오	염색(染色)하오	*Hiaume saik h'aho*
Teinture	*n.f.*	염식	염색(染色)	*Hiaume saik*
Teinturerie	*n.f.*	염식ᄒᆞ는 집	염색(染色)하는 집	*Hiaume saik h'aneune tjipe*
Teinturier	*n.m.*	염식장이	염색(染色)장이	*Hiaume saik tjaing hi*
Tel	*adj.*	아모	아무	*Hamo*
Télégramme	*n.m.*	뎐보[12]	전보(電報)	*Tiaune po*
Télégraphe	*n.m.*	뎐보국	전보국(電報局)	*Tiaune po kouk*
	Portez cela au télégraphe coréen	이것슬 됴션 뎐보국에 가져가시오	이것을 조선(朝鮮) 전보국(電報局)에 가져가시오	*Hikausseul tiossaune tiaune pokoukei katjiau kassio*
Télégraphier	*v.t.*	뎐보ᄒᆞ오	전보(電報)하오	*Tiaune po h'aho*

10 찻종지, 찻잔.

11 牛.

12 원문에는 '텬보'.

Téléphone	*n.m.*	젼어ᄀᆡ	전화기(電話機)	*Tjiaullau keui*
Téléphone	*n.m.*	젼어통	전화통(電話筒)	*Tjiaullau t'tong*
Tellement	*adv.*	심이	심(甚)히	*Simi*
Téméraire	*adj.*	담ᄃᆡᄒᆞ오	담대(膽大)하오	*Tame tai h'aho*
Témérité	*n.f.*	담ᄃᆡᄒᆞᆷ	담대(膽大)함	*Tame tai h'ame*
Témoignage	*n.m.*	목도ᄒᆞᆷ	목도(目睹)함	*Mokto h'ame*
Témoigner	*v.t.*	목도ᄒᆞ오	목도(目睹)하오	*Mokto h'aho*
Témoigner	*v.t.*	증거ᄒᆞ오	증거(證據)하오	*Tjeung kau h'aho*
Témoin	*n.m.*	목도ᄒᆞ는 사람	목도(目睹)하는 사람	*Mokto h'aneune sarame*
Tempe	*n.f.*	관쟌노리	관자(貫子)놀이	*Koane tjiane nori*
Tempérament	*n.m.*	몸ᄀᆡ운[13]	몸기운(氣運)	*Mome keui houne*
Tempérance	*n.f.*	규모	규모(規模)	*Kioumo*
Tempérance	*n.f.*	존졀ᄒᆞᆷ[14]	존절(撙節)함	*Tjone tjiaur h'ame*
Température	*n.f.*	텬ᄀᆡ	천기(天氣)	*T'tiaune keui*
Tempéré	*adj.*	차도 덥도 안소	차지도 덥지도 않소	*Tchato taupe to hanesso*
Tempête	*n.f.*	큰 바람	큰 바람	*K'keune parame*
Temple	*n.m.*	졀	절	*Tjiaule*
Temporairement	*adv.*	잠시	잠시(暫時)	*Tjamessi*
Temporel	*adj.*	잠시오	잠시(暫時)오	*Tjamessi hio*
Temps	*n.m.*	일ᄀᆡ ... ᄣᆡ	일기(日氣) ... 때	*Hilkeui .. Ttai*
Temps	*n.m.*	졀시	절시(節時)	*Tjiaulsi*
	Il fait beau temps	일ᄀᆡ가 조소	일기(日氣)가 좋소	*Hilkeuika tiosso*

13 체질.

14 절약하다, 절제하다. 표제어 'Parcimonie' 참고. 한불 571: 존졀ᄒᆞ다 遵節 Tempérant, frugal.

	Il fait Mauvais temps.	일긔가 됴치 안소	일기(日氣)가 좋지 않소	*Hilkeuika tio tchi haneso*
Tenace	*adj.*	고집 세오	고집(固執) 세오	*Kotjipe seiho*
Tenacité	*n.f.*	고집	고집(固執)	*Kotjipe*
Tenaille	*n.f.*	직게	집게	*Tjikei*
Tendre	*adj.*	연ᄒᆞ오	연(軟)하오	*Hiaune h'aho*
Tendre	*adj.*	무르오	무르오	*Moureuho*
Tendrement	*adv.*	연ᄒᆞ게	연(軟)하게	*Hiaune h'akei*
Tendresse	*n.f.*	ᄋᆡ졍	애정(愛情)	*Hai tjieng*
Ténèbres	*n.f.pl.*	어두옴	어두움	*Hautou home*
Ténébreux	*adj.*	캄캄ᄒᆞᆫ	캄캄한	*K'kame k'kame h'ane*
Tenir	*v.t.*	붓잡소	붙잡소	*Poute tjapso*
Tension	*n.f.*	켱김[15]	켕김	*K'kieng kime*
Tentation	*n.f.*	쇠임	꾐	*Kkeu hime*
Tentative	*n.f.*	시험	시험(試驗)	*Si h'aume*
Tente	*n.f.*	군막	군막(軍幕)	*Koune make*
Tenter	*v.t.*	쇠이오	꾀오	*Kkeu hiho*
Tenue	*n.f.*	법	법(法)	*Paupe*
Tergiversation	*n.f.*	밀움	미룸	*Mirhoume*
Tergiverser	*v.int.*	밀우오	미루오	*Mirhouho*
Terme	*n.m.*	한 ... 한졍	한(限) ... 한정(限定)	*H'ane .. H'ane tjieng*
Terminer	*v.t.*	맛치오	마치오	*Mate tchiho*
Terminer	*v.t.*	씃치오	끝이오	*Kkeute tchiho*
Ternir	*v.t.*	물나오	물나오	*Moule naho*
Terrain	*n.m.*	터	터	*T'tau*

15 단단하고 팽팽하게 됨.

Terreau	*n.m.*	거문 흙	검은 흙	*Kaumeoune h'eulk*
Terreur	*n.f.*	놀남 ... 무서워홈	놀람 ... 무서워함	*Nollame .. Moussau houau h'ame*
Terreux	*adj.*	흙으로 힛소	흙으로 했소	*H'eulkeuro h'aisso*
Terrible	*adj.*	사납소	사납소	*Sanapso*
Terrible	*adj.*	무서온	무서운	*Moussau hone*
Terriblement	*adv.*	사납게	사납게	*Sanape kei*
Terrifier	*v.t*	사납게 ᄒᆞ오	사납게 하오	*Sanape kei h'aho*
Terrine	*n.f.*	그룻	그릇	*Keureute*
Territoire	*n.m.*	ᄒᆞᆫ 고을 지경	한 고을 지경(地境)	*H'ane koheul tji kieng*
Testament	*n.m.*	유언	유언(遺言)	*Hiou haune*
Têtard	*n.m.*	올창이	올챙이	*Hol tchang hi*
Tête	*n.f.*	머리	머리	*Mauri*
Tête	*n.f.*	정븨이[16]	정배기	*Tjieng paiki*
	sommet de la J'ai mal à la tête	내가 머리를 알소	내가 머리를 앓소	*Naika maurireul halso*
Téter	*v.t.*	젓 싸오	젓 빠오	*Tjiaute ppaho*
Téton	*n.m.*	젓통	젖통	*Tjiaute tt'ong*
Têtu	*adj.*	고집 셰오	고집(固執) 세오	*Kotjipe seiho*
Texte	*n.m.*	본문	본문(本文)	*Pone moune*
Textile	*adj.*	짠 ... 겨른 것[17]	짠 ... 겨른 것	*Tjane .. Kiaureune kaute*
Textuellement	*adv.*	본문으로	본문(本文)으로	*Pone mouneuro*
Thé	*n.m.*	차	차	*Tcha*
Théâtre	*n.m.*	탈 놀니는 곳	탈 놀리는 곳	*T'tal nolline kote*

16 정수리. 한불 549: 정븨이 白虎穴 Dessus de la tête.

17 짠 것.

Théière	*n.f.*	차 그릇	차 그릇	*Tcha keureute*
Théière	*n.f.*	차관[18]	차관(罐)	*Tcha koane*
Thème	*n.m.*	제목 ... 글뎨	제목(題目) ... 글제(題)	*Tjiei mok .. Keul tiei*
Théorie	*n.f.*	가르치는 문셔	가르치는 문서(文書)	*Kareutchineune Moune sau*
Thermomètre	*n.m.*	한셔표[19]	한서표(寒暑表)	*H'ane saupfio*
Thésauriser	*v.int.*	직물 모두오	재물(財物) 모으오	*Tjaimoul motouho*
Thèse	*n.f.*	뎨목	제목(題目)	*Tiei moke*
Thorax	*n.m.*	가삼	가슴	*Kassame*
Tiare	*n.f.*	면류관	면류관(冕旒冠)	*Miaulliou koane*
Tibia	*n.m.*	경골 ... 뎡강이	경골(脛骨) ... 정강이	*Kieng kol .. Tieng kang hi*
Tiède	*adj.*	온화ᄒᆞ오	온화(溫和)하오	*Hone h'oa h'aho*
	Donnez-moi de l'eau tiède	미지근한 물 주시오	미지근한 물 주시오	*Mitjikeune h'ane moul tjioussio*
Tien (le)	*p.po.*	네 것	네 것	*Nei kaute*
Tiers	*n.m.*	삼분에 일	삼분(三分)의 일(一)	*Same pounei hil*
Tige	*n.f.*	쥴거리	줄거리	*Tjioule kauri*
Tigre	*n.m.*	호랑이	호랑(虎狼)이	*H'orang hi*
Tigre	*n.m.*	칙범[20]	칡범	*Tchik paume*
Tigresse	*n.f.*	암칙범	암칡범	*Hame tchik paume*
Tilleul	*n.m.*	피나무[21]	피나무	*Pfi namou*
Timbale	*n.f.*	은쟌[22]	은잔(銀盞)	*Heune tjiane*

18 차 끓이는 그릇, 다기(茶器).

19 한란계, 온도계.

20 몸에 칡덩굴 같은 무늬가 있는 범.

21 프랑스어의 의미는 '보리수', '피나무', '참나무'.

22 프랑스어의 의미는 '(굽 없는) 금속 잔'.

Timbre-poste	*n.m.*	우표	우표(郵票)	*Hou pfio*
Timbrer	*v.t.*	우표 붓치오	우표(郵票) 붙이오	*Hou pfio poute tchiho*
Timide	*adj.*	겁 만으오	겁(怯) 많으오	*Kaupe maneuho*
Timide	*adj.*	쥬즙어ᄒᆞ오	수줍어하오	*Tjiou tjioupau h'aho*
Timidement	*adv.*	쥬즙어ᄒᆞ면셔	수줍어하면서	*Tjiou tjioupau h'amiaune sau*
Timidité	*n.f.*	쥬즙어ᄒᆞᆷ ... 겁	수줍어함 ... 겁(怯)	*Tjiou tjioupau h'ame .. Kaupe*
Tinter	*v.t.*	쳔쳔이 종치오	천천히 종(鐘)치오	*Tchiaune tehiauni tjong tchiho*
Tir	*n.m.*	춍 놈[23]	총(銃) 놓음	*Tehiong nome*
Tir-bouchon	*n.m.*	병마개 ᄲᆡ능 것	병마개 빼는 것	*Pieng makai ppai neune kaute*
Tirer	*v.t.*	ᄭᅳ오	끄오	*Kkeuho*
Tirer	*v.t.*	춍 놋소	총(銃) 놓소	*Tchiong nosso*
Tireur	*n.m.*	춍 놋는 사람	총(銃) 놓는 사람	*Tchiong note neune sarame*
Tiroir	*n.m.*	셔랍	서랍	*Saurape*
Tisane	*n.f.*	탕약	탕약(湯藥)	*T'tang hiak*
Tison	*n.m.*	불덩어리[24]	불덩어리	*Poulteng hauri*
Tisser	*v.t.*	짜오	짜오	*Ttja ho*
Tisseur	*n.m.*	짜는 사람	짜는 사람	*Ttjaneune sarame*
Titre	*n.m.*	졔목 ... 직함	제목(題目) ... 직함(職銜)	*Tjiei mok .. Tjik h'ame*
Tituber	*v.int.*	비들거리오	비틀거리오	*Piteul kauriho*
Titulaire	*n.m.*	직 한는 사람[25]	직(職) 하는 사람	*Tjik h'aneune sarame*

23 사격, 발포.

24 프랑스어의 의미는 '깜부기불'.

25 직함을 가진 사람.

Toast	*n.m.*	공경하는 ᄉᆞᆯ[26]	공경(恭敬)하는 술	*Kong kieng h'aneune soul*
Toi	*p.p.*	네[27]	네	*Nei*
Toile	*n.f.*	필[28]	필(疋)	*Pfile*
Toile D'araignée	*n.f.*	거믜줄	거미줄	*Kaumeui tjoule*
Toiser	*v.t.*	ᄌᆡ보오	재보오	*Tjai poho*
Toison	*n.f.*	양의 털	양(羊)의 털	*Hiang heui t'taul*
Toit	*n.m.*	집웅	지붕	*Tjipoung*
Tôle	*n.f.*	ᄉᆡᆼ쳘[29]	생철(鐵)	*Saing tchiaule*
Tolérable	*adj.*	견딜 만ᄒᆞ오	견딜 만하오	*Kiaune tail mane h'aho*
Tolérance	*n.f.*	ᄎᆞᆷ을셩	참을성(性)	*Tchameul seng*
Tolérer	*v.t.*	ᄎᆞᆷ소	참소	*Tchamesso*
Tomate	*n.f.*	일년감[30]	일년(一年)감	*Hilliaune kame*
Tombe	*n.f.*	무덤	무덤	*Moutaume*
Tombe Royal	*n.f.*	능	능(陵)	*Neung*
Tomber	*v.int.*	넘어지오	넘어지오	*Naumau tjiho*
Tomber	*v.int.*	ᄯᅥ러지오	떨어지오	*Ttaurautjiho*
	Tomber en avant	엎드러지오	엎드러지오	*Haupteurautjiho*
	Tomber en arrière	잡ᄡᅡ지오	자빠지오	*Tjappautjiho*
	Saissez tomber	ᄯᅥ러트리시오	떨어뜨리시오	*Ttaurau tteurissio*
Ton	*n.m.*	목소ᄅᆡ	목소리	*Moksorai*

26 축배, 건배.

27 너의.

28 말아 놓은 피륙을 세는 단위.

29 안팎에 주석을 입힌 얇은 철판.

30 가짓과의 한해살이풀. 프랑스어의 의미는 '토마토'. [장드르] Tomate 일년감.

Ton	*adj.po.*	네[31]	네	*Nei*
Tonneau	*n.m.*	통	통(桶)	*T'tong*
Tonnelier	*n.m.*	통쟁이[32]	통(桶)장이	*T'tong tjaing hi*
Tonner	*v.imp.*	쳔동ᄒᆞ오[33]	천둥하오	*Tchiaune tong h'aho*
Tonnerre	*n.m.*	쳔동	천둥	*Tchiaune tong*
Torche	*n.f.*	홰불 ... ᄭᅪ애	횃불 ... 홰	*H'oaipoul .. Kkoai*
Torchon	*n.m.*	걸네	걸레	*Kaullai*
Tordre	*v.t.*	휘오 ... 짜오	휘오 ... 짜오	*H'oui ho .. Ttjaho*
Torrent	*n.m.*	시우[34] ... 신닉	시위 ... 시내	*Sihou .. Sinnai*
Torrent	*n.m.*	ᄯᅩ랑	도랑	*Ttorang*
Tort	*n.m.*	그른 것	그른 것	*Keureune kaute*
	Il a tort	제가 그르오	제가 그르오	*Tjeika keureuho*
Tortue	*n.f.*	자라[35]	자라	*Tjara*
Torture	*n.f.*	형벌	형벌(刑罰)	*H'ieng paul*
Torturer	*v.t.*	형벌ᄒᆞ오	형벌(刑罰)하오	*H'ieng paul h'aho*
Tôt	*adv.*	일느오	이르오	*Hilleuho*
	Trop tôt	너무 일느오	너무 이르오	*Naumou hilleuho*
	C'est un peu tôt	조곰 일느오	조금 이르오	*Tjokome hilleuho*
Total	*n.m.*	도합	도합(都合)	*To h'ape*
Totalement	*adv.*	도합헤서	도합(都合)해서	*To h'ape h'eissau*
Totalité	*n.f.*	도합 ... 뎐수	도합(都合) ... 전수(全數)	*To h'ape .. Tiaune sou*
Toucher	*v.t.*	만지오	만지오	*Mane tjiho*

31 너의.
32 통 제조공.
33 천둥치다.
34 홍수. 표제어 'Inondation' 참고.
35 鱉. 자랏과의 동물.

Toujours	*adv.*	항상	항상(恒常)	*H'ang sang*
	Faites toujours comme cela	이러케 항상 ᄒᆞ시오	이렇게 항상(恒常) 하시오	*Hirauk'kei h'ang sang h'assio*
Tour	*n.m.*	쏙닥기	꼭대기	*Kkok taki*
Tour	*n.m.*	망ᄃᆡ	망대(望臺)	*Mang tai*
Tour	*n.f.*	보탑[36]	보탑(寶塔)	*Po t'tape*
Tourbillon	*n.m.*	회리바람	회리바람	*H'euri parame*
Tourment	*n.m.*	됴치 못한 마음	좋지 못한 마음	*Tiotchi mote h'ane maheume*
Tourmenter	*v.t.*	됴치 안어 ᄒᆞ오	좋지 않아 하오	*Tiotchi hanau h'aho*
Tournant	*adj.*	두루는	두르는	*Tourouneune*
Tourner	*v.t.*	두루오	두르오	*Tourouho*
Tournesol	*n.m.*	ᄒᆡᄇᆞ라기 쏫	해바라기 꽃	*H'aiparaki kkote*
Tourterelle	*n.f.*	산비듥이	산비둘기	*Same piteulki*
Tousser	*v.int.*	기침ᄒᆞ오	기침하오	*Kitchime h'aho*
Tout	*adv.*	온젼이	온전(穩全)히	*Hone tjiauni*
Tout	*adv.*	모든	모든	*Moteune*
	Point du tout	그러잔소	그렇잖소	*Keurau tchanesso*
	Tous les hommes doivent venir demain	모든 사람들이 내일 오는 것시 마당ᄒᆞ오	모든 사람들이 내일(來日) 오는 것이 마땅하오	*Moteune sarameteuri[37] naihil honeune kaussi matang h'aho*
	Tout-à-coup	벼란간에	별안간(瞥眼間)에	*Paurane kanei*
	Tout-à-fait	모도	모두	*Moto*
	Tout-à-l'heure	아짜	아까	*Hakka (Passé)*
	Tout-à-l'heure	잇다가	이따가	*Hittaka (Futur)*

36 귀한 탑, 절의 탑. 표제어 'Citadelle' 참고.

37 원문에는 '*sarame*'.

	J'irai tout à l'heure	잇다가 내가 가겟소	이따가 내가 가겠소	*Hittaka naika kakeisso*
	Je suis venu tout à l'heure	아ᄶᅡ 내가 오셧소	아까 내가 오셨소	*Hakka naika hossousso*
	Tout de suite	곳 ... 즉시	곧 ... 즉시(卽時)	*Kote .. Tjeuksi*
	Faites cela tout de suite	이것슬 곳 ᄒᆞ시오	이것을 곧 하시오	*Hikausseul kote h'assio*
Toutefois	*adv.*	마는[38]	마는	*Maneune*
Toux	*n.f.*	기침	기침	*Kitchime*
Trac	*n.m.*	혼 ᄲᅡ짐	혼(魂) 빠짐	*H'one ppatjime*
Trace	*n.f.*	죵젹	종적(蹤跡)	*Tjiong tjiauk*
Tracer	*v.t.*	쥴것소	줄긋소	*Tjioul kausso*
Tracer	*v.t.*	그리오	그리오	*Keuriho*
Tradition	*n.f.*	쥼[39]	줌	*Tjoume*
Traducteur	*n.m.*	번역관[40]	번역관(飜譯官)	*Pauniauk koane*
Traduction	*n.f.*	번역	번역(飜譯)	*Pauniauk*
Traduire	*v.t.*	번역ᄒᆞ오	번역(飜譯)하오	*Pauniauk h'aho*
Trafic	*n.m.*	ᄆᆡᄆᆡᄒᆞᆷ	매매(賣買)함	*Mai mai h'ame*
Trafiquer	*v.int.*	ᄆᆡᄆᆡᄒᆞ오	매매(賣買)하오	*Mai mai h'aho*
Trahir	*v.t.*	고변ᄒᆞ오[41]	고변(告變)하오	*Kopiane h'aho*
Trahison	*n.f.*	고변	고변(告變)	*Kopiaune*
Train	*n.m.*	화륜거[42]	화륜거(火輪車)	*H'oarioune kau*
Traineau	*n.m.*	어름수레[43]	얼음수레	*Haureume sourei*
Traîner	*v.t.*	ᄭᅳ오	끄오	*Kkeuho*

38 그럼에도 불구하고, 그러나. 종결 어미에 붙어 의문 등의 상황을 나타내는 보조사.

39 전해 줌.

40 원문에는 '번녁관'.

41 고소하다, 고발하다. 한불 고변ᄒᆞ다 告變 Trahir les partisans en les dénonçant.

42 기차.

43 썰매.

Traire	*v.t.*	젓 짜오	젖 짜오	*Tjiaute ttjaho*
Trait	*n.m.*	화살	화살	*H'oassal*
Trait	*n.m.*	쥴	줄	*Tjioule*
Traité	*n.m.*	약죠	약조(約條)	*Hiak tjio*
Traitement	*n.m.*	봉급 ... 션듸[44]	봉급(俸給) ... 선대(善待)	*Pong keupe .. Saune tai*
Traître	*n.m.*	고변훈 사람[45]	고변(告變)한 사람	*Kopiaune h'ane sarame*
Tramway	*n.m.*	쳘노	철로(鐵路)	*Tchiaullo*
Tranchant	*adj.*	칼날	칼날	*K'kallale*
Tranche	*n.f.*	죠각	조각	*Tjio kak*
Trancher	*v.t.*	비오 ... 죠각닉오	베오 ... 조각내오	*Piho .. Tjiokak naiho*
Tranquille	*adj.*	고요훈오	고요하오	*Kohio h'aho*
Tranquilliser	*v.t.*	고요훈오	고요하오	*Kohio h'aho*
Tranquillité	*n.f.*	고요홈	고요함	*Kohio h'ame*
Transaction	*n.f.*	의논	의논(議論)	*Heui none*
Transcrire	*v.t.*	볘기오	베끼오	*Piei kiho*
Transformation	*n.f.*	번형[46]	변형(變形)	*Piaune h'ieng*
Transformer	*v.t.*	변훈오[47]	변(變)하오	*Piaune h'aho*
Transiger	*v.int.*	결뎡훈오	결정(決定)하오	*Kiaultieng h'aho*
Transition	*n.f.*	결뎡	결정(決定)	*Kiaultieng*
Transmettre	*v.t.*	뎐훈오	전(傳)하오	*Tiaune h'aho*
Transmission	*n.f.*	뎐홈	전(傳)함	*Tiaune h'ame*
Transparence	*n.f.*	말숙홈	말쑥함	*Mal souk h'ame*

44 친절하게 대접함, 대우함.
45 표제어 'Trahir' 참고.
46 원문에는 '번형'.
47 원문에는 '변후어'.

Transparence	*n.f.*	빗침 ... 환함	비침 ... 환함	*Pite tchime .. H'oane h'ame*
Transparent	*adj.*	말숙ᄒᆞ오	말쑥하오	*Mal souk h'aho*
Transpercer	*v.t.*	둘소	뚫소	*Toulso*
Transpiration	*n.f.*	ᄯᆞᆷ	땀	*Ttame*
Transpirer	*v.int.*	ᄯᆞᆷ 흘니오	땀 흘리오	*Ttame h'eulliho*
Transplantation	*n.f.*	옴겨 심음	옮겨 심음	*Home kiau simeume*
Transplanter	*v.t.*	옴겨 심으오	옮겨 심으오	*Home kiau simeume*
Transport	*n.m.*	실어옴	실어옴	*Sirau home*
Transportation	*n.f.*	옴김	옮김	*Home kime*
Transporter	*v.t.*	슈운ᄒᆞ오[48]	슈운하오	*Sou[49] houne h'aho*
Trappe	*n.f.*	덧 ... 벼락덧	덫 ... 벼락덫	*Taute .. Piaurak taute*
Travail	*n.m.*	공부	공부(工夫)	*Kong pou*
Travail (manuel)	*n.m.*	일	일	*Hil*
Travailler	*v.int.*	공부ᄒᆞ오	공부(工夫)하오	*Kong pou h'aho*
Travailler	*v.int.*	일ᄒᆞ오	일하오	*Hir h'aho*
	Pourquoi ne travaillez-vous pas?	웨 일 아니 ᄒᆞ시오	왜 일 아니 하시오	*Houei hil hani h'assio*
Travailleur	*n.m.*	일군	일꾼	*Hil koune*
	Travaux forcés	징력	징역(懲役)	*Tjiniauk*
Travers (à)	*l.prép.*	가로 ... 가온ᄃᆡ로	가로 ... 가운데로	*Karo .. Kahone tairo*
Traverse	*n.f.*	건너감	건너감	*Kaunau kame*
Traverser	*v.t.*	건너가오	건너가오	*Kaunau kaho*
Trébucher	*v.int.*	빗둑ᄒᆞ오[50]	비뚝하오	*Pite touk h'aho*

48 수송, 운송하다. 한불 439: 슈운ᄒᆞ다 輸運 Transporter. 원문에는 '유운ᄒᆞ오'.

49 원문에는 '*Hiou*'.

50 비틀거리다, 흔들거리며 걷다. 페롱 빗둑ᄒᆞ다. 장드르 빗둑ᄒᆞ다.

Tremblant	*adj.*	ᄯᅥᆯ니오	떨리오	*Ttaulli ho*
Tremblement	*n.m.*	ᄯᅥᆯ님 ... 지진	떨림 ... 지진(地震)	*Ttaullime .. Tjitjine*
Tremblement De terre	*n.m.*	지동	지동(地動)	*Tjitong*
Trembler	*v.int.*	ᄯᅥᆯ니오	떨리오	*Ttaulli ho*
Tremper	*v.t.*	졋소	젖소	*Tjiausso*
Trépidation	*n.f.*	흔들님	흔들림	*H'eune teullime*
Très	*adv.*	ᄆᆡ우	매우	*Maihou*
	Très-cher	ᄆᆡ우 비싸오	매우 비싸오	*Maihou pissaho*
	C'est très-loin	ᄆᆡ우 머오	매우 머오	*Maihou meuho*
Trésor	*n.m.*	보ᄇᆡ	보배	*Popai*
Trésor royal	*n.m.*	은고	은고(銀庫)	*Heune ko*
Trésorier	*n.m.*	과쟝	과장(課長)	*Koa tjiang*
Trésorier	*n.m.*	출납	출납(出納)	*Tchoullape*
Tressaillir	*v.int.*	놀ᄂᆡ오	놀래오	*Nollai ho*
Tresse	*n.f.*	ᄭᅩᆫ 것	꼰 것	*Kkone kaute*
Tresser	*v.t.*	ᄭᅩ오	꼬오	*Kko ho*
Treuil	*n.m.*	닷쥴 감는 물네	닻줄 감는 물레	*Tate tjioul kame neune moullei*
Triage	*n.m.*	ᄐᆡᆨ출	택출(擇出)	*T'taik tchoul*
Triangle	*n.m.*	셰모진 것	세모진 것	*Sieimo tjine kaute*
Tribu	*n.f.*	죵파	종파(宗派)	*Tjiong pfa*
Tribunal	*n.m.*	ᄌᆡ판소	재판소(裁判所)	*Tjai pfane so*
Tribut	*n.m.*	조공	조공(朝貢)	*Tjo kong*
Tributaire	*adj.*	조공ᄒᆞ오	조공(朝貢)하오	*Tjo kong h'aho*
Tricher	*v.int.*	쇡여 ᄲᆡᆺ소	속여 뺏소	*Seukiau ppaisso*
Tricolore	*adj.*	삼ᄉᆡᆨ이오	삼색(三色)이오	*Same saikiho*

Trier	*v.t.*	ᄐᆡᆨ출ᄒᆞ오	택출(擇出)하오	*T'taik tchoul h'aho*
Trimestre	*n.m.*	셕 달	석 달	*Sauk tal*
Trimestriel	*adj.*	셕 달 됏소	석 달 됐소	*Sauk tal tuaisso*
Trinité	*n.f.*	셩삼[51]	성삼(聖三)	*Seng same*
Trinquer	*v.int.*	술잔 서로 ᄃᆡ오	술잔(盞) 서로 대오	*Soultjane sauro taiho*
Triomphe	*n.m.*	승젼	승전(勝戰)	*Seung tjiaune*
Triompher	*v.int.*	승젼ᄒᆞ오	승전(勝戰)하오	*Seung tjiaune h'aho*
Tripe	*n.f.*	오쟝육부	오장육부(五臟六腑)	*Hotjiang hiouk pou*
Tripot	*n.m.*	낵이ᄒᆞ는 곳[52]	내기하는 곳	*Naiki h'aneune kote*
Tripotage	*n.m.*	협잡	협잡(挾雜)	*H'iaupe tjape*
Tripoter	*v.int.*	주무르오	주무르오	*Tjoumoureuho*
Triste	*adj.*	근심ᄒᆞ오	근심하오	*Keune sime h'aho*
Tristement	*adv.*	근심으로	근심으로	*Keune simeuro*
Tristesse	*n.f.*	근심	근심	*Keune sime*
Trompe (éléphant)	*n.f.*	코기리 주동이	코끼리 주둥이	*K'kokiri tjou tong hi*
Tromper	*v.t.*	속이오	속이오	*Sok hi ho*
	Vous me trompez	노형이 나를 속이오	노형(老兄)이 나를 속이오	*Noh'ieng hi nareul sokissio*
Tromper (se)	*v.p.*	속소[53]	속소	*Sokso*
Tromperie	*n.f.*	속임	속임	*Sokime*
Trompette	*n.f.*	나발[54]	나팔(喇叭)	*Napal*
Trompeur	*n.m.*	속이는 사람	속이는 사람	*Sokineune sarame*
Tronc	*n.m.*	나무밋	나무밑	*Namou mite*

51 한문 서학서에서 성부(聖父), 성자(聖子), 성신(聖神)이신 세 위격을 가리킨다. 라틴어-옛한글 Trinitas 텬쥬셩삼.

52 도박장.

53 속이다.

54 관악기의 하나.

Tronçon	*n.m.*	밋동	밑동	*Mitong*
Trône	*n.m.*	어좌	어좌(御座)	*Heutjoa*
Trop	*adv.*	ᄃᆡ단이 ... 너무 ... 과히	대단히 ... 너무 ... 과(過)히	*Taitani .. Naumou .. Koa h'i*
	Il y a trop d'eau	물이 과히 잇소	물이 과(過)히 있소	*Mouri koa h'I hisso*
Trot	*n.m.*	ᄯᅱ임	뜀	*Ttume*
Trotter	*v.int.*	ᄯᅱ오	뛰오	*Ttu ho*
Trou	*n.m.*	구멍	구멍	*Koumeng*
	Bouchez ce trou	이 구멍을 막으시오	이 구멍을 막으시오	*Hi koumeng heul makeussio*
Trouble	*n.m.*	날니 ... 흐리오	난리(亂離) ... 흐리오	*Nalli .. H'euriho*
Troubler	*v.t.*	어지럽게 ᄒᆞ오	어지럽게 하오	*Hautjiraupe kei h'aho*
Trouer	*v.t.*	통ᄒᆞ오 ... ᄯᅮ오	통(通)하오 ... 뚫으오	*T'tong h'aho .. Ttouho*
Troupe	*n.f.*	ᄒᆞᆫ ᄃᆡ ... 일ᄃᆡ	한 대(隊) ... 일대(一隊)	*H'ane tai .. Hil tai*
Troupeau	*n.m.*	ᄒᆞᆫ ᄯᅨ	한 떼	*H'ane ttei*
Trouver	*v.t.*	웃소	얻소	*Heusso*
	qu'avez-vous trouvé?	무엇슬 웃덧소	무엇을 얻었소	*Mouhausseul heutausso*
Truelle	*n.f.*	흙손	흙손	*H'enlk sone*
Truie	*n.f.*	암되야지	암퇘지	*Hame teuhiatji*
Truite	*n.f.*	쇼가리[55]	쏘가리	*Sokari*
Tu	*p.p.*	네	네	*Nei*
Tube	*n.m.*	두겁[56] ... 집	두겁 ... 집	*Toukaupe .. Tjipe*
Tuer	*v.t.*	죽이오	죽이오	*Tjouki ho*

55 프랑스어의 의미는 '송어'. 장드르 쏘가리.

56 가늘고 긴 물건의 끝에 씌우는 물건. 프랑스어의 의미는 '튜브', '관'.

	Je le tuerai	내가 그것슬 죽이 겟소	내가 그것을 죽이 겠소	*Naika tjouki keisso*
Tuile	*n.f.*	기와	기와	*Kihoa*
Tumeur	*n.f.*	붓는 병[57]	붓는 병(病)	*Poute nane pieng*
Tumulte	*n.m.*	요란홈	요란(搖亂)함	*Hiorane h'ame*
Tumultueux[58]	*adj.*	요란ᄒᆞ오	요란(搖亂)하오	*Hiorane h'aho*
Tunique	*n.f.*	두루막이	두루마기	*Touroumaki*
Turban	*n.m.*	머리수건	머릿수건(手巾)	*Mauri soukaune*
Turbulent	*adj.*	요란시럽소	요란(搖亂)스럽소	*Hiorane siraupso*
Tuteur	*n.m.*	가르치는 사람	가르치는 사람	*Kareutchineune sarame*
Tuyau	*n.m.*	연통	연통(煙筒)	*Hiaune t'tong*
Tympan	*n.m.*	귀문[59]	귀문(門)	*Koui moune*
Type	*n.m.*	모양 … 표양	모양(模樣) … 표양(表樣)	*Mohiang .. Pfiohiang*
Typhus	*n.m.*	염병	염병(染病)	*Hiaume pieng*
Typhus	*n.m.*	곽눈징[60]	곽란증(霍亂症)	*Koaknane tjinegue*
Tyran	*n.m.*	악흔 사람	악(惡)한 사람	*Hak h'ane sarame*
Tyrannie	*n.f.*	악홈	악(惡)함	*Hak h'ame*
Tyranniser	*v.t.*	악ᄒᆞ게 ᄒᆞ오	악(惡)하게 하오	*Hak h'akei h'aho*

57 프랑스어의 의미는 '종양', '종기'.

58 원문에는 'Tumulueux'.

59 귓구멍.

60 명치와 배가 갑자기 아프고 구토, 설사하며, 열이 나며, 두통과 있는 것. 프랑스어의 의미는 '티푸스', '발진티푸스'. 한불 28: 염병 染病 Peste(épidémie). Typhus.

U.u

Ulcère	*n.m.*	죵긔	종기(腫氣)	*Tjiong keui*
Ultérieurement	*adv.*	더 잇다가	더 있다가	*Tau hite taka*
Un (une)	*n.m.*	ᄒᆞ나	하나	*H'ana*
	Un par un	ᄒᆞ나식	하나씩	*H'ana sik*
Unanime	*adj.*	합의ᄒᆞ오	합의(合意)하오	*H'ape heui h'aho*
Unanimement	*adv.*	합의햇소	합의(合意)했소	*H'ape heui h'aisso*
Unanimité	*n.f.*	합의ᄒᆞᆷ	합의(合意)함	*H'ape heui h'ame*
Uni	*adj.*	반질반질ᄒᆞ오	반질반질하오	*Pane tjil pane tjil h'aho*
Uniforme	*adj.*	복쟝 ... 군복	복장(服裝) ... 군복(服裝)	*Poktjiang .. Koune poke*
Union	*n.f.*	ᄒᆞᆫᄃᆡ 홉ᄒᆞᆷ	한데 합(合)함	*H'ane tai h'ape h'ame*
Unique	*adj.*	외 ... ᄒᆞᆫ ... ᄒᆞᆺ	외(外) ... 한 ... 홑	*Heu .. H'ane .. H'ote*
Unir	*v.t.*	홉ᄒᆞ오	합(合)하오	*H'ape h'aho*
Univers	*n.m.*	통쳔ᄒᆞ	통천하(統天下)	*T'tong tchiaune h'a*
Universel	*adj.*	모든	모든	*Moteune*

Urbanité	*n.f.*	례모[1]	예모(禮貌)	*Hiei mo*
Urgence	*n.f.*	민우 요긴홈	매우 요긴(要緊)함	*Maihou hiokine h'ame*
Urgent	*adj.*	밧분 ... 급훈	바쁜 ... 급(急)한	*Pate poune .. Keupe h'ane*
Urine	*n.f.*	오좀	오줌	*Hotjiome*
Uriner	*v.int.*	오좀누오	오줌누오	*Hotjiome nouho*
Urne	*n.f.*	동의[2]	동이	*Tong heui*
Usage	*n.m.*	힝용[3]	행용(行用)	*H'aing hiong*
User	*v.int.*	쓰오 ... 다럿소	쓰오 ... 닳았소	*Sseuho .. Tarausso*
Usine	*n.f.*	졔죠소	제조소(製造所)	*Tjiei tjiosso*
Usine	*n.f.*	만드는 곳	만드는 곳	*Mane teuneune kote*
Ustensile	*n.m.*	부엌세간	부엌세간	*Pouhauk siei kane*
Usuel	*adj.*	힝용	행용(行用)	*H'aing hieng*
Usure	*n.f.*	리익	이익(利益)	*Hihik*
Usure (user)	*n.f.*	씀	씀	*Sseume*
Usurier	*n.m.*	취리호는 사람	취리(取利)하는 사람	*Tchuri h'aneune sarame*
Usurpation	*n.f.*	탈취홈	탈취(奪取)함	*T'tal tchu h'ame*
Usurper	*v.t.*	탈취호오	탈취(奪取)하오	*T'tal tchu h'aho*
Utile	*adj.*	유익호오	유익(有益)하오	*Hiou hik h'aho*
Utile	*adj.*	쓸듸 잇소	쓸데 있소	*Sseultai hisso*
	C'est utile	유익호오	유익(有益)하오	*Hiou hik h'aho*
	Ce n'est pas utile	쓸듸 업소	쓸데 없소	*Sseultai haupso*
Utiliser	*v.t.*	유익호오	유익(有益)하오	*Hiou hik h'aho*

1 예절에 맞는 몸가짐. 표제어 'Civilité', Poli' 참고.

2 단지.

3 두루 씀.

Utilité	*n.f.*	유익훔	유익(有益)함	*Hiou hik h'ame*
Utilité	*n.f.*	쓸듸 잇숨	쓸데 있슴	*Sseultai hisseume*

V . v

Vacances	*n.f.pl.*	슈유[1]	수유(受由)	*Souhiou*
Vacant	*adj.*	비오	비오	*Piho*
Vacarme	*n.m.*	헌화[2] ... 큰소릐	훤화(喧譁) ... 큰소리	*H'aune h'oa .. K'keune sori*
Vaccin	*n.m.*	죵두[3] ... 우두[4]	종두(種痘) ... 우두(牛痘)	*Tjiong tou .. Hou tou*
Vacciner	*v.t.*	죵두 넛소	종두(種痘) 넣소	*Tjiong tou neusso*
Vache	*n.f.*	암소	암소	*Hame so*
Vaciller	*v.int.*	흔드오	흔드오	*H'eune teuho*
Va-et-vient	*n.m.*	건님[5]	거님	*Keune nime*
Vagabond	*n.m.*	건달 ... 오입장이	건달(乾達) ... 오입(誤入)쟁이	*Keune tal .. Ho hipe tjang hi*
Vague	*n.f.*	물결	물결	*Moul kiaul*
Vague	*adj.*	희미ᄒᆞ오	희미(稀微)하오	*H'eui mi h'aho*

1 말미를 받음, 휴가.
2 시끄럽게 떠듦.
3 천연두 예방 백신.
4 천연두 예방을 위해 소에서 뽑은 면역 물질.
5 왕래, 교류.

Vaillance	*adj.*	용밍흠	용맹(勇猛)함	*Hiong maing h'ame*
Vaillant	*n.f.*	용밍ᄒᆞ오	용맹(勇猛)하오	*Hiong maing h'aho*
Vain	*adj.*	헛	헛	*H'aute*
	En vain *l.adv.*	공즁[6]	공중	*Kong tjioung*
Vaincre	*v.t.*	이긔오	이기오	*Hikeui ho*
Vaincu	*adj.*	익엿소	이겼소	*Hikiausso*
Vainement	*adv.*	공년이	공연(空然)히	*Kong niauni*
Vainement	*adv.*	수고시럽게	수고스럽게	*Souko sirope kei*
Vainqueur	*n.m.*	익인 사람	이긴 사람	*Hikine sarame*
Vaisseau	*n.m.*	빈 ... 병선	배 ... 병선(兵船)	*Pai .. Pieng saune*
Vaisselle	*n.f.*	그릇	그릇	*Keureute*
Valable	*adj.*	변치 안소	변(變)치 않소	*Piaune tchi hanesso*
Valet	*n.m.*	ᄒᆞ인	하인(下人)	*H'a hine*
Valeur	*n.f.*	갑 ... 금	값 ... 금	*Kape .. keume*
Valeureux	*adj.*	강흔	강(強)한	*Kang h'ane*
Valide	*adj.*	무병ᄒᆞ오	무병(無病)하오	*Moupieng h'aho*
Valise	*n.f.*	젼되	전대(纏帶)	*Tjiaune teu*
Vallée	*n.f.*	산골작이	산(山)골짜기	*Sane kol tjaki*
Vallon	*n.m.*	조고만 산골작이	조그만 산(山)골짜기	*Tjokomane sane kol tjaki*
Van	*n.m.*	킈	키(箕)	*K'keui*
Vanité	*n.f.*	거만흠	거만(倨慢)함	*Keumane h'ame*
Vantard	*n.m.*	자랑ᄒᆞ는 사람	자랑하는 사람	*Tjarang h'aneuue sarame*
Vanter (se)	*v.p.*	자랑ᄒᆞ오	자랑하오	*Tjarang h'aho*

6 공연(空然)히.

Vapeur	*n.f.*	김[7]	김	*Kime*
Variable	*adj.*	변ᄒᆞᆯ 만ᄒᆞ오	변(變)할 만하오	*Piaune h'ale mane h'uho*
Varier	*v.t.*	변ᄒᆞ오	변(變)하오	*Piaune h'aho*
Variété	*n.f.*	변ᄒᆞᆷ	변(變)함	*Piaune h'ame*
Vase	*n.m.*	그릇	그릇	*Keureute*
Vase (à fleurs)	*n.m.*	화병	화병(花瓶)	*H'oa pieng*
Vase (de terre)	*n.m.*	항아리	항(缸)아리	*H'ang hari*
Vase (de nuit)	*n.m.*	요강	요강	*Hiokang*
Vaste	*adj.*	광대ᄒᆞ오	광대(廣大)하오	*Koang tai h'aho*
Vautour	*n.m.*	독슈리	독(禿)수리	*Tok souri*
Veau	*n.m.*	숑아지	송아리	*Song hatji*
Végétal	*adj.*	ᄎᆡ소	채소(菜蔬)	*Tchaisso*
Végétation	*n.f.*	초목	초목(草木)	*Tchomok*
Végéter	*v.int.*	초목 나오	초목(草木) 나오	*Tchomok naho*
Véhément	*adj.*	대단ᄒᆞ오	대단하오	*Tai tane h'aho*
Veille	*n.f.*	젼날	전(前)날	*Tjiaune nal*
Veiller	*v.int.*	직히오	지키오	*Tjik hiho*
Veilleur (de nuit)	*n.m.*	순ᄒᆡᆼ	순행(巡行)	*Soune h'aing*
Veilleuse	*n.f.*	등잔	등잔(燈盞)	*Teung tjane*
Veine	*n.f.*	심쥴 ... 피쥴	심줄 ... 핏줄	*Sime tjioul .. Pfi tjioul*
Velours	*n.m.*	우단[8]	우단(羽緞)	*Houtane*
Velouté	*adj.*	부드럽소	부드럽소	*Pouteuraupso*
Velu	*adj.*	털 만소	털 많소	*T'taul manesso*
Vendange	*n.f.*	포도 ᄡᅡ는 날	포도(葡萄) 따는 날	*Pfoto ttaneune nal*

7 수증기.

8 벨벳, 비로드.

Vendeur	*n.m.*	파는 사람	파는 사람	*Pfaneune sarame*
Vendre	*v.t.*	파오	파오	*Pfaho*
	Vendez-vous du bois?	나무 파시오	나무 파시오	*Namou pfassio*
Vendredi	*n.m.*	금요일	금요일(金曜日)	*Keumio hil*
Vendu	*adj.*	팔녓소	팔렸소	*Pfalliausso*
Vénéneux	*adj.*	독 잇소	독(毒) 있소	*Tok hisso*
Vénérable	*adj.*	공경홀 만ᄒᆞ오	공경(恭敬)할 만하오	*Kong kieng h'al mane h'aho*
Vénération	*n.f.*	공경	공경(恭敬)	*Kong kieng*
Vénérer	*v.t.*	공경ᄒᆞ오	공경(恭敬)하오	*Kong kieng h'aho*
Vengeance	*n.f.*	웬슈 갑흠	원수(怨讐) 갚음	*Houneine sou kape h'eume*
Venger	*v.t.*	웬슈 갑소	원수(怨讐) 갚소	*Houeine sou kapso*
Vengeur	*adj.*	갑소	갚소	*Kapso*
Venimeux	*adj.*	독 잇소	독(毒) 있소	*Tok hisso*
Venin	*n.m.*	독	독(毒)	*Tok*
Venir	*v.int.*	오오	오오	*Ho ho*
	Viens ici!	이리 오너라	이리 오너라	*Hiri honaura*
	Venez ici	이리 오시오	이리 오시오	*Hiri houssio*
	Quand êtes-vous venu?	언제 옷셧소	언제 오셨소	*Hone tjei hossausso*
	Venez avec moi	나와 갓치 갑시다	나와 같이 갑시다	*Nahoa kate tchi kapsita*
Vent	*n.m.*	바람	바람	*Parame*
	Il y a beaucoup de vent	바람이 만이 부오	바람이 많이 부오	*Parami mani pouho*
Ventre	*n.m.*	배[9]	배	*Pai*

9 腹.

Venue	*n.f.*	옴[10]	옴	*Home*
Vénus	*n.p.*	민우 어엿붐	매우 어여쁨	*Maihou hauhiaute pourne*
Ver (de terre)	*n.m.*	지렁이	지렁이	*Tjireingni*
Ver (à soie)	*n.m.*	누에	누에	*Nouhei*
	Ver Solitaire	초즁이[11]	조충(絛蟲)이	*Tcho tjioungni*
Véracité	*n.f.*	진실함	진실(眞實)함	*Tjine sirh'ame*
Verbalement	*adv.*	면당햇소[12]	면당(面當)했소	*Miaune tang h'aisso*
Verbe	*n.m.*	동ᄉᆞ	동사(動詞)	*Tong Sa*
Verdâtre	*adj.*	푸르스럼ᄒᆞ오	푸르스름하오	*Pfoureusseuraume h'aho*
Verdict	*n.m.*	결안 ... 졍함	결안(決案) ... 정(定)함	*Kiaurane .. Tjieng h'ame*
Verdir	*v.t.*	푸르러지오	푸르러지오	*Pfoureurau tjiho*
Verdure	*n.f.*	푸름	푸름	*Pfoureume*
Verge	*n.f.*	회차리	회초리	*H'eu tchari*
Verglas	*n.m.*	빙판	빙판(氷板)	*Pigne pfane*
Verger	*n.m.*	과목밧	과목(果木)밭	*Koa mok pate*
Vérificateur	*n.m.*	사실ᄒᆞ는 사람	사실(査實)하는 사람	*Sassil h'aneune sarame*
Vérification	*n.f.*	사실 ... 살핌	사실(査實) ... 살핌	*Sassil .. Salpfime*
Vérifier	*v.t.*	사실ᄒᆞ오	사실(査實)하오	*Sassir h'aho*
Véritable	*adj.*	젹실ᄒᆞ오[13]	적실(的實)하오	*Tjiauk sir h'aho*
Véritablement	*adv.*	젹실이	적실(的實)히	*Tjiauk siri*
Vérité	*n.f.*	실샹	실상(實相)	*Silsang*

10 도착, 도래.

11 조충강의 동물.

12 서로 얼굴을 마주 보고 대하여, 구두로, 언어를 사용하여.

13 틀림없이 확실한. 표제어 'Légitime' 참고. 한불 545: 젹실ᄒᆞ다 的實 Clair, distinct.

Vermeil	*adj.*	붉과ᄒᆞᆫ[14]	불콰한	*Poulkoa h'ane*
Vermicelle	*n.m.*	국슈	국수	*Kouksou*
Vermine	*n.f.*	ᄉᆡ면바리[15]	사면발니	*Saimiaune pari*
Vernir	*v.t.*	칠ᄒᆞ오	칠(漆)하오	*Tchir h'aho*
Vernis	*n.m.*	칠	칠(漆)	*Tchil*
Vérole (petite)	*n.f.*	역신[16] ... 마마	역신(疫神) ... 마마(媽媽)	*Hiauksine .. Mama*
Vérole (grosse)	*n.f.*	담	담(痰)	*Tame*
Verre	*n.m.*	유리	유리(琉璃)	*Hiouri*
Verre (à boire)	*n.m.*	술잔 ... 유리잔	술잔(盞) ... 유리잔(琉璃盞)	*Soultjane .. Hiouri tjane*
Verre (de lampe)	*n.m.*	등피[17]	등피(燈皮)	*Teung pfi*
Verrou	*n.m.*	문빗장	문(門)빗장	*Moune pite tjang*
Verrue	*n.f.*	사마귀	사마귀	*Samakoui*
Vers	*n.m.*	글귀	글귀(句)	*Keulkoui*
Vers	*prép.*	향히서	향(向)해서	*H'iang h'aissau*
	Vers le nord	북을 향히서	북(北)을 향(向)해서	*Poukeul h'iang*
Versement	*n.m.*	환젼	환전(換錢)	*H'oane tjiaune*
Verser	*v.t.*	짜르오	따르오	*Ttareuho*
	Versez l'eau	물 짜르시오	물 따르시오	*Moul ttareussio*
Versification	*n.f.*	시 짐	시(詩) 지음	*Sitjime*
Vert (couleur)	*adj.*	푸르오 ... 푸른	푸르오 ... 푸른	*Pfoureuho .. Pfou reune*
Vert (pas mûr)	*adj.*	셜소 ... 셜엇소	설소 ... 설었소	*Saulso .. Saurausso*

14 얼굴빛이 불그레한.
15 사면발닛과의 이.
16 천연두를 맡은 신.
17 바람을 막기 위해 남포등에 쓰우는 유리로 만든 물건.

	Fruit vert	션 실과[18]	선 실과(實果)	*Saune silkoa*
Vert-de-gris	*n.m.*	동녹 ... 구리 녹	동록(銅綠) ... 구리 녹(綠)	*Tong nok .. Kouri nok*
Vertèbre	*n.f.*	등쌔 ... 사등의 쌔[19]	등뼈 ... 척추의 뼈	*Teung ppiau .. Sa teung heui ppiau*
Vertical	*adj.*	ᄭᅩᆺᄭᅩᆺᄒᆞ오	꼿꼿하오	*Kkote kkote h'aho*
Vertige	*n.m.*	현긔증	현기증(眩氣症)	*H'iaune keui tjeung*
Vertu	*n.f.*	덕힝	덕행(德行)	*Tauk h'aing*
Vertueux	*adj.*	덕힝 잇소	덕행(德行) 있소	*Hauk h'aing hisso*
Vesse	*n.f.*	소릐 업는 방귀	소리 없는 방귀	*Sori haupeneune pang koui*
Vessie	*n.f.*	오즘통[20]	오줌통(桶)	*Hotjioume t'tong*
Veste	*n.f.*	큰옷	큰옷	*K'keune hote*
Vestige	*n.m.*	자최	자취	*Tja tcheu*
Veston	*n.m.*	져구리	저고리	*Tjiau kouri*
Vêtement	*n.m.*	의복 ... 옷	의복(衣服) ... 옷	*Heui pok .. Hote*
Vétérinaire	*n.m.*	즘생의원	짐승의원(醫員)	*Tjeume saing heui houaune*
Vêtir (se)	*v.p.*	옷 닙소	옷 입소	*Hote nipso*
Vétuste	*n.f.*	오래됨	오래됨	*Horai teume*
Veuf	*n.m.*	호래비	홀아비	*H'oraipi*
Veuve	*n.f.*	과부	과부(寡婦)	*Koa pou*
Vexation	*n.f.*	괴롭게 ᄒᆞᆷ	괴롭게 함	*Keuropekei h'ame*
Vexer	*v.t.*	괴롭게 ᄒᆞ오	괴롭게 하오	*Keuropekei h'aho*
Viande	*n.f.*	고기	고기	*Koki*

18 풋과일.
19 사등뼈, 척추뼈.
20 방광.

	Achetez seulement une livre de viande	고기 ᄒᆞᆫ 근만 사시오	고기 한 근(斤)만 사시오	*Koki h'ane keune mane sassio*
Vibrer	*v.int.*	소릐ᄂᆡ오	소리내오	*Sori naiho*
Vice	*n.m.*	습관 ... 버릇	습관 ... 버릇	*Seupe koane .. Pau reute*
Vice-consul	*n.m.*	부영ᄉᆞ	부영사(副領事)	*Pouhieng sa*
Vicieux	*adj.*	습관에	습관(習慣)에	*Seupe koanei*
Vicissitude	*n.f.*	번갈님[21]	번(番)갈음	*Paune kallime*
Victime	*n.f.*	희싱	희생(犧牲)	*H'eui saing*
Victoire	*n.f.*	승젼	승전(勝戰)	*Seung tjiaune*
Victorieux	*adj.*	승젼ᄒᆞ오	승전(勝戰)하오	*Seung tjiaune h'aho*
Victuaille	*n.f.*	식물	식물(食物)	*Sikmoule*
Vide	*adj.*	뱟소 ... 뷘	비었소 ... 빈	*Piausso .. Puine*
Vider	*v.t.*	쏫소	쏟소	*Ssosso*
	Videz cela	이것 쏘드시오	이것 쏟으시오	*Hikaute ssoteussio*
Vie	*n.f.*	명	명(命)	*Mieng*
Vieillard	*n.m.*	늙은이	늙은이	*Neulkeuni*
Vieillesse	*n.f.*	늙어쓸 ᄯᅴ	늙었을 때	*Neulkau sseultai*
Vieillir	*v.int.*	늙어 가오	늙어 가오	*Neulkau kaho*
Vierge	*n.f.*	숫시악씨	숫색시	*Soute sihaksi*
	Sainte Vierge	셩모[22]	성모(聖母)	*Seng mo*
Vieux	*adj.*	늙은	늙은	*Neulkeune*
Vieux	*adj.*	헐어소	헐었소	*H'aurausso*
	Vieux livre	헌칙	헌책(冊)	*H'aune tchaik*
Vif	*adj.*	급ᄒᆞ오	급(急)하오	*Keupe h'aho*

21 변화, 변동.
22 예수의 어머니, 동정녀 마리아.

Vigilance	*n.f.*	슈직[23]	수직(守直)	*Soutjik*
Vigne	*n.f.*	포도나무	포도(葡萄)나무	*Pfoto namou*
Vigoureux	*adj.*	긔운 됴흔	기운 좋은	*Keui houne tio h'eune*
Vigueur	*n.f.*	힘 ... 심[24] ... 긔운	힘 ... 심(心) ... 기운	*H'ime .. Sime .. Keui houne*
Vil	*adj.*	쳔ᄒᆞ오	천(賤)하오	*Tchiaune h'aho*
Vilain	*adj.*	고약ᄒᆞ오	고약하오	*Kohiak h'aho*
Vilain	*adj.*	이년[25]	이년	*Hiniaune*
Vilain	*adj.*	조찬은	좋지 않은	*Tjo tchaneune*
Vilain	*adj.*	조찬소	좋지 않소	*Tjo tchanesso*
Vilipender	*v.t.*	홰방ᄒᆞ오	훼방(毁謗)하오	*H'ouei pang h'aho*
Village	*n.m.*	촌	촌(村)	*Tchione*
Villageois	*n.m.*	읍인	읍인(邑人)	*Heupine*
Ville	*n.f.*	읍내 ... 셩내	읍내(邑內) ... 성내(城內)	*Heupnai .. Seng nai*
Vin	*n.m.*	술 ... 약주	술 ... 약주(藥酒)	*Soul .. Hiak tjou*
	Vous avez bu beaucoup de vin	술 마니 먹엇소	술 많이 먹었소	*Soul mani maukausso*
	Buvez un peu de vin T. poli	약주 좀 잡수십시오	약주(藥酒) 좀 잡수십시오	*Hiak tjou tjome tjape sou sipsio*
Vinaigre	*n.m.*	초 ... 단것	초(醋) ... 단것	*Tcho .. Tane kaut*
Vinaigrier	*n.m.*	초병	초병(醋瓶)	*Tcho pieng*
Viol	*n.m.*	겁탈홈	겁탈(劫奪)함	*Kaupe t'tar h'ame*
Violation	*n.f.*	범홈	범(犯)함	*Paume h'ame*
Violence	*n.f.*	강박홈	강박(強迫)함	*Kang pak h'ame*

23 맡아서 지킴.

24 '힘'의 방언.

25 버릇없는 아이.

Violent	*adj.*	강박ᄒᆞ오	강박(強迫)하오	*Kang pak h'aho*
Violer	*v.t.*	겁탈ᄒᆞ오[26]	겁탈(劫奪)하오	*Kaupe tt'ar h'aho*
Violet	*adj.*	보라요	보라요	*Pora hio*
Violet	*adj.*	ᄌᆞ지빗	자주(紫朱)빛	*Tjatjai pite*
Violette	*n.f.*	오랑개곳	오랑캐꽃	*Horang kai kote*
Violon	*n.m.*	ᄭᅡᆼᄭᅡᆼ이[27]	깡깡이	*Kkang kkang hi*
Vipère	*n.f.*	독샤 ... 살모샤	독사(毒蛇) ... 살모사(殺母蛇)	*Toksa .. Salmossa*
Virer	*v.int.*	도러오오	돌아오오	*Torau hoho*
Virginité	*n.f.*	뎡절	정절(貞節)	*Tieng tjiaule*
Virgule	*n.f.*	긴 졈[28]	긴 점(點)	*Kine tjiaume*
Viril	*adj.*	건쟝ᄒᆞ오	건장(健壯)하오	*Kaune tjiaung h'aho*
Virilité	*n.f.*	건쟝홈	건장(健壯)함	*Kaune tjiang h'ame*
Virus	*n.m.*	독	독(毒)	*Tok*
Vis	*n.f.*	나삿	나사(螺絲)	*Nassa*
Visage	*n.m.*	얼골	얼굴	*Haulkole*
Vis-à-vis	*l.adv.*	건너편에	건너편(便)에	*Kaunau pfiaunei*
Viscère	*n.m.*	오쟝	오장(五臟)	*Hotjiang*
Viser	*v.t.*	ᄃᆡ림 보오[29]	대림 보오	*Tairime poho*
Visible	*adj.*	뵈일 만ᄒᆞ오	보일 만하오	*Peu hil mane h'aho*
Visiblement	*adv.*	뵈이게	보이게	*Peu hikei*
Vision	*n.f.*	뵈임	뵘	*Peu hime*
Visite	*n.f.*	심방	심방(尋訪)	*Sime bang*
Visiter	*v.t.*	심방ᄒᆞ오	심방(尋訪)하오	*Sime bang h'aho*

26 원문에는 '갑탈ᄒᆞ오'.
27 '해금'을 속되게 이르는 말.
28 요긴하고 필요한 점, 콤마, 반점, 쉼표.
29 겨냥하다, 조준하다. 표제어 'Ajuster', 'Mire' 참고.

Visiter	*v.t.*	보라 가오	보러 가오	*Pora kaho*
Visiteur	*n.m.*	손님	손님	*Sone nime*
	Il y a-t-il un visiteur?	손님 잇소	손님 있소	*Sone nime hisso*
Visser	*v.t.*	나삿 박소	나사(螺絲) 박소	*Nassa pakso*
Vital	*adj.*	산	산	*Sane*
Vitalité	*n.f.*	명 .. 목숨	명(命) ... 목숨	*Mieng .. Moksoume*
Vite	*adv.*	어셔 ... 밧비 얼는 ... 급히	어서 ... 바삐 얼른 ... 급(急)히	*Haussau .. Pate pi Haulleune .. Keupe h'i*
	Allez vite	급히 가시오	급(急)히 가시오	*Keupe h'i kassio*
Vitesse	*n.f.*	급홈	급(急)함	*Keupe h'ame*
Vitre	*n.f.*	유리쪽[30]	유리(琉璃)쪽	*Hiouri ttjok*
Vitupérer	*v.t.*	췩망ᄒᆞ오	책망(責望)하오	*Tchaik mang h'aho*
Vivacité	*n.f.*	급홈	급(急)함	*Keupe h'ame*
Vivant	*adj.*	살엇소 ... 산	살았소 ... 산	*Sarausso .. Sane*
Vivement	*adv.*	급히	급(急)히	*Keupe h'i*
Vivre	*v.int.*	사오 ... 명 보젼ᄒᆞ오	사오 ... 명(命) 보전(保全)하오	*Saho .. Mieng po tjiaune h'aho*
Vivres	*n.m.pl.*	식물	식물(食物)	*Sikmoul*
Vocabulaire	*n.m.*	자휘	자휘(字彙)	*Tja h'oui*
Vocal	*adj.*	음셩 나오	음성(音聲) 나오	*Heume seng naho*
Vocation	*n.f.*	부름	부름	*Poureume*
Vociférations	*n.f.pl.*	야단	야단(惹端)	*Hiatane*
Vociférer	*v.int.*	야단치오	야단(惹端)치오	*Hiatane tchiho*
Voci	*prép.*	보시오	보시오	*Possio*
Voie	*n.f.*	길	길	*Kil*

30 유리 조각, 유리판.

Voilà	*prép.*	이것 보시오	이것 보시오	*Hikaute possio*
	Voilà pourquoi	이 짜달그로	이 까닭으로	*Hikkatal keuro*
Voile	*n.m.*	덧[31]	돛	*Taute*
	Voile de deuil	포션[32]	포선(布扇)	*Pfossaune*
	Voile de f'emme	쟝옷[33]	장옷	*Tjiang hote*
Voiler	*v.t.*	둘으오 ... 가리우오	두르오 ... 가리오	*Toureuho .. Kari houho*
Voir	*v.t.*	보오	보오	*Poho*
	L'avez-vous vu?	그것슬 보셧소	그것을 보셨소	*Keukausseul possausso*
	Je ne l'ai pas vu	못 보앗소	못 보았소	*Mote poasso*
Voisin	*n.m.*	이웃집	이웃집	*Hi houte tjipe*
Voisin	*n.m.*	이웃 사람	이웃 사람	*Hi houte sarame*
Voisine	*n.f.*	이웃 녜편네	이웃 여편네	*Hi houte hiei pfiaunei*
Voisinage	*n.m.*	이웃 동ᄂᆡ	이웃 동네	*Hi houte tong nai*
Voiture	*n.f.*	수레 ... 마차	수레 ... 마차(馬車)	*Sourei .. Matcha*
Voix	*n.f.*	음셩	음성(音聲)	*Heume seng*
Vol	*n.m.*	도적질	도적(盜賊)질	*Totjauk tjil*
Vol (oiseau)	*n.m.*	날나감	날아감	*Nalla kame*
Volage	*adj.*	변덕징이	변덕(變德)쟁이	*Piaune tauk tjaing hi*
Volaille	*n.f.*	날즘싱	날짐승	*Nal tjeume saing*
Voler	*v.t.*	도적질ᄒᆞ오	도적(盜賊)질하오	*Totjauk tjil h'aho*
Voler	*v.int.*	날나가오	날아가오	*Nalla kaho*

31 바람을 받아 배를 가게 하는 천.

32 장례식에서 여자가 쓰는 검은 베일. 표제어 'Chapeau deuil' 참고. 한불 363: 포션 布扇 Voile en toile d'un homme en deuil. 장드르 Voile (d'homme en deuil) 보션, 포션.

33 여자들이 얼굴을 가리기 위해서 머리에서부터 길게 녀려 쓰던 옷.

	Ne volez pas	도적질ᄒᆞ지 마시오	도적(盜賊)질하지 마시오	*Totjauk tjil h'atji massio*
Voleur	*n.m.*	도적놈	도적(盜賊)놈	*Totjauk nome*
Volontaire	*adj.*	ᄌᆞ원ᄒᆞ오	자원(自願)하오	*Tja houaune h'aho*
Volontairement	*adv.*	ᄌᆞ원으로	자원(自願)으로	*Tja houaune heuro*
Volonté	*n.f.*	ᄌᆞ원	자원(自願)	*Tja houaune*
Volontiers	*adv.*	즐겨서	즐겨서	*Tjeul kiaussau*
Volume	*n.m.*	권	권(卷)	*Kouaune*
Volumineux	*adj.*	크오	크오	*K'keu ho*
Volupté	*n.f.*	주식	주색(酒色)	*Tjoussaik*
Vomir	*v.t.*	토ᄒᆞ오	토(吐)하오	*T'to h'aho*
Vomissement	*n.m.*	번고[34] ... 토흠	번고(反庫) ... 토(吐)함	*Paune ko .. T'to h'ame*
Vorace	*adj.*	식탐 잇소	식탐(食貪) 있소	*Sik t'tame hisso*
Voracité	*n.f.*	식탐	식탐(食貪)	*Sik t'tame*
Vos	*adj.pos.pl.*	노형	노형(老兄)	*No h'ieng*
Vote	*n.m.*	의논	의논(議論)	*Heui none*
Voter	*v.int.*	의논ᄒᆞ오	의논(議論)하오	*Heui none h'aho*
Votre	*adj.pos.*	노형	노형(老兄)	*Ho h'ieng*
Vouer	*v.t.*	서고ᄒᆞ오[35]	서고(誓誥)하오	*Seuko h'aho*
Vouloir	*v.t.*	원ᄒᆞ오 ... 십소	원(願)하오 ... 싶소	*Houaune h'aho .. Sipso*
	Je veux	내가 원ᄒᆞ오	내가 원(願)하오	*Naika houaune h'aho*
	Il voulait	제가 원힛소	제가 원(願)했소	*Tjaika houaune h'aisso*
	Voulez-vous?	원ᄒᆞ시오	원(願)하시오	*Houaune h'assio*

34 구역질하고 토함.

35 서원하다, 서약하다. 페롱 허원ᄒᆞ다. 장드르 허원ᄒᆞ다.

	Voulez-vous aller?	가기를 원ᄒᆞ시오	가기를 원(願)하시오	*Kakireul houaune h'assio*
	Vouloir En abrégé	가려시오	가시려오	*Kariaussio*
	Vouloir En abrégé	가고 십소	가고 싶소	*Kako sipso*
Vous	*p.p.pl.*	노형 ... ᄃᆡᆨ	노형(老兄) ... 댁(宅)	*Noh'ieng .. Taik*
	Vous très-poli	당신	당신	*Tang sine*
	Vous-même	노형 마음ᄃᆡ로	노형(老兄) 마음대로	*Noh'ieng maheume tairo*
	Allez vous-même	노형이 친히 가시오	노형(老兄)이 친(親)히 가시오	*Noh'ieng hi tchine h'i kassio*
Voûte	*n.f.*	홍여[36]	혼여(婚輿)	*H'ongniau*
Voûter	*v.t.*	홍여 트오	혼여(婚輿) 뜨오	*H'ongniau t'teuho*
Voûter	*v.t.*	ᄭᅩ부러지오	꼬부라지오	*Kkopourautjiho*
Voyage	*n.m.*	ᄒᆡᆼ노	행로(行路)	*H'aing no*
Voyager	*v.int.*	길 ᄃᆡᆼ기오	길 다니오	*Kiltaing kiho*
Voyageur	*n.m.*	ᄒᆡᆼ인	행인(行人)	*H'aing hine*
Vrai	*adj.*	올치 ... 올소	옳지 ... 옳소	*Holtchi .. Holso*
	Est-ce vrai?	ᄎᆞᆷ말이요	참말이요	*Tchame marihio*
	C'est vrai	그러치	그렇지	*Keurautchi*
	Ce n'est pas vrai	올치 안소	옳지 않소	*Holtchi hanesso*
Vraiment	*adv.*	참 ... 진졍	참 ... 진정(眞情)	*Tchame .. Tjine tjieng*
Vrille	*n.f.*	송곳	송곳	*Song kote*
Vue	*n.f.*	봄 ... 안쳥[37]	봄 ... 안정(眼睛)	*Pome .. Hane tchieng*
Vulgaire	*adj.*	흔ᄒᆞ오	흔하오	*H'eune h'aho*

36 수레, 가마.

37 눈동자.

Vulgaire	*adj.*	쳔ᄒᆞ오	천(賤)하오	*Tchiaune h'aho*
Vulgairement	*adv.*	흔이 ... 드물지 안케	흔히 ... 드물지 않게	*H'euni .. Teumoul tji hane k'kei*

WXYZ. wxyz

Wagon	*n.m.*	텰로 슈레	철로(鐵路) 수레	*T'taiaullo sourei*
Water-closet	*n.m.*	뒤짠	뒷간(間)	*Tu kkane*
Yeux	*n.m.pl.*	눈들[1]	눈들	*Noune teul*
Zèle	*n.m.*	부즈런홈	부지런함	*Poutjeuraune h'ame*
Zélé	*adj.*	부즈런이 ᄒᆞ오	부지런히 하오	*Poutjeurauni h'aho*
Zéphire	*n.m.*	작은 바람	작은 바람	*Tjakeune parame*
Zéro	*n.m.*	공 ... 동구릐미	공(空) ... 동그라미	*Kong .. Tong kou raimi*
Zigzag	*n.m.*	이리져리 감	이리저리 감	*Hiri tjiauri kame*
Zinc	*n.m.*	빅연[2]	백연(白鉛)	*Paikiaune*
Zone	*n.f.*	주회[3] ... 상거[4]	주회(周回) ... 상거(相距)	*Tjou h'eu .. Sang kau*
Zoologie	*n.f.*	즘싱의 논ᄒᆞᄂᆞᆫ 책[5]	짐승의 논(論)하는 책(冊)	*Tjeume saing heui nane h'anane tchaik*

1 'oeil'(눈)의 복수.
2 아연.
3 둘레.
4 떨어져 있는 두 곳의 거리. 표제어 'Distance' 참고. 한불 381: 샹거 相距 Distance d'un lieu à un autre.
5 동물학.

알레베크의 법한자전

【 부록 】

Ministères.
내각.

Affaires Etrangères	外部	외부	*Heu pou*
Agriculture	農商工部	농상공부	*Nong sang kong pou*
Finances	度支部	탁지부	*T'tak tjipou*
Guerre	軍部	군부	*Koune pou*
Instruction Publique	學部	학부	*H'ak pou*
Intérieur	內部	ᄂᆡ부	*Naipou*
Justice	法部	법부	*Paupe pou*
Maison Impériale	宮內府	궁ᄂᆡ부	*Koung naipou*
Postes	通信局	통신국	*T'tong sine kouk*
Télégraghes	電報司	젼보샤	*Tjiaune possa*
Préfecture Police	警務廳	경무쳥[1]	*Kieng moutchieng*[2]
Imprimerie Nationale	官報課	관보과	*Koane po koa*

Nombres Cardinaux Coréens purs.
고유어 기수사.

(On emploie généralement les nombres coréens en relation avec les expressions coréennes ; et les nombres sinico-coréens avec les mots chinois coréanisés.)

(대체로 고유어 숫자는 고유어 표현과 함께 사용되고 한자어 숫자는 한자어와 함께 사용된다고 일반화할 수 있습니다.)

1 원문에는 "경무경".

2 원문에는 "*moukieng*".

Un	1	ᄒᆞ나	*H'ana*
Deux	2	둘	*Toul*
Trois	3	셋	*Seit*
Quatre	4	넷	*Neit*
Cinq	5	닷삿	*Tassate*
Six	6	여ᄉᆞᆺ	*Hiaussate*
Sept	7	일곱	*Hilkope*
Huit	8	여덟	*Hiautalpe*
Neuf	9	아홉	*Ha h'ope*
Dix	10	열	*Hiaule*
Onze	11	열ᄒᆞ나	*Hiaur h'ana*
Douze	12	열둘	*Hiaule toul*
Treize	13	열셋	*Hiaule seit*
Quatorze	14	열넷	*Hiaule neit*
Quinze	15	열닷삿	*Hiaule tassate*
Seize	16	열여삿	*Hiaule hiaussate*
Dix-sept	17	열일곱	*Hiaule hilkope*
Dix-huit	18	열여덟	*Hiaule hiautalpe*
Dix-neuf	19	열아홉	*Hiaule ha h'ope*
Vingt	20	스물	*Seumoul*
Vingt-et-un	21	스물ᄒᆞ나	*Seumoul h'ana*
Vingt-deux	22	스물둘	*Seumoul toul*
Vingt-trois	23	스물셋	*Seumoul seit*
Trente	30	셜흔	*Saur h'eune*
Quarante	40	마흔	*Ma h'eune*
Cinquante	50	쉰	*Chune*
Soixante	60	예순	*Hiei soune*
Soixante-dix	70	일흔	*Hir h'eune*

Quatre-vingts	80	여든	*Hiau teune*
Quatre-vingt-dix	90	아흔	*Ha h'eune*

A partir de cent (100) on se sert des nombres cardinaux sinico-coréens.

Dans la conversation usuelle, les neuf premiers nombres se disent-H'ane-Tou-Sei-Nei-Tate-Hiaute-Hil-Hiau-Ha, abréviations de H'ana-Toul-Seit-Neit-Tassate-Hiaussate-Hilkope-Hiautalpe-Ha h'ope.

백(100)부터는 한자어 기수사를 사용합니다.

일상 대화에서 처음 9개의 숫자 "한-두-세-네-닷-엿-일-여-아"는 "하나-둘-셋-넷-다섯-여섯-일곱-여덟-아홉"의 준말입니다.

1	一	일	*Hil*
2	二	이	*Hi*
3	三	삼	*Same*
4	四	ᄉᆞ	*Sa*
5	五	오	*Ho*
6	六	륙	*Hiouk*
7	七	칠	*Tchil*
8	八	팔	*Pfa*
9	九	구	*Kou*
10	十	십	*Sip*
11	十一	십일	*Sipil*
12	十二	십이	*Sipi*
13	十三	십삼	*Sip same*
14	十四	십사	*Sip sa*

20	二十	이십	*Hi sip*
21	二十一	이십일	*Hi sipil*
22	二十二	이십이	*Hi sipi*
23	二十三	이십삼	*Hi sip same*
30	三十	삼십	*Same sip*
35	三十五	삼십오	*Same sip ho*
40	四十	ᄉᆞ십	*Sa sip*
50	五十	오십	*Ho sip*
60	六十	륙십	*Hiouk sip*
70	七十	칠십	*Tchil sip*
80	八十	팔십	*Pfal sip*
90	九十	구십	*Kou sip*
100	百	ᄇᆡᆨ	*Paik*
200	二百	이ᄇᆡᆨ	*Hi paik*
300	三百	삼ᄇᆡᆨ	*Same paik*
1,000	千	쳔	*Tchiaune*
2,000	二千	이쳔	*Hi tchianne*
10,000	萬	만	*Mane*
20,000	二萬	이만	*Hi mane*
100,000	億	억	*Hauk*
200,000	二億	이억	*Hi hauk*
1,000,000	兆	죠	*Tjio*
10,000,000	京	경	*Kieng*

Pour faciliter l'impression, nous avons écrit les caractères des nombres chinois de gauche à droite, de même pour les caractères coréens ; mais en pratique les uns et les autres s'écrivent toujours de haut en bas.

인쇄의 편의를 위해 한자도 한글과 마찬가지로 왼쪽에서 오른쪽으로 표기하였습니다. 그러나 실제로는 둘 다 항상 위에서 아래로 표기됩니다.

Nombres Ordinaux Coréens purs.
고유어 서수사.

Le premier	첫 ... 첫지	*Tchaute .. Tchaute tjai*
Le deuxième	둘지	*Toul tjai*
Le troisième	셋지	*Seit tjai*
Le quatrième	넷지	*Neit tjai*
Le dixième	열지	*Hiaul tjai*
Le onzième	열흔지	*Hiaur h'ane tjai*
Le douzième	열둘지	*Hiaul toul tjai*
Le vingtième	스무지	*Seumou tjai*
Le centième	빅지	*Paik tjai*

Nombres Ordinaux Sinico-Coréens.
한자어 서수사.

Le premier	뎨일	*Tiei hil*
Le deuxième	뎨이	*Tiei hi*
Le troisième	뎨삼	*Tiei same*
Le quatrième	뎨亽	*Tiei sa*
Le dixième	뎨십	*Tiei sip*
Le onzième	뎨십일	*Tiei sip il*

Le vingtième	뎨이십	*Tiei hi sip*
Le centième	뎨빅	*Tiei paik*

Poids et mesures.

도량형.

En Corée, il existe des balances à peu près semblables à nos vieilles balances romaines ; l'unité de poids est la livre, (근, keune) qui représente environ 600 grammes, et qui se subdivise en 16 냥[3](niang) ou onces.

Le poids d'une once coréenne est à Séoul de 38 grammes. (Nous disons à Séoul car les poids et mesures diffèrent d'une province à l'autre, comme autrefois en France avant le système métrique.)

Comme mesures de capacité, nous ne pouvons guère mentionné que le 말 (mal) ou boisseau pour les marchands de riz en gros. (Les marchands au détail ont le demi mal).

A Séoul un sac de riz (셤, saume) d'environ 80 kilos, contient 20 말.

L'eau-de-vie de riz se mesure par petite tasse et le vin de riz avec une tasse un peu plus grande.

Pour mesurer la hauteur ou la profondeur on compte (par hauteurs d'homme).

Pour les toiles, il existe un mètre coréen le tja (자), qui à om. 52[4] ; si l'on doit mesurer des planches ou du bois quelconque, le mètre est plus long ; mais pour la soie, il est plus court, il n'a plus que om. 42 ; et pour

3 원문에는 '녕'.

4 om.은 0 meter를 의미한다. om. 52는 0.52m다.

les cordons de soie, il se réduit à om. 37.

Pour les maisons, on compte par 간 (kane) Un kane est un espace carré qui varie, depuis 1 m. 80 jusqu' à 2 m. 50.

Les champs, jardins, rizières, s'apprécient par journées de boeuf de travail.

Pour les routes, on se sert du Li (리). Un Li a environ 500 mètres ; mais plus on s'éloigne de la capitale, plus les lis sont longs.

한국에는 고대 로마와 비슷한 저울 단위가 있습니다. 무게의 단위는 '리브르'(근)로 약 600g을 나타내며, 16 냥 또는 온스가 됩니다.

서울에서 한국 '온스'의 무게는 38g입니다. ("서울에서"라고 말하는 이유는 과거 미터법 도입 전 프랑스에서와 같이 지역마다 도량형이 달랐기 때문입니다.)

용량의 척도로, 쌀 도매상은 '말' 또는 '부아소' 단위를 사용하지는 않습니다. (소매상들은 반(半)말 단위를 사용합니다.)

서울에서 80kg 정도 되는 쌀 한 포대(섬)는 20말이 들어 있습니다.

쌀을 증류한 소주는 작은 컵에, 막걸리는 약간 큰 컵에 계량합니다.

높이나 깊이를 측정하려면 사람의 키로 계산합니다.

직물의 경우 52cm에 해당되는 한국 미터인 '자'가 있습니다. 널빤지나 나무를 측정해야 하는 경우 미터가 더 깁니다. 그러나 실크의 경우 더 짧고 겨우 42cm입니다. 명주실의 경우 37cm로 줄어듭니다.

집의 경우 '칸'(間)으로 계산합니다. 한 칸은 1.80~2.50미터까지 다양한 정사각형 공간입니다.

들판, 정원, 논은 소의 하루 작업량에 의해 평가됩니다.

도로의 경우 '리'(里)를 사용합니다. 한 리는 약 500미터입니다. 그러나 중심지에서 멀어질수록 '리'가 길어집니다.

Monnaies.

통화.

Pour ses transactions commerciales, la Corée ne possède que,

1. des sapèques en cuivre 푼 (pfoune)

2. des sous en bronze 젼 (tjaune)

3. des petites pièces en nickel 백동하분 (paik tong h'a poune).

Il y a bien aussi quelques dollars en argent 원 ou 푼 (houaune ou pfoune) mais les Coréens eux-mêmes préfèrent l'argent japonais.

Le sou Coréen vaut 5 sapèques et la pièce de nickel vaut 5 sous.

La monnaie coréenne étant insuffisante pour les besoins du commerce ; dans les ports ouverts, on se sert donc de l'argent japonais.

L'argent japonais qui a cours en Corée est de deux sortes :

1. Le yen papier (le yen en or étant difficile à trouver) qui vaut de 2,50 à 2,57 de notre monnaie.

2. Le yen en argent, qui n'a plus cours au Japon depuis le 1 Avril 1898 ; mais qui est encore accepté par les banques japonaises en Corée, moyennant une perte, qui varie entre 4 et 6 pour cent.

Par rapport à l'argent japonais, l'argent coréen (c'est-à-dire sous ou pièces de nickel) perd de 30 à 40 pour cent, quelquefois davantage suivant le cours.

Il existait autrefois des petites sapèques dont la valeur n'était que le cinquième de la sapèque actuelle, et, bien que ces petites sapèques n'existent plus ; les Coréens en ont conservé les vieilles formules pour compter les petites sommes. Ces formules pouvant embarrasser au début ; nous allons les détailler dans le tableau suivant :

상업 거래를 위해 한국은 [아래와 같은] 동전들만 가지고 있습니다.

1. 구리 동전 '푼'(分)

2. 청동 동전 '전'(錢)

3. 작은 니켈 동전 '백동화분'(白銅貨分)

은화 '원'(圓)이나 '푼'(分)[5]도 있지만 한국인들은 일본 돈을 선호합니다.

한국의 '수'(sou)(전)는 5사펙(푼)의 가치가 있고, 니켈 동전('백동하분')은 5수의 가치가 있습니다.

한국 통화는 상업적인 용도로는 불충분합니다. 그래서 개항장에서는 일본 돈이 사용됩니다.

한국에서 통용되는 일본 은화는 두 종류가 있습니다.

1. 우리 화폐의 2.50에서 2.57의 가치가 있는 종이엔(금엔은 구하기 어렵습니다).

2. 은엔은 1898년 4월 1일 이후 일본에서는 더 이상 사용되지 않지만, 한국의 일본 은행에서는 여전히 4~6%의 손실을 감수하고 받아들여지고 있습니다.

일본 은화에 비해 한국 은화(예: '수' 또는 니켈 동전)는 가격에 따라 30~40% 손실이 납니다.

가치가 현재 '사펙'(푼)의 5분의 1에 불과한 '작은 사펙'이 있었는데, 이 '사펙'은 더 이상 존재하지 않습니다. 한국인들은 작은 금액을 세는 오래된 공식을 유지해 왔습니다. 이러한 공식은 처음에는 당황스러울 수 있습니다. 다음 표에서 자세히 설명하겠습니다.

5 '냥'의 오기로 보인다.

Niang.	Sou.	Sape.	Paq.		
1		1	ou		
			$\frac{1}{2}$	오 푼	*Ho pfoune*
		2	1	한 돈	*H'ane toune*
		3	$1\frac{1}{2}$	한 돈 오푼	*H'ane toune hopfoune*
		4	2	두 돈	*Toutoune*
	1	ou			
		5	$2\frac{1}{2}$	두 돈 오 푼	*Toutoune hopfoune*
	1	1	3	세 돈	*Seutoune*
	1	2	$3\frac{1}{2}$	세 돈 오 푼	*Seutoune hopfoune*
	1	3	4	네 돈	*Neutoune*
	1	4	$4\frac{1}{2}$	네 돈 오 푼	*Neutoune hopfoune*
	2		5	닷 돈	*Tatoune*
	2	1	$5\frac{1}{2}$	닷 돈 오 푼	*Tatoune hopfoune*
	2	2	6	여 돈	*Hiautoune*
	2	3	$6\frac{1}{2}$	여 돈 오 푼	*Hiautoune hopfoune*
	2	4	7	일곱 돈	*Hilkoptoune*
	3		$7\frac{1}{2}$	일곱 돈 오 푼	*Hilkoptoune hopfoune*
	3	1	8	여덟 돈	*Hiautalptoune*
	3	2	$8\frac{1}{2}$	여덟 돈 오 푼	*Hiautalptoune hopfoune*
	3	3	9	아홉 돈	*Hah'otoune*
	3	4	$9\frac{1}{2}$	아홉 돈 오 푼	*Hah'optoune hopfoune*
	ou				*H'ane niang*
	4		10	열 돈	*Hiaultoune*
	4	1	$10\frac{1}{2}$	열 돈 오 푼	*Hiaultoune hopfoune*
	4	2	11	열한 돈	*Hiaurh'ane toune*
	4	3	$11\frac{1}{2}$	열한 돈 오 푼	*Hiaurh'ane toune hofoune*
	4	4	12	열두 돈	*Hiaul toutoune*

5		$12\frac{1}{2}$	열두 돈 오 푼	*Hiaul toutoune hopfoune*
5	1	13	열세 돈	*Hiaul seutoune*
5	2	$13\frac{1}{2}$	열세 돈 오 푼	*Hiaul seutoune hopfoune*
5	3	14	열네 돈	*Hiaul neutoune etc. etc.*

Pour compléter le tableau ci-dessus, (qu'il est inutile de continuer en mentionnant les sapèques) nous donnerons celui ci-dessous en ne relatant que les ligatures ou 냥 (niang) et les sous ; car il est très-rare qu'un Coréen compte en sous, il compter presque toujours sauf de rares exceptions, soit en ligatures, soit en sapèques, ou en ligatures et sapèques.

Dans certaines provinces une ligature ou niang, se compose d'une enfilade de cent sapèques ; aussi sur les pièces de. Cinq sous en nickel, on a écrit 1/4 niang et 두돈오푼 Toutoune hopfoune ; ce qui traduit littéralement veut dire 2 paquets de 10 petites sapèques et un demi-paquet ou 2 grosses sapèques et cinq petites, (vieille monnaie mentionnée plus haut). Mais en réalité, à Séoul surtout, l' usage a admis de compter une ligature ou niang pour 20 sapèques (monnaie actuelle) c'est-à-dire 4 sous coréens ; une ligature et demie ou 냥판 (Niang pfane) pour 6 sous et ainsi de suite, voir tableau suivant.

위의 표를 완성하기 위해 ('사펙'을 계속 언급하는 것은 쓸모가 없습니다) '리가추어(ligature)' 또는 '냥'과 '수'(sou)만 관련하여 아래 표를 제공합니다. 한국인이 '수'(sou)로 계산하는 것은 매우 드물기 때문에, 드문 예외를 제외하고는 거의 항상 '리가추어'(냥), '사펙'(푼) 또는 '리가추어와 사펙'(냥과 푼)으로 계산합니다.

특정 지방에서는 '리가추어' 또는 '냥'은 100개의 '사펙' 행으로 구성됩니다.

또한 니켈 5수(sou)에 대해서 우리는 1/4냥과 두 돈 오 푼이라고 씁니다. 문자 그대로 번역하면 10개의 작은 사펙 2뭉치와 1/2 뭉치 또는 큰 사펙 2개와 작은 것 5개(위에서 언급한 옛 통화)를 의미합니다. 그러나 실제로, 특히 서울에서는 '리가추어'나 '냥'을 20사펙(현재 통화), 즉 한국의 4수(sou)로 계산하는 것이 일반적입니다. '한 리가추어와 반' 또는 '냥판'은 6수(sou) 등입니다. 아래 표를 참조하세요.

Nous ajouterons que pour compter 5 sous on dit très-souvent 백동하분 Paik tong h'a poune, littéralement, un sou de cuivre blanc.

우리가 자주 언급하는 5수(sou)를 계산하기 위해 문자 그대로 백동 한 수(sou)인 '백동하분'을 추가하겠습니다.

Naing	Sou		
1	ou		
	4	한 냥	*H'ane niang*
1,1	5	한 냥 두 돈 오 푼	*H'ane niangf toutoune hopfoune*
1,2	6	한 냥판	*H'ane niang pfane .. Hiang pfane*
1,3	7	한 냥 일곱 돈 오 푼	*H'ane niang hilkoptoune hopfoune*
2	8	두 냥	*Tou niang*
2,1	9	두 냥 두 돈 오 푼	*Touniang toutoune hopfounr*
2,2	10	두 냥판	*Touniang pfane*
	ou	두 냥 닷 돈	*Touniang tatoune*
2,3	11	두 냥 일곱 돈 오 푼	*Touniang hilkoptoune hopfoune*
3	12	세 냥	*Seuniang*
3,1	13	세 냥 두 돈 오 푼	*Seuniang toutoune hopfoune*
3,2	14	세 냥판	*Seuniang pfane*

	ou	세 냥 닷 돈	*Seuniang tatoune*
3,3	15	세 냥 일곱 돈 오 푼	*Seuniang hilkoptoune hopfoune*
4	16	네 냥	*Neuniang*
4,1	17	네 냥 두 돈 오 푼	*Neuniang Toutoune hopfoune*
4,2	18	네 냥 닷 돈	*Neuniang Tatoune*
4,3	19	네 냥 일곱 돈 오 푼	*Neuniang Hilkoptoune hopoune*
5	20	닷 냥	*Taniang*
5,2	22	닷 냥판	*Taniang Pfane*
6	24	여 냥	*Hiauniang*
6,1	25	여 냥 두 돈 오 푼	*Hiauniang Toutoune hopfoune*
7	28	일곱 냥	*Hilkopniang*
7,2	30	일곱 냥판	*Hilkopniang Pfane*
8	32	여덟 냥	*Hiautalpniang*
8,3	35	여덟 냥 일곱 돈 오푼	*Hiautalpniang Hilkoptoune hopfoune*
9	36	아홉 냥	*Hah'opniang*
10	40	열 냥	*Hiaulliang*
11	44	열한 냥	*Hiaur h'ane niang*
12	48	열두 냥	*Hiaultouniang*
12,2	50	열두 냥 닷 돈	*Hiaultouniang Tatoune*
13	52	열세 냥	*Hiaul seuniang*
14	56	열네 냥	*Hiaul neuniang*
15	60	열닷 냥	*Hiaul taniang*
17,2	70	열일곱 냥 닷 돈	*Hiaul hilkopniang tatoune*
20	80	스물 냥	*Seumoul liang*
22,5	90	스물두 냥 닷 돈	*Seumoul touniang tatoune*
25	100	스물닷 냥	*Seumoul taniang*
30	120	셜흔 냥	*Saurh'eune niang*
35	140	셜흔닷 냥	*Saurh'eune taniang*

40	160	마흔 냥	*Mah'eune niang*
45	180	마흔닷 냥	*Mah'eune taniang*
50	200	쉰 냥	*Chune niang*